教师教育课程标准配套教材
教师资格证书考试通用教材

基础心理学

第二版

吴全会　傅金兰　赵英芳　/主　编
公长伟　朱海荣　田　营　/副主编

JICHU XINLIXUE DIERBAN

北京师范大学出版集团
BEIJING NORMAL UNIVERSITY PUBLISHING GROUP
北京师范大学出版社

图书在版编目(CIP)数据

基础心理学/吴全会，傅金兰，赵英芳主编. —2 版. —北京：北京师范大学出版社，2024.3(2025.7 重印)
ISBN 978-7-303-29331-5

Ⅰ. ①基… Ⅱ. ①吴… ②傅… ③赵… Ⅲ. ①心理学－高等学校－教材 Ⅳ. ①B84

中国国家版本馆 CIP 数据核字(2023)第 130743 号

出版发行：北京师范大学出版社 https://www.bnupg.com
北京市西城区新街口外大街 12-3 号
邮政编码：100088
印　　刷：北京同文印刷有限责任公司
经　　销：全国新华书店
开　　本：787 mm×1092 mm　1/16
印　　张：23
字　　数：545 千字
版　　次：2024 年 3 月第 2 版
印　　次：2025 年 7 月第 15 次印刷
定　　价：55.00 元

策划编辑：何　琳　　责任编辑：陈佳宵　张姗姗
美术编辑：焦　丽　　装帧设计：焦　丽
责任校对：包冀萌　　责任印制：马　洁

编写委员会

主　　编　吴全会　傅金兰　赵英芳

副 主 编　公长伟　朱海荣　田　营

编写人员（按姓氏笔画排序）

王一小　公长伟　田　营　刘贵宝

朱海荣　吴全会　吴冠群　赵英芳

陶　宇　徐　敏　傅金兰

前　言

习近平总书记在中国共产党第二十次全国代表大会上的报告中谈及“办好人民满意的教育”时，明确指出：“深化教育领域综合改革，加强教材建设和管理，完善学校管理和教育评价体系，健全学校家庭社会育人机制。”由此可见教材建设与管理是深化教育领域综合改革的重要内容，是建设高质量教育体系的重要举措。

提升教师队伍整体素质、培养“四有”好老师、落实立德树人根本任务，是新时代教育改革发展的内在要求，为此我们组织编写了教师教育系列教材，该系列教材既可以作为全日制高等师范院校学生的通用教材，也可以作为师资培训、教师专业成长的专用“学材”，还可作为中小学教师和其他从教人员的自学或参考用书。

《基础心理学》一书的编写主要体现三个特点：

一是重视学生综合素质提升，突出应用性。本书充分考虑到学习者的认知发展规律和特点，着眼学生综合素质，以贴近学生生活、学习和思想实际的方式，引用了大量的教育实践案例，设置了相应的知识专栏、思考与应用练习等，旨在拓展学习者的知识视野、提升他们的综合素质和培养其解决实际问题的能力。

二是加强整体设计，突出系统性。本书着重保持普通心理学知识体系的整体性，充分阐释理论内涵，强调对心理学基本概念、基本原理、基本规律及应用等系列内容的纵向贯通与横向协同，将理论创新、实践创新的具体成果应用到整体内容中去，使心理学的知识体系更加完备和富有张力。

三是突出教材思政，坚持立德树人，强化教育性。本书突出教材思政，坚持正确的教育价值观，秉持正确的价值导向，通过科学的教育目标，引导学习者在德行并举、知行合一、学以致用上下功夫，重视知识增长、品格锤炼、能力培养、素质提升，追求用学识与学养、内涵与涵养来塑造“人类灵魂工程师”。

本书由吴全会、傅金兰、赵英芳担任主编，公长伟、朱海荣、田营担任副主编。参与编写的人员有(按姓氏笔画排序)：王一小、公长伟、田营、刘贵宝、朱海荣、吴全会、吴冠群、赵英芳、陶宇、徐敏、傅金兰。本书第一版曾被评为“2020 年山东省普通高等教育一流教材”。

在编写本书的过程中，我们参考和借鉴了国内外不同版本的心理学教材、论著以及前沿性论文等材料，吸收了高校教师和中小学执教者的实践经验，得到了北京师范大学出版社的大力支持，在此一并表示感谢。囿于编者水平所限，疏漏之处在所难免，恳请专家、读者批评指正。

编者

2024 年 1 月 30 日

目录

第一章　绪　论

第一节　心理学的研究对象 ······ 2

一、心理学的含义 ······ 3

二、心理学的主要研究对象 ······ 4

三、心理学的学科性质 ······ 6

第二节　心理学的任务 ······ 8

一、心理学的研究目标 ······ 8

二、心理学的研究领域 ······ 9

第三节　心理学的研究方法 ······ 12

一、心理学的研究原则 ······ 12

二、心理学研究的具体方法 ······ 14

第四节　心理学的发展简史 ······ 17

一、科学心理学的产生 ······ 17

二、主要的心理学派别 ······ 18

第二章　科学的心理观

第一节　心理是人脑的机能 ······ 24

一、脑是心理的器官 ······ 25

二、心理是脑的机能 ······ 33

第二节　心理是人脑对客观现实的反映 ······ 39

一、客观现实是心理的源泉 ······ 39

二、心理是人脑对客观现实的主观反映 ······ 40

三、人的心理是在实践中发生、发展的 ······ 40

第三节　脑的可塑性、心理与神经内分泌 ······ 41

一、脑的可塑性 ······ 41

二、心理与神经内分泌 ······ 42

第三章　意识与注意

第一节　意识概述 ······ 47

一、意识的内涵 ······ 47

二、无意识 ······ 48

三、意识状态 ······ 48

第二节　注意概述 ······ 53

一、注意的内涵 ······ 53

二、注意的生理机制与外部表现 ······ 55

三、注意的功能与作用 …… 57
第三节 注意的种类 …… 58
一、无意注意 …… 58
二、有意注意 …… 60
三、有意后注意 …… 62
第四节 注意的品质 …… 62
一、注意的广度 …… 62
二、注意的稳定性 …… 63
三、注意的分配 …… 64
四、注意的转移 …… 66
第五节 注意规律与教学 …… 67
一、利用无意注意规律组织教学 …… 67
二、利用有意注意规律组织教学 …… 68
三、利用有意后注意规律组织教学 …… 69
四、各种注意的相互转化与课堂教学 …… 69
第四章 感觉与知觉
第一节 感觉与知觉概述 …… 72
一、感觉的内涵 …… 72
二、知觉的内涵 …… 75
三、感觉与知觉的关系 …… 76
第二节 感觉与知觉的种类 …… 77
一、感觉的种类 …… 77
二、知觉的种类 …… 80
三、错觉 …… 83
第三节 感觉的基本规律 …… 84
一、感受性与感觉阈限 …… 85
二、感受性变化 …… 88
第四节 知觉的基本规律 …… 89
一、知觉的选择性 …… 89
二、知觉的整体性 …… 90
三、知觉的理解性 …… 92
四、知觉的恒常性 …… 92
第五节 感知规律与教学 …… 94
一、直观及其在教学中的应用 …… 94
二、第一印象在教学中的应用 …… 95
三、学生观察力的培养 …… 95
第五章 记 忆
第一节 记忆概述 …… 100
一、记忆的内涵 …… 100
二、记忆的种类 …… 101
三、记忆表象 …… 105

四、记忆的品质 …… 107
第二节 记忆的过程 …… 108
一、识记 …… 108
二、保持与遗忘 …… 110
三、再认与回忆 …… 115
第三节 记忆规律与教学 …… 117
一、运用记忆规律提高教学效果 …… 117
二、指导学生掌握有效的记忆方法 …… 118
第六章 思维与想象
第一节 思维概述 …… 123
一、思维的内涵 …… 123
二、思维与语言 …… 126
三、思维的种类 …… 127
四、思维的过程 …… 129
五、思维的品质 …… 132
第二节 概念形成与问题解决 …… 132
一、概念形成 …… 132
二、问题解决 …… 133
第三节 创造性思维 …… 140
一、创造性思维的内涵 …… 140
二、创造性思维的过程 …… 141
三、创造性思维的培养 …… 142
第四节 想象概述 …… 145
一、想象的内涵 …… 145
二、想象的种类 …… 147
三、想象的个别差异 …… 150
四、想象力的培养 …… 151
第五节 思维与教学 …… 152
一、合理选择和使用教材 …… 152
二、改进教学方法 …… 153
三、注意培养学生优良的思维品质 …… 155
第七章 情 绪
第一节 情绪概述 …… 159
一、情绪的内涵 …… 159
二、情绪与认知 …… 159
三、情绪的功能 …… 160
四、情绪的维度与两极性 …… 162
第二节 情绪与情感的种类 …… 162
一、基本情绪 …… 163
二、基本情绪状态 …… 163
三、高级社会情感 …… 166

第三节 情绪的机体表现与识别…… 167
一、情绪的体内表现 …… 167
二、情绪的外部表现 …… 169
三、情绪的识别 …… 172
第四节 情绪的理论…… 174
一、詹姆斯—兰格理论…… 174
二、坎农—巴德学说 …… 175
三、沙赫特和辛格的两因素理论 …… 175
四、拉扎勒斯的认知—评价理论 …… 176
第五节 情绪的调节…… 177
一、情绪调节的内涵 …… 177
二、情绪调节的类型 …… 178
三、情绪调节的基本过程…… 179
第八章 意 志
第一节 意志概述…… 184
一、意志的内涵 …… 185
二、意志与认知、情绪的关系 …… 186
第二节 意志行动的过程…… 187
一、采取决定阶段 …… 187
二、执行决定阶段 …… 189
第三节 意志的品质与培养…… 192
一、意志的品质 …… 192
二、意志品质的培养 …… 193
第九章 需要与动机
第一节 需要概述…… 198
一、需要的内涵 …… 198
二、需要的分类 …… 200
三、马斯洛的需要层次理论…… 201
第二节 动机概述…… 203
一、动机的内涵 …… 204
二、动机的分类 …… 206
三、动机理论 …… 207
第三节 学习动机概述…… 211
一、学习动机的内涵 …… 212
二、影响学习动机的主要因素 …… 212
三、学习动机的培养 …… 213
第十章 能 力
第一节 能力概述…… 218
一、能力的内涵 …… 218
二、能力与知识、技能…… 219
三、能力、才能与天才…… 220

第二节　能力的种类与结构 …… 220
一、能力的种类 …… 220
二、能力的结构 …… 222
第三节　能力的测量 …… 226
一、一般能力测量 …… 226
二、特殊能力测量 …… 228
三、创造力测量 …… 229
第四节　能力发展与个体差异 …… 230
一、能力发展的一般趋势 …… 230
二、能力发展的个体差异 …… 231
三、影响能力形成与发展的因素 …… 234
第十一章　人　格
第一节　人格概述 …… 239
一、人格的内涵 …… 239
二、人格的特征 …… 240
三、人格的结构 …… 243
第二节　气质与性格 …… 243
一、气质 …… 243
二、性格 …… 249
第三节　人格理论 …… 252
一、人格的特质理论 …… 252
二、人格的类型理论 …… 256
第四节　人格成因 …… 258
一、生物学因素 …… 258
二、家庭环境因素 …… 259
三、学校环境因素 …… 260
四、社会文化因素 …… 261
五、自我调控因素 …… 261
第五节　人格测评 …… 263
一、自陈量表法 …… 263
二、投射测验法 …… 265
三、情境测验法 …… 267
第十二章　个体心理发展
第一节　个体心理发展概述 …… 270
一、心理发展的概念 …… 270
二、个体心理发展的特征 …… 271
三、心理发展的影响因素 …… 273
第二节　小学生的心理发展 …… 275
一、小学生生理的发展 …… 275
二、小学生言语的发展 …… 276
三、小学生认知的发展 …… 278

四、小学生情绪情感的发展 …… 280
五、小学生自我意识的发展 …… 280
六、小学生的道德发展 …… 280
第三节 初中生的心理发展 …… 281
一、初中生生理的发展 …… 283
二、初中生认知的发展 …… 284
三、初中生情绪情感的发展 …… 285
四、初中生自我意识的发展 …… 286
五、初中生的心理矛盾与教育策略 …… 288
第四节 高中生的心理发展 …… 289
一、高中生思维的发展 …… 289
二、高中生情绪情感的发展 …… 290
三、高中生自我意识的发展 …… 291
四、高中生的心理矛盾与教育策略 …… 292
第十三章 群体与人际心理
第一节 群体概述 …… 296
一、群体的内涵 …… 296
二、群体的类型 …… 298
三、群体的功能 …… 300
第二节 群体对个体的影响 …… 301
一、社会助长 …… 301
二、社会惰化 …… 303
三、去个性化 …… 305
四、从众、服从与顺从 …… 307
第三节 人际心理 …… 317
一、人际关系 …… 317
二、人际沟通 …… 319
三、人际吸引 …… 322
第十四章 中小学生心理健康教育
第一节 心理健康概述 …… 327
一、心理健康的概念 …… 327
二、心理健康的标准 …… 328
第二节 中小学生常见的心理问题 …… 331
一、中小学生常见的一般心理问题 …… 332
二、中小学生常见的心理障碍 …… 334
第三节 中小学心理健康教育的途径与方法 …… 338
一、中小学心理健康教育工作的行动指南 …… 339
二、心理健康教育的途径 …… 344
三、学校心理辅导的方法 …… 348
参考文献 …… 353

第一章 绪 论

第一节　心理学的研究对象
第二节　心理学的任务
第三节　心理学的研究方法
第四节　心理学的发展简史

本章首先介绍了心理学的研究对象，界定了心理学的含义、心理学的学科性质；其次，探讨了心理学的任务，说明了心理学的研究目标和心理学的研究领域；再次，介绍了心理学的研究方法，包括研究原则和研究的具体方法；最后，介绍了心理学的发展简史，包括科学心理学的产生以及当前主要的心理学派别。

思维导图

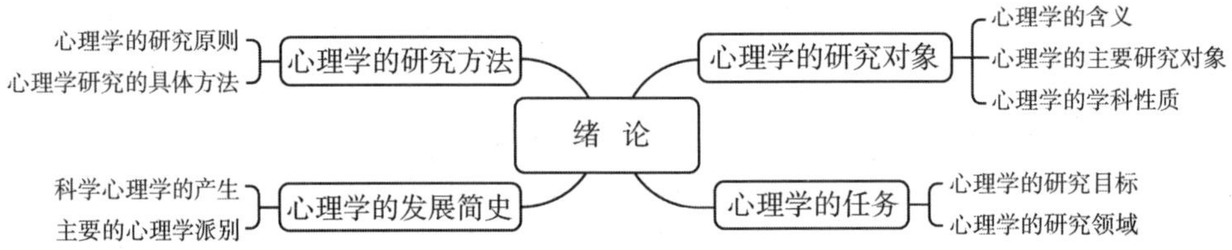

学习目标

1. 掌握心理学的含义、主要研究对象和学科性质；
2. 了解心理学的任务；
3. 掌握心理学的研究原则和具体方法；
4. 了解心理学的主要理论派别的核心思想观点。

课前思考

你知道吗？心理学家竟能够使一名心因性失明5年的人在十几分钟内重新回到光明的世界；同样，心理学家也会使一个耗资200万美元的引起全美国公民瞩目的案件审判无效；你也很难想象心理学家只是提供了一些理论上的建议，就帮助父母在10天内改变了孩子的任性；你更难以想象，心理学家用意念技术参与晚期癌症病人的治疗且使其康复。

每一个学习心理学专业的学生都会遇到这样一个问题：当别人知道你学习心理学专业后，第一句话就是："啊，那你知道我现在在想什么吗?"在没有接触过心理学的人看来，学了心理学就能洞悉人的内心想法。但实际情况真的如此吗?

俗话说"知人知面不知心"，这里所说的"心"指的就是心理。这是因为心理在里面，从外面不可能知道。正因为有这种说法，人们才认为心理学是一门特殊的学问，有独特门道和奥妙诀窍，能把大家认为不可知的"心"都知道了！

那么，心理学到底是什么？又是什么使心理学具有如此大的魅力？

在学心理学之前，你有这样的疑问和思考吗?

第一节　心理学的研究对象

根据文字记载来推断，人类对于心理现象的探究，已有两千多年的历史。《管子·内业》就有"凡人之生也，天出其精，地出其形，合此以为人"的论述，中国人对身心关系的探讨比古希腊哲学家亚里士多德(Aristotle)对"灵魂"本质的探究还要早。

当时，人们认为身与心都是由“气”构成的，但对身心关系的论述却缺乏科学的论据。

公元前4世纪，古希腊的哲学家亚里士多德就对“灵魂”的本质进行了探究。他写的《论灵魂》(*De Anima*)一书是西方最早研究心理现象的著作。英文中的心理学(psychology)一词源于希腊文“ψυχολογια”(意为“灵魂的科学”)，“psyche”指心灵或精神，即人的心理，“logos”指知识或规律，二者合起来的意思是关于心灵或精神的科学。

直到1879年，德国心理学家冯特(W. Wundt)在莱比锡大学建立了世界上第一个心理学实验室，开始对人的心理现象进行实验研究。从此，心理学从哲学中脱离出来，成为一门独立的学科。所以说，心理学是一门既古老又年轻的科学。目前，心理学已经成为全球最吸引人的学科之一，我们正生活在一个心理学的时代。那么，什么是心理学呢？

一、心理学的含义

人的心理是自然界较为复杂和奇妙的一种现象。人眼可以看到五彩缤纷的世界，人耳可以聆听旋律优美的钢琴协奏曲，人脑可以存储异常丰富的知识。人有“万物之灵”的智慧，人能运用自己的思维去探索自然和社会的奥秘，用语言交流思想和情感；人还有七情六欲，能通过活动去满足自己的各种需要，并在周围环境中留下自己意志的印迹……总之，人类在认识世界、改造世界方面所取得的一切成就，都是和人的心理活动发展分不开的。

个体做的任何事情都是行为，如吃饭、睡觉、讲话、做梦、看电视、学英语、读书等。人们感兴趣的不仅仅是行为的外部表现，即可以观察到的行为和反应，人们更关心行为外部表现背后的心理规律。心理学家正是通过对行为规律的研究来揭示内在的心理活动规律，并最终在掌握心理活动规律的基础上预测和控制行为的。

心理学是一门研究人的心理现象（或心理活动）发生、发展及其规律的科学。

总之，心理学是一门研究人的心理现象(或心理活动)发生、发展及其规律的科学。就心理活动而言，不仅人有，动物也有。我们在这里探讨的是：人的心理现象及其发生、发展的规律，包括人在社会实践中发展起来的意识活动，行为被视作意识的外部表现。同时也研究心理活动的脑机制，特别是认知功能的神经生物学机制。

人的心理现象多种多样，它们之间的关系非常复杂。现代心理学家认为心理学研究的内容是心理过程和个性心理。其中，心理过程是共性的，每个人都有，而个性心理是个性的，人与人之间会存在差异。下面，我们将从心理过程和个性心理两个方面来分别阐述。

二、心理学的主要研究对象

(一)心理过程

心理过程包括认知过程、情绪过程和意志过程。

1. 认知过程

认知过程是人脑对客观现实的反映，反映的水平从低级到高级依次是感觉、知觉、记忆、思维、想象和言语等。认知指人获得知识或应用知识的过程，或信息加工的过程。这是人最基本的心理过程。人接收外界输入的信息，经过神经系统的加工处理，转换成内在的心理活动，进而支配人的行为，这个过程就是信息加工的过程，也就是认知过程。

感觉和知觉是人认识外部世界的开始。感觉是人脑对事物个别属性的反映，如通过感觉人们获得事物的大小、轻重、颜色、气味、软硬、粗细等信息。知觉是对事物的整体属性及其之间的联系的认识，如一个苹果、一束花、一栋别墅、一艘船等。

记忆是对过去所经历的客观事物的反映，是由记到忆的过程。刺激物停止作用后并没有马上消失，还被保留在人脑中，并在需要时能再现出来，这种积累和保存个体经验的心理过程，就叫记忆。例如，过去看过的物象、听过的话语仍“历历在目”“话犹在耳”等。

思维是对客观事物概括和间接的反映。人不仅能直接感知个别、具体的事物，认识事物的表面联系，还能运用人脑中已有的知识和经验去间接地、概括地认识事物，揭示事物的本质及其内在的联系和规律，形成对事物的概念，进行推理和判断，解决面临的问题，这就是思维。例如，医生可以根据病人的体温、脉搏、舌苔、血液或排泄物的化验结果，推断出他的某一器官生病了，这个过程就是思维。

想象是指在认识事物的时候，不仅能认识现实中存在的、被自己感知过的事物，而且能在脑海中创造出现实中尚未存在或根本不可能存在、自己从未感知过的事物，如科学家的发明、艺术家的作品等。

言语是人利用语言符号和语言规则进行多方面的复杂交际的过程。语言和言语是不同的。语言是指话，如中国人说的话是汉语、英国人说的话是英语等。人利用语言把自己认识活动的成果与别人进行交流，接受别人的经验，传达自己的感情，这就是言语活动。语言在人类生活中具有巨大的作用，“是人类所有发明中最伟大的发明”。

2. 情绪过程

情绪情感是人在认识客观事物的过程中引起的人对客观事物的某种态度的体验或感受。人在认识客观事物时，常常会产生满意、不满意、喜爱、厌恶、憎恨、遗憾等主观体验。情绪情感反映了客观事物与人的需要之间的关系。在实际生活中，凡是符合人的意愿的事物就使人产生愉悦的情绪，如顺利升学、忠诚的友谊、和谐的家庭气氛等；与此相反，凡是不符合人的意愿或观点的事物会使人产生不良情绪，如考试失利、朋友的背叛、亲人的离散等。

3. 意志过程

意志过程是指人自觉地确定目的、制订计划、克服困难和实现预定目标的心理过程。人和动物的本质区别之一是人具有自觉能动性，意志是人的积极能动性的体现。为了认识和改造客观世界，人们就必须有计划、有目的地工作。在完成某些活动任务的时候，人们常常需要忍受艰苦，战胜挫折，克服困难。在这个过程中，正是意志在发挥着重要作用，让人坚持到底。

认知、情绪和意志过程都有其发生和发展的过程，人的知、情、意三个方面是相辅相成的，不是彼此独立的。情绪和意志过程中含有认知的成分，它们都是由认知过程派生出来的，情绪与意志又对认知过程产生影响，它们是统一的心理活动中的不同方面。综上所述，认知、情绪、意志过程作为心理学研究对象的一部分，统称为心理过程。

(二)个性心理

个性心理是个体在进行心理活动时表现出来的整体特点和差异，是个体独特而相对稳定的心理行为模式，包括个性倾向性和个性心理特征两个方面。

1. 个性倾向性

个性倾向性是决定个体对事物的态度和行为的内部动力系统，是具有一定的动力性和稳定性的心理成分，是人格结构中最活跃的因素。个性倾向性主要包括需要、动机、兴趣、理想、信念、世界观等。比如，有的人爱好物理，有的人爱好数学；有的人为国为民，有的人追求个人利益；有的人信念明确坚定，有的人信念模糊动摇……所有这些都从不同的方面显示着个性倾向性的差异。

个性倾向性会使每个人的心理活动有目的、有选择地对客观现实做出反应。例如，一些成就动机强的学生在课堂上认真听课，主动提问和思考，勇于克服学习中的各种困难；一些成就动机弱的学生往往不认真听课，学习热情不高，在困难面前打退堂鼓；对物理感兴趣的学生，其心理活动的积极性更多地表现在与物理有关的事情上；对数学感兴趣的学生，其心理活动的积极性更多地表现在与数学相关的事情上。具有不同的理想、信念和世界观的人，对自身心理活动的组织和引导也是不同的。个性倾向性是个性心理的重要组成部分，对相关的心理活动起着支配和控制的作用。

2. 个性心理特征

个性心理特征是个体身上经常表现出来的本质的、稳定的心理特征，主要包括能力、气质和性格，其中以性格为核心。个性心理特征影响着个体的行为举止，集中地体现了人的心理活动的独特性。

能力是指一个人顺利完成某种活动必须具备的心理特征，能力的差异使得人与人之间在活动效率和潜能方面存在差异。例如，有的人感知敏锐，思维深刻，想象丰富，有的人则感知迟缓，思维肤浅，想象贫乏；有的人记忆速度快且保持长久，有的人则记得慢且易遗忘；有的人善于形象思维，有的人则善于抽象思维。这些都是能力方面的个体差异。

气质是个人生来就具有的典型而稳定的心理活动的动力特征，是那些不依赖于内容和动机，在任何时间、空间条件下都能稳定表现出来的心理动力特点。在现实中，有的人活泼好动、反应灵敏，有的人则安静沉稳、反应迟钝；有的人做事急躁，有的人则做事磨蹭。这些现象体现了人与人之间气质上的差异。人们常说的“江山易改，禀性难移”中的“禀性”指的就是气质。

性格是人对客观现实稳定的态度和惯常的行为方式中表现出来的稳定的心理特征。性格是指一个人经常表现出来的对待他人、自己、事物的态度及相应的行为方式上的心理特征。个体在待人处世及克服困难的决心和毅力上的差异属于性格上的差异。人格差异首先表现在性格上。例如，有人勤劳，有人懒惰，有人诚实，有人狡诈，有人勇敢，有人懦弱，有人虚怀若谷、专心致志，有人心胸狭窄、见异思迁……这些都是性格上的差异。

气质和性格构成了一个人的人格。人格是一个人区别于其他人的心理特性的总称。人格构成了一个人的思想、情感及行为的独特模式，这个模式使得人与人在一些稳定而统一的心理品质上可以相互区分开来。

心理过程和个性心理有着密切联系。在个体的心理活动中，两者密不可分。个性心理以心理过程(认知、情绪、意志)为基础，没有心理过程，个性心理就无法形成。人的个性心理的形成与发展是在一定的社会影响教育下，通过心理过程反映客观现实而逐渐定性化的结果，是个体社会化的过程。同时，已经形成的个性心理又反过来制约着每个人的心理过程，并在心理过程中表现出来。例如，具有不同兴趣和能力的人，对同一首歌、同一幅画的评价水平、欣赏水平是不同的；一个具有坚强、勇敢性格特征的人，往往在心理活动中会表现出坚持不懈的意志活动。事实上，既没有不带个性心理的心理过程，也没有不带心理过程的个性心理。

三、心理学的学科性质

(一)心理学是自然科学和社会科学的交叉学科

在学科分类中，学科通常分成自然科学和社会科学两大类。

心理学要研究心理现象的物质本体，即心理的神经生物学基础，包括不同心理现象的脑机制、脑发育对心理发展的影响，遗传在人类与行为中的作用等。心理学要从影响个体心理的内部因素入手，探讨个体心理活动的内部规律和内在机制，如视觉、听觉等感知觉器官是如何接收和处理信息的，人的记忆系统是如何工作的，情绪的生理基础是什么等。心理学还研究如何在计算机上模拟人类的行为，如知觉和问题解决的研究成果在人工智能的研究中发挥着重要的作用。在这个意义上，心理学的研究目标和手段都和自然科学一样，因而具有自然科学的性质。

心理学以人的心理现象为主要研究对象，而人的心理现象受许多内部和外部因素的制约。每个人都生活在一定的社会环境中，心理的发生和发展不能离开社会环境的影响。例如，离开了人与人的交往，人的语言能力就不能发展起来，人也不能获得高度发展的思维能力；即使是人的感觉和知觉，如敏锐的观察力和音乐能力，也是在社会实践中发展起来的。此外，心理学还研究社会心理和行为，这些心理现象和行为更是社会生活的产物。在这个意义上，心理学又具有社会科学的性质。因此，在整个科学大家庭中，心理学处于中间的位置。

因此，不同倾向的心理学在研究方法上也有所不同。具有自然科学倾向的心理学更多采用观察法、实验法等研究方法，在研究中注重实验条件的控制和变量的关系，研究的结果大多是定量的。具有社会科学倾向的心理学则较多采用问卷、调查、个案研究、文献综述等方法，侧重于宏观因素的分析，研究结果主要是定性的。不过随着统计方法的发展以及计算机的大量应用，具有社会科学倾向的心理学研究也有逐步向定量化发展的趋势。

需要注意的是，我们说心理学是一门交叉学科，说它具有不同的研究倾向，并不意味着心理学内部要分成两个完全不同的阵营。采用哪种理论、哪种研究手段，完全取决于研究的问题。在心理学中我们常常需要综合不同的理论，采用不同的方法来研究某个问题。比如，对学习行为的研究，既要从神经生物学的角度以实验的方法进行定量研究，确定学习的内在机制，也要从家庭、学校和班级等方面，用社会调查的方法、统计的方法和个案研究的方法进行宏观分析，以研究外部环境因素对学习行为的影响。

(二)心理学是认知科学的主干学科

认知科学是一门包括语言学、神经科学、哲学、心理学、人类学、人工智能、教育学等跨学科的新兴科学，其研究对象为人类、动物和人工智能。认知科学建立在对感知智能、语言、计算、推理甚至意识等诸多现象的研究和模型化上，其结构见图 1-1。

认知科学是一门包括语言学、神经科学、哲学、心理学、人类学、人工智能、教育学等跨学科的新兴科学。

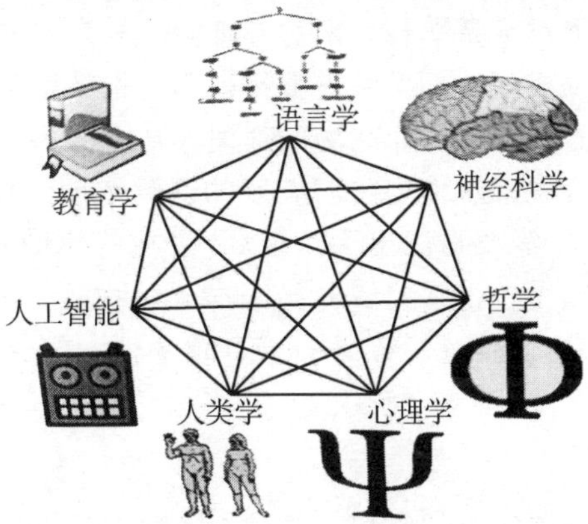

图 1-1　认知科学的结构(白学军等，2015)

心理学是认知科学的主干学科。这是因为认知心理学的研究方向和认知科学一致，其研究范围和认知科学有共同之处，对认知科学有重要作用。2006 年国务院颁布了《国家中长期科学和技术发展规划纲要(2006—2020 年)》，提出“基础研究以深刻认识自然现象、揭示自然规律，获取新知识、新原理、新方法和培养高素质创新人才等为基本使命，是高新技术发展的重要源泉，是培育创新人才的摇篮，是建设先进文化的基础，是未来科学和技术发展的内在动力”。确立了八个科学前沿问题，其中第七个问题是脑科学与认知科学，其主要研究方向包括“脑功能的细胞和分子机理，脑重大疾病的发生发展机理，脑发育、可塑性与人类智力的关系，学习记忆和思维等脑高级认知功能的过程及其神经基础，脑信息表达与脑式信息处理系统，人脑与计算机对话等”，这体现了我国政府对认知科学的重视。

第二节 心理学的任务

一、心理学的研究目标

心理学作为一门科学，其主要研究目标是对研究对象进行描述、解释、预测和控制，以及提高人们的生活质量，这些也是心理学的根本目标。

(一)描述

心理学研究最基本的目标是描述研究对象的特点和状况。描述是在对典型行为进行观察和详细记录的基础上，对行为进行命名和分类，在解决“是什么”的问题。在进行深入研究之前，正确地描述研究对象的现状是非常必要的。例如，描述被试的年龄、性别、智力水平、学业表现、个性特点等，只有在正确描述了这些情况的基础上，事物之间的相关关系或因果关系才能被揭示。

(二)解释

心理学研究的另一个目标是解释，即对心理活动产生和发展的规律、过程与特点的形成原因、发展变化及相互的关系做出解释说明，也就是解决人的心理“为什么”发生的问题。例如，有人需要帮助，而在场的其他人却没有提供帮助，这些旁观者为什么不愿意施加援助。对旁观者这种“冷漠”态度的研究表明，此时会出现一种“责任扩散”心理，即没人觉得一定需要自己出手，现场“潜在的救助者”人数越多，大家等着别人去救助的可能性就越大。正确的解释始于准确的描述，但描述却无法回答“为什么”这一问题，如为什么当人感觉烦躁时会更具攻击性？解释这些问题就需要借助科学的理论。

(三)预测

心理学中的预测是根据现有的资料，通过一系列的逻辑推理，对研究对象以后的发展变化和在特定情境中的反应作出推断的过程。假设你的车坏在一条繁忙的公路上，会不会很快有人来帮助你？根据“旁观者冷漠”的研究结果预测，你不能太乐观。虽然来来往往的司机都可以停下来帮助你，但未必真会有人停下来。预测即回答“可能性”的问题。

(四)控制

控制是心理学研究最难达到的目标，也是最高目标。预测和控制是相互联系的，当人们掌握了一定的资料，并估计到发生问题的可能性后，就可以设法控制问题发生的原因，使可能发生的问题不发生，或者使问题朝着有利的方向变化。例如，重新布置教室环境、增加有趣的材料、开展角色扮演等，这些方法都将有助于学生的学习。要注意控制必须在科学理论的指导下进行!

描述、解释、预测和控制之间并不是孤立的，它们之间相互联系，呈现出层层递进、相互制约的关系。只有正确的描述才能对变量之间的关系作出合理的解释。合理的解释是完成预测的基础。根据正确的解释和预测，控制才能有效进行。

(五)提高生活质量

提高人们的生活质量是时代发展的要求，心理健康是指一种持续积极发展的心理状况。世界卫生组织(World Health Organization，WHO)定义的健康包括躯体健康、心理健康、社会适应能力良好和道德健康。心理健康对生活质量的提高有重要的意义。只有心理健康，人们才能良好地适应外界，充分发挥自己的身心潜能。心理健康的人能较充分地发挥自身心理的潜在能量，在其他条件相同的情况下，他们的工作和学业表现要优于心理欠佳者。这是因为心理健康的人更能耐受挫折和困境，在逆境中战胜困难，其创造力和潜力都能得到最大限度的发挥，拥有更高的价值感和成就感，体验更多的心流，拥有更高的幸福感和生活质量，为社会做出更多的贡献。

二、心理学的研究领域

近百年来，生产水平不断提高，实际生活需求不断变化，在现代化生产、商业、交通企事业管理工作中，心理因素的重要作用越来越为人们所重视，智力开发、人才培养也引起了社会各界的普遍关注。心理功能异常带来的个人健康问题和社会问题要求人们采取相应的对策，促使心理学迅速地发展。同时，由于邻近学科(如生物学、生理学、逻辑学、教育学、社会学和技术科学等)的发展及其与心理学的相互影响，许多新兴分支学科开始形成，进一步推动了心理学研究范围的扩大。心理学的主要研究领域见图 1-2。

(一)基础心理学

基础心理学是研究一般的心理现象与规律的学科。基础心理学的研究对象是人的心理过程和个性心理特征，内容主要包括心理的实质及神经机制、感觉与知觉、意识与注意、学习与记忆、思维与言语、情绪与意识、个性心理特征与个性倾向性等。基础心理学是学习心理学的入门学科。

(二)认知神经科学(也称脑与认知科学)

认知神经科学是研究认知过程和心理活动的脑机制的学科。认知神经科学主要研究基本认知过程的神经基础，情绪和社会认知的神经基础，心智障碍的神经基础，基因、环境与脑、行为的相互作用。

(三)发展心理学

发展心理学研究心理的种系发展和人的心理的个体发展。个体发展心理学是研究人类个体心理发展的学科。发展心理学按照人一生的阶段分为婴幼儿发展心理学、儿

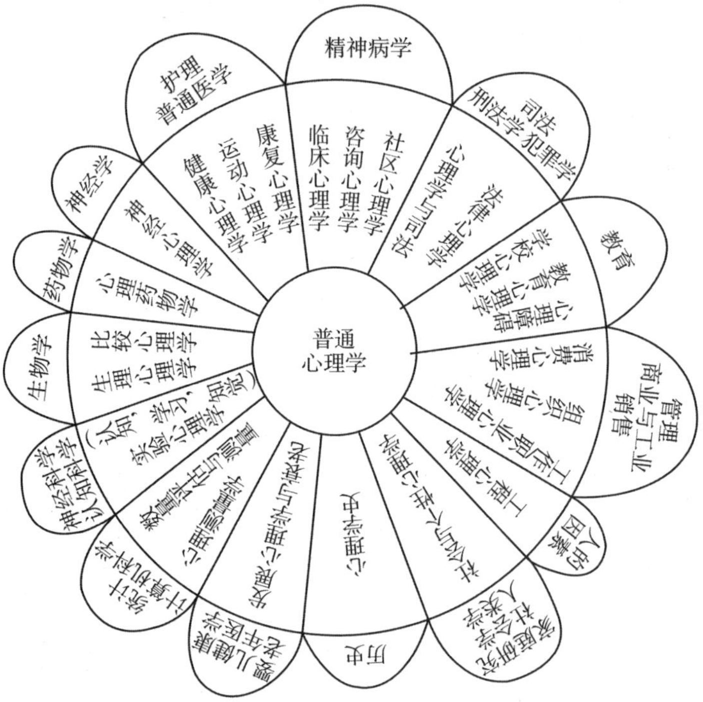

图 1-2 心理学不同的分支学科及其关系

（资料来源：彭聃龄等，2019）

童发展心理学、少年发展心理学、青年发展心理学、成年发展心理学、中年发展心理学和老年心理学等。发展心理学探讨各个年龄段个体的心理特征，并揭示个体心理从一个阶段发展到另一个阶段的规律。儿童和青少年时期是个体生长发育的时期，是长身体、长知识的时期，了解儿童心理发展的规律，有助于儿童教育和培养工作的开展。

(四)教育心理学与学校心理学

教育心理学是研究教育教学情境中个体心理活动及其发展变化机制、规律和有效促进策略的学科。教育心理学主要探讨学习心理，包括知识、技能与能力的学习过程与规律，品德的培养过程与规律，学习动机的形成过程与规律等。教学心理包括如何进行课堂管理、教学设计和教学成效测评等。

学校心理学作为教育心理学的应用分支，主要研究如何运用教育心理学和临床心理学的基本原理解决儿童青少年的行为和学习问题，包括儿童青少年行为和学习问题的诊断、治疗，儿童青少年的心理教育、心理评估、职业心理辅导、心理咨询等。

(五)生理心理学和心理生理学

生理心理学是研究心理现象的生理机制的心理学分支学科。生理机制包括各种感官的机制、脑机制、内分泌对行为的调节机制、遗传对行为的影响等。生理心理学以脑的形态和功能参数为自变量，观察在不同生理状态下行为或心理活动的变化。

心理生理学研究由心理活动引起的生理功能的变化。例如，汉英双语者说汉语与汉语单语者说汉语将引起大脑皮层不同区域的激活，看一个单词和说一个单词将激活大脑皮层的不同区域，这些区域对揭示心理现象和它的物质本体、神经过程的关系，科学地解释各种心理现象，进而指导临床实践都有重要的意义。

（六）管理心理学（又称工业与组织心理学）

管理心理学是用心理学原理和方法探究社会生活各领域中涉及人的管理行为特点及规律的学科。管理心理学主要研究工作分析与环境设计、人员选拔与测评、培训与职业发展、绩效评估与反馈、领导行为与决策、职业健康心理、组织与员工促进、组织变革与危机应对等。

（七）临床与咨询心理学

临床与咨询心理学是将心理学应用到临床实践领域的有关人心理健康的学科。临床与咨询心理学主要研究心理障碍及其评估与诊断，心理病理机制，心理治疗与预防，生活、学习和职业等方面的一般性的适应性问题和发展性问题，学业指导、生涯发展、人际关系等领域的问题表现、评估、咨询和干预等。

专栏 1-1　心理学作为一种职业

作为大学的一个学科，心理学的声望正稳步提高。具有心理学学位的毕业生能够从广泛的职业中进行选择。

健康心理学家——应用心理学原理促进更健康的生活，受聘于医院、健康研究机构、主管健康的政府部门和大学的院系。

职业或工业心理学家——在产业内工作，帮助选拔合适的应聘人员，开发培训项目，研究工效学，进行健康与安全策略及程序的开发工作。

咨询心理学家——可能与个人或团体打交道，运用心理学理论帮助人们克服自己的问题和控制自己的生活，可能受雇于一般的医疗从业者、大型组织或企业，也可能个人执业。

教育心理学家——受聘于学校、医院、幼儿园和其他单位，诊断和解决学习困难以及社会或情绪问题，通常独立工作或在当地机构工作。

临床心理学家——从与学习困难儿童打交道到对获得性免疫缺陷综合征（艾滋病）患者的咨询，临床心理学家运用各种技术手段对情绪和行为问题进行诊断和治疗。这通常是社区医生或医疗部门工作的一部分。

（资料来源：艾森克，2000）

（八）社会心理学

社会心理学是研究人们的社会行为规律及其隐藏的内在心理机制的学科。社会心理学的主要研究内容包括态度、社会知觉、价值取向、沟通与人际关系、助人与侵犯行为、从众与服从、群体中的相互影响等。

(九)军事心理学

军事心理学是研究军事活动中人的心理活动规律的学科，是心理学原理及方法在军事领域应用的产物。军事心理学主要研究军事人员的选拔与培训、军事职业特点的分析、战斗时人的行动、指挥员与下属的相互关系、士气、心理战，以及掌握军事技术等方面的心理问题，预防战斗人员的生理和心理失调，为提高部队战斗力服务。

(十)法律心理学

法律心理学是用心理学的理论和方法揭示与解释在法律创制、实施、监督等法律运行过程中出现的各种法律行为与精神过程发生、发展及规律的学科。法律心理学主要研究公众选择对立法的影响，法律社会化与法律意识，守法行为的培养，违法犯罪心理，民事司法心理，刑事司法中的测谎、审讯技巧，罪犯矫正等。

(十一)心理测量学(也称心理计量学)

心理测量学是研究有关心理测量理论、方法和应用技术的学科。该学科以经典测量理论、现代测量理论和心理统计学原理为基础，主要研究心理物理学、心理量表法、心理与教育测验等理论和方法。

(十二)体育运动心理学

体育运动心理学是研究体育运动的心理学基础和人在体育运动中心理活动的特点及规律的学科。体育运动心理学的主要研究课题是认知、情绪和个性特点对体育运动的影响，技能训练的心理学规律，运动竞赛中人的心理状态，运动员的心理选拔与测量等。

(十三)心理学史

心理学史是研究心理学产生、发展和演变规律的学科，主要包括中外心理学思想史、中外科学、心理学史、中外心理学思想比较史、心理学各流派的基本理论、理论心理学的基本问题等。

第三节　心理学的研究方法

一、心理学的研究原则

(一)客观性原则

坚持客观性原则是一切科学研究的根本原则，违背了这个原则，就会误入歧途，甚至导致反科学的结论。心理现象是一种客观存在的事实，它的产生和活动与外部及内部的条件密切相关，它的历程也是有规律可循的。所以，研究人的任何心理现象，都必须依据可以观察并加以检验的客观事实，严格贯彻客观性原则，切忌根据主观愿望或猜测来分析人的心理。

(二)发展性原则

发展性原则指坚持用发展变化的观点来研究心理学所涉及的问题。心理现象与其他的物质现象一样，始终处在发展变化之中，不能用静止的眼光来看待一个人心理发展的现状和水平。即使是较稳定的人格倾向性和人格心理特征，由于长时间各种因素的作用，也可能发生变化。在衡量和评价一个人的心理发展水平时，标准和指标不能是绝对的、一成不变的，要采用动态的、变化的指标来衡量一个人的心理发展水平。任何心理现象都有其客观发展的规律。因此，心理学研究必须遵循发展性原则。

(三)系统性原则

人是生物实体，又是社会实体，生活在不同质的多系列系统之中。一方面，人作为生物实体，处在生物进化的系统中，处在外部的物理系统、生物系统之中。人作为一个生物的实体，内部又有神经系统、肌肉系统、内分泌系统等许多亚系统。人是一个高度非线性的系统，上千亿个神经细胞进行着一系列复杂的相互作用。另一方面，人作为社会实体，处在一定的社会系统之中。因此，研究人的心理现象，必须把人放在社会系统中去加以考察。

在对人这样多层次、多因素的极其复杂的系统的心理现象做系统的分析时，必须做到：一是要在各个因素的相互联系、相互作用中去认识整体，二是要从心理所涉及的不同水平去加以考虑，三是要对心理进行多侧面的分析，四是要对心理做发展层次的分析，五是要考虑心理特性的多序列性，六是要考虑心理的决定关系的复杂性。

(四)伦理性原则

伦理性原则指在研究心理学的问题时，必须遵循伦理规范的原则，不能违反社会的伦理道德准则。在设计实验时，不仅注重设计的科学性和严密性，更要关注被试的利益、权利和尊严等。

心理学的研究对象比较特殊，主要是以人为被试。在进行心理学的研究时，要充分考虑伦理上的问题，要保护被试。保护被试主要涉及知情同意、数据保密和事后解释。例如，要认真评估研究是否可能给被试带来伤害，被试的权利是否得到了充分的尊重等。在一项研究中，研究者要保证被试有充分的知情权，了解实验可能给自己带来的影响，并在被试签署知情同意书后进行实验，被试还有随时退出研究的权利等。

心理学研究中的另一类特殊被试是动物，动物实验中有许多伦理要求。美国心理学会在其实验道德规范中，要求进行动物实验的心理学家必须确保动物的舒适性，对动物的健康和人道待遇也要给予恰当考虑。

除了要重视实验工作中的伦理道德外，心理学家在研究的各个环节上还要恪守诚信的原则，杜绝学术欺诈行为。抄袭别人的学术成果、数据作假或一稿多投等，都是违反学术规范的不道德行为。

心理学之所以能脱离哲学范畴，成为一门独立的科学，得益于心理学研究方法的不断丰富和完善。实际上，心理学研究方法本身就是心理科学中不可缺少的组成部分，也是我们学习心理学的重要内容。了解心理学的研究方法，不仅有助于我们认识心理现象的规律和本质，而且有助于我们在今后的实践中更好地研究和应用有关心理学的知识。

二、心理学研究的具体方法

心理学研究的具体方法主要包括观察法、调查法、测验法、实验法及个案研究法。

(一)观察法

观察法是指有目的、有计划地观察被试(即被观察者)在一定条件下的表情、动作和言语等外部表现，从而了解心理活动规律的方法。人的各种活动都是在人的心理的支配、调节下进行的。因此，通过对人的言行、表情等外部表现的观察，可以了解人心理活动的特点，如观察学生听课时的表现，以了解注意的稳定性、情绪状态和人格的某些特性。科学儿童心理学奠基人普莱尔(Preyer)对儿童进行了3年的长期观察，最后写成《儿童心理》(*The Mind of the Child*)一书，便是观察法的研究典型。

根据观察者是否参与被观察者的活动，观察法可以分为参与观察法和非参与观察法。参与观察法是观察者隐蔽自己的身份，将自己作为被观察者的一分子参与到被观察者的活动中去，在和被观察者的共同活动中将所见所闻记录下来。非参与观察法是观察者以旁观者的身份观察和研究选定的对象。不论是参与观察法还是非参与观察法，原则上都不应使被观察者发现自己在被人观察，否则就会影响他们真实的行为表现，影响观察结果的真实性。通过单向透光玻璃窗或闭路电视录像装置进行观察，可使被观察者觉察不到有人在观察，从而观察到被观察者自然真实的行为。

专栏 1-2　诸葛亮“观人七法”

三国时期著名的政治家、军事家诸葛亮，在长期的实践中，总结出观察一个人是否能够委以重任的七种方法。具体内容如下：

第一，问之以是非而观其志。即通过对是非曲直的回答来观察其对事物的判断力，观察其志向。

第二，穷之以辞辩而观其变。即通过激烈的言辞激怒来观察其应对突发问题或事件的应变能力。

第三，咨之以计谋而观其识。即通过询问谋略来了解其学识的真伪和眼界的大小。

第四，告之以祸难而观其勇。即突然告诉一个人说大难将至，通过观察他的表现判断其胆识和勇气。

第五，醉之以酒而观其性。即通过一起喝酒来观察其酒后的言论及真性情。

第六，临之以利而观其廉。即用金钱来考验人，使其面临财富，来考察其是否清正廉洁。

第七，期之以事而观其信。即交代一件事情，让其完成，通过对事情的处理来观察其诚信和忠心。

(资料来源：李德良等，1997，引用时有删改)

(二)调查法

如果你想了解人们的态度、偏好或其他特征，想了解个体和群体的基本情况，就可以通过调查法直接向被调查者询问这些信息，如人们对某些问题的看法、人们的需要等。调查法是以提问题的方式，了解被试(即被调查者)心理活动的方法。调查法的途径和方法很多，主要有谈话法、问卷法和作品分析法。人们熟知的民意测验就是典型的调查法研究。

谈话法也称访谈法，它是以面对面、通信或电话采访的方式，向被调查者提出事先拟好的问题，以一问一答的方式调查和收集资料，分析和推测其心理特点及心理状态的研究方法。由于研究者和被调查者的联系是直接的，所以研究者可以通过补充提问、临时提问来对所要了解的问题进行详细的调查，并根据被调查者的反应来确定回答的真实程度。

问卷法是根据研究的目的，以书面的形式将所要收集的材料列成明确的、应回答的问题，即形成问卷，要求被调查者将自己对问题的回答按要求填写在问卷上，然后研究者对回答的结果进行分析研究的方法。问卷可分为表格式问卷、问答式问卷和量表式问卷等，可设计为开放式的或封闭式的。问卷法的最大优点是能够进行大范围的研究，经济快捷、不受地域限制、可以进行定量分析等也是问卷法的优点。问卷法的主要缺点是研究缺乏控制，有时结果中会混进任意作答的资料，使研究的精确性受到损害。

作品分析法是对被调查者的作品进行分析的方法。这些作品包括笔记、日记、作业、作文、试卷、实验报告、劳动或科技制作等。心理学和社会学的很多研究者使用这种方法开展研究，这种方法的优点在于研究者可以比较容易获得大量资料。作品分析法多用于个案研究或群体的心理品质和个性特征等方面的研究。作品分析法的另一个重要性体现在这种方法可以超越时间和空间的局限。例如，想了解古人心理活动的特点就可以通过分析他们的精神活动产品，如著作、书法、绘画、言论等来加以研究。

(三)测验法

测验法也叫心理测验法，它是采用专门的测验工具——测验量表，在较短时间内对个体或团体的某种心理品质做出分析和鉴别的方法。例如，智力测验是用来了解不同年龄被试智力的发展水平的，成就测验是用来了解被试某些特殊能力的现存水平的，人格测验是用来了解被试各种人格特征和行为特点的综合表现的。

心理测验法的最大优点是能数量化地反映人心理发展的水平和特点，作为一种研究方法，可以使研究更趋精确、科学，能为因材施教、人才选拔、心理疾病诊断、心理咨询、职业指导等提供客观资料。但测验法的有效性在很大程度上取决于测验量表的可靠性，有很多测验量表尚在完善之中，对其结果不能过分依赖，同时它对主试的要求也比较高，主试必须受过专业训练，主试的解释结果要谨慎、全面。

(四)实验法

实验法是心理学研究的主要方法，是在条件控制下对某种心理现象进行研究的方法。在实验中，研究者按照研究目的，有计划地严格控制或创设一定的条件，以引起或改变被试的心理活动，从而进行分析研究。研究者在进行实验研究时，必须考虑到三个变量：一是自变量，即由研究者操纵变化的变量；二是因变量，即由实验变量引起的某种特定反应，它是研究者预定要观察、记录的变量，是研究者的研究对象；三是控制变量，即实验变量之外的其他可能影响实验结果的变量。因此，实验法不但能解释问题"是什么"，而且还能进一步探求问题的根源"为什么"。实验法分为实验室实验法和现场实验法。

1. 实验室实验法

实验室实验法是借助专门的实验设备，在对实验条件严格控制的情况下进行实验的方法。研究者事先要选择好一定数量的被试，并告之参加实验的做法和步骤，然后在实验环境中考察被试的心理和行为变化，分析实验结果，得出实验结论。实验室实验法的优点是实验中的各种因素被严格控制，因此能够精确地测定自变量和因变量之间的关系，实验结果客观可靠，实验过程可反复论证。这种方法的不足之处在于实验室的情境有很大的人为性，往往和现实生活的真实情境不相符合，而且为了获得精确的实验结果，实验时的条件控制必须非常严格，条件越严格，其离实际情况就越远，以至于在实验室中得出的结果往往不具有普遍意义，即在实验室的情境之外其结论可能就不成立。

专栏 1-3 喝酒对记忆力的影响

关于喝酒对人记忆力的影响，有一项研究对此问题进行了探讨。研究者让被试朗读一组单词，然后要求他们报告各词出现的次数。一组被试在朗读前饮酒，另一组被试在朗读后饮酒，还有一组在朗读前和朗读后都不饮酒。研究者发现，读前饮酒的被试，其判断成绩显著比不饮酒的差，表明他们受到了酒精的影响；而读后饮酒的被试，他们的判断成绩则与不饮酒的被试没有差异，表明他们没有受酒精的影响。这表明：酒精只干扰信息进入长时记忆，而不影响信息的提取。因为读前饮酒对信息进入长时记忆有干扰，而读后饮酒对信息的提取无干扰。

2. 现场实验法

现场实验法是在实际生活情境中，通过创设或控制一定的条件来研究被试心理现象的方法。现场实验法既有对实验条件的控制，又有被试熟悉的日常生活环境，所以它兼有观察法和实验室实验法的优点。这一方法的实质就是把实验室研究和日常活动研究结合起来，一方面仍对实验条件有所控制，使之能继续保持实验室实验法的优点；另一方面又适当放松控制，使之在自然状态下进行，能体现观察法的某些优点，如减少人为性、提高真实性。现场实验法是儿童心理学、教育心理学和社会心理学研究中常用的方法。

(五)个案研究法

个案研究法是对一个被试、少量被试或者具有典型特征的被试采用多种研究方法进行研究，收集被试各方面的信息，从而分析影响某种行为和心理现象的原因的研究方法，是由医疗实践中的问诊方法发展而来的。个案研究法的重点在于通过对一个或几个案例的分析推论到一般的心理理论。如对脑损伤病人采取个案研究的方法，考察其动词的心理表征是否受到损伤，可以联合采用神经心理学方法、测验法、实验法、观察法、访谈法等多种研究方法，揭示其由于脑损伤带来的认知损伤与认知保留。由于个案研究法限于使用少数案例，研究的结果可能只适合于个别情况，在推广运用这些结果或做出更概括的结论时，必须持谨慎的态度。一般来说，个案法常用于提出理论或假设，要进一步检验理论或假设，则有赖于其他方法的辅助。

第四节 心理学的发展简史

一、科学心理学的产生

在心理学独立成为一门科学以前，有关“知识”“观念”“心”“心灵”“意识”“欲望”和“人性”等的心理学问题，一直是古代哲学家、教育家、文学艺术家和医生们共同关心的问题。如在中国先秦时期，儒墨道法等各派著名思想家如孔丘、孟轲、荀况、墨翟等，都讨论过天人关系、人兽关系、身心关系、人性的本质和发展以及知行关系等，都提出过一些重要的心理学思想。孟子提出“心之官则思”。荀子认为“凡以知，人之性也；可以知，物之理也”。荀子还称“好、恶、喜、怒、哀、乐，谓之情”，对人的情绪进行了分类。墨翟主张“知，接也”，认为人的感知觉是感官接触外物的结果，并区分了“五路”，即五种不同的感觉。唐代思想家韩愈继承了董仲舒的“性三品”说，认为性是与生俱来的。他的《师说》一文，提出教师的职责是传道授业解惑。朱熹提倡胎教，认为母亲怀胎以后的一举一动、一言一行都对胎儿有直接的影响。王清任是清代的一位医生，他根据自己的解剖经验发展了脑髓说，认为人的感觉和记忆是脑的功能，而不是心脏的功能。王清任所处的时代和法国著名学者、医生布洛卡的时代很相近，他提出的脑髓说对科学地认识人的心理活动有重要意义。

现代心理学的诞生和发展有两个重要的历史渊源，一是近代哲学的影响，二是实验生理学的影响。近代哲学为西方现代心理学的诞生提供了理论基础，而现代心理学的实验方法则直接源于实验生理学。

德国心理学家冯特在莱比锡大学建立了世界上第一个独立的心理学实验室，开始对心理现象进行系统的实验室研究。1879 年成为科学心理学的诞生之年。从此，对心理现象的研究就从哲学思辨转向了科学实证，心理学开始和其他自然科学一样用观察、实验等方法来研究可观察到的行为表现及心理活动规律。实证方法的采用是科学心理学产生的标志。在科学心理学诞生之后的一百多年时间里，心理学家对人的行为和心理规律提出了许多不同的看法，形成了各种不同的理论学派，也正是在不同观点的交锋之中，心理学不断走向繁荣。

专栏 1-4　现代心理学的诞生

根据大部分权威的说法，心理学诞生于1879年12月的某一天。这天，在莱比锡大学一栋叫作孔维特(寄宿性的招待所)的破旧建筑物三楼的一间小屋子里，一位中年教授和两位年轻人正张罗着一些器具准备实验。他们在一张桌子上装了一台微时测定器(一种铜制的像一座钟一样的机械装置，上面吊着一个重物，还有两块圆盘)，“发声器”(一个金属架子，上面升起一只长臂，有只球会从这里落下来，掉在一个平台上)和报务员的发报键、电池及一台变阻器。这三位是威尔汉姆·冯特(又译威廉·冯特)教授，一位47岁的男人，脸长长的，一身简朴的装束，满脸浓密的胡须；他的两位年轻学生，马克斯·弗里德里奇，德国人，及斯坦利·黑尔，美国人。这套摆设是为弗里德里奇做的，他要用这套东西收集博士论文所需要的数据。他的博士论文题目是“知觉的长度”——即被试感知到他已经听到球落在平台上的时候，到他按动发报键之间的时间。没有记载写明那天是谁负责让球落下，是谁坐在发报键跟前，可是，随着那只球“砰”地一声落在平台上，随着发报键“嗒”地一响，随着微时测定器记录下耗费的时间，现代心理学的时代就到来了。

(资料来源：墨顿·亨特，1999)

二、主要的心理学派别

(一)构造主义

构造主义是心理学的第一个学派，奠基人是冯特，著名的代表人物是他的学生铁钦纳(Titchener，1867—1927)。冯特主张心理学是研究直接经验(即意识)的科学。因此认为心理学应该采用实验内省的方法，分析意识的内容，并找出意识的组成部分及它们联结成各种复杂心理过程的规律。

构造主义学派把人的经验分为感觉、表象和情感三种元素。感觉是知觉的元素，表象是观念的元素，而情感是情绪的元素。所有复杂的心理现象都是由这些元素构成的。在研究方法上，构造主义重视内省，这是一种自我观察的方法，主张将内省与实验结合起来研究心理现象。构造主义认为，了解人们的直接经验要依靠实验过程中被试对自己经验的观察和描述。

构造主义学派的贡献是让心理学走上了实验研究的道路，从而使心理学成为一门独立的科学。该学派的局限是主张要对心理进行“纯内省”和“纯科学”的分析，只研究心理内容或构造本身，不去讨论其意义和功用，严重脱离实际。

(二)机能主义

机能主义的创始人是美国心理学家詹姆斯(William James，1842—1910)，其代表人物还有杜威(J. Dewey)、安吉尔(J. Angell)和卡尔(H. Carr)等。机能主义也主张研究意识。他们不把意识看成是个别心理元素的集合，而看成是川流不息的过程。在他们看来，意识是个人的、永远变化的、连续的和有选择的。机能主义强调意识的作用就是使机体适应环境。构造主义强调意识的构成成分，机能主义则强调意识的作用与功能。以情绪为例，构造主义关心什么是情绪，而机能主义则关心情绪在人类适应行为中的作用。机能主义的这一特点推动了美国心理学面向实际生活的进程。20 世纪以来，美国心理学一直比较重视心理学在教育领域和其他领域的应用，这和机能主义的思潮是分不开的。

(三)行为主义

行为主义学派产生于 20 世纪初的美国，之后的 30 多年时间在美国心理学研究中一直处于统治地位，创始人是华生(J. B. Watson，1878—1958)。新行为主义学派的代表人物是斯金纳(B. F. Skinner，1904—1990)。华生在 1913 年发表了论文《行为主义者眼中的心理学》，这标志着行为主义心理学的诞生。

华生主张心理学研究要抛开意识，径直去研究行为；将刺激—反应(S-R)作为解释人一切行为的工具；强调心理学研究要采用客观的实验方法，而不使用内省法。斯金纳主张，人类行为主要是由操作性反射构成的操作性行为，操作性行为是作用于环境而产生结果的行为。该学派的不足之处在于，用过分简化的刺激—反应公式来解释行为，过分强调通过控制环境去塑造人的心理和行为。

行为主义认为，个体一切行为的产生和改变，都是由刺激和反应之间的联结关系引起的。在行为主义者眼中，人的行为都和这样或那样的刺激有关，即都是由刺激形成的反应。行为主义心理学又叫作刺激—反应心理学(缩写为 S-R 心理学)，用行为主义的理论来研究心理现象是心理学研究中的一个重要方面，也是我们解释人的心理规律的一种有价值的视角，如用行为主义的理论研究什么样的刺激以及奖惩模式能够让个体学得最快且错误最少，还可以用行为主义的观点来分析为什么暴力影片会对儿童产生负面影响。综上，行为主义心理学有如下观点：其一，强调以客观的观察和测量来记录人的行为，由于意识不能被观察和测量，所以意识不应该包括在心理学研究的范围内；其二，构成行为的基础是个体的反应，而某种反应的形成与相关刺激有关；其三，个体的行为不是生来就有的，而是在生活环境中习得的。在现代心理学中，行为主义主要应用在学习、动机、社会行为以及行为异常等方面的研究中。

行为主义促进了心理学的客观化研究，让心理学摆脱了思辨的性质，扩展了心理学的研究领域，但是它用简单的机械主义观点说明心理活动，忽视了高级心理过程，特别是大脑的作用。

(四)格式塔心理学

格式塔是从德文“Gestalt”音译而来的，意思是完形或整体。格式塔心理学的创始人有马克思・韦特海默(Max Wertheimer，1880—1943)、沃尔夫冈・柯勒(Wolfgang Kohler，1887—1967)和库尔特・考夫卡(Kurt Koffka，1886—1941)。格式塔学派反对构造主义的元素主义，也反对行为主义的“刺激—反应”公式；主张整体不等于部分之和，意识经验不等于感觉和感情等元素的集合，行为也不等于反射弧的集合；主张要从整体的角度来研究心理现象，强调整体并不等于部分的总和，整体乃是先于部分而存在并制约着部分的性质和意义。

现在想象一下，你刚用大号吹奏了《生日快乐》这首曲子，接着又用小提琴演奏一遍。小提琴拉出的声音与大号吹出的声音不同，但只要音符之间的关系没有变，人们就可以识别出这是同一首乐曲。如果你还是以正确的音符顺序来演奏这支曲子，但是把每一个音拉得很长，用一个小时的时间奏完这支曲子，那将会发生什么情况呢？人们一定听不出演奏的是什么，那是些支离破碎的长音，而不是优美的旋律了。在知觉上，旋律不只是一个个音符，而是一个完整的东西。格式塔心理学主要的研究课题就是人的知觉过程，同时由于受到物理学中“场论”的影响，格式塔心理学认为人脑中也有一个“场”，“场”决定了人看外界事物的状况，由于“场”有一定规律，人脑就按此规律把客观的东西组成一定的“完形”。

格式塔学派强调整体观，这对后来心理学的发展是有益的。格式塔学派关于知觉的组织原则、学习和思维的研究成果至今仍对心理学有着积极意义。

（五）精神分析

精神分析心理学的创始人是精神科医生西格蒙德·弗洛伊德(Sigmund Freud，1856—1939)，他的理论主要源于治疗精神疾病的临床实践经验。他的代表作有《梦的解析》《精神分析引论》和《精神分析纲要》。

精神分析学派主张人的心理活动包括两个主要部分：意识和无意识。意识是人能够觉察到的心理活动，无意识包含人的本能冲动以及出生以后被压抑的欲望。介于意识和无意识之间的一种中间心理状态，叫作潜意识。弗洛伊德用潜意识、生与死的本能等概念解释人的行为的内在动力；用口唇期、肛门期、性器期、潜伏期、生殖期的概念来解释个体的心理发展历程；用“本我”“自我”“超我”的概念解释个体的人格结构。弗洛伊德认为人的精神活动就像一座冰山，只有暴露在海面之上的很小一部分是可以看见的，潜意识才是人的精神活动的主体，它位于心灵的深处，人的许多行为就是由潜意识过程支配的。弗洛伊德的潜意识是指不被人觉察到的但却影响行为的那些冲动和欲望。在弗洛伊德看来，个体在儿童时代被父母和社会加以禁止的许多冲动和欲望都来自先天的本能，这些冲动和欲望由于不符合社会道德标准而被禁止，并被压抑进入潜意识。在潜意识中，这些冲动和欲望还会继续影响人的行为，梦就是潜意识的一种表现形式。某些情绪问题或精神疾病也是由潜意识引起的，当然潜意识还会以一种社会允许的方式如艺术、文学或科学活动的形式表现出来。弗洛伊德把一个人的人格看成是由本我、自我和超我三部分构成的系统。本我是人先天具有的，其唯一目的是消除或减轻机体的紧张感以获得满足和快乐；超我是内化了的道德标准，竭力压抑本我的盲目冲动；自我介于两者之间，负责理智地调节本我、超我和外界三者的关系。一个人的精神状态就是人格的三个部分相互矛盾冲突的结果。当自我能很好地平衡三者关系时，人便处于正常状态；当自我失去对本我和超我的控制时，人就会产生各种焦虑情绪，为了减轻这些焦虑情绪，自我便发展出了各种无意识的防御机制。

（六）人本主义

人本主义心理学的代表人物有马斯洛(H. A. Maslow)和罗杰斯(C. Rogers)等。人本主义学派主张心理学应着重研究人的价值和人格发展，要研究对人类进步有意义的现实问题，要关心人的本性、潜能、尊严和价值；认为人的本质是好的、善良的，人不是受无意识欲望驱使并为实现这些欲望而挣扎的野兽，人有自由意志，有自我实现的需要。马斯洛提出的自我实现是人本主义思想独树一帜的重要概念，自我实现是指充分发展个人潜能并获得最高个人成就的过程。人本主义者认为，每个人生来都具有这种潜能，而人本主义研究的目标就是要找到能够帮助人们发挥这种潜能的方法。人本主义者认为：只要有适当的环境，人就会力争达到某些积极的社会目标。

近年来，在人本主义心理学的基础上，一些心理学家，如塞利格曼(Seligman)、彼德森(Peterson)进一步提出了积极心理学(positive psychology)的主张。在他们看来，心理学应该关注个体和团体的积极因素，如积极人格、积极情感和积极的社会组织系统等。心理学的目标应该是促进个体的发展和社会的繁荣，提升人们的幸福感，并预防心理问题的产生。在研究方法上，它不仅接受了人本主义心理学的现象学方法，也接受了实验心理学的实证研究方法，因而比人本主义心理学前进了一步。

(七)认知心理学

认知心理学是在20世纪50年代末60年代初发展起来的理论，已成为当前心理学研究的主要方向。在知觉、记忆、言语和问题解决等领域中，出现了一些新的理论。这些理论把人看成是信息的加工者，一种具有丰富的内在资源并能利用这些资源与周围环境发生相互作用的、积极的机体。在这些理论看来，环境的因素不再是说明行为的最突出的因素了。环境提供的信息固然重要，但它是通过支配外部行为的认知过程对其加以编码、存储和操作，进而影响人类的行为的。1967年，美国心理学家奈塞尔(Neisser)出版了《认知心理学》一书。书中指出：认知是指感觉输入受到转换、简化、加工、存储、提取和使用的全部过程。这本书的出版标志着现代认知心理学(cognitive psychology)的诞生。现代认知心理学除了应用心理学的一般研究方法外，还发展了自己特有的一些研究方法，如反应时记录法、口语报告法、计算机模拟等。

认知心理学与神经科学的结合产生了认知神经科学(cognitive neuroscience)，它主要研究认知功能的脑机制、学习训练与脑的可塑性、脑发育与认知功能的发展等。与认知心理学相比，认知神经科学采用脑成像技术，使人们有可能获得机体积极从事各种任务时的大脑功能变化的图像，能够提供更多更有意义、更直接的信息。科学家们相信，只有揭示心理活动的脑机制，特别是认知功能的神经生物学机制，才能真正揭示脑的秘密，了解人的心理功能(如认知、情绪、意识和无意识等)的特点。在21世纪，认知神经科学的研究有望成为心理学发展的主流。

思考与应用

1. 心理学的研究对象是什么？人的心理现象包括哪些方面？
2. 如何理解心理学的学科性质？
3. 心理学有哪些主要的研究方法？你对心理学是一门实验科学有什么新的认识？
4. 心理学的主要派别有哪些？各派别的基本观点是什么？
5. 你同意“知人知面不知心”这句话吗？
6. 上网查询近十年来中国心理学家的重要贡献有哪些。

推荐阅读

1. 库恩等:《心理学导论：思想与行为的认识之路(第 13 版)》，郑钢等译，北京，中国轻工业出版社，2014。

2. 格里格、津巴多:《心理学与生活(第 19 版)》，王垒等译，北京，人民邮电出版社，2016。

3. 彭聃龄等:《普通心理学》，北京，北京师范大学出版社，2019。

4. 费尔德曼、黄希庭:《心理学与我们》，黄希庭等译，北京，人民邮电出版社，2008。

5. 叶奕乾、祝蓓里、谭和平等:《心理学》，上海，华东师范大学出版社，2020。

第二章

科学的心理观

第一节　心理是人脑的机能
第二节　心理是人脑对客观现实的反映
第三节　脑的可塑性、心理与神经内分泌

本章首先介绍了心理产生的神经生理机制，包括神经系统的结构及功能、条件反射理论和几种重要脑功能学说；其次介绍了心理是人脑对客观现实的反映；最后介绍了脑的可塑性、心理与神经内分泌的联系。学习本章内容可以使你理解人的生物学本质，理解大脑、心理和行为之间的复杂关系。

思维导图

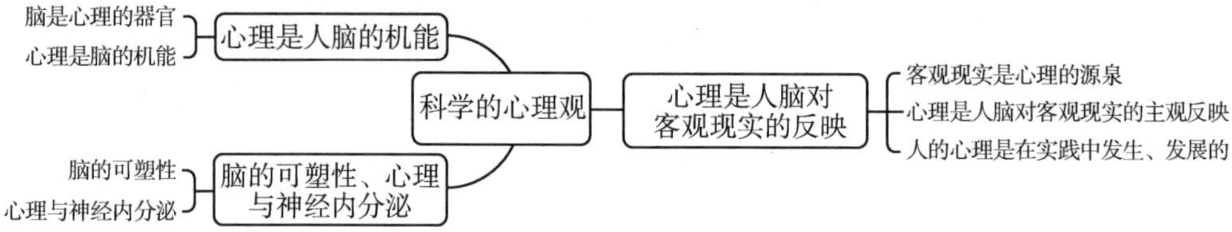

学习目标

1. 掌握神经元和神经系统的基本构造和功能；
2. 理解心理是人脑的机能；
3. 理解心理是人脑对客观现实的反映；
4. 了解脑的可塑性、心理与神经内分泌的关系。

课前思考

1848年，一名叫菲尼亚斯·盖奇(Phineas Gage)的美国铁路工人遭受了一次可怕的头部损伤，炸药爆炸将一根铁棒炸飞，插穿了他的面部和头部。令人不可思议的是，他奇迹般地活了下来，仍然可以说话、走路，但他的心理发生了翻天覆地的变化，他原本是一个值得信赖、让人喜爱的人，但是自此以后却变成了一个不负责任、非常粗暴的人。他的变化说明了什么？脑是如何产生(影响)心理过程和行为的？

请想象这个画面：你正驾车行驶在蜿蜒的山路上，突然前方一辆车直冲你而来。危急关头，你朝反方向紧打方向盘，避开了对方。你的身体和心理发生了什么反应？你是如何采取行动的？我们的身体是如何进行内部通信的？神经系统和内分泌系统是如何协调工作的？

第一节　心理是人脑的机能

自古以来，我们人类就希望知道心理是怎样产生的。当我们思考或行动的时候，我们感到好像有某种东西在内心正在思考或者做着行动的决定。但心理是什么？心理是如何产生的？它与客观现实有什么关系？它与人的社会实践有什么关系？这些都是科学的心理观所要回答的基本问题。

我们常常感叹一些自然景观的壮美奇特及不可思议。其实，真正称得上鬼斧神工的是人体，而人脑堪称大自然的上乘杰作。人类的大脑就像一个微型的宇宙，里面藏着人类难以穷尽的秘密。

“心理是人脑的机能”，这个认识经过了漫长的认识和探索过程。只是到了近代，随着科学的发展，这个问题才获得较好的解决，作为心理本源的一个方面才得到证明。大量科学研究和临床实践证明，脑是心理的器官，心理是脑的机能。人的心理、意识是高度组织起来的物质，即人脑的机能。人的心理活动，如感觉、知觉、记忆、思维、想象、情感活动和意志活动等，都是在这块高度发展的物质上产生的活动。

一、脑是心理的器官

脑是心理活动的器官，但脑为什么能产生复杂的心理呢？这与人脑的结构和功能有关。仅有脑的活动能否产生心理呢？答案是不能。心理是整个神经系统协同活动的结果。人类神经系统使人们所能做的、所能了解的、所能体验的一切成为可能，它的复杂性无与伦比。

(一)神经元

无数细胞组成的系统就像是一个充满了各种人的社会，一个人是一个独立的个体，但是所有人的能力加起来要远大于单独的个体，因此，要想理解神经系统是如何工作的，我们要先从它的最基本单位——细胞开始。神经系统包含两种细胞，即神经元和神经胶质细胞。

1. 神经元的基本结构

神经元也叫神经细胞，是神经系统结构和功能的基本单位。神经元由细胞体(cell body)、树突(dendrite)和轴突(axon)三部分组成。细胞体的形态和大小有很大差别，有圆形、锤体形、梭形和星形等几种，细胞体中含有细胞核以及其他一些为细胞生命过程提供保障的结构。树突较短，形状如树的分枝，是由细胞体发出的许多较短的分支，主要功能是接收信息，它们就像一张网一样收集信息，将神经冲动传向胞体；这些信息要么直接来自其他神经元，要么来自感觉器官的直接刺激(如眼睛、耳朵、皮肤等)。当神经元收到的兴奋信号多于抑制信号时，神经元就会被唤起，并发出一个自己的信号，该信号由单一的发射纤维，即轴突发送。轴突的长度变化多端，其长度从十几微米到1米不等，每个神经元只有一根轴突。

轴突主干上有时会分出许多侧枝，即通常所说的神经纤维。许多平行的神经纤维集合束，叫作神经。轴突末端有许多神经末梢，它们与其他神经元、腺体或肌肉联系。轴突的作用是将神经冲动从胞体传出到突触前终末，它所传递的基本信息是动作电位，再通过突触传递到与它联系的各种细胞中(见图2-1)。

神经元按功能可以分成感觉神经元、运动神经元和中间神经元。感觉神经元收集和传导身体内、外的刺激，使其到达脊髓和大脑。运动神经元将脊髓和大脑发出的信息传到肌肉和内分泌腺，支配效应器官的活动。中间神经元介于前两者之间，起联络作用。这些中间神经元的连接形成了中枢神经系统的微回路，这是脑进行信息加工的主要场所。

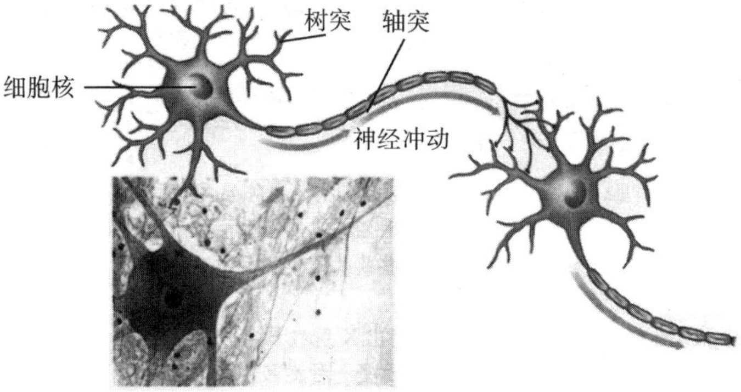

图 2-1 神经元及其结构模式图

2. 神经元的基本功能

(1)兴奋功能。当神经的某一部位受到刺激(机械的、热的、化学的或电的)，神经元就会由静息状态转化为活动状态。测量神经兴奋通常以电位变化为指标。

(2)整合功能。细胞体把各方传来的兴奋(或信息)加以整合，使兴奋加强或减弱、抑制。

(3)传导功能。细胞体把整合的兴奋，作为神经冲动沿着轴突向下一个神经元传导。

3. 神经元间的突触和突触传递

一个神经元不能单独执行神经系统的机能。各个神经元必须互相联系，构成简单或复杂的神经通道，才能传导信息。神经元之间的信息流动是神经系统实现其功能的最基本形式。

突触是使一个神经元的冲动传到另一个神经元或肌细胞的相互接触的部位。

(1)突触的结构及联结

神经动作电位可以从一个神经元传递到另一个神经元，是通过一种特殊的结构——突触(synapse)实现的。突触是使一个神经元的冲动传到另一个神经元或肌细胞的相互接触的部位。中枢神经系统中任何反射活动，都需经过突触传递才能完成。突触具有特殊的细微结构。在电子显微镜下观察，可以看到突触包含三个部分，即突触前成分、突触间隙和突触后成分(见图 2-2)。突触前成分指轴突末梢的球形小体，其中含有较多的线粒体和大量聚集的突触小泡，突触小泡内含高浓度的神经递质(neurotransmitter)。球形小体前方的质膜叫突触前膜，而神经递质就是通过它释放出去的。突触前、后膜之间存在

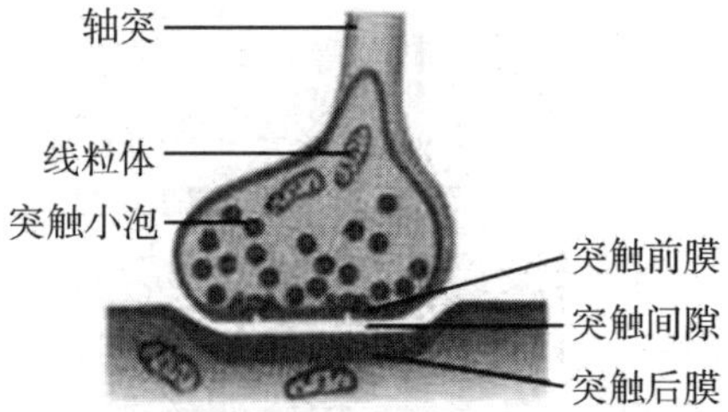

图 2-2 突触结构模式图

的间隙称为突触间隙，间隔 10～50 纳米。突触后成分指邻近神经元树突末梢或胞体的一定部位，它通过突触后膜与外界发生关系。突触后膜上存在一些特殊的蛋白质结构，称为受体(receptor)。突触的这种结构保证了神经冲动从一个神经元传递到与它相邻的另一个神经元。

除化学性突触外，还有电突触。这种突触也包括突触前膜、突触后膜和突触间隙结构，但其间隙很窄，称缝隙连接。电突触不同于化学突触，一是电突触前成分无突触小泡，二是两个神经元的突触膜紧密相连，以致一个神经元的电变化可以直接引起另一个神经元的电变化，传递快，一般可逆转。

突触可分为三类，即轴突—树突突触、轴突—胞体突触、轴突—轴突突触。

(2)神经元间的突触传递(神经冲动的化学传导)

神经冲动在突触间的传递是借助神经递质完成的。当神经冲动到达轴突末梢时，有些突触小泡突然破裂，并通过突触前膜的张口处将存储的神经递质释放出来。当这种神经递质经过突触间隙后，就迅速作用于突触后膜，并激发突触后神经元内的分子受体(另一种化学物质)，从而打开或关掉膜内的某些离子通道，改变膜的通透性并引起突触后神经元的电位变化，实现神经兴奋的传递。这种以化学物质为媒介的突触传递，是脑内神经元信号传递的主要方式。某些抑制乙酰胆碱释放的药物能引起致命性的肌肉瘫痪。比如，南美印第安人使用的箭毒，由于占据了受体的位置，妨碍乙酰胆碱的活动，因而能使人瘫痪。

(二)神经系统

神经系统指由神经元构成的一个异常复杂的机能系统。由于结构和机能不同，神经系统分为中枢神经系统和周围神经系统两部分。

神经系统指由神经元构成的一个异常复杂的机能系统。由于结构和机能不同，神经系统分为中枢神经系统和周围神经系统两部分。

1. 中枢神经系统的结构和功能

中枢神经系统由椎管内的脊髓和颅腔里的脑组成。

(1)脊髓

脊髓(spinal cord)是中枢神经系统的低级部位，位于脊椎管内，呈前后略扁的圆柱形。它上接延髓，下端逐渐变细，呈圆锥状，称脊髓圆锥。成人的脊髓圆锥终于第一腰椎下缘，新生儿则达第三腰椎水平。脊髓表面以前后两条纵沟分成对称的两半。在横切面上，可见中央呈蝴蝶状的灰质及周围的白质。灰质颜色发暗，是神经元胞体集合的部位，而白质颜色较白，由神经纤维构成。脊髓灰质前端膨大，称前角；后端细窄，为后角。在脊髓的胸段和上腰段，前后角之间还有向外侧突出的侧角。前角内有运动神经元的胞体，其轴突构成前根，支配骨骼肌。后角内主要聚集着与感觉传导有关的神经元，接受由后根传入的源于躯体和内脏的感觉冲动。侧角为交感神经节前纤维的胞体所在之处，其轴突加入前根，支配平滑肌、心肌和腺体。此外，在骶中段相当于侧角的部位为副交感节前纤维的胞体所在之处。

脊髓的主要功能在于：第一，脊髓是脑和周围神经的桥梁，是神经信息传入与传出的中间站；第二，脊髓可以完成简单的反射活动，如膝跳反射。

(2)脑

脑是中枢神经系统的高级部位，位于颅腔内。脑由大脑、间脑、脑干(中脑、脑桥、延髓)、小脑组成(见图 2-3)。脑的基本功能是传导上行、下行神经冲动，控制复杂的反射活动，它是实现各种复杂心理的部位。

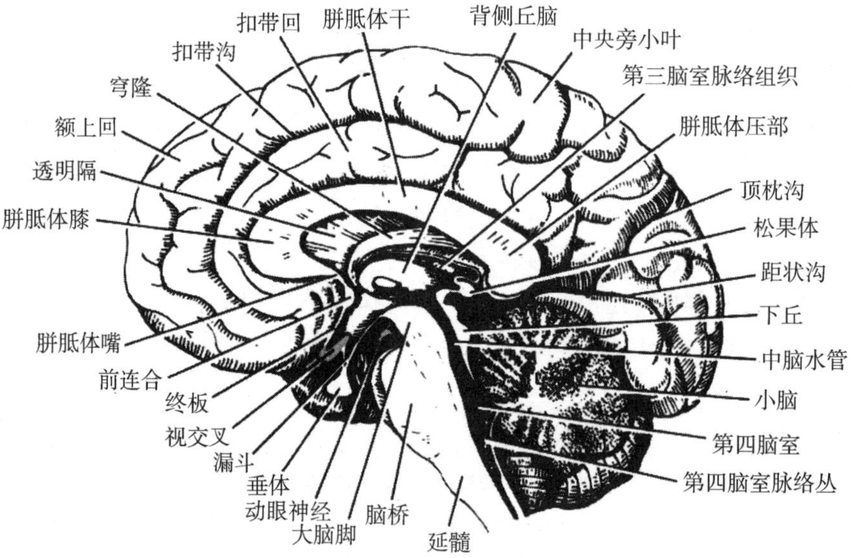

图 2-3　脑的正中矢状切面

(资料来源：闫剑群等，2015)

①小脑位于延髓、脑桥后部，外面为灰质，深部为白质，由两半球构成。小脑的主要功能：调节躯体姿势平衡、肌肉紧张和躯体运动。

②脑干包括延髓、脑桥和中脑三部分。脑干的功能如下：延髓和脑桥是维持基本生命活动的皮下中枢，有“活命中枢”之称，主要调节心血管活动、呼吸、咀嚼、吞咽、呕吐和唾液分泌等，对机体的生命维持有重要作用。中脑位于脑桥之上、间脑之下，是声光反射的皮下中枢，对于调节头部的一些反射活动，如瞳孔反射、朝向反射、眼肌运动、咀嚼运动等都有重要作用。

③网状结构位于脑干的中央部分。一些神经团核与神经纤维交织成网，叫作网状结构。网状结构具有特殊的作用，它包括“上行系统”和“下行系统”两部分，对于传导神经冲动、维持大脑觉醒或意识状态、保持大脑兴奋水平及增强机体运动有重要作用。如果动物的网状结构被破坏，便进入持续的昏睡状态。

④间脑位于中脑之上、大脑两半球之下，为大脑两半球所覆盖。它包括丘脑和下丘脑两部分。其功能如下：它是来自身体各部、传向大脑的感觉神经元的交接站，来自身体各部的感觉神经元到此要换神经元，然后传入大脑皮层，是皮下高级感觉中

枢；它是皮下情绪中枢，下丘脑有“愉快点”“苦恼点”，微电刺激有关部位会产生相应情绪；下丘脑具有调节内脏和内分泌活动的重要作用。

⑤大脑位于间脑之上，是中枢神经系统的高级部位。

2. 周围神经系统的结构与功能

周围神经系统由两部分组成：躯体神经系统和自主神经系统。

(1)躯体神经系统

躯体神经系统又称动物神经系统，含有脊神经和脑神经，管理皮肤的感觉和运动器的感觉及运动。其中，脊神经连于脊髓，穿椎间孔外出，共 31 对：颈神经 8 对，胸神经 12 对，腰神经 5 对，骶神经 5 对，尾神经 1 对。脊神经由脊髓前根和后根的神经纤维混合组成。脊髓前根的纤维属运动性，后根的纤维属感觉性。因此，混合后的脊神经兼有感觉和运动机能。脊神经具有 4 种不同的机能成分：①一般躯体感觉纤维：分布于皮肤、骨骼肌、腰和关节；②一般内脏感觉纤维：分布于内脏、心血管和腺体；③一般躯体运动纤维：支配骨骼肌的运动；④一般内脏运动纤维：支配平滑肌、心肌和腺体。

脑神经由脑干发出，共 12 对，按顺序为：Ⅰ嗅神经，Ⅱ视神经，Ⅲ动眼神经，Ⅳ滑车神经，Ⅴ三叉神经，Ⅵ外展神经，Ⅶ面神经，Ⅷ听神经，Ⅸ舌咽神经，Ⅹ迷走神经，Ⅺ副神经，Ⅻ舌下神经。其中第Ⅰ、Ⅱ和Ⅷ对为感觉神经，分别传递嗅觉、视觉、听觉和平衡觉的信息。第Ⅲ、Ⅳ、Ⅺ和Ⅻ对为运动神经，分别支配眼球活动、颈部和面部的肌肉活动以及舌的运动。第Ⅴ、Ⅶ、Ⅸ和Ⅹ对为混合神经，其中第Ⅴ对三叉神经负责面部感觉和咀嚼肌的运动；第Ⅶ对面神经支配面部表情、舌下腺、泪腺及鼻黏膜腺的分泌，并接受味觉的部分信息；第Ⅸ对舌咽神经负责味觉和唾液腺分泌等；第Ⅹ对迷走神经支配颈部、躯体脏器的活动，包括咽喉肌肉、内脏平滑肌及心肌的运动，同时，还负责一般内脏感觉的输入(见图 2-4)。

(2)自主神经系统

自主神经系统又称内脏神经系统、植物性神经系统，调节和控制内脏平滑肌和心肌收缩以及腺体分泌，不受人意志支配。

根据结构和功能特点不同，自主神经系统可分成交感神经系统和副交感神经系统。交感神经从脊髓的全部胸髓和上三节腰髓的灰质侧角内发出。它借助短短的交通支(节前纤维)和脊髓两侧的交感干联系，然后由交感干神经节发出节后纤维，以支配胸腹部的脏器和血管的活动。副交感神经发自中脑、脑桥、延髓及脊髓的骶部。它的节前纤维在副交感神经节中交换神经元，然后由此发出节后纤维，至平滑肌、心肌和腺体。副交感神经节一般位于脏器附近或脏器壁内。

交感神经和副交感神经在机能上具有拮抗性质。一般来讲，人们把交感神经看成机体应对紧急情况的机构。交感神经兴奋导致腹腔内脏及末梢血管收缩、骨骼肌血流加快、血压升高、心率加快、支气管平滑肌扩张、新陈代谢亢进、胃肠运动和胃分泌受到抑制、瞳孔散大等效应，有利于机体进行紧张性活动。比如，当人们挣扎、搏斗、感到恐惧或愤怒时，交感神经马上发生作用。而副交感神经兴奋导致胃肠消化功能增强、心跳和血流减慢等，有利于机体能量的贮备。当机体处于平静状态时，副交

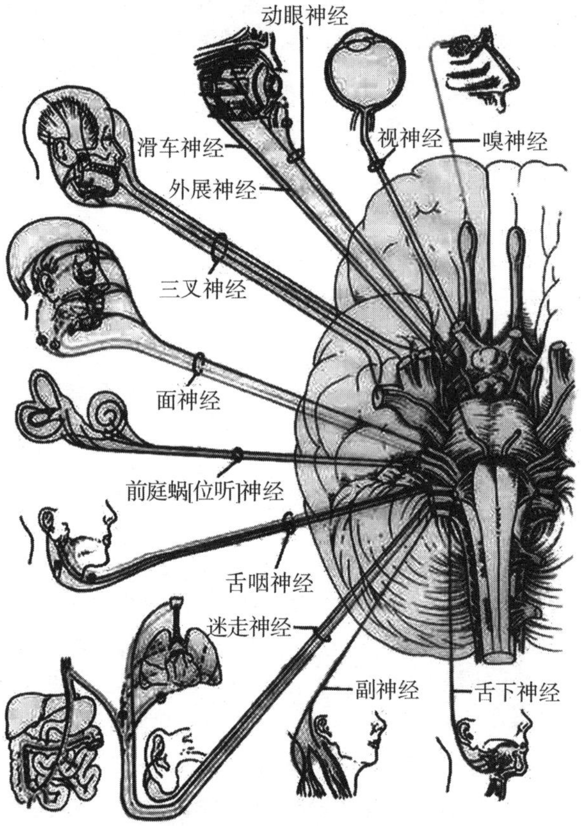

图 2-4　12 对脑神经及功能分区等

（资料来源：白丽敏等，2011）

感神经的兴奋占优势，有利于营养物质的消化吸收和能量的补充，有利于保护机体。正是由于交感神经系统和副交感神经系统的不同作用和双重支配，内脏器官的功能才能保持稳定，从而有利于机体整体对环境的适应。

非处方感冒药的主要作用是阻碍副交感神经系统活动，或促进交感神经系统活动。由于流鼻涕是副交感神经系统的反应，阻碍副交感神经系统的药物即可抑制流鼻涕。感冒药的副作用来自它们使交感神经兴奋并使副交感神经兴奋抑制，抑制了唾液分泌和消化，还使心率加快。

专栏 2-1　鸡皮疙瘩

汗毛竖立，也就是通常说的“鸡皮疙瘩”，通常在我们感到冷的时候出现。这与交感神经系统“战斗或逃跑”的功能有些关系。一种解释是我们在受惊吓的时候同样也会起鸡皮疙瘩。你应该听过这样的说法：“我吓得头发都竖起来了。”你可能也见过一只受惊的猫，它的毛都竖了起来。人类的体毛很短，以至于竖起来并不能实现什么，但一只竖起毛的猫看起来会更大。一只受惊的豪猪会竖起满身的刺——这种刺也就是其改良的体毛。作为恐惧的反应，竖起的刺变得更有用，从进化的角度讲，这一反应的形成甚至早于刺的出现。

（资料来源：詹姆斯·卡拉特，2018）

(三)大脑

1. 大脑的结构

大脑在结构上由左右对称的两个半球组成，中间由胼胝体相连。大脑表面是灰质，是细胞体聚集的地方，叫作大脑皮质(或皮层)，平均厚度 2.5 毫米，总面积为 2200 平方厘米，各个区域分布着 6 层不同类型、不同机能的神经细胞共 140 亿个，平均重量达 140 克左右，大脑内部由神经纤维构成，为白质。大脑皮质的表面有无数深浅不一的皱纹，皱纹凸起的部分叫作回，下凹的部分叫作沟或裂。

大脑皮质表面有 3 条显著的沟裂，即中央沟、外侧裂和顶枕裂。三条沟裂把大脑半球分成 4 个大区，称为叶：额叶(中央沟、外侧裂前方)，颞叶(外侧裂下方)，顶叶(中央沟之后、外侧裂以上、顶枕裂前方)，枕叶(顶枕裂以后)。在这 4 个叶内，分布着不同功能的神经细胞，形成大脑皮层若干机能区。各个机能区的机能活动和协同活动，产生人的各种心理。

2. 大脑皮层机能区分布与机能定位

在大脑皮层几个对称的脑叶中，有皮质机能细胞相对集中的中枢(即大脑皮质内执行特定功能的脑区)和联合区，它们各分管一定的心理机能活动，这就是大脑皮层(皮质)的机能定位。其中以布罗德曼(K. Brodmann)的皮层分区图为大家所公认，他把脑皮质分为 52 个区。根据人们对大脑皮层定位的研究，大脑皮层主要机能区有下列几个(部分见图 2-5)。

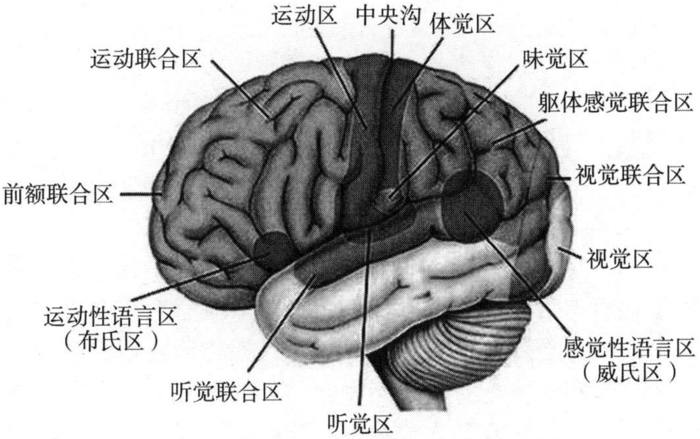

图 2-5　大脑皮层的机能定位(部分)

(1)感觉区

感觉区包括视觉区(在枕叶)、听觉区(在颞叶)和躯体感觉区(在顶叶)。其中，躯体感觉区在中央沟后回呈倒立躯体布局(见图 2-6)。

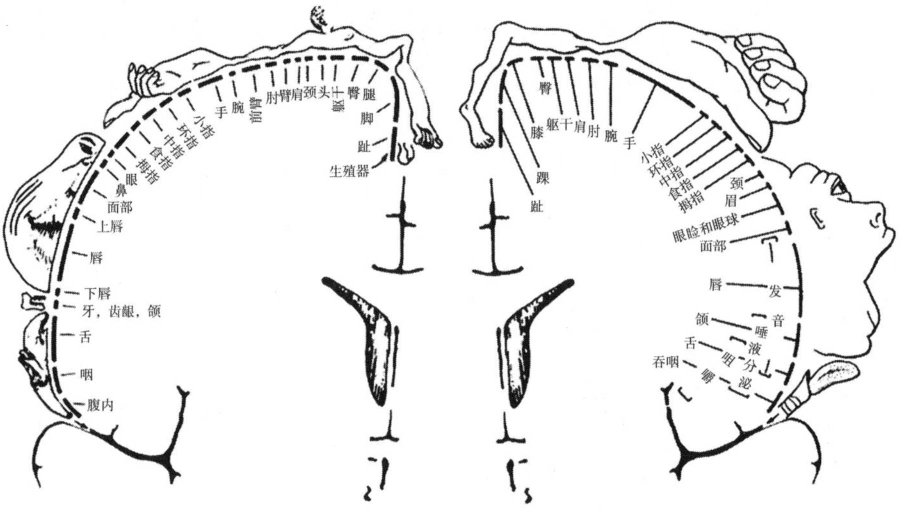

图 2-6　躯体感觉区和运动区的大脑皮层机能定位示意图

(2)运动区

运动区在额叶中央前回，功能是支配身体运动，也呈倒立躯体布局(见图 2-6)。身体每一部分的活动在皮层上都有代表区，代表区面积大小与身体运动的复杂程度有关，如手指经常运动，结构复杂，在皮层上占的面积比下肢还大。

(3)语言区

语言区是人独有的。对大多数人来说，语言区主要定位在左半球。语言区由 4 个机能区构成，分布在大脑不同部位。

①运动性语言区在额叶，位于左半球中央前回底部。这个中枢同说话有关，此处受损会导致“运动性失语症”，即不能说话或说不出成句的话。

②听觉性语言区位于颞上回后部。该部位受损，会导致“听觉性失语症”，即听不懂别人说话的意思。

③阅读区(视觉性语言区)位于顶、枕叶交界处的角回，这个部位同阅读理解语言文字有关。这个部位受损，会产生理解语言障碍，即看不懂文字材料，称为“视觉性失语症”或“失读症”。

④书写区在额叶。书写中枢是书写运动的最高中枢，此处受损，人不能用手写字或绘画。

(4)联合区

大脑皮层除上述机能区(中枢)之外，还有一些具有整合或联合功能，对各种感觉信息做更高层次分析、综合的分区，这样的机能区叫作联合区。联合区不接受感受系统信息的直接输入，也很少支配身体的运动，主要功能是对各种感觉信息做比较复杂的整合(分析、综合)，做出较高层次的分析、判断。依据联合区在皮层上的分布和功能，可分成感觉联合区、运动联合区和前额联合区。

①感觉联合区是指与感觉区邻近的广大脑区。它们从感觉区接受大部分输入信息，并提供更高水平的知觉组织。感觉联合区受损将引起各种形式的“不识症”。此类患者无视觉、听觉、躯体感觉、意识及智能障碍，但不能通过某一种感觉辨认以往熟

悉的物体，却能通过其他感觉识别。例如，患者看到手表不知为何物，但触摸手表外形和听到表走动的声音，立刻就辨认出是手表；又如面孔失认症患者常表现为看到熟人时不能立即认出，严重病例连自己的亲人和密友也认不出，不能区别对象是男人还是女人，在镜子里不能从几个人的面孔里辨认出自己的面孔。

②运动联合区位于运动区的前方，又称前运动区，它负责精细的运动和活动的协调。运动联合区损伤了的钢琴家，能够正确移动每个手指，正确完成演奏时的各种基本动作，但不能完成一段乐曲，甚至不能有韵律地弹动自己的手指。

③前额联合区位于运动区和运动联合区的前方。该区可能与动机的产生、行为程序的制定及维持稳定的注意有密切关系。切除前额皮层的患者，智力很少受到损害，但不能适时地停止某种不适当的行为，患者不能计划自己的行为，也不能按照社会道德规范来调节自己的行为。

3. 大脑两半球功能的不对称性

大脑两半球看似相同，但实际上在结构和功能上都有明显的差异。在结构上，人的大脑右半球略大和重于左半球，但左半球的灰质多于右半球；左右半球的颞叶具有明显的不对称性。在功能上，正常情况下大脑两半球是协同活动的，进入大脑任何一侧的信息会迅速地经过胼胝体传达到另一侧，做出统一的反应。割裂脑研究发现语言功能主要定位在左半球，该半球主要负责言语、阅读、书写、数学运算和逻辑推理等；而知觉物体的空间关系、情绪、欣赏音乐和艺术等则定位于右半球。但是大脑两半球功能的一侧化并不是绝对的。

二、心理是脑的机能

既然心理是脑的机能，那么脑是如何产生心理的呢？心理的大脑机制又是怎样形成的呢？近代自然科学，特别是神经生物学和认知心理学对这个问题进行了多方面的探索和研究，心理学研究逐渐形成了条件反射理论及几种脑功能学说，下面作简要介绍。

(一)条件反射理论

心理活动与反射密切相关。人的大脑皮质的活动是高级的、复杂的反射活动，称为高级神经活动，表现为大脑皮质接受外界信息，分析、综合这些信息，揭示其意义，发出反应指令。巴甫洛夫(Pavlov)用条件反射的方法对动物进行系统研究，创立了高级神经活动学说，从宏观上阐明大脑的活动规律。

反射是机体借助神经系统对体内、体外刺激做出的有规律的应答活动。如沙子飞到眼内使眼睛流泪，食物进入口内口腔分泌唾液，听到巨响掩耳等，“流泪”“分泌唾液”“掩耳”分别是对“沙子”“食物”“巨响”的应答活动，这种借助神经系统的应答活动叫作反射。

反射是通过特定的神经通路(或神经结构)来实现的。实现反射的神经结构叫作反射弧。反射弧的结构包括5个部分：①感受器；②传入神经；③神经中枢；④传出神经；⑤效应器(肌肉或腺体)。完整的反射过程表现为：感受器受到刺激，产生神经兴奋，然后通过传入神经，传至效应器，产生效应活动(产生肌肉动作或分泌腺液)。

1. 无条件反射和条件反射

根据产生条件的不同，反射可分为无条件反射和条件反射。按强化刺激物出现先后和刺激物强化意义的不同，条件反射又可分为操作性条件反射和经典性条件反射两种。

(1)无条件反射

无条件反射是先天遗传、不学而能的反射。如新生儿生下来就会对口里的奶头吸吮、人遇闪光眨眼、食物进入口腔内口腔分泌唾液等，都是无条件反射。无条件反射是动物或人在种系发展过程中形成的反射。主要的无条件反射有食物性反射、防御性反射(遇冷不自主打战)、性反射、朝向反射、内脏反射等。有的无条件反射比较复杂，如蜜蜂"造蜂房"、蜘蛛"结网"、乌鸦"筑巢"等，这种连锁式的无条件反射活动也叫作本能活动。无条件反射只能被动地适应相对稳定的环境，而不能适应千变万化的外界条件。

(2)条件反射

条件反射是人和动物在后天生活过程中，在无条件反射的基础上，经过学习和训练形成的反射。例如，人们在街上根据交通信号灯穿行马路，人们根据铃声或号声起床或上课，喂鸭子时工人用哨声集合鸭子等，这些都属于条件反射。

一种本来与某种无条件反射无关的刺激物(无关刺激物)，由于与无条件刺激物多次结合出现(强化)，最后成了条件刺激物(也叫作信号刺激物)。条件刺激物代替无条件刺激物起到信号作用：条件刺激物出现，无条件刺激物不出现，条件反射同样会发生。从这个意义上说，条件反射是在无条件反射的基础上形成的。

①经典性条件反射

巴甫洛夫用狗做实验，通过无条件刺激物(肉)与无关刺激物(铃声或灯光)多次结合出现(强化)，无关刺激物(铃声或灯光)最终代替了无条件刺激物(肉)，成了条件刺激物而起信号作用：铃声或灯光出现，肉不出现，狗仍能产生条件反射(狗口内分泌唾液)。条件反射便已形成。

条件反射形成的生理机制是在大脑皮层上建立了暂时神经联系(见图 2-7)。

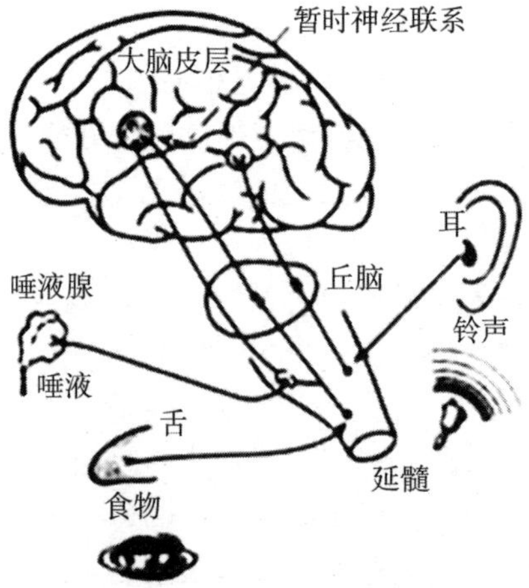

图 2-7 条件反射示意图

当无关刺激物(如铃声)与无条件刺激物(如肉)同时(实际是稍前)出现时，相应的神经冲动传入大脑，在大脑皮层上产生两个兴奋点。这两个兴奋点会向周围扩散。经过多次强化，两个兴奋点之间神经通路接通，建立起暂时神经联系。强化次数越多，暂时神经联系越巩固，条件反射即可形成。

②操作性条件反射

操作性条件反射是美国心理学家斯金纳用白鼠或鸽子做实验建立起来的条件反射理论。

其实验过程如下：在“斯金纳箱”(“迷箱”)的一壁装一金属小杠杆，小杠杆与传递食物的机械相连。将饿极了的小白鼠(或鸽子)放进迷箱(或笼子)，它便四处乱走，偶尔踏上(或按压)杠杆时，便会有一粒食物滚出，经过多次这样重复，白鼠或鸽子就会自己主动操作杠杆获取食物。这样形成的条件反射叫作操作性条件反射。

操作性条件反射的意义：由于操作性条件反射通过“奖赏”(奖励)促使行为主动产生，对于学习理论的建立(激励学习动机理论)具有重要意义。

2. 两种信号系统

巴甫洛夫认为，客观世界存在两种不同性质的信号刺激物，因而也有两种不同的信号系统。巴甫洛夫把用具体刺激作为条件刺激物建立的各种条件反射叫作第一信号系统。具体的刺激就是第一信号，如声音、颜色、气味等。如“望梅止渴”，吃过梅子的人，一旦看见梅子就会分泌唾液，这是第一信号系统活动。第一信号系统是人和动物共有的。用词语作为条件刺激物建立的各种各样的条件反射叫作第二信号系统，词语就是第二信号。例如，“谈虎色变”“论梅溢津”等都是第二信号系统的活动。第二信号系统为人所独有。人由于具有第二信号系统，而且能掌握更多的语言、文字，因此后天通过语言、文字可以建立各种各样的条件反射，学习无限量的知识、本领，掌握客观事物的规律，认识和改造客观世界。

两种信号系统之间的关系如下：首先，第二信号系统是在第一信号系统的基础上建立起来的。如吃过梅子的人，看见梅子时才会分泌唾液；被虎咬伤过或听别人说过虎伤人的人才会“谈虎色变”。其次，两个信号系统协同活动。在人们的实践活动中，两个信号系统通常是协同活动的：一方面，第二信号系统支配调节着第一信号系统，如在言语支配下进行着各种各样的活动；另一方面，第二信号系统受第一信号系统的支持和校正，如在学习活动中学不懂就需要用实例来印证或用实践纠正学习中的错误。两个信号系统的协同活动使人产生复杂的心理活动，使人进行有目的的实践活动。

3. 高级神经活动规律与心理

高级神经活动指大脑皮层(皮质)的活动，人的心理从根本上是大脑皮层(皮质)活动的结果。

(1)高级神经活动的基本过程

兴奋过程与抑制过程是大脑皮层(皮质)的两个既对立又统一的基本过程。

大脑皮层在外界刺激影响下进入活动状态，激发或加强了与大脑皮层相联系的肌肉、器官或腺体的活动，这种神经活动过程就叫作兴奋过程或兴奋，如在体操信号下做各种体操活动。

抑制过程是指大脑皮层及与之相联系的肌肉、器官、腺体的神经活动的减弱或停止的过程。如人在单调刺激影响下进入睡眠状态，即为抑制过程；又如经过紧张学习或看完电影后，皮层或四肢活动性降低，也为抑制过程。

兴奋和抑制是两种既对立又统一的神经过程。由于两种神经过程的存在和协调活动，即皮层与机体有的部分处于活动状态(兴奋)，有的部分处于抑制状态(抑制)，因此，在清醒状态下，人才有条不紊地协调完成各种活动。

(2)高级神经活动的基本规律

①兴奋和抑制的扩散与集中

大脑皮层(皮质)某个部位产生兴奋过程或抑制过程，并不停留在原发点不动，而是要向四周邻近部位传播开来，这种现象叫作扩散。如人在睡眠时，大脑皮层处于抑制状态，大脑皮质如果受到刺激，产生兴奋点并向四周传播，人便醒过来，这就是兴奋的扩散。

兴奋或抑制在扩散的过程中遇到相反的力量，不再继续扩散，而又向原发点回拢起来，这种现象叫作集中。如人在看书，开始时还听得见别人说话，但随着聚精会神程度的不断提高，渐渐听不见别人的说话声了，这就是神经过程集中的表现。

②相互诱导

当兴奋或抑制中的某一种过程产生时，与之相反的神经过程会被引起或加强，这一过程叫作相互诱导。相互诱导分为正诱导和负诱导。正诱导是抑制过程导致兴奋过程加强的诱导，如婴儿睡觉前“闹觉”；负诱导是由兴奋过程导致抑制过程加强的诱导，如正在房中集中注意力阅读的人未意识到有人进来。

③分析与综合

分析与综合是大脑皮层的基本活动。分析是在头脑活动中把事物或其特征区分为部分，如把三角形区分为边、角各个不同部分或把三角形区分为直角三角形、钝角三角形、锐角三角形等各种不同类型。综合是把事物各个部分或个别特征在头脑活动中联合成整体，如根据桌子的面和腿在头脑活动中把桌子联合成整体，根据水果的形状或颜色认出某一种水果。人们可以经由分析与综合活动认识世界上的各种事物，展开各种思维活动。

4. *大脑皮层机能活动的系统性*

世界上的客观事物都是相互联系的，它们常常以复合刺激物的形式作用于脑。这样，大脑皮层的活动也彼此相互联系，经过分析与综合，再把各种刺激物形成一个统一的联系系统，这就是大脑皮层(皮质)机能的系统性活动。

(二)脑功能学说

1. *定位说*

脑功能定位说开始于弗朗兹·约瑟夫·加尔(Franz Joseph Gall，1758—1828)和约翰·加斯帕尔·施普茨海姆(Johann Gaspar Spurzheim，1776—1832)提出的颅相说，加尔对颅骨进行了上千次的观察，提出了27种重要的官能，如聪明、探究精神、重视、竞争性等，每种官能都有对应的颅骨特征和位置。颅相说在许多方面是不科学的，不能用颅骨的外部特征来推测脑的发育程度和人的能力高低。

真正的定位说开始于对失语症病人的研究。19 世纪 60 年代，保罗·布洛卡(Paul Broca，1824—1880)发现了位于额叶的“运动性语言中枢”。19 世纪 70 年代，卡尔·威尔尼克(Carl Wernicke，1833—1892)发现了“听觉性语言中枢”，它与理解口头语言有关。怀尔德·潘菲尔德(Wilder Penfield，1891—1976)用电刺激法发现记忆可能定位在颞叶。另外，科学家发现，海马体与记忆有关，杏仁核与情绪有关，下丘脑与进食和饮水有关。近年来，脑成像研究揭示了某些脑区与执行特定认知任务的关系，也支持了定位学说。

2. 整体说

19 世纪中叶，皮埃尔·弗洛伦斯(Pierre Flourens，1794—1867)用鸡和鸽子进行实验，采用局部毁损法，切除动物脑的一部分。他认为功能的丧失与皮层切除的大小有关，而与特定的部位无关。如果所有皮层都被切除，那么各种智力功能都会丧失；如果有足够的组织保留下来，所有的功能就都可以复原。他强调脑功能的整体性。20 世纪初，卡尔·拉什利(Karl Lashley，1890—1958)应用迷宫实验研究了各种脑的损伤对大鼠学习能力的影响，发现学习缺陷的严重程度似乎取决于损伤的程度，而非更精细的定位。因此他及以后许多心理学家得出结论：学习和其他精神性功能在脑中并无特殊的定位，脑实现其功能最重要的是脑的整体，而不是特殊的神经元群。

3. 机能系统说

亚历山大·罗曼诺维奇·鲁利亚(Alexander Romanovich Luria，1902—1977)认为脑是一个动态的结构，是一个复杂的动态机能系统。机能系统的个别环节受到损伤时，高级心理机能确实会受到影响。

鲁利亚把脑分成三个互相紧密联系的机能系统。

第一机能系统是调节激活与维持觉醒状态的机能系统，也叫动力系统，由脑干网状结构和边缘系统等组成。它的基本功能是保持大脑皮层的一般觉醒状态，提高其兴奋性和感受性，并实现对行为的自我调节。

第二机能系统是接受信息、加工和存储的系统。它位于大脑皮层的后部，包括皮层的枕叶、颞叶和顶叶以及相应的皮层下组织。它的基本作用是接受来自机体内、外的各种刺激，实现对信息的空间和时间整合，并把它们保存下来。

第三机能系统，也叫行为系统，是编制行为程序、调节和控制行为的系统。它包括额叶的广大脑区。它的基本作用是产生活动意图，形成行为程序，实现对复杂行为形式的调节与控制。

鲁利亚认为，人的各种行为和心理活动是三个机能系统相互作用、协同活动的结果。其中，每个机能系统又起各自不同的作用。

4. 模块说

20 世纪 80 年代中期，认知科学和认知神经科学中出现了一种重要理论，就是模块说(module theory)。模块说认为，人脑在结构和功能上是由高度专门化并相对独立的模块组成的。这些模块复杂而巧妙的结合是实现复杂而精细的认知功能的基础。例如，视觉领域的研究发现，猴子的视觉与 31 个脑区有关；颜色、运动和形状知觉是两个大的功能模块，它们之间的精细分工和合作，是视觉的神经基础。

5. 神经网络说

随着脑科学和认知神经科学的发展，人们越来越认识到，各种心理活动，特别是一些高级复杂的认知活动(如记忆、语言、面孔识别等)，是由不同脑区协同活动构成的神经网络来实现的，而这些脑区可以经由不同神经网络参与不同的认知活动，并在这些认知活动中发挥不同的作用。正是由这些脑区组成的动态神经网络构成了各种复杂认知活动的神经基础。诺曼·格施温德(Norman Geschwind，1926—1984)是较早用神经网络观点来描述语言产生的神经科学家。在他看来，人们在阅读单词时，这些词的视觉信息在视觉区得到登记，然后经过角回转化为听觉代码，再由威尔尼克区接收并理解这些信息，进而传送到布洛卡区，再由布洛卡区控制运动皮层，从而念出这个词(见图 2-8)。

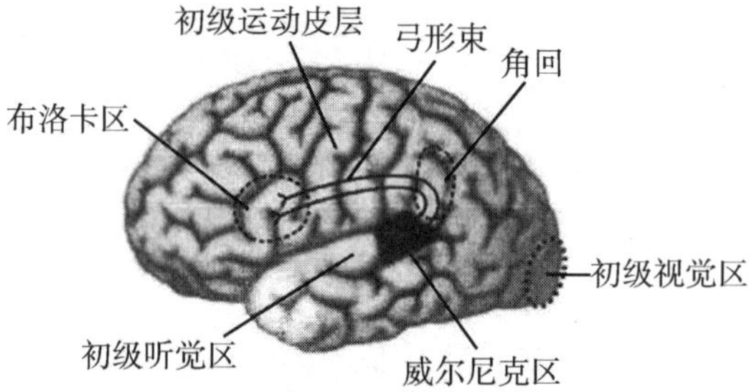

图 2-8 阅读的神经网络示意图

综上所述，心理与脑有着密切关系，脑是心理的器官，心理是人脑的机能。

专栏 2-2 中国"脑计划"脑科学与类脑科学研究

脑科学研究热潮正在全球兴起。国际上，美国相继提出"神经科学研究蓝图"计划(2005 年)、"通过推动创新性神经技术开展大脑研究"的国家专项计划(2013 年)、《国家人工智能研究与发展战略规划》(2016 年)；欧盟将"人脑工程计划"列入未来新兴旗舰技术项目(2013 年)；日本、韩国、加拿大等国先后发布大脑发展战略和共识。

我国把"脑科学与类脑研究"列入"十三五"规划纲要并确定为重大科技创新项目和工程之一，"十四五"规划和 2035 年远景目标将"脑科学"列为国家重点前沿科技项目，科技创新 2030 重大项目——脑科学与类脑研究正式启动。

那么，脑科学与类脑研究到底研究什么呢？

国家发展改革委在"十四五"规划纲要中对脑科学与类脑研究给出的解释是：脑科学研究大脑的结构与功能，从分子、细胞、神经环路、神经网络层面，阐明感知觉、学习记忆、抉择、语言、意识等认知功能的基本原理，解析脑功能异常的神经机制，提升对脑重大疾病的诊治水平。类脑研究借鉴脑科学阐释的生物大脑的神经工作原理，通过对发育、演化、学习、认知等的建模，研发类脑算法、脑机接口、类脑智能器件和系统，模拟、延伸和扩展人类智能，实现强人工智能。脑科学和类脑研究互为支撑、互相促进、融合发展，对于促进产业升级、社会发展和人民健康等具有重大战略意义。

归纳起来主要有两个研究方向：以探索大脑秘密、攻克大脑疾病为导向的脑科学研究及以建立和发展人工智能技术为导向的类脑研究。中国希望能够在脑科学、脑疾病早期诊断与干预、类脑智能器件三个前沿领域取得国际领先的成果。

脑科学研究不但可以揭开大脑高智能、高效率、低能耗之谜，对人工智能、基因学、细胞生物学、生理学、生物信息学、解剖学、行为科学、信息技术、纳米技术和营养学都有重要拉动作用。

（资料来源：《脑科学与类脑研究的主要研究方向》，https://news.eol.cn/lzmzl/202205/t20220507_2223930.shtml，李志民，引用时有删改）

第二节　心理是人脑对客观现实的反映

脑是产生心理的器官，但具备了人脑是不是就自然而然地产生复杂的心理现象呢？答案是否定的。如果没有客观现实作用于人脑，如果人脑不接触客观现实，复杂的心理现象就不会产生。心理是在人们不断接触、不断认识客观事物的基础上产生的。

一、客观现实是心理的源泉

人的心理是外界的各种刺激作用于感觉器官而产生的。从简单的感觉、知觉，到复杂的想象、思维、动机、兴趣，都是对外界刺激即客观现实的反映。这就是说，心理的产生，除具备大脑这个生理器官外，还要有一个先于反映者的被反映者。一般情况下，我们把这个被反映者分为自然环境和社会生活两个方面。这两个方面不依赖于人的心理而存在，是人心理产生的源泉和内容。

天地日月、山川河流、花草树木、飞禽走兽等，这些自然环境是人类实践活动的环境，是人的心理内容的重要组成部分。城市乡村、文化艺术、建筑、劳动工具、人际关系、风俗习惯等，则是人的心理的源泉与内容，而且是最重要的、起决定作用的源泉与内容。脱离了这些环境，一个大脑健全的人也无法形成正常、良好的个性。

自18世纪以来，人们陆续在意大利(罗马)、瑞典、德国、荷兰等地发现了许多被野兽哺养大以及离开人类社会独自长大的野生儿。其中记录最全、最典型的就是1920年在印度发现的两个“狼孩”。这两个返回人类社会的女孩由辛格(Singer)夫妇抚养，小的约2岁，很快就死了；大的约8岁，取名卡玛拉(Kamala)。卡玛拉返回人类社会之初用四肢行走，用双手和膝盖着地歇息，舔食流汁的东西，只吃扔在地上的肉，害怕强光，夜间视觉敏锐，而且号叫。她怕火、怕水且从不愿意洗澡，白天蜷伏于墙角，拒绝穿衣服，没有羞耻感，根本没有正常8岁儿童应有的心理反应和行为。

经过辛格夫妇的悉心照料和教育，2 年后她学会了站立，4 年后学会了 6 个单词，6 年会走，7 年学会了 45 个单词，有了羞耻感，学会了用手吃饭，到 17 岁临死时具有相当于 4 岁儿童的心理发展水平。即使有正常人的大脑，然而脱离了正常人的社会环境，也不能形成正常人的心理。可见，社会生活条件是人的心理源泉和内容的决定性组成部分。

二、心理是人脑对客观现实的主观反映

人的心理是脑对客观现实的反映，但这种反映不是一种死板、机械的反映，它是通过一个个具体的人脑反映出来的。每个人的生活经历、个性特点不同，因而便导致不同的人(或同一个人在不同时期)对同一事物的反映不尽相同。从这个道理上讲，作为对客观现实的反映形式——心理是主观的。例如，对同一部电影或同一个建筑设计，人们欣赏之后的理解和评价是不同的。

人心理的主观性并不是心理的弱点。所谓主观性，不是主观臆造，恰恰相反，正是由于人对当时事物的每一反映都有过去的知识经验、个性特征的参与而起作用，才保证了人的认识和反映的不断深入。倘若人的心理只是机械地如同镜子照映物体那样，人的心理便简单而不丰富多彩了，更谈不上认识的深化了。

三、人的心理是在实践中发生、发展的

人的心理作为对现实的反映，是通过感觉器官而产生的。然而，人的感官、人脑产生心理却是积极主动的，并不像 18 世纪法国的狄德罗(Diderot)、德国的费尔巴哈(Feuerbach)等一切旧唯物主义者认为的人的心理是消极被动的过程。

人不是现实的消极的反映者，而是积极的活动者，人总是实践着、活动着。实践活动是人的心理发生、发展的基础。人的一切心理现象、一切反映形式都是在实践活动中，在劳动、学习中产生的，人的心理也是在实践活动任务的要求下产生的，在反复的实践中加深、丰富。也可以说，没有人的社会实践、没有个人同别人的交往就没有人的心理，这是已被科学和经验证明了的，“狼孩”的“人性”回归足以说明这一点。事实上，实践活动对心理的物质本体——大脑本身的发展也是极其重要的。人的大脑是在后天的活动中得到发展的。以脑重量来说，初生婴儿 390 克，9 个月 660 克，3 岁 1011 克，7 岁 1289 克，到了成年达到平均重量 1400 克。倘若失去正常的社会实践，脑的正常发育也将不可能。

综上，人的心理是在实践活动中对客观现实的反映，是主观与客观的统一，是人脑对客观现实的主观映象，而社会实践是人心理发生发展的根本条件。青少年阶段是人生的“拔节孕穗期”，青少年需要正确的引导和精心的栽培，要在新时代伟大实践中经历培育锻造，从而成长为经得起实践磨砺和检验的时代新人。正如习近平总书记在《习近平给中国石油大学(北京)克拉玛依校区毕业生的回信》中对青年的殷切希望，“希望全国广大高校毕业生志存高远、脚踏实地，不畏艰难险阻，勇担时代使命，把个人的理想追求融入党和国家事业之中，为党、为祖国、为人民多作贡献”。让青春在新时代的广阔天地中璀璨绽放，如此个体方能找到实现人生价值的最佳舞台！

第三节　脑的可塑性、心理与神经内分泌

人脑是一个复杂而动态的系统，受学习、训练以及各种经验等因素的影响，其结构和功能都会出现动态的修复或重组，也就是体现出所谓的可塑性。认知神经科学研究表明，在个体的生命全程中神经系统都具有一定的可塑性。

一、脑的可塑性

脑的可塑性就是中枢神经系统的可塑性，是指神经元之间的相互联系可以在内、外环境因素的作用下改变，这种改变可能与脑组织新联系的形成或者与现有神经联系效率的增强有关，即脑在结构和功能上有修改自身以适应改变了的现实的能力，包括结构的可塑性和功能的可塑性。我们说脑功能异常、认知功能障碍，通常就指脑的神经结构或功能出现了异常。

(一)功能的可塑性

通过学习和训练，我们可以获得以前不具备的一些功能。例如，成年人可以学习游泳、骑自行车等技能，使相应的脑区获得这些功能。如果不学，主管这些运动区域的大脑是不会自动具备这些能力的，而通过学习就可以获得。许多技能需要不断训练和学习才能够保持在相对较高的水平，如乐器演奏、体育竞技(如打乒乓球)等，否则水平的下降将不可避免。这种我们日常所见的各种技能的获得、下降或丧失本身就反映了我们大脑功能的可塑性。

在临床实践中，还有一些典型案例可以提示大脑功能具有可塑性。通常我们是通过位于大脑后部的枕叶来感知并“看见”东西的，而这些负责“看见”东西的枕部区域对于先天的视障人士来说，因为没有来自眼睛的视觉信号的刺激，它们不用“看”什么东西，那是不是就闲着，无事可做了呢？事实并非如此。普通人用来“看”东西的枕部脑区，对于先天的视障人士来说则“改行”去“摸”东西和“听”东西，由加工视觉信息改成加工触觉信息和听觉信息，而普通人用来“摸”和“听”的脑区在视障人士中依然起作用，也就是说，视障人士比普通人多了一个脑区(枕叶)在负责“摸”东西和“听”东西，这可能就是他们的听觉和触觉比普通人要发达的原因。

(二)结构的可塑性

结构的可塑性是指通过环境的强化和不断的训练，脑结构可以发生一些有利于功能的变化。非常典型的就是那些对钢琴家和弦乐演奏家进行的研究，如有研究发现，那些自幼(8 岁前)开始接受系统训练的职业钢琴家，其主管手指运动的脑区皮层的厚度是普通人的 5 倍；另外，对 20 岁左右的成年人进行的杂耍训练发现，通过 3 个月的系统训练，被试们的杂耍技能显著提高了，他们负责处理视觉信号的位于枕叶的视区皮质厚度也增加了，这提示行为训练是可以引起脑结构变化的。

每个人的大脑都具有可塑性，即便我们已长大成年，我们的大脑依然可以被改变。大脑可塑性变化的最佳驱动因素是我们的行为，我们每天的行为都在塑造着我们的大脑。那么，如何塑造我们的大脑呢？首先，要相信大脑是可以被塑造的，不管我们多大年纪，它都可以被塑造。而且，它主要由我们的日常行为，即我们所做的一切塑造。其次，我们想拥有一个学习能力更强的大脑，我们就需要进行刻意练习。以学习英语为例，我们可以先制订一个学习计划，逐渐养成每日学习的习惯，然后再一点点增加学习的难度。在习惯养成的过程中，我们的大脑也在逐渐适应这种学习行为的变化，随着学习难度的增加，我们的学习能力也会逐渐增强。这个过程中，最关键的是每日学习习惯的养成，然后是大量不间断的学习。切记不可三天打鱼两天晒网！因为只有不断学习和强化，我们的大脑才能被塑造，才能变得更强，才能使我们拥有优秀的学习能力。最后，好的学习习惯和生活习惯的养成，对我们成为我们想成为的人也很有帮助，习惯的养成不断重新塑造着大脑，从而促使我们发生改变。

二、心理与神经内分泌

调节人体生理活动、心理活动的机构，除神经系统外，还有另一重要系统，就是内分泌系统。由于内分泌系统一般都受到神经系统的控制与调节，因而，也就形成了神经—体液调节。

内分泌系统是由分散在全身各处的内分泌腺和一些内分泌细胞组成的，它是通过内分泌腺或内分泌细胞分泌的化学物质来实现对机体进行调节的一种重要的整合机制。

(一)什么是内分泌腺

人体内的腺体有两类：一类是外分泌腺或有管腺，它的分泌物通过导管流入某种管道或皮肤表面，如汗腺将汗液排出体外，胃腺将胃液排至胃腔内等；另一类是内分泌腺或无管腺，其分泌物由腺体细胞直接渗入血液或淋巴，并影响体内其他细胞器官的功能。由内分泌腺生成并分泌的生理活动物质称为内分泌物，或称为激素或荷尔蒙。内分泌系统对身体的调节作用是通过内分泌腺的作用来实现的，这种调节与神经系统的调节有所不同，其作用范围广，速度缓慢，效果持久，而神经系统的调节作用则范围有限，精确度高，速度快，效果显著。因此，从内分泌系统的作用来看，它对维持机体的正常活动，保证机体与环境的统一至关重要。如果内分泌腺活动失调，分泌的激素过少或过多，那么就会引起生理、心理的异常。

(二)几种主要内分泌腺及功能

目前，科学家们已发现了 27 种内分泌腺，其中与心理活动直接有关的主要有脑垂体、甲状腺、肾上腺、性腺等。

脑垂体位于大脑底部，以一个漏斗形短柄与脑相连。成年人的脑垂体约重 0.6 克，相当于一粒豌豆大小。脑垂体是人体最重要的内分泌器官，体积很小，结构复杂，分泌的激素种类较多，能控制体内多种分泌腺的活动，脑垂体可分为腺垂体和神经垂体两部分。腺垂体分泌的激素主要是促肾上腺皮质激素、促甲状腺素、促性腺激素、生长素等。这些激素一方面分别调节肾上腺、甲状腺、性腺对激素的合成与分泌，另一方面维持这些腺体的正常发育。生长素对青少年的生长发育影响很大，但对脑和智力的发育无明显影响。神经垂体分泌的激素有抗利尿激素和催产素，抗利尿激素有增进记忆和改善记忆功能障碍的作用。

甲状腺位于气管上端的两侧，左右各一个，它是人体最大的内分泌腺，重 20～30 克，其分泌的激素为甲状腺素。甲状腺素具有调节体内物质代谢和促进生长发育的作用，尤其对中枢神经系统的发育和功能的影响甚为重要。人在幼年时，如果甲状腺功能低下，会引起神经系统分化发育不良、智力低下、反应迟钝，还会使其生长迟缓，身材矮小，即“呆小症”。甲状腺功能与心理活动有密切关系。甲状腺功能低下者，可出现智力下降、记忆减退、想象和言语活动减少、嗜睡等现象。反之，甲状腺功能亢进，神经系统兴奋性增高，则表现为情绪激动、紧张、烦躁、多语、失眠等。

肾上腺位于肾的上方，左右各一个，每个腺体都由外层的肾上腺皮质和内层的肾上腺髓质组成。肾上腺皮质分泌的激素有 3 类，即糖皮质激素、盐皮质激素和性激素。糖皮质激素具有调节物质代谢的作用，并能增强机体的应激能力，如加强人体对创伤、高温、惊恐、疼痛等有害刺激的抵抗力，使人体产生相应的应激反应。盐皮质激素的作用主要是调节体内的钠钾代谢，即保钠、保水、排钾。肾上腺皮质分泌的性激素主要是指少量的雄激素，它具有促进人体男性化的作用，并能促进蛋白质的合成。对女性来说，肾上腺皮质分泌的雄激素过多，则会出现男性化的病理状态。肾上腺髓质分泌的激素有肾上腺素和去甲肾上腺素两种。这两种激素的作用虽存在差异，但都能升高血压，增加组织代谢，提高中枢神经系统的警觉性、应激性和反应灵敏性等。

男性性腺为睾丸，女性性腺为卵巢。它既是人体的主要生殖器官，能产生生殖细胞(精子、卵子)，又是人体的重要内分泌器官，能分泌雄激素和雌激素。男性睾丸分泌雄激素睾酮，女性卵巢分泌雌激素和孕激素，还有少量雄激素。性激素的作用一是促进和维持性器官的发育成熟及生殖功能的成熟；二是促进第二性征的出现及生殖过程的进行，对人的性心理、性行为的产生与表现有着重要影响。

此外，下丘脑也能分泌激素，它所分泌的激素主要调节脑垂体中腺垂体的活动，这就使得中枢神经系统能够精确地调节内分泌系统的活动，使脑和内分泌系统紧密联系起来，从而共同对内外环境的变化作出全面准确的反应。

(三)神经—体液调节

神经系统通过调节内分泌腺分泌的激素，增加通过血液循环运输至所作用的器官或组织影响各种效应器官的活动，称为神经—体液调节。由此可见，神经系统对机体的生理、心理和行为调节作用有两条途径。一条是神经系统直接调节各器官活动，另一条是通过神经—体液调节影响各器官的活动。神经—体液调节也是生理、心理活动的一种极为重要的调节方式。

神经—体液调节是神经系统通过调节内分泌腺分泌的激素，增加通过血液循环运输至所作用的器官或组织影响各种效应器官的活动。

思考与应用

1. 你更愿意去解一道数学题还是创造一幅画？更愿意写一篇学术文章还是创作一篇小说？根据流行科学，你回答这一类问题的方式揭示了你是一个“左脑”人还是一个“右脑”人。不仅如此，流行科学还会鼓励你参考这类信息去进行职业选择。这些说法真的正确吗？

2. 什么是神经元？它的基本功能是什么？

3. 简述神经系统的结构与功能。

4. 如何根据脑功能学说的发展来认识大脑活动的特点和规律？

5. 阐述脑的可塑性对教育的启示。

6. 什么是神经—体液调节？各种内分泌腺对人类行为有哪些影响？

7. 哈维等人研究发现，爱因斯坦大脑左右半球 9 区和 39 区神经胶质细胞数量与神经元数量的比值比普通人高。9 区与注意、决策等能力有关，39 区与视觉空间认知、数学思维、语言等能力有关。爱因斯坦大脑 9 区的皮质厚度比对照组薄，而神经元密度更高；其大脑两半球的顶下小叶区域的神经连接比一般人更密集。我们如何解释从爱因斯坦大脑中观测到的这些不寻常的结构特点呢？

推荐阅读

1. 鲍勃·加勒特、杰拉尔德·霍夫：《大脑与行为：从神经科学视角解读行为问题》，濮阳蓁等译，北京，北京科学技术出版社，2021。

2. 尼尔·R. 卡尔森：《生理心理学：走进行为神经科学的世界(第 9 版)》，苏彦捷等译，北京，中国轻工业出版社，2017。

3. 菲利普·津巴多、罗伯特·约翰逊、薇薇安·麦卡恩：《津巴多普通心理学(第 8 版)》，傅小兰等译，北京，人民邮电出版社，2022。

4. 詹姆斯·卡拉特：《生物心理学(第 11 版)》，苏彦捷译，北京，商务印书馆，2018。

第三章

意识与注意

第一节　意识概述
第二节　注意概述
第三节　注意的种类
第四节　注意的品质
第五节　注意规律与教学

本章首先介绍了意识的内涵、意识的水平和意识的功能，以及常见的意识状态，包括睡眠、梦、催眠、白日梦与幻想，其次在注意部分，主要介绍了注意的内涵、功能和作用，注意的种类，注意的品质以及注意规律与教学。

思维导图

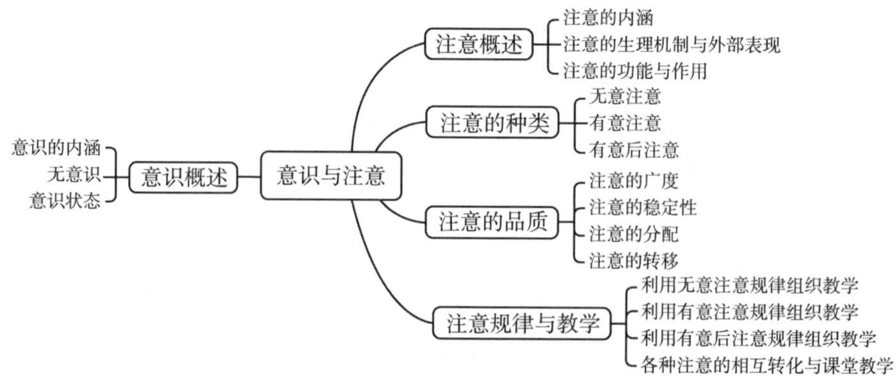

学习目标

1. 了解意识及常见的意识状态；
2. 掌握注意的内涵和基本特征；
3. 掌握注意的分类及功能、注意的外部表现；
4. 掌握注意的品质；
5. 掌握注意的规律及其在教学中的应用。

课前思考

当前处于一个信息超载的时代，你的注意是不是难以长时间集中在一件事情上？请检查一下，你是否做过以下一些事情？

- 在电脑上完成作业，不时地中断正在做的事情而去回复一个QQ留言。
- 刚买的一本新书，翻看几页就放下了，然后就很难读完。
- 上自习时，过一段时间就要检查一下有无微信信息。

对于大多数人而言，这些现象非常普遍。当然，生活中还有很多类似的情境会导致个体的工作和学习效率下降。有时，人们在专心学习时，可能根本没有留意到周围发生了什么。一般来说，在某一时刻，人们只能清晰地注意有限的对象，而对周围的其他事物只有模糊的感知甚至不感知。只有“注意”到了的事物，才能在人们的意识中反映出来。那么，什么是意识？在不同的意识状态下，人的行为表现如何？注意有哪些基本规律？如何评价一个人注意力的好坏？假设你是一名教师，如果现在有学生来咨询如何提高注意集中的能力，你会怎么建议？

第一节　意识概述

你有过这样的经历吗？当你在专心学习时，根本没有留意到周围发生了什么。一般来说，在某一时刻，人们只能清晰地注意有限的对象，而对周围的其他事物只有模糊的感知甚至不感知。只有"注意"到了的事物，才能在人们的意识中反映出来。那么，什么是意识？

一、意识的内涵

意识(consciousness)是一个古老而又难解的谜。迄今为止，对于意识人们还没有找到一个令人满意的定义。有时意识表示心理状态，意味着清醒、警觉、注意集中等；有时意识表示心理内容，包括对环境信息的知觉、对往事的回忆、对幸福的体验等；有时意识表示一种行为水平，意味着受意愿支配的动作或活动，与自动化的作用相反。例如，早晨起床后，一个人在选择穿哪一件衣服时是受意识支配的，而穿衣服的动作通常是自动化的，不受意识的控制。

意识是人的心理活动的重要组成部分，是心理发展的最高级阶段。人的意识非常复杂，表现出多维度、多层次、多水平的意识现象。一般来说，我们可从意识的 3 种不同水平进行理解。

基本水平：对内部和外部信息的觉知。在这一水平上，个体可觉察到某种现象或事物。例如，可以觉察到汽车的声音、鲜花的芳香、电视里的精彩节目等外界信息；也可以觉察到某些个体内部的状态，如疲劳、焦虑、激情或饥饿等。觉察到这些外部事物或内部信息，就说明个体意识到了。同样，个体还能觉察到时间的延续和空间关系等。

中间水平：对所觉知内容的反映。在这一水平上，意识从真实客体和当前事件的局限中解脱出来，个体可以依赖自己的知识经验，思考和想象新事物或新现象的可能情形，并利用意识来回忆过去或计划未来。

高级水平：对自己作为一个有意识、会思考的个体的觉知，即自我觉知。自我觉知赋予人历史责任感和认同感，使人体验到有序、可预测的世界，且使人具有预测未来的能力，可以选择目前最好的行动方案并计划将来。

意识是人所特有的反映现实的最高形式，是人对现实的一种有目的的、有组织的反映。

意识是人所特有的反映现实的最高形式，是人对现实的一种有目的的、有组织的反映。意识既是自然界长期发展的产物，也是社会的产物。同时，意识本身具有的功能，对人类的发展又有重要的作用。意识主要通过以下 3 种方式帮助人类个体调节和控制自身行为，以便更好地适应环境。

首先，意识对个体所觉察的和注意的范围进行限制从而减少刺激输入的流量。意识的这种功能限制了无关信息的输入，无关信息被滤掉或成为背景噪声，因此个体可以将心理活动集中在即刻目标信息上。

其次，意识具有储存功能。意识通过选择一些信息，忽略另一些信息，使个体将事件和经验按照个人的需要分成相关的和无关的，从而使个体有选择地储存相关信息，以便进一步对这些信息进行加工。

最后，意识让个体基于过去的知识和对不同后果的想象来终止、考察、思考不同的行为方案。这种计划或执行控制的功能使个体能够压抑那些与道德、伦理和实践要求冲突的强烈愿望。

二、无意识

无意识是相对于意识而言的，是个体不曾觉察的心理活动和过程。意识与认识有关，无意识与情绪有关。弗洛伊德发展了最初关于无意识力量的理论，他认为无意识包括大量的观念、愿望、想法等，这些观念和愿望因为与社会道德存在冲突而被压抑，不能出现在意识中。如果把人的心理比作一座冰山的话，那么意识便是露出水面的冰山一角，它只占人的心理很小的一部分，大部分的心理活动或心理过程是无意识的。

三、意识状态

从无意识到意识再到注意，是一个逐渐变化的连续体，呈现为不同的状态。在生活中的每一天，多数人都会意识到自己的精力、心情和精神状态的起伏与变化，这些变化与个体身体功能的周期性变化密切相关。人体的基本生理活动、生理过程和心理状态的周期性自然变化，称为人体的生物节律或生物钟。在正常情况下，生物钟以一天为一个周期，位于下丘脑的视交叉上核，对人体的生理功能及心理状态的周期性变化起关键作用。不良的生活习惯，如熬夜，会打破身体的生物节律，造成体内细胞不能正常修复，使人体的生物钟发生紊乱，影响身体健康。因此，我们要按照生物钟的规律，早睡早起，适量运动，养成良好的日常生活习惯，提升健康的意识。

专栏 3-1 生物钟

人的体力、智力和情绪等心理状态，不是持续恒定的。身体也需要一定的休整。因此，在一个月当中，人的智力、体力、情感都会经历一个周期波动。一般来说，人的智力周期为 33 天，体力周期为 23 天，情绪周期为 28 天。

具体来讲，每个周期都有高潮期、低潮期和临界日。智力临界日时，思路不清；体力临界日时，全身疲乏；情绪临界日时，心烦意乱。三个临界日每年都有一次重合。重合之日，人便感觉到思维迟钝，身体无力，情绪低落。当三个周期都处于高潮期时，思维敏捷，浑身是劲，情绪高涨。

不仅科学家们找到了人体每个月的生物周期变化，心理学家还测出，在一天24小时内，人的大脑也会有周期性的波动。平均来说，大脑每天有4次“黄金时刻”：凌晨4点到6点大脑清醒，是记忆的最好时刻；上午9点到11点，大脑由抑而扬，注意力强，记忆力好，联想力佳，是第二个黄金时刻；下午5点到7点，人的嗅觉灵敏度达到最好状态，脑力、耐力、体力进入第三个高峰时期；晚上8点到9点，脑力再度处于活跃时期，是一天中第四个黄金时期，可以从事各种创造活动。

不过具体到个人，也不完全是这样的。有些人习惯早起，是典型的“百灵鸟”型，可以按照上述时间安排制订学习计划；有些人却在晚上效率更高，是典型的“猫头鹰”型，他们就必须重新找出自己的“黄金时刻”来进行安排。现实生活中，在对宇航员、运动员的训练中，可以通过有意识的训练，使他们的体能高峰、情绪高峰都处于一个时间段，从而发挥出他们的最大潜能，达到最佳水平。在教育中，学生经过训练在考试中也可以有最好的发挥。

（资料来源：聂振伟等，2009）

生命的大多数时间里，我们都处于觉醒的意识状态，这是一种清楚的、有组织的、正常的意识状态。在这种意识状态下，我们觉知到的时间、地点和事件都是真实的、有意义的和熟悉的。但即使在正常的觉醒状态下我们的意识也是变化的，如现在我们正处于认真读书的意识状态，十几分钟之后，我们可能沉湎于白日梦之中。每个人都经历过由一种正常的意识状态向另一种意识状态的转变，如从正常的清醒意识状态向睡眠、做梦等意识状态的转变。在日常生活中，人们在长跑、听音乐、发高烧、缺乏睡眠等许多情境下都可能出现意识状态的转变，冥想、催眠及部分药物也会使人变更意识状态。人的意识不断变化形成不同的意识状态，处于不同意识状态下的个体，其生理活动、行为表现是不一样的。以下是几种常见的意识状态。

(一)睡眠

睡眠是我们最熟悉的活动之一，人的一生约有三分之一的时间是在睡眠中度过的。睡眠是与清醒相对的一种现象，这两种现象在时间上是交替出现的，同时与这两种现象相伴的唤醒、新陈代谢、心率、血压、体温和激素等生理指标水平也出现周期性变化。一般来说，上述这些生理指标达到顶峰是在昼间，降到最低点则在夜间睡眠时，就如同身体内部存在一个生物钟。

人在睡眠时并不是完全没有反应的。例如，在睡眠中，听到有人叫自己的名字会比听到叫别人的名字更容易醒过来；当一架喷气式飞机在头顶上轰鸣时，一个熟睡的母亲可能听不见声音，但是如果她的孩子发出非常轻的哭声，她就能立刻醒过来。有些人睡眠时甚至能完成简单的任务。例如，在一个实验中，被试需要学会在听到某种音调的声音时就按一个开关，从而避免电击。最后，他们甚至可以在睡眠中完成这个任务。

1. 睡眠阶段

大脑活动在睡眠时如何改变？脑电图(electroencephalogram，EEG)可以精确显示睡眠周期中人的脑电活动(见图 3-1)，从而揭示睡眠的本质。

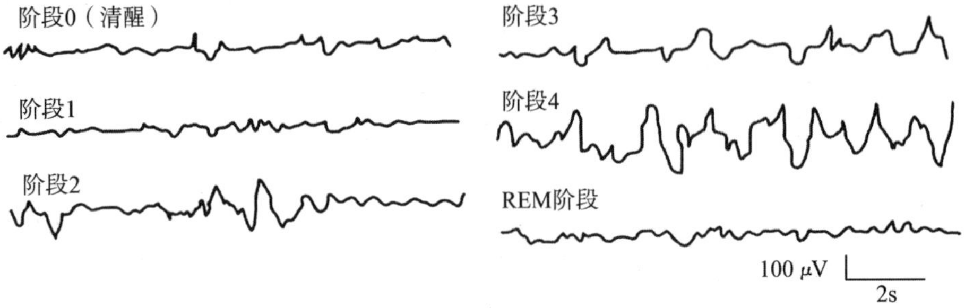

图 3-1　睡眠各阶段脑电波记录

清醒状态下的脑电波是一种低幅快波，每秒 13 次以上，这种脑电波叫作 β 波。当人昏昏欲睡，即将进入睡眠的瞬间，脑电波转换为大幅慢波形式，每秒 8～12 次，这种脑电波叫作 α 波(当人放松并随意畅想时，也会出现 α 波)。随后，人闭上眼睛，呼吸逐渐变得慢而有规律，脉搏减慢，体温下降，逐渐进入睡眠状态。随后，脑电波中的 α 波逐渐消失，出现一些不规则波形并混有一些振幅很小的波，这就是睡眠第 1 阶段的波形。我们平时犯困，所谓瞌睡期或朦胧期，指的就是这一阶段，其时间长短因人而异。再进一步就进入了浅睡眠期，这是睡眠的第 2 阶段，此时脑波呈不规律特点，频率与振幅忽大忽小，时时出现一种纺锤形波，频率 12～14Hz，波幅由小到大，再由大到小。一夜中，人有一半时间处于这种浅睡眠状态。睡眠再深一些，就进入了第 3 阶段。脑电图比第 2 阶段明显慢，平均频率 4～7Hz，振幅也较大，其中极慢频率(0.5～3Hz)，也就是 δ 波占 25%～50%。睡眠最深阶段是第 4 阶段，此时 δ 波占 50%以上，偶有小波混杂其间。因为第 3 和第 4 阶段脑电波均很慢，所以合称慢波睡眠，也叫作深睡眠。

前 4 个阶段的睡眠要经过 60 到 90 分钟，之后睡眠者通常会有翻身的动作，并很容易惊醒。接着就进入一个新的阶段，被称为快速眼动期(rapid eye movement, REM)。睡眠中不表现快速眼动的阶段称为非快速眼动期(non-rapid eye movement, NREM)。脑的生理电活动在 REM 迅速改变，δ 波消失，高频率、低波幅的脑电波出现，与个体在清醒状态时的脑电活动很相似。睡眠者的眼球开始快速左右上下移动，且通常伴有栩栩如生的梦境。第一次 REM 一般持续 10 分钟，再过大约 90 分钟，会有第二次 REM，持续时间通常长于第一次。在整夜睡眠中，人们通常会经历 4～5 次这样的睡眠周期。睡眠周期会随着时间和年龄而有所改变。随着渐渐接近黎明，第 4 和第 3 阶段的睡眠逐渐消失。因此，深度睡眠在前半夜要远多于后半夜。大多数 REM 发生在睡眠的后期，持续时间也越来越长。第一次 REM 大约持续 10 分钟，而最后一次则长达 1 小时。

2. 睡眠的功能

个体为什么必须睡眠？第一种解释是睡眠使工作了一天的大脑和身体得到休息、休整和恢复，使个体能保持身心健康。大脑在清醒状态时会制造化学腺苷来抑制感到困倦的神经元，而腺苷浓度在睡眠过程中会下降。因此，睡眠就像大脑的食物，给大脑补充能量，帮助人们修复身体组织，特别是脑组织。

另一种解释是与生物进化有关的生态学理论。按此理论的说法，睡眠是为了适应生态环境以避免自身遭受伤害。在黑夜中打猎或采食对人类祖先来说是很危险的，因此最好的生存办法是在一个安全的地方睡觉，而在白天活动。

除了以上两种典型的睡眠功能的解释外，睡眠还可以帮助个体完成清醒时尚未结束的心理活动。例如，一个人在练习后立即睡眠，他醒来后会有较好的记忆力。原因是练习后立即睡眠，人可在睡眠中继续完成练习时未完成的信息处理工作。另外，睡眠在成长过程中也起到重要作用。在深度睡眠中，垂体腺会释放成长激素。随着人的衰老，垂体腺会释放出较少的这种激素，并且深度睡眠的时间变少。

专栏 3-2　如何获得良好的睡眠？

你也许经常遇到这样的难题：晚上熄灯上床后，闭上眼睛等待睡眠的到来，然而一个小时后却仍然醒着。最后好不容易睡着了，可令人气愤的是，凌晨 3 点又醒了。到了雄鸡报晓的时候，你又经历了一个难过的夜晚。在此，睡眠专家提出一些好的建议：

1. 确定自己是否有睡眠障碍。许多人只是想当然地认为自己睡得不好，他们过多地估计了自己的入睡时间，并且低估了自己的实际睡眠时间。诊断睡眠障碍的标准是观察你在白天的感受。即使你的睡眠比大多数人都少，只要你能在白天保持良好的工作或学习状态，那么就不应当担心，因为担心本身就会导致失眠。

2. 避免过度饮酒或过度使用其他药物。许多日常生活中的饮料都会影响睡眠，如咖啡、茶、可乐都含有咖啡因，咖啡因是一种兴奋成分；酒精会抑制快速眼动睡眠；一些药物，如安定和利眠宁则会减少第 4 阶段的睡眠。

3. 不要把卧室和觉醒联系起来。当环境线索与某种行为发生联系时，这些线索就会诱发该种行为。如果你不想让卧室诱发觉醒行为，就不要在卧室看书、学习或看电视，也不要清醒地躺在床上，花几个小时的时间来等待睡眠。如果你不能入睡，不如起来在另一个房间做些枯燥和放松的事。当你感到困倦时，再去尝试入睡。

4. 关心自己的健康和饮食。健康的饮食习惯对良好的睡眠至关重要，如氨基酸中的色氨酸能促进睡眠，其他饮食因素也会对觉醒或放松产生一定影响。白天的体育锻炼能够促进夜晚的睡眠，但是不要在睡觉前进行锻炼，因为这样会提高一个人的觉醒程度。

5. 最后还要强调的是，失眠症与焦虑有关，这对你寻找问题的根源有一定帮助。艾伦曾经说过这样的话：“羔羊可以和狮子躺在一起，但是羔羊根本不会入睡。”如同羔羊试图与狮子一同入睡一样，如果你的心中充满焦虑，导致相应激素不断分泌，那么你根本就不可能获得良好的睡眠。

（资料来源：韦德、塔佛瑞斯，2006）

(二)梦

梦是睡眠中的一种奇异现象，主要特点是无意性、被动性及梦境的离奇与怪诞。长期以来，对梦的解释一直是仁者见仁、智者见智，没有一个统一的说法，主要有以下几种观点。

1. 精神分析的观点

精神分析学家弗洛伊德和荣格(C. G. Jung)等人认为，梦是潜意识过程的显现，是通向意识的最可靠的途径。或者说梦是被压抑的潜意识的冲动或愿望以改变的形式出现在意识中，这些冲动和愿望主要是人的性本能和攻击本能的反映。在清醒状态下，这些冲动和愿望因为不被社会伦理道德接受而受到压抑和控制，所以无法出现在意识中。而在睡眠时，意识的警惕性有所放松，这些冲动和愿望就会在梦中以改头换面的形式表达出来。在弗洛伊德看来，通过分析病人的梦，可以得到一些重要的线索，以帮助发现病人的问题。

2. 生理学的观点

霍布森(J. A. Hobson)认为，梦的本质是个体对脑的随机神经活动的主观体验。一定数量的刺激对维持脑与神经系统的正常功能是必要的。在睡眠时，由于刺激减少，神经系统会产生一些随机活动。梦则是个体的认知系统试图对这些随机活动进行解释并赋予一定意义的产物。

3. 认知观点

有人认为梦担负着一定的认知功能。在睡眠中，认知系统依然对储存的知识进行检索、排序、整合、巩固等，这些活动的一部分会进入意识，成为梦境。福克斯(Foulkes)认为，梦的功能是将个体的知觉和行为经验重新编码和整合，使之转化为符号的、可意识到的知识，这种整合可以将新、旧记忆联系起来。认知观点为研究梦的功能提供了框架。有研究表明剥夺快速眼动睡眠会导致记忆力下降。这在某种程度上支持了梦具有认知功能的主张。

(三)催眠

催眠这一术语源于英国外科医生詹姆斯·布雷德(James Braid，1795—1860)，而催眠术则兴起于18世纪奥地利医生弗朗茨·安东·麦斯麦(Franz Anton Mesmer，1734—1815)对癔症病人的治疗。催眠是一种类似睡眠而又实非睡眠的精神恍惚状态，表现为注意范围的缩小和对暗示接受程度的提高等，是在特殊情境下由催眠师诱导形成的。被试进入催眠状态后好像是睡着了，但其实并没有进入睡眠，个体催眠时的脑电记录与清醒状态时是一样的。在催眠状态下，个体的思维、言语、动作等活动是在催眠师的指示或指引下进行的，个体失去了独立思考和行动的能力。

并非所有的人都能进入催眠状态，催眠效果取决于被催眠者的受暗示性、催眠师的威信和技巧等因素。目前，催眠已被广泛应用于心理治疗、医学、犯罪侦破和运动等方面，也可作为研究人类心理和行为的一种方法。

(四)白日梦

每个人都有精力不集中、走神的时候。例如，上课时，满脑子都是刚看过的电视剧情节。又如，正在做作业时，突然走神了，想起了昨天发生的一件事，随后思绪万千，沉浸于想象之中。这种现象通常被称为白日梦，程度较严重时，称为幻想。

白日梦是十分常见的现象，事实上几乎每个人都做白日梦。耶鲁大学的杰罗姆·辛格(Jerome L. Singer，1924—2019)在对数百人所做的调查的基础上，分出三种类型的白日梦。第一类为焦虑的白日梦，通常以害怕失败为核心内容；第二类为敌对或敌意的白日梦；第三类可称为“幸福的白日梦”。当然，白日梦的内容并不限于这些。在很大程度上，白日梦是基于个体的记忆或想象的内容自发产生的。记忆主要依赖于个体过去的经历，所以经历过的事件对白日梦的内容有重要影响。

在心理学以外的场合，白日梦常被等同于“痴心妄想”。然而作为一种心理现象，白日梦有它的特殊功用。白日梦有自我控制与平和内心活动的功能。在做单调、变动少的工作时，白日梦可以使人不至于感到过度厌烦、乏味；在做复杂、紧迫的工作时，白日梦可以让人们松弛紧张的大脑并提供自我调节的机会。此外，对那些物质生活不充沛、但想象和兴趣丰富的人来说，白日梦能提供他们需要的但周围世界不能提供的奖励，使得他们能对外界的要求做出适当的反应。但是，如果一个人遇到问题总是沉溺于白日梦中，以至于不能区分想象与现实，那么他的心理状况便令人十分担忧了。

第二节 注意概述

一、注意的内涵

(一)什么是注意

注意是心理活动或意识对一定对象的指向与集中。当一个人工作或学习的时候，他的心理活动或意识总是指向和集中在某一对象上。这里所说的对象既包括外部世界的物体或现象，又包括我们自身的心理或行为。例如，学生听课，他的心理活动或意识就指向、集中于教师的讲述；司机开车，他的心理活动或意识便指向、集中于路面变化及交通情况。某件事物对我们有特殊的意义，我们的心理活动或意识就指向它，并集中心思去观察它、思考它，这就是注意。注意是我们非常熟悉的一种心理现象，“专心听讲”“聚精会神思考”“仔细观察”等都包含着注意现象。

注意是心理活动或意识对一定对象的指向与集中。

(二)注意的特点

注意有两个基本特点：指向性与集中性。

注意的指向性是指人每一瞬间的心理活动或意识都会有选择地朝向一定的对象，而离开其余的对象。在千变万化的世界中，每一瞬间都有许多事物作用于我们，但由于感官功能的局限，我们不可能对所有的事物都产生反应，只能对一定对象进行反应，这样才能保证知觉的精确性和完整性。如在人头攒动的大街上，我们只能同时看清楚几个人的面孔，而不能看清所有人的面孔；在回忆往事的时候，我们只能同时回忆起少数的往事，而不能回忆起所有的往事；在思考问题时，我们也只能同时思考少数几个问题。因此，注意的指向性是指心理活动或意识在哪个方向上进行活动。指向性不同，人们从外界接收的信息也不同，注意的指向性显示出人们的心理活动具有选择性。

注意的集中性是指心理活动聚焦在被选择的对象上，离开一切无关的事物，并且抑制多余的活动。如聚精会神地听课、全神贯注地阅读等，都是注意“集中”的体现。注意的集中性就像舞台的聚光灯一样，聚光灯照到哪里，哪里的人物、景物就非常清晰，观众就看得非常清楚，而没照到的地方，尽管存在于舞台之上，却很难被清楚地看到。不过，与聚光灯不同的是，注意不仅可以照外部的对象，而且可以照我们自身，即注意的对象既可以是外部世界，也可以是我们自己的身体、行为和观念。当我们“倾听内部的声音”、每日“三省吾身”的时候，就是在注意我们的内心。注意越集中，当前的心理活动或意识的强度就越大，对所指向的对象的反映必然越清晰。很多科学家、哲学家都具有高超的注意集中的能力，如苏格拉底(Socrates)曾在一次行军途中，全神贯注地思考一个哲学问题，不知不觉地停了下来，当他清醒过来，才知道自己已经在那里站了几个小时，远远地掉队了；牛顿(Newton)曾在实验室里聚精会神地做实验，连吃饭的时间都忘了，助手拿来几个鸡蛋让他煮了吃，牛顿做完实验发现鸡蛋还在桌子上，怀表却在锅里，原来他太过专心做实验，结果把怀表当成鸡蛋煮了。人的精力是有限的，只有全神贯注于某个领域，才更容易成功。

心理活动或意识对一定对象的指向和集中，使少数对象被清晰和完整地反映出来，而对其他对象反映比较模糊或没有反映。集中注意的对象就是注意的中心，其他对象有的处于“注意的边缘”，多数处于注意的范围之外。注意的指向性和集中性特征是注意状态的两个方面，两者是不可分割的。注意的指向性是注意的集中性的前提和基础，注意的集中性是注意的指向性的体现和发展，二者紧密联系在一起。如学生上课听讲，其心理活动不是指向教室里的一切事物，而是有选择地指向教师的讲解和板书，同时离开一切与听课无关的事物，并且对妨碍听课的活动加以抑制，这样才能对教师的讲解有清晰、完整的反映。

注意本身不是一种独立的心理过程，而是伴随着心理过程产生的一种心理现象。

一方面，注意不像感知、记忆、思维、想象那样具有自身特定的反映内容，它是各种心理活动的伴随者，人在注意什么实际上是正在感知什么、记忆什么和思考什么；另一方面，注意又作为各种心理过程的伴随者而保证心理过程正常进行，它是一切心理活动的开端和起点，总是表现为指向心理活动反映的客观事物。如果没有注意的参与，既不可能产生人的认知过程，也不可能产生情绪情感和意志过程。无论在什么情况下，注意都不能离开心理过程而单独起作用，同样地，离开了心理过程的注意也是无法存在的。

注意和意识是紧密相连的，人的注意指向的内容一般处于意识活动的中心，因此对于注意指向的内容人的意识比较清晰。然而，注意又不等同于意识。注意是一种心理活动或心理动作，而意识是一种心理内容或体验。注意的指向性决定了什么成为意识的内容，因而注意比意识更为主动和易于控制。如果把人脑比喻为电视机，那么意识就是它包含的节目内容，注意就是对电视节目进行选择的活动过程；如果把人脑比喻为舞台，那么意识就是节目的演出过程，注意则是该演出的导演；如果把注意比喻为探照灯，那么意识就是被探照灯照亮的范围。注意决定了什么东西可以成为意识的内容，只有被注意到了的对象，才能被人觉察而进入意识。

二、注意的生理机制与外部表现

(一)注意的生理机制

注意和其他心理现象一样，是由神经系统不同层次、不同脑区的协同活动来完成的。

注意与脑干网状结构的活动相联系。注意总是以机体的觉醒状态为背景，昏睡状态下是无所谓注意的。而脑干网状结构的主要功能就在于激发和维持大脑的觉醒状态，使外来的信息弥散性地传播到整个大脑皮层，使大脑各区域处于相对兴奋状态，从而使注意的发生成为可能。

注意的初级基础是大脑皮层的一种定向反射。定向反射是由情境的新异性引起的一种复杂而又特殊的反射。当环境中出现新异刺激物时，人们会不由自主地去注意它。但是人并不是对所有刺激都发生注意，人的注意还具有一定的选择性，这种选择性则与边缘系统有关。

从细胞结构上研究脑组织发现，边缘系统，尤其是海马体中存在大量的神经元，当环境中出现新异刺激时，这些细胞就会活动起来，而对已经习惯了的刺激则不再进行反应，这些神经元叫作“注意神经元”，对刺激起着过滤器的作用。临床观察发现，这些部位的轻度损伤，将使患者出现高度分心的现象。

按照巴甫洛夫的学说，注意的产生是大脑皮层上优势兴奋中心的负诱导。根据负诱导规律，当新异刺激或对机体有意义的刺激出现时，大脑皮层的某一部位将形成一个优势兴奋中心，从而引起其他部位或区域的抑制。在优势兴奋中心内，新的暂时神经联系容易建立，旧的暂时神经联系容易恢复，因而在注意集中时，对注意对象的反映最鲜明、清晰，而对其他的事物则“听而不闻”“视而不见”。当外界刺激发生变化时，大脑皮层上的优势兴奋中心会从一个部位转移到另一个部位，优势兴奋中心的转移，就是注意方向的转移。

在高级的有意注意中，大脑的额叶起决定作用。大脑额叶负责有目的、有计划的行为，也直接参与由言语指示而引起的觉醒状态。临床观察表明，额叶受损伤的病人，出现高度的注意分散，不能按照言语的要求产生稳定的有意注意，无法完成有目的的行为，不能抑制任何附加刺激的干扰。

专栏 3-3　双耳分听实验和鸡尾酒会效应

心理学家彻里(Cherry)曾做过一个双耳分听的实验：他同时给被试的双耳以刺激，要被试复述事先规定的那只耳朵所听到的项目，利用复述任务使被试尽可能地只注意一只耳朵的信息(追随耳)，而不注意另一只耳朵的信息(非追随耳)。实验结果表明，被试能很好地再现追随耳的项目，但对非追随耳的项目则不能报告出任何东西；甚至当非追随耳的刺激从法文改为德文、英文或拉丁文，被试也觉察不到这种变化；即使把录制语音材料的磁带倒过来放，他们也不知道；不过，对非追随耳的刺激的一些物理特征，被试还是能够觉察的，他们能报告语音的变化以及男声换为女声等。默瑞(Moray)也发现，将一个刺激重复呈现给非追随耳多达 35 次，被试也不能识别和再现；但是，如果将被试自己的名字呈现给他的非追随耳，他是能够识别的。

所述现象在日常生活中也可以观察到。例如，在鸡尾酒会上，当一个人正专注于和某人谈话时，可能完全注意不到其他人在说什么，但假如在房间另一边有人提到他的名字，他或许就会觉察到。这说明未被注意到的信息并非完全被阻断了，如果信息的内容变得与他相关时，他还是会注意到的。这种现象被称作“鸡尾酒会效应”。

（资料来源：王甦、汪安圣，1992；朱莉娅·贝里曼等，2000）

(二)注意的外部表现

注意是一种内部心理状态，但它是通过人的外部行为表现出来的。人在集中注意于某个对象时，常常伴随着特定的外部表现。注意时最显著的外部表现主要有以下几种。

1. 适应性运动

人在注意时，往往把感觉器官朝向所注意的事物，以便得到最清晰的印象。如人在注意听声音时，会把耳朵朝向声音发出的方向，所谓“侧耳倾听”；人在注意看一个物体时，视线会集中在该物体上，所谓“目不转睛”；人在沉浸于思考或想象时，眼睛常常“呆视着”，眉头紧锁，托额沉思，这些姿势和表情都是人在注意时做出的适应性动作。

2. 无关运动停止

人在注意力高度集中时，除了感觉器官朝向刺激物外，身体肌肉也处于紧张状态，从而使与活动无关的动作暂时停止，许多部位处于静止状态。如儿童听故事听到迷人处，往往一动不动地望着讲故事的人，其他多余的动作都停下来；看电视剧看到最后的结局，或者看足球赛罚点球时，常停止一切无关的动作；学生上课专心听讲时，全神贯注地盯着教师，停止做小动作或交头接耳，表现得非常安静。

3. 呼吸运动的变化

当人处在高度注意状态时，呼吸会变得格外轻微和缓慢，吸气变得短而急促，呼气相对延长，当注意达到高峰时，甚至会出现“屏息”现象，即呼吸处于暂时停止状态。

此外，在紧张注意时，人还会出现心跳加速、咬紧牙关、握紧拳头、如痴如醉等现象。特别是面部表情，会有比较明显的变化，眼神、口型、眉毛与眼角等都表现出特定的神态。注意的这些外部表现，为判断和研究人的注意提供了客观指标，如在课堂上，有经验的教师根据学生的外部表现，可以判断出学生是否在注意听讲。曾有人把课堂上学生注意的外部表现归纳为以下 6 种类型。

集中型：鸦雀无声、目光有神、全神贯注、听得入迷；

疑惑型：情绪紧张、眉头紧锁、疑虑重重、焦虑不安；

活跃型：发言积极、思维活跃、气氛欢快、议论纷纷；

顿悟型：群情振奋、豁然开朗、眉飞色舞、喜笑颜开；

厌倦型：心烦意乱、死气沉沉、东倒西歪、昏昏欲睡；

松散型：漫不经心、松松垮垮、东张西望、交头接耳。

教师可根据学生的表现，采取相应的措施调整自己的教学，吸引学生的注意。但是，注意作为一种内部心理状态，它和外部行为之间并不总是一一对应的。如在课堂上，学生可能用眼睛盯住教师，装出一副认真听讲的样子，实际上他的注意全然不在教师讲的内容上，而是指向了与教学无关的其他事物，有经验的教师应对此加以识别。

三、注意的功能与作用

(一)注意的功能

注意是心理活动的一种状态，它对心理活动起着积极的维持和组织作用，使人能够集中自己的心理活动，清晰地反映客观事物，更好地适应环境，对人类生活具有十分重要的意义。一般来说，注意有三种主要功能。

1. 选择功能

客观世界是纷繁复杂的，它向人们提供了大量的刺激，这些刺激有的对人很重要，有的不那么重要，有的则毫无意义，甚至会干扰当前正在进行的活动。注意的基本功能就是对信息进行选择，使心理活动在每一瞬间选择有意义的、符合需要的、与当前活动任务相一致的各种刺激，同时避开或抑制其他无意义的、附加的、干扰当前活动的各种刺激。注意将有关信息区分开来，使心理活动具有明确的方向性，从而提高了活动效率。从这个意义上讲，注意为人的认知活动设置了一道过滤机制，使人们能在纷繁复杂的刺激面前做出有意义的选择，为人们更好地适应和改造环境提供了条件。

2. 保持功能

注意的保持功能表现在注意时间的持续上。人只有在这种持续状态下，使注意对象的影像或内容在意识中保持下来，才能进一步加工、处理，以得到清晰、准确的反映，直到达到活动目的为止。如果没有注意的保持功能，头脑中的信息就会很快在意识中消失，任何智力操作都无法进行。注意的保持功能与感知觉、记忆等心理现象有着非常密切的关系，正因为有了注意，人们才能感知信息，也才能进一步在感知的基础上记住信息。

3. 调节和监督功能

人的活动是有一定目标的，但在实现过程中，总会遇到一些干扰刺激。注意可以排除和抑制来自内部与外部的干扰，调节心理活动沿着一定的方向和目标更顺利、更有效地进行。当人们从一种活动转向另一种活动时，注意能根据当前的需要做出适当的分配和及时的转移，以使心理活动执行各种新任务，适应千变万化的环境。

总之，注意是信息进入认知系统的门户，是人们获取知识、掌握技能、完成各种智力操作的重要心理条件。只有在注意状态下人们才能有效地监控和调节自己的行为，从而顺利完成活动，实现预期目的。

(二)注意的作用

注意在人的心理活动中起着重要的作用，在人的实践活动中有着重要的意义。俄国教育家乌申斯基(Ushinski)特别强调注意在教学中的作用，他说："注意正是那一扇从外部世界进入人的心灵之中的东西要通过的大门。"如果没有注意这扇大门，知识的阳光就照不进来。许多专家和有经验的教师都认为，在同一个年龄段，同一个班级里常常会有学业表现差别很大的两部分学生，除了学习动机、学习态度以及学习方法等因素外，还有一个很重要的因素就在于这两部分学生的注意力有很大的区别。

注意保证人能对事物有更清晰的认识和作出更准确的反应，因而是人们获得知识、掌握技能、完成各种智力操作和实际操作的重要心理条件。人类的很多生产实践活动，都需要注意集中才能完成，如操作机床、驾驶、安全检测等。在这些活动中，人如果注意力分散，就不能很好地完成任务，甚至会发生危险。

第三节　注意的种类

人对事物的注意，有时是自然而然发生的，不需要任何意志努力；有时是有目的的，需要付出意志努力来维持。根据产生和保持注意时有无目的性以及意志努力的程度，注意可分为无意注意、有意注意和有意后注意三种。

一、无意注意

无意注意又叫不随意注意，是指事先没有预定的目的，也不需要意志努力的注意。无意注意往往是在周围环境中刺激物的直接影响下产生的。当外界出现新异刺激物时，人会不由自主地去注意它，表现为一种定向探究反射。例如，学生正在教室内聚精会神地听课，突然一个人推门进来，这时大家会不由自主地把视线朝向他，他引起的这种注意就是无意注意。无意注意是自然发生的，它的产生和保持都不依靠意志的努力，而是取决于刺激物本身的性质，是人们自然而然地对那些强烈的、新颖的和感兴趣的事物表现出的心理活动的指向和集中。

引起无意注意的原因很多，它们常常是综合在一起、彼此紧密联系的，为了方便叙述，本节把引起无意注意的原因分为两个方面：一是刺激物的特点，二是人本身的状态。

(一)刺激物的特点

1. 刺激物的强度

刺激物的强度是引起无意注意的重要原因。强烈的刺激物如巨大的声响、强烈的光线、浓郁的气味、鲜艳的颜色等，都容易引起人的无意注意。虽然刺激物的强度越强，越能引起人们的无意注意，但起决定作用的不是刺激物的绝对强度，而是刺激物的相对强度，即刺激物强度与周围刺激物强度的对比。例如，在夜深人静时，树叶的沙沙声、细雨的飘落声、室内时钟的嘀嗒声、轻微的耳语声都能引起人们的注意，而在白天这些微弱的声音则不被人注意，这是由于在白天这些声音与周围环境的声音相比显得太微弱了。

2. 刺激物之间的对比

刺激物在强度、形状、大小、颜色和持续时间等方面与其他刺激物存在显著差别，构成鲜明对比时，会引起人们的无意注意。如“鹤立鸡群”，人们会注意到“鹤”；“万绿丛中一点红”，在绿叶的衬托下，人们更注意红花的美；夏天皮肤晒黑了，被晒到和没被晒到的地方总是最明显，正是由于对比，黑白就显得格外分明了，就容易引起人们的注意了。

3. 刺激物的活动和变化

在静止的背景上，各种运动着的物体都容易引起人们的无意注意，如天空中飞过的一只大雁、夜空中划过的流星等。刺激物的运动不仅指连续的运动，也指断续的运动，刺激物的突然出现或停止、增强或减弱，以及空间位置的变化等都容易引起人们的注意，如天空中一闪一亮的星星、夜晚街道上闪动的霓虹灯等。

4. 刺激物的新异性

新异的刺激容易成为注意的对象。人们对于熟悉的事物往往会视而不见、熟视无睹，而那些新颖奇妙的刺激物往往容易吸引人们的注意。奇异的打扮、一反常态的表现、新鲜的事、罕见的东西都容易引起人们的注意。新异性未必是人们从未见过或经历过的，也可以是刺激物特征的改变或各种特征的重新组合。例如，上海电视塔的名字“东方明珠”与《东方之珠》这首歌的名字既相似又不同，比一个全新的名字更容易引起人们的注意；青菜豆腐汤直白地叫青菜豆腐汤也许没人注意，但叫“翡翠白玉羹”就会吸引人们的注意：翡翠、白玉是宝石，宝石竟然能做羹？这与人们已有的经验不符，引起了人们的好奇。但是，如果起的名字与大家的经验毫无联系，即便是全新的东西，也常常不会引起人们的注意。

(二)人本身的状态

无意注意不仅由外界刺激物被动地引起，还和人自身的状态、需要、兴趣、情绪情感、期待、经验等有着密切的关系。同样的事物，可能引起一些人的注意而不引起另一些人的注意。个体倾向性在人的无意注意中起着重要的作用，它决定了一个人无意注意的方向。

1. 需要和兴趣

凡是能满足人的需要和引起人的兴趣的事物，都容易成为无意注意的对象。由于生活和成长经验存在差异，人格特征、兴趣爱好、知识经验也各不相同，因此在同样的场合下，不同的人会注意不同的事物。即使对同一事物，不同的人也会注意到该事物的不同方面。例如，卖瓜子的可能更注意向日葵的籽粒是否成熟和饱满，而不会像凡·高那样注意向日葵的色彩、造型及生命力。

2. 情绪和情感状态

情绪和情感状态对人的无意注意有重要影响。人在心情愉悦、精神饱满的时候，容易注意到周围事物的变化，注意的范围也比较广，此时就容易产生对外界事物的无意注意。反之，人在心情不佳、情绪低落、精神疲乏时，就无心注意周围的变化了，就不那么容易产生对周围事物的无意注意了。

3. 个人的期待

期待的事物或人，或对个人具有重要意义的事情，容易引起人的无意注意。例如，学生期待已久的偶像或模范来校交流，其交流的内容会引起学生的高度注意；章回小说作家、说书艺人往往在故事情节发展到高潮时设下悬念，卖关子说“预知后事如何，且听下回分解”，以引起读者或听众的期待；教师在一堂课结束前，留下期待的线索，对于吸引学生下堂课的注意是很有帮助的。

4. 知识经验

与一个人既有的知识经验相关，又能促进这方面知识增加的事物，往往容易引起人的无意注意。如在旅游时，建筑师易于注意各地别具风格的建筑；文人易于注意各地的风土人情；经济学家易于注意各地经济的发展情况等。

二、有意注意

有意注意又叫随意注意，是指事先有预定目的、需要一定意志努力的注意。有意注意是在无意注意的基础上发展起来的，是一种积极主动的高级的注意形式，它与无意注意相对，强调意志努力在注意中的重要作用。例如，一个学生正在思考学习上的某个问题时，旁边有人在谈论趣闻逸事，他被吸引而停止思考，这便是无意注意。但当他意识到学习必须专心致志，就会断然不听谈话，聚精会神地思考问题。这种自觉服从预定目的，并经过一定意志努力的注意，就是有意注意。

有意注意是在人的实践活动中形成和发展起来的。同时，实践活动也离不开人的有意注意。如果一个人缺乏有意注意能力，要想在学习、工作和社会生活中取得成绩是很困难的。由于有意注意能主动地服从既定目的和当前任务，受人的意识的自觉调节和支配，所以有意注意的发展水平是一个人心理成熟的重要标志之一，也是其进一步学习和发展的重要条件。依靠有意注意，人们可以获得较为系统的知识，但往往很费力，高度紧张的有意注意常常引起身体上和心理上的疲劳，所以不能长久。有意注意在人的学习、工作、生活中具有重要作用，因此要积极创造条件，引起和保持人的有意注意。

(一)加深对目的任务的理解

有意注意是有预定目的并需要一定意志努力的注意。所以，人们对活动的目的、任务的重要意义理解得越清楚、越深刻，完成任务的愿望越强烈，就越能引起和保持人的有意注意。如士兵越能深刻认识到晚上站岗的重要意义，他的责任心就越强，也就越能保持高度警惕的状态；学生的学习目的越明确，就越能在学习时集中和保持注意。

(二)培养间接兴趣

直接兴趣是对活动过程感兴趣，而间接兴趣是对活动本身和活动过程没有兴趣，但对活动结果感兴趣。直接兴趣是无意注意的重要原因，而在有意注意中，更多地需要间接兴趣的参与。例如，在开始学习外语时对背单词感到枯燥乏味，但一旦认识到掌握外语对今后工作和交往的重要性，人就会克服困难，刻苦攻读。这种对活动结果的兴趣，能够维持人的稳定而集中的有意注意。

(三)合理的组织活动

在明确目的、任务的前提下，合理地组织活动有助于集中有意注意。例如，根据任务的需要，提出一定的自我要求，常常会加强有意注意；提出问题也有利于有意注意。为了回答问题，人们就必须注意有关事物。在教学中向学生提问，不仅可以检查学生对知识的理解，拓展他们的思维，而且对他们保持有意注意也有重要意义。另外，智力活动与实际操作活动相结合，也有利于引起与保持有意注意。上课学生记笔记就是一种操作，边记边跟着教师的思路走，有助于有意注意的维持。实际操作越复杂，对有意注意的要求越高。

(四)用良好的意志品质与干扰做斗争

人在活动过程中，经常会遇到内外刺激的干扰，要保持良好的注意，必须同一切干扰做斗争。在人的各项实践活动中，干扰不仅可能来自外界环境，如强烈的噪声、炎热的气候；也可能来自自身内部的状态，如疲劳、疾病、想法、情绪等，这些内部干扰有时会甚于外部干扰。为了保持有意注意，不但要采取措施排除干扰，如用言语不断提醒自己、布置适合学习的安静环境、建立良好的工作和学习条件，而且要培养坚强的意志品质和良好的性格特征。一个具有认真负责、吃苦耐劳、顽强坚毅人格特征的人，易使自己的注意服从于当前的目的与任务，而且具有持久性。相反，一个人如果意志薄弱、害怕困难、不思进取，不可能具有良好的有意注意。

三、有意后注意

有意后注意是指事前有预定目的，但不需要意志努力的注意。有意后注意是与自觉的目的任务联系在一起的，它是由预定的目的和意图引发起来的，但它不是有意注意，因为它不需要付出意志努力，然而，它又不是无意注意，因为它本身有目的性。因此，它是一种集无意注意和有意注意优点的特殊形式的注意。它是在一定条件下，由有意注意升华而成的更高级的注意。

在有意注意的条件下，人的心理活动对一定客体事物的指向和集中是服从于主体自觉确定的目的的，主体要维持这种注意，必须做出一定的意志努力，因为这种注意是受间接兴趣制约的，但随着活动的变化，人们不仅对活动结果感兴趣，对活动本身也产生了兴趣，即产生了直接兴趣。主体对困难承受程度随之提高，因而就不再感到困难，维持这种注意也不再需要特别的意志努力了。对活动浓厚的兴趣，再加上不断的实践，便达到了活动自动化的程度，这就是熟能生巧的道理。例如，骑自行车就是有意后注意，开始学习骑自行车时，需要花费一定的时间、精力和意志努力，一旦学会以后，骑自行车就成为有意后注意的行为。再例如写字，小时候学习书写汉字一笔一划，形成了良好的书写规范，现在不用思考也能写出规范的汉字了。从发生上来说，有意后注意源于有意注意；从性质上看，它又高于有意注意。这种更高级的注意是人所独有的，它是人们从事创造性活动的必要条件，在人们的学习、工作和生活中具有重要意义。

无意注意、有意注意和有意后注意虽有区别，但又有着密切的联系，在人的实践活动中都存在并发挥着作用。一方面，三种注意在人的实践活动中是不断转化和交替着的，无意注意可以转化为有意注意，同样有意注意也可以转化为有意后注意；另一方面，三种注意在人的生活实践中都发挥着重要作用，单凭无意注意，由于缺乏目的，不能获得系统的知识；单凭有意注意，则容易疲劳不能持久；如果脱离无意注意和有意注意，也就没有有意后注意。所以，只有三种注意协同参与，共同配合，学习和工作才能持续有效地进行下去。

第四节　注意的品质

如何判断一个人注意的好坏，即注意的品质如何，可从四个方面进行：注意的广度、注意的稳定性、注意的分配和注意的转移。

一、注意的广度

注意的广度也叫注意的范围，是指一个人在同一时间能清楚地把握的注意对象的数量。注意广度很早就受到心理学家的重视，是心理学中最早进行实验研究的问题之一。1830 年，哈密尔顿(W. Hamilton)最先做了示范实验。他在地上撒了一把石子，让被试在一瞬间辨认，结果发现被试不容易立即看见6个以上的石子，但如果把石子以2个、3个或者5个放成一堆，被试能同时看到的堆数和单个石子的数目一样多，因为人们会把一堆看作一个单位。1871年，耶文斯(W. S. Jevons)进行了类似的实验，他抓一把黑豆撒到一个放在黑色背景中的白盘子里，一部分豆粒落在白盘子上，其余豆粒落到黑色背景上。他让被试在盘子中的豆粒稳定下来之际立刻报告看到的盘子里豆粒的数量。耶文斯这样重复了一千多次，结果发现：在盘子里有5个豆粒的时候，开始发生估计上的误差；在不超过9个豆粒的时候，错误估计的次数在50%以下；但豆粒数超过9个时，错误估计的次数便超过50%。

后来心理学家用精密的速视器做了这个实验，发现在1/10秒内，知觉到的刺激物数量可以作为注意广度的指标。在1/10秒的时间内，成人一般注意到8～9个黑色圆点，4～6个彼此不相关联的外文字母，3～4个几何图形，3～4个没有内在联系的单个汉字，5～6个具有内容联系的汉字，这说明人的注意广度是有限的。

注意的广度是指一个人在同一时间内能够清晰地把握的注意对象的数量。

人的注意广度有限，但不是固定不变的，不同人的注意广度存在差异，有些人的注意广度较大，有些人的注意广度较小。影响注意广度的因素主要有以下三点。

1. 知觉对象的特点

在知觉任务相同的情况下，知觉对象的特点不同，注意的广度也不同。知觉的对象越集中，排列得越有规律，越能成为互相联系的整体，注意的广度就越大。

2. 知觉活动的任务与性质

对同样的知觉对象，由于个人知觉活动的任务不同，人的注意广度也会不同。如果知觉活动任务多或复杂，需要耗费的认知资源多，注意广度就会变小；知觉活动任务少或简单，需要耗费的认知资源少，注意广度就会扩大。

3. 个人的知识经验

知识经验的丰富程度会影响注意的广度。一个人在某一方面的知识经验越丰富，知识结构越完整，则对该方面事物的注意广度就越大。对于缺乏知识经验的事物，则注意广度较小。例如，刚开始学习阅读的孩子，他的注意广度很有限，阅读速度非常缓慢，随着识字量的增加和阅读能力的提高，他的阅读速度会不断加快，注意广度也随之扩大，甚至可以一目十行。

二、注意的稳定性

注意的稳定性，也称注意的持久性，是指注意在同一对象或活动上所保持时间的长短。注意的稳定性是注意在时间上的品质，但衡量注意的稳定性，不能只看时间的长短，还要看这段时间内的活动效率。

注意的稳定性是指注意在同一对象或活动上所保持时间的长短。

注意的稳定性有狭义和广义之分。

狭义的注意稳定性是指注意集中在同一对象上的时间。但是人们在认识事物时很难使注意长时间保持固定不变，而是会有规律地加强或减弱，注意的这种周期性变化，称为注意的起伏或注意的动摇。例如，在听觉方面，如果持一只怀表，离开被试耳朵一定距离，使他刚能隐约地听到表的嘀嗒声，被试会时而听到表的声音，时而又听不到，或者感到表的声音时强时弱。在视觉方面，注意的起伏现象可以用图 3-2 来演示。当注视图 3-2 时，被试会觉得图中的小正方形时而凸起，时而下陷，在不长的时间内，两个方形的位置会跳跃式地变换。注意的起伏不是随意的，是意识很难直接控制的。注意起伏是正常的注意现象，它具有防止疲劳、提高注意稳定性的作用。

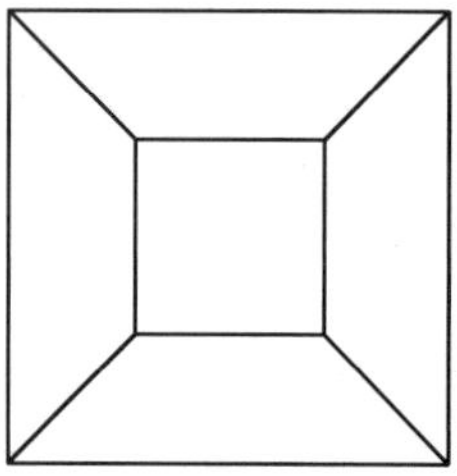

图 3-2　注意的起伏

如果仅对注意稳定性作狭义的理解，那么可以说我们的注意是不稳定的，只能在同一个对象上集中很短的时间。不过，在通常情况下，我们对注意稳定性的理解是广义的。

广义的注意稳定性是指注意保持在同一活动上的时间。也就是说，广义的注意稳定性并不要求注意总是指向同一对象，注意的对象可以变化，只要注意保持在活动上的总方向和总任务不变，就可以说注意是稳定的。比如，一个人可以连续几小时甚至十几小时看武侠小说，这就属于广义的注意稳定性。与狭义的注意稳定性不同，这十几小时虽然都是在看小说，但每一页内容都不同，注意的不是同一对象，但个体的注意又是一直集中在读武侠小说这一活动上。

与注意的稳定性相反的状态是注意的分散。注意的分散又称分心，是指注意离开当前应当指向和集中的对象，而指向和集中于其他无关的对象上。注意的分散由无关刺激的干扰或由单调刺激的长期作用引起。此外，其他使人发生兴趣的或强烈影响情绪的刺激，也会引起注意的分散。但是，并非任何附加刺激都会引起注意的分散。在没有任何外界附加刺激时，大脑皮层兴奋性降低，保持注意也是困难的。因此，有时微弱的附加刺激不仅不会减弱注意，反而会加强注意。

我们的工作、学习、生活都需要我们有良好的注意稳定性，防止注意分散的方法是保持平常心。比如，当我们在安静读书的时候，外面传来非常吵闹的施工声音，很强的噪声无疑会分散我们的注意，但是如果我们因此而烦恼甚至愤怒，则烦恼和愤怒的情绪会比噪声更干扰我们的注意。因此，为了保持注意的稳定性，除了尽量避免干扰外，能对干扰持一种平静而超然的态度也是重要的。

三、注意的分配

注意的分配是指在同一时间内把注意指向两种或两种以上不同的对象或活动上。

日常生活中常常说“一心不能二用”，那么究竟一心能不能二用呢？心理学家用复合器(见图 3-3)做了这样一个实验：复合器的表面有 0～100 的刻度，要求被试在听到铃声时，指出指针所指的刻度。

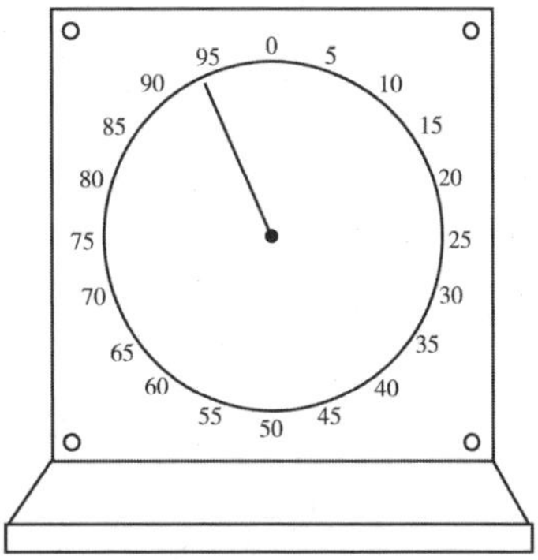

图 3-3　复合器(示意图)

实验表明：被试不能准确指出铃声响时的刻度数，被试说的刻度数总是大于或小于铃声响时的刻度数，说明人通常是先注意一个刺激，再注意另一个刺激，只是其间的间隔时间很短而已。可见，当不同种类的刺激物同时发生作用并需要两个感官去感受时，注意的分配是几乎不可能的，即严格的“一心二用”是不可能的。

注意的分配是指在同一时间内把注意指向两种或两种以上不同的对象或活动上。

专栏 3-4　方圆双手间

你试过一手画方，另一只手同时画圆吗？如果你觉得难成方圆的话，你思考过为什么吗？怎样才能挥洒自如呢？

最早进行这个实验的是我国北宋文学家刘昼(514—565)。他的实验及其对结果的解释是：“使左手画方，右手画圆，令一时俱成，随执规矩之心……而不能者。由心不两用，则手不并运也。”

在西方，波尔哈姆(Paulham)最早进行了这样的实验：一边口诵一首熟悉的诗，一边手写另一首熟悉的诗。他发现是可以做到的，虽然他有时也会写下几个正在背诵的那首诗的字词来，但总的来说相互干扰并不明显。

比奈(Binet)也观察到，要两手同时各做不同的动作是困难的。不过，他认为如果两手的动作能组合成像扫地、劈木头或其他类似的协调动作，就不会有太多干扰。

(资料来源：柳友荣等，2003)

在日常生活中，我们看到大量一心二用的现象。比如，司机开车时，眼观六路、耳听八方、手扶方向盘、脚踩油门和刹车等，还要根据不同的路况随时调整速度，这不仅是一心二用，而是一心多用；杂技演员表演杂技也常常是一心多用。由此可见，注意是能够进行分配的。对此，心理学家的解释是，注意是可以分配的，但注意的分配是有条件的。

首先，同时进行着的两种或两种以上的活动中只有一种是不熟练的，其他都已经达到了相对“自动化”的程度。由于人们对熟练的自动化的活动不需要更多的注意，就可以将注意分配在比较生疏的活动上。同时进行着的几种活动的复杂程度、熟悉程度和自动化程度都会影响注意分配的难易程度。活动越复杂、越不熟悉、越不习惯，注意分配就越困难，甚至是不可能的；反之，注意分配就越容易。

其次，同时进行着的几种活动之间必须有一定的联系，或形成了固定的反应系统。先做什么，后做什么，在头脑中形成了动力定型。例如，歌唱演员有时自弹自唱同一首歌，弹钢琴时，右手弹主旋律，左手配和弦，左右手弹得不一样，这就是借助了活动间的内在联系或人为建立起活动间的联系，以实现注意的分配。

四、注意的转移

注意的转移是指个体根据活动任务的需要，主动地把注意从一个对象转移到另一个对象上，或从一种活动转移到另一种活动上。注意的转移与注意的分散都是注意对象的变换，但它们是两个根本不同的概念。首先，注意的转移是主动地、有意识地根据活动任务的需要把注意从一个对象转向另一个对象，而注意的分散是被动的，是在需要注意稳定的时候，注意分散到与活动任务无关的对象上去了；其次，注意的转移是一种积极的行为，它有助于提高学习和工作的效率，减少因长时间将注意集中在同样对象上所产生的疲劳，注意的分散则是一种消极的行为，它会大大降低活动的效率。

注意的转移是指个体根据活动任务的需要，主动地把注意从一个对象转移到另一个对象上，或从一种活动转移到另一种活动上。

良好的注意转移表现在两种活动之间的转换时间短、活动效率高。影响注意转移的因素有以下四点。

1. 对原活动的注意集中程度

个体对原来所从事的活动兴趣越浓厚，注意力越集中，注意的转移就越困难，反之，注意的转移就越容易。例如，看完一场紧张刺激的足球比赛后开始学习，注意的转移就比较困难。

2. 新注意对象的吸引力

新注意对象的吸引力越强，越符合人的需要和兴趣，注意转移就越迅速而且容易，反之就越困难和缓慢。如果新事物的内容丰富多彩、形式多样，注意就比较容易转移，否则就不易转移。但如果人对新事物的意义理解深刻，除了表面现象外，还能了解它的重要作用，那么即使新事物本身并不令个体感到有趣，也仍然会引起个体的注意转移。

3. 明确的信号提示

在需要注意转移的时候，明确的信号提示可以帮助个体的大脑处于兴奋和唤醒状态，灵活迅速地转换注意对象。文艺演出中的主持人就发挥着促使观众注意转移的作用。这种信号提示，可以是物理刺激(如铃声)，也可以是他人的言语命令，甚至是自己的内部言语的提醒。

4. *神经活动的灵活性*

注意转移与人的高级神经活动的灵活性有关，它依赖于大脑皮层兴奋过程和抑制过程的交替速度，如交替速度较慢注意转移就较差。高级神经活动类型为灵活型的人的注意转移要比安静型的人更容易和迅速。

主动而迅速地进行注意的转移，对各种工作和学习过程都十分重要。有些工作要求在短时间内对各种刺激做出迅速准确的反应，对注意转移的要求就极高。例如，飞行员在飞机起飞和降落的五六分钟内，注意转移的次数可达200多次。飞行员的注意转移能力如果不强，操作仪器时机不当，就会造成极其严重的后果。

在实际工作和活动中，注意的分配和转移是密切联系的。在注意分配的实验中，也并没有排除注意迅速转移的可能性。所谓注意转移是人能根据一定的目的，主动顺利完成某项复杂的活动，注意中心在不同对象间迅速往返转移，就构成注意分配现象。如果这种往返转移的速度要求太快，超过了注意转移的能力，注意的分配也就难以实现。因此，同时完成的两种活动所需要的注意很可能既有注意的转移也有注意的分配，是注意的转移和分配的配合。

第五节　注意规律与教学

注意是进行各种活动的重要条件。教师在教学过程中，要注意防止学生注意的涣散，运用注意规律组织教学，以提高教学质量，培养学生良好的注意品质。

一、利用无意注意规律组织教学

(一)将讲授的内容与学生的需要和兴趣结合起来

需要是心理活动的动力，需要的东西最能引起人的无意注意。教师在教学过程中应当考虑学生的需要、兴趣、知识经验和情绪状态，教学内容要符合学生的需要和实际，讲解生动形象，方法灵活多变，这样才能激起学生的兴趣和情绪，让学生保持持久的注意，提升学生的学习效果。

(二)将需要掌握的内容加以突出

在课堂上，教师要善于运用刺激物的特点来组织学生的注意，如板书到重点的地方可用彩笔来写，用不同颜色、不同字号、加下划线等方式予以强调和突出；讲到重点的地方可以放慢语速，提高声音语调，多采用一些直观的教具、实物和模型，也可采用现代化的教学手段，避免单调的教学方法，这都是吸引学生无意注意的常用方法。

（三）减少无关刺激对教学活动的干扰

教学过程中出现意外的声响、动作等与课程无关的刺激，会分散学生对教学内容的注意，教师要善于避免这些因素对教学的影响。例如，教师突然改变一贯的发型或着装风格，应该早一点儿进教室，让学生先“欣赏”并“适应”一番。否则，学生会被教师新换的“行头”吸引，分散对所讲内容的注意。在课堂上举例子时要避免发挥过度，若偏离了相关的教学内容，就会造成主次不分，甚至是喧宾夺主，弱化课程的主题，即学生被例子吸引，反而忽略了真正需要注意和应该掌握的地方。教师应该明白，在追求教学生动性的同时，还应紧扣教学的主题。同样，在设计教学幻灯片时，不宜过于花哨和热闹，否则易造成对教学本身的干扰，分散学生对所学内容的注意。教师如果在教学过程中碰到意外情况，学生的注意力分散了，可以适当给予刺激，重新唤醒和吸引学生的注意力。

二、利用有意注意规律组织教学

（一）让学生明确学习目的

从有意注意的规律看，如果能理解一项活动的意义或重要性，就能提高有意注意的水平。因此，在教学中要让学生有明确的学习目的，明确所要解决的问题，提高学习的自觉性。在讲课时，教师要强调某个知识点的重要性，强调知识之间的联系，即现在所学的是整个知识链中不可缺少的重要一环，是学习后续课程的必要准备。另外，教师要让学生学会听课，要提醒学生有意识地注意为什么要讲这个例子，讲这个例子试图说明什么问题，这样学生的思维就会始终围绕讲课的内容，并朝着教学所要求的目标发展。

（二）利用间接兴趣提高注意力

学习的过程难免枯燥，教师也不能保证全部内容都能使学生产生直接兴趣。这时可利用培养学生的间接兴趣来达到教学的目的，如进行一些随堂测验，适时地对学生的学习情况进行评价，适度地鼓励学生开展学习竞赛等，都是引导学生重视学习结果的常用方法。在教学中，教师应不断地向学生提出一些他们力所能及的又要付出一定意志努力才能完成的新任务、新要求。当然，对学生的要求要宽严适度，培养学生克服困难的意志力。要求太难会使学生丧失信心，太易则不能引起学生的重视，使学生很难集中注意力。

（三）“做中学”

“做中学”能很好地保持学生的有意注意，因为在做的时候，学生的多种感觉通道一起使用，不容易疲劳，而且注意的对象变成可以实际操作的对象，注意可以保持更长的时间。例如，边看书边摘录、自我检查错误、编写复习提纲等，都可以提高有意注意的效果。另外，在做的过程中，学生常常会发现问题，从发现问题到解决问题的过程，学生的注意更加有目的，也更利于有意注意的保持。

三、利用有意后注意规律组织教学

(一)营造宽松的课堂氛围

强调学习的重要性及目的性有利于激发学生对学习内容的有意注意，但有意注意是需要一定意志努力的，而且紧张的注意不可能维持很长时间，所以教师要善于将学生的注意从有意注意过渡到有意后注意上来，这就需要教师在具体的教学过程中营造宽松、安全、可信赖的课堂氛围。即学生的学习是有目的的，而且学习的过程又是轻松愉悦的，这就可以促使学生进入有意后注意的状态：学生的注意有一定的目的，但是在注意的过程中已经不需要意志努力了。

(二)深入浅出，在生动有趣的事例和活动中阐明原理

新颖的材料、鲜活的实例会引起学生的无意注意。教师如果能以一种生动活泼的方式阐明深奥的道理，就可使学生从无意注意慢慢过渡到有意后注意，这样做既引起了学生的兴趣，又激发了学生的探究欲，并让学生明白原理对于解决实际问题的重要性。

(三)关注学生的课堂反应

在教学中常常出现这样的情况，教师的教学设计很好，可教学效果却不理想。原因何在？一种可能就是教师上课时不注意学生的课堂反应，对学生不在他设计之列的提问和回答置之不理，只是一味地“走教案”。学生的提问恰恰是学生的真实思考，是他的兴趣所在，这时教师如果结合学生的疑问和兴趣，敏锐地将问题和教学的要点结合起来，会更好地吸引学生的注意，教师学生都能全神贯注，从而可以高效率地实现教学意图，达到有意后注意的最佳状态，而这有赖于教师对注意规律的把握，对教学过程的巧妙设计和对课堂气氛的调控。

四、各种注意的相互转化与课堂教学

无意注意可以转化为有意注意，有意注意可以进一步转化为有意后注意。教师应该利用注意的转化规律，在教学活动中适时地调节和引导学生注意的转化。有意注意虽然是学生学习的重要保证，但完全依赖有意注意进行学习，容易引起学生的紧张和疲劳，使之不能长时间地坚持。如果单纯依赖无意注意进行学习，又会因缺乏目的性而难以完成学习任务，学习克服困难的意志力也不能得到锻炼。因此，在教学过程中要做到三种注意交替运用，恰当地安排教学，培养学生学习的直接兴趣，促使有意注意向有意后注意的转化。

一般来说，上课开始，要通过组织教学动员学生的有意注意，建立起适当的情绪状态；接着，通过提出新问题、新内容，引起学生的无意注意；在讲授重点和难点时，又要组织学生的有意注意；学生逐渐被内容吸引，全神贯注地听课时，他们的注意已经转为有意后注意了；巩固新课和布置作业时，学生注意容易涣散，因此又要提出要求，以引起学生的有意注意。总之，一堂课就这样有意注意、无意注意、有意后注意有节奏地相互交替着，学生的注意有张有弛，他们不易疲劳，自始至终地保持一定的注意。当然，几种注意之间的变换并没有固定的模式，要根据教学的中心任务巧做安排，以提升教学效果为目的。

思考与应用

1. 在一些中小学，有些班级将教室里布置得非常鲜艳，墙上贴着挂图，窗户玻璃上贴着花，天花板上挂着五颜六色的挂花。请思考这种环境对学生的学习是利是弊？为什么？

2. 现在由于电子产品的普及，不少孩子在很小的时候就接触平板电脑、电子游戏机等设备，有些家长认为这些设备有利于开发孩子的智力，有些家长则认为这些设备对孩子有害。请从注意角度对这些现象进行分析。

3. 现在，有一部分中学生经常晚上熬夜学习到一两点钟，请根据本章相关知识谈谈你的看法。

4. 有人说，“每个人每天都有 24 小时，不管你做什么，它都会顾自流逝，不受你的支配。但注意力却不一样，把注意力放在学习上，你就会进步；把注意力放在阅读上，你的认知就会提升；注意力是你可以随意调用并有所产出的资源，把注意力放在哪里，你的产出就在哪里”。请结合这段话谈谈你的看法。

5. 结合实际，谈谈如何利用注意的规律组织教学。

推荐阅读

1. 聂振伟等：《大学心理》，北京，中国人民大学出版社，2009。

2. 张德芬：《遇见未知的自己(全新修订版)》，长沙，湖南文艺出版社，2019。

3. 李欣频：《十四堂人生创意课(全三册)》，北京，北京联合出版公司，2019。

4. 让-菲利普·拉夏：《注意力：专注的科学与训练》，刘彦译，北京，人民邮电出版社，2016。

第四章

感觉与知觉

第一节　感觉与知觉概述
第二节　感觉与知觉的种类
第三节　感觉的基本规律
第四节　知觉的基本规律
第五节　感知规律与教学

本章首先介绍了感觉与知觉的概念、生理机制，以及二者的关系；其次，分别介绍了感觉的基本类型，包括视觉、听觉和其他感觉和知觉的种类，包括空间知觉、时间知觉和运动知觉等；最后，介绍了感受性和感觉的特点，知觉的选择性、整体性、理解性和恒常性几种知觉基本特征，以及感知规律在教学中的应用。

思维导图

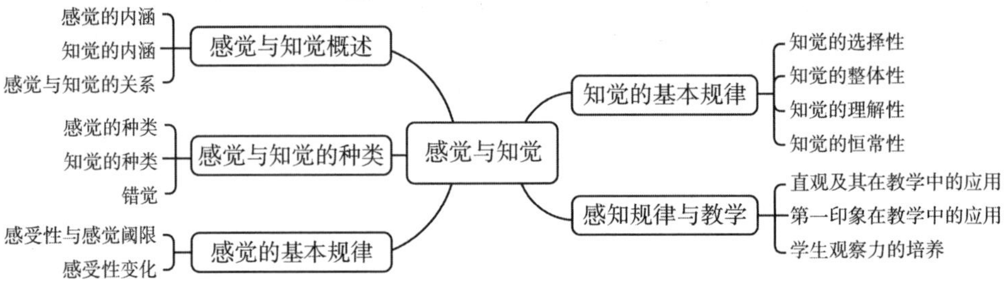

学习目标

1. 掌握感觉和知觉的内涵、种类；
2. 了解感觉和知觉两者的区别和联系；
3. 理解感觉的规律和知觉的基本特征；
4. 学会感知觉的基本规律在教学中的应用。

课前思考

想一想为什么一个人长期在封闭的环境中生活，会出现感觉迟钝的异常现象？为什么感觉对人们是如此重要？

想一想为什么“入芝兰之室，久而不闻其香；入鲍鱼之肆，久而不闻其臭”？为什么在注视一个红色正方形之后，再看一张灰白纸，在这张灰白纸上可以看到一个蓝绿色的正方形？感觉存在哪些规律？

想一想为什么说“月亮走，我也走”？在没有月亮的夜晚，仰视天空的某一亮点几分钟，这个亮点好像会游动起来，这是为什么呢？知觉有哪些规律？

第一节　感觉与知觉概述

日常生活中，我们能看到苹果的颜色，听到汽车的声音，闻到鲜花的气味，感受到水的温度等，这就是感觉。不仅如此，我们还能够在头脑中产生苹果、汽车、鲜花、流水的整体形象，这就是知觉。感知是人类认识世界的起点，也是其他心理活动的基础。

一、感觉的内涵

(一)感觉的定义

一个古老的心理学问题是人对世界的认识是怎样得来的。经验表明，人对客观世界的认识通常是从认识事物的简单属性开始的，如用眼睛看到红色的苹果，用嘴尝到甜甜的味道，用手掂量有一定的重量。红色、甜味、重量都是苹果的个别属性。当这些个别属性作用于我们的眼睛、鼻、舌等感觉器官时，在大脑皮质上就会产生相应的映象，产生相应的视觉、味觉、肤觉等不同感觉。不仅如此，感觉也反映我们机体自身的活动状态，如身体的姿势、肢体的运动和内脏器官的工作情况——饥、渴、舒服、疼痛、心跳等。不论是外部刺激的反映还是内部刺激的反映，感觉是客观事物作用于人脑的结果，是客观事物在人脑中的映象。离开了客观事物的直接作用，任何感觉都不会产生。因此，感觉(sensory)是人脑对直接作用于感觉器官的事物的个别属性的反映。

感觉是人脑对事物个别属性的反映，但是感觉与人的经验是分不开的。例如，当我们接触到某一个物体时，会联想到“这是一块石头一样的硬东西”；当我们看到绿色时，会联想到“这是春天小草的嫩绿”；当我们看到鲜艳的红色时，会联想到“五星红旗鲜艳的红色”。这些现象表明在我们的大脑中，没有单纯的感觉，感觉通常与知觉同时存在。

感觉是人脑对直接作用于感觉器官的事物的个别属性的反映。

感觉虽然是一种最简单的心理活动，但在人们的生活工作中却有着非常重要的意义。首先，感觉提供了内外环境的信息，只有通过感觉，人们才能认识外界物体的各种属性以及自己机体的各种状态。只有通过感觉，人们才能认识到物体的颜色、气味、重量、大小、软硬等信息。通过感觉人们才能意识到寒冷、饥饿、疼痛等，才能根据自身的情况进行适当的自我调节。因此，没有感觉提供的信息，就不可能产生对客观世界的认识。其次，感觉保证了机体与环境的平衡(信息平衡)，只有和环境保持平衡，机体才能够适应环境，信息超载或不足，都会破坏信息的平衡，给机体带来严重的不良影响。著名的感觉剥夺实验就是因为剥夺了个体与外界的联系，剥夺了个体内部与外部信息的传递与平衡，所以导致了诸多心理问题。如果没有外部刺激，没有感觉，人就不能进行正常的活动，心理机能也会遭到破坏。最后，感觉是一切较高级、较复杂的心理现象的基础，人的知觉、记忆、思维、想象、情绪、意志等，都是在感觉认识基础上产生的。感觉是最先发展起来的心理现象，在动物心理中最早出现的是感觉，在感觉基础上才出现了知觉和思维。在人的个体发展中，婴儿出生后最初一段时间，只能对事物的个别属性做出反应，如对运动着的物体感兴趣、对红色感兴趣等。随着个体的发展，在感觉的基础上，逐渐出现其他更为高级的认识活动，如知觉、记忆、思维、想象、推理等。感觉是人们认识客观世界的第一步，是人们关于世界一切知识的最初源泉。没有感觉，就不可能产生知觉、记忆、想象、思维等一系列复杂的心理过程。

(二)感觉的生理机制

感觉是在刺激作用下感受器和效应器活动的结果。感受器接收体内外的各种刺激信息，将其转化为神经冲动，传递到中枢神经。效应器执行神经中枢的指令，产生应答性活动。感觉的产生过程包括对感受器的刺激过程、神经传递和中枢神经系统(大脑皮层)的活动三个环节。

1. 对感受器的刺激过程

感受器接收的刺激有外部刺激和内部刺激之分。外部刺激是机体外部给予的刺激，如光、声、热等。内部刺激是由机体内部的变化引起的刺激，如肠胃痉挛、饥饿等。对每一种感受器来说，感受性最高的那种能量刺激叫作适宜刺激。当适宜刺激作用于感受器时，就把外界刺激能量转化为神经系统中共同的生物电能——神经冲动。因此，感受器实际上是一种能量转换器。

2. 神经传递

不同的感受器将不同类型的刺激转化为神经冲动，通过传入神经达到大脑皮层的相应区域，进而产生相应的感觉。

3. 中枢神经系统(大脑皮层)的活动

感觉信息在到达大脑皮层之前要经过皮层下大脑结构，它们具有进一步加工信息的作用，为复杂的皮层水平上的加工做好适当输入准备。最后皮层的感觉代表区接收丘脑传来的信息，并按严格配置接收传来的信息，然后又从该区域将信息再输送到大脑联合皮层，进行更高级的加工，从而产生感觉。

专栏 4-1 感觉剥夺

感觉剥夺指机体与外界环境刺激处于高度隔绝的特殊状态。机体处于这种状态，外界的声音刺激、光刺激、触觉刺激都被排除，几天后机体发生某些病理心理现象。感觉剥夺现象在特殊环境下工作的人员身上易发生，如沙漠远征的人、流落孤岛的海上遇险者往往发生感觉剥夺现象。

感觉剥夺现象作为研究专题还是从第二次世界大战后开始的。首先从事这项实验研究的是加拿大的科学家们，他们把志愿被试关在恒温密闭隔音的暗室内，被试每天要做的事就是 24 小时躺在床上。被试可以吃饭、上厕所。但是被试的感觉输入被严格控制住，他们给被试戴上半透明的塑料眼罩，可以透进散射光，但是没有视觉图形；给被试戴上纸板做的袖子和棉手套，限制他们的触觉。头枕在用 U 形泡沫橡胶做的枕头上，同时用空气调节器的单调嗡嗡声限制他们的听觉，如图 4-1 所示。实验开始之前，大多数被试认为可以利用这个时间好好思考论文或者好好睡一觉。但是实验后被试报告说对任何事情都不能进行清晰的思考，甚至出现更加严重的心理问题。7 天之后，被试出现感觉剥夺的病理心理现象：出现视错觉、视幻觉、听错觉、听幻觉；对外界刺激过于敏感，情绪不稳定，紧张焦虑；主动注意涣散；思维迟钝；受暗示性增高；神经症症状等。对动物的感觉剥夺研究表明，把动物放在完全无刺激的寂静环境中，会损伤动物的健康，甚至可以引发死亡。研究表明，丰富的、多变的环境刺激是机体生存与发展的必要条件。感觉剥夺现象的研究不仅对于讨论病理心理现象有理论意义，而且对于特殊环境下(航天、航海、潜水等)的工作人员有重要的实践意义。因此感觉剥夺现象的研究越来越受到重视。加拿大、美国、英国、法国、日本等很多国家都建立专门的研究机构进行感觉剥夺的研究。

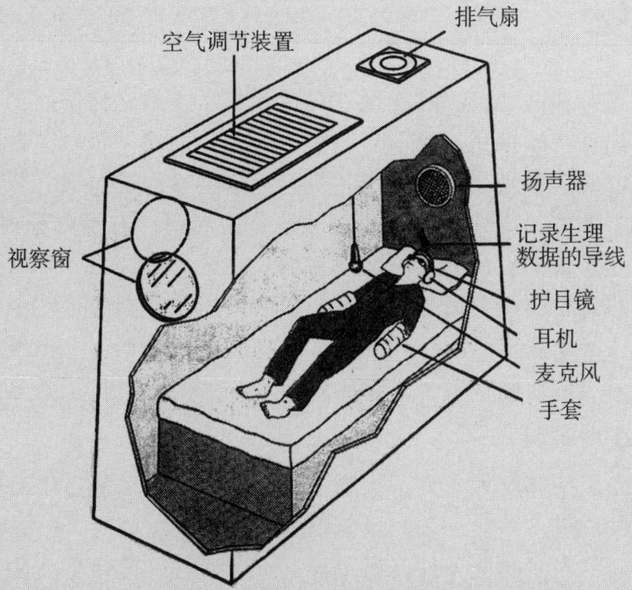

图 4-1　感觉剥夺实验装置

（资料来源：彭聃龄等，2019）

二、知觉的内涵

(一)知觉的定义

知觉是人脑对直接作用于感觉器官的客观事物的整体属性的反映。人通过感官了解外部世界的信息，这些信息经过大脑加工，使人产生对事物的整体认识，并了解其意义。例如，当我们感觉到梨子的颜色、香气、滋味、冷热、大小、形状时，把这些属性综合起来，同时借助过去的经验，就构成我们对“梨子”的整体反映，这就是知觉。

知觉是人脑对直接作用于感觉器官的客观事物的整体属性的反映。

知觉以感觉信息为基础，但并不是各种感觉的简单相加。例如，我们知道桌子是由几块木板组成的，但是把对木板的感觉加在一起并不等于知觉到一张桌子。知觉按照一定的方式、一定的规律整合感觉信息，并由个体自身的知识经验来解释感觉提供的信息。知觉比感觉的简单相加要复杂得多。我们日常生活中看到的、听到的不是简单的光线、线段、音调等，而是由诸多感觉属性组合成的有机整体，如花草树木、人物、建筑、山川河流等。个别属性总是要作为事物的属性或特性而存在，属性只有和特定的客体相联系才具备意义。从这个角度讲，知觉是在感觉基础上产生并与客体意义相联系的。知觉者对事物的兴趣、爱好等，或其他的经验也会影响知觉的产生。例如，我们去火车站接一位不认识的客人，我们对客人的期待将影响对他的识别和确认。

知觉作为一种心理活动、心理过程，包含互相联系的三种作用：觉察、分辨和确认。觉察是指发现事物的存在，但不知道它是什么。例如，我们在湖边散步，突然发现前面有一个黑色的东西躺在地上，这时我们不知道具体是什么。分辨是指把一个事物或属性与另一个事物或属性区别开来。确认是指利用已有的知识经验和当前信息，确认当前事物是什么，给它命名，并且把它纳入一定的范畴。当我们走近物体时，发现它是一个黑色的包，包的上面还画着米老鼠的图案。在知觉过程中，人们对事物的觉察、分辨和确认的阈限值是不一样的。一般而言，人们觉察一个事物比较容易，加工时间短，阈限值小，而确认一个事物比较困难，加工时间长，阈限值大。

(二)知觉的生理机制

巴甫洛夫最先用条件反射研究了大脑皮层的系统功能。通过实验发现动物不仅对简单刺激形成条件反射，对复合刺激也能形成条件反射。同时，巴甫洛夫还发现，动物也能对刺激之间的联系建立条件反射。根据这些发现，巴甫洛夫认为，大脑的系统性功能保证了知觉的正常运行。

现代神经生理学和认知神经科学揭示了大脑皮层不同区域的不同功能，发现知觉是大脑皮层感觉区与其相邻的联络区协同活动的结果。根据鲁利亚的机能系统学说，感觉皮层的一级区负责对外界信息的初步分析与综合，这些脑区损伤会引起某种感觉的丧失。感觉皮层的二级区负责整合，其损伤会破坏对复合刺激物的整合能力。感觉皮层的三级区是视觉、听觉、前庭觉、肤觉和动觉的重叠区域，其损伤将引起复杂的时空分析综合能力的破坏。

除了大脑皮层感觉区之外，额叶在人类的知觉活动中具有重要作用。额叶是人的言语活动的重要器官，是计划、监督和调节行为的重要器官。额叶损伤的患者常常失去主动知觉的意图，不能对知觉客体做出合理的假设，并且不能对知觉的结果进行正确的评定。近年来一些研究发现，在人的视觉系统中存在两个功能不同的子系统，一个是确认系统，负责处理“物体是什么”的信息，主要包括额叶到颞叶的通路；另一个是位置系统，负责处理“物体在哪里”的信息，包括额叶到顶叶的系统。

三、感觉与知觉的关系

感觉与知觉都是认知过程的初级阶段，知觉以感觉为基础，但又不同于感觉，两者相互区别又相互联系。

(一)感觉与知觉的区别

(1)反映的内容不同。感觉反映的是客观事物的个别属性，内容比较简单；知觉反映的是事物的整体和意义，内容生动而丰富。

(2)产生的条件不同。感觉是介于生理和心理之间的活动过程，它的产生主要来自感觉器官的生理机制和刺激信息的物理特性，不需要或很少需要人的知识经验；知觉则是纯粹的心理活动，更多依赖于人的需要、动机、兴趣、态度和知识经验，不同的人对同一刺激信息可能会产生不同的知觉。

(3)产生过程不同。客观刺激物作用于感受器，经过传入神经传到感觉中枢，从而产生感觉。知觉则是通过觉察、分辨和确认的过程产生的。

(4)生理机制不同。感觉是大脑皮质投射区的反映功能，是单一分析器活动的结果；知觉是大脑皮质联合区整合的功能，是多种分析器协同活动的结果。知觉的形成和发展需要多种分析器共同参与，以对复杂刺激物多种属性及其相互关系进行整合。

(5)复杂程度不同。感觉比较简单；知觉却比感觉复杂得多，知觉除了包含感觉之外，还包含其他心理成分，如记忆、思维和言语活动等。

(二)感觉与知觉的联系

感觉和知觉同属于认识过程的初级阶段，同属于感性认识，它们都是对客观事物的直接反映。一旦事物在我们的感官所及的范围之内消失，感觉和知觉也就停止了。如果没有感觉和知觉，就不可能产生记忆、思维、想象、意志等复杂的心理活动。

感觉是知觉的有机组成部分，是知觉产生的前提和基础；知觉则是感觉的深入和发展。人对客观事物个别属性的反映越丰富、越精确，知觉也就越完整、越正确，两者紧密联系。

感觉和知觉是不可分割的。单纯的感觉只在新生儿中才有，而在儿童和成人的实际心理活动中，单纯的感觉是很少单独出现的，而总是以知觉的形式来反映事物。因此，通常将两者统称为感知。

感觉与知觉会影响人对外界刺激的反应，教师可以通过讲解人的本能行为，引导学生主动感受外界刺激，培养学生基于人文素养与爱国情感认识和解决问题的综合能力。

第二节　感觉与知觉的种类

一、感觉的种类

根据刺激的来源不同，可以把感觉分为外部感觉和内部感觉两大类。外部感觉是由机体以外的客观刺激引起的，是反映外界事物个别属性的感觉，包括视觉、听觉、嗅觉、味觉和肤觉等；内部感觉是由机体内部的客观刺激引起的，是反映机体自身状态的感觉，包括运动觉、平衡觉和内脏觉等。

(一)外部感觉

1. 视觉

视觉是人类最重要的一种感觉。在人类获得的外界信息中，80%来自视觉，人的大部分活动是在视觉控制下进行的。视觉以眼睛为感觉器官，辨别外界物体明暗、颜色等特性的感觉叫作视觉。产生视觉的适宜刺激是可见光。可见光是波长为380～780纳米的电磁波。

接受光波刺激的感受器是视网膜上的感光细胞。视网膜上的感光细胞有两种：视锥细胞和视杆细胞。视锥细胞大多集中于视网膜的中央窝及其附近，大约有600万个，能分辨颜色和物体的细节。视杆细胞主要分布在视网膜的边缘，大约有1.2亿个，主要感受物体的明暗，但不能分辨颜色和物体的细节。当适宜的光刺激透过眼睛到达视网膜，引起视网膜中的感光细胞产生神经冲动，神经冲动沿视神经传导到大脑皮质的视觉中枢时，视觉就产生了。

2. 听觉

听觉是人类另一项非常重要的感觉。人们通过听觉可以和别人进行言语交流，可以欣赏音乐，许多危险信号也是通过听觉传递给人的。因此，听觉在动物和人的日常生活中有重要的作用。

听觉的适宜刺激是声波，声波是由物体振动时对周围空气周期性的压缩和稀疏产生的。能够引起听觉的声波频率(发声物体每秒振动的次数)为16～20000赫兹。低于16赫兹和高于20000赫兹的声波都是超出人耳接受范围的。接受声波刺激的感受器是内耳的柯蒂氏器官内的毛细胞，声音刺激经过耳朵传达到内耳的柯蒂氏器官内的毛细胞时，会引起毛细胞兴奋，毛细胞兴奋沿听神经传达到脑的听觉中枢，这就产生了听觉。

3. 嗅觉

嗅觉是辨别气味的感觉。嗅觉的适宜刺激是能溶解的、有气味的分子。当气体分子离开自己所依存的那个物体，挥发出来才能引起嗅觉。不挥发的东西，分子之间凝聚得很牢固，完全扩散不出来，就不能引起嗅觉。嗅觉的感受器是位于鼻腔上部两侧黏膜中的嗅细胞，嗅细胞受刺激兴奋后，发放神经冲动直接传入嗅球，然后传入大脑有关部位。一般而言，动物的嗅觉优于人类，鱼类的嗅觉最发达。

人对不同物质的嗅觉感受性差异很大，不同的人对同一种物质的嗅觉感受性差异也很大，即使是同一个人，在不同情况下嗅觉感受性也有很大变化。某些疾病，如感冒、鼻炎都会对嗅觉的敏感度产生影响。环境中的温度、湿度和气压的明显变化，也都对嗅觉的敏感度有很大影响。

4. 味觉

味觉是对物体味道的感觉。味觉的适宜刺激是可溶于水或唾液的物质。味觉的感受器是位于舌面和口腔黏膜上的味蕾。溶解于水或唾液的物质作用于味蕾，产生兴奋，传至大脑引起味觉。人的基本味觉有四种：酸、甜、苦、咸。其他味觉都是由这四种基本味觉混合产生的。舌面上各部位味觉感受性不同，舌尖对甜味最敏感，两侧的前部对咸味最敏感，两侧中后部对酸味最敏感，舌根对苦味最敏感。味觉的感受性受食物温度的影响，20℃～30℃味觉感受性最高。味觉感受性也与机体的需要有关。从动物的味蕾数(1万～4万个)到婴儿(1万个以上)、成人的味蕾数(9000个)的演变，可以推知人的味觉在不断退化。

味觉与嗅觉的关系密切，通常我们感到多种多样的味道的感觉，是味觉和嗅觉协同作用的结果。假如没有嗅觉的作用，茶、咖啡等溶液的味道便没有什么区别了。

5. 肤觉

肤觉是刺激作用于皮肤所引起的各种各样的感觉。触觉、冷觉、温觉和痛觉是肤觉的四种基本形态。肤觉感受器在皮肤上呈点状分布，称触点、冷点、温点和痛点。身体的部位不同，各种点的分布数目也不同。

触觉是指刺激轻轻接触皮肤触觉感受器引起的肤觉，广义的触觉还包括压觉，即增加压力使皮肤部分变形引起的肤觉。触觉的发生与感觉末梢的存在密切相关，如毛囊感受器、梅氏小体(位于指端皮肤中)等。冷觉和温觉是温度觉的两种独立的感觉。一种温度刺激引起的感觉，是由刺激温度与皮肤表面温度的关系决定的。刺激温度高于皮肤温度引起温觉，低于皮肤温度引起冷觉。具有伤害性的刺激引起痛觉，皮肤中的自由神经末梢是广泛分布的痛觉感受器。痛觉没有适宜的刺激，电刺激、机械刺激、极冷和极热的刺激及化学刺激都可以引起皮肤痛觉。

皮肤作为一种感觉器官，虽然不如眼睛和耳朵那样重要，但对动物和人来说是不可缺少的，具有重要的生物学意义。肤觉对于调节机体与环境的平衡起着重要的作用，如果人们丧失痛觉、温觉和冷觉，就不能回避各种危险，不能实现体温调节。在儿童知觉的发展中，肤觉在确定对象的位置和形式上起着重要作用。成人视觉和听觉受到损坏时，可以靠肤觉来认识客体，获得知识，如盲人可以用触觉来认字，听障人士可以利用振动感觉分辨客观事物等。

(二)内部感觉

1. 运动觉

运动觉是对身体各部分的位置、运动和肌肉紧张度的感觉。我们闭上眼睛，能够感知自己手和脚的位置，自己做什么类型的运动，肌肉紧张还是放松，这就是靠运动觉。运动觉是由肌肉收缩产生的刺激作用于肌肉组织、肌腱、韧带和关节中的感受器引起的。当本体感受器受到外部机械力或运动刺激时，就能产生运动觉。运动觉通常与其他很多感觉相联系。运动觉同视觉相联系，能够判断物体大小和远近。运动觉同听觉和视觉相联系，形成内部语言。运动觉同触觉相联系，能够辨别物体光滑、粗糙、软硬、凹凸等信息。

2. 平衡觉

平衡觉也叫静觉，它是由人体做加速或减速直线运动或旋转运动引起的。平衡觉的感受器位于内耳的前庭器官，包括半规管和前庭两部分。人对头部和身体的移动、上升和下降、翻身倒置、摇晃振动等运动的辨认都要依靠平衡觉。尤其是在乘船、乘车、乘飞机和跳伞、跳水的时候，平衡觉对人有重要作用。平衡觉与视觉、内脏感觉都有联系，当前庭器官受强烈刺激时，视野中的物体似乎出现移动，人的消化系统也出现呕吐、恶心等现象。人们熟悉的晕车现象就是前庭器官受刺激引起的。

平衡觉对航空、航海事业是很重要的。前庭器官过于敏感的人易发生眩晕和其他不良反应，难以适应飞行和航海活动；相反，过于迟钝的人，也不可能在高空和海洋准确地判断方位和做出敏捷的动作。

3. 内脏觉

内脏觉也叫机体觉，是由内脏的活动作用于内脏壁上的感受器而产生的，这些感受器把内脏的活动及变化的信息输入大脑中枢，人们便产生了饥饿、口渴、饱胀、恶心、喘息、疼痛等感觉。内脏觉的感受器分布在内脏壁的神经末梢上，它的特点是定位不精确，分辨力较差，因此又叫"黑暗"感觉。内脏觉在调节内部器官的活动中具有重要作用，它能及时报告机体内部环境的变化和内部器官的工作状态，使机体能更好地适应环境、维持生命。

专栏 4-2 盲人画家

你相信先天性盲人能够画出丰富多彩的美丽图画，而这些图画被收藏在国家级的艺术馆里吗？在土耳其就有这样一位传奇的盲人画家阿曼甘(Esref Armagan)。阿曼甘是一名先天双目失明者，他出生在土耳其伊斯坦布尔的一个贫寒家庭。由于家境贫寒，他没有接受过任何正规教育，但他从小就热爱画画，18 岁时就能用手指在纸和画布上作画。他从来没有看到过世间万物，但却能将山川、动物、湖泊等景物画得栩栩如生。那么，他是怎样在大脑中构建这些形象，并准确地把它们画出来的呢？秘密在于阿曼甘敏锐的触觉。他在作画前会仔细触摸要画的物体，作画时他使用了一块特制的画板垫在画纸的下面。画板的中央和边缘有一些小孔，阿曼甘通过不断触摸这些小孔来测定画面的布局和具体方位。阿曼甘就是凭着非常灵敏的触觉画出了一幅幅美丽的图画。他的画已被收藏在土耳其国立艺术博物馆。

（资料来源：彭聃龄等，2019）

二、知觉的种类

根据不同的划分标准，知觉可被分为不同的类别。

(一)根据知觉时起主导作用的器官划分

根据知觉时起主导作用的器官，知觉可以被分为视知觉、听知觉、嗅知觉、味知觉和触知觉等。在这些知觉中，除了起主导作用的器官外，还有其他感觉成分参与。例如，在物体形状和大小的视知觉中，有触觉和动觉成分参与；在视觉空间定向中，常常有听觉或触觉的成分参与；在言语听知觉中，有动觉或视知觉参与。近来研究者关注的"视听整合"研究表明发音者口型会影响个体对语音的知觉。

(二)根据知觉对象的不同划分

根据知觉对象的不同，知觉可以被分为空间知觉、时间知觉和运动知觉。

1. 空间知觉

空间知觉是人对客观世界物体的空间关系的认识。空间知觉是通过人的视觉、触觉、运动觉等感觉的协同活动而实现的，在人与周围环境的相互作用中起着重要作用。你是否会在下楼梯时走着走着，毫无知觉地跨一大步便下到楼底层？或者糊涂到本想把杯子放到桌上，却反而把它甩到了空中？空间知觉包括形状知觉、大小知觉、深度知觉和方位知觉等。

空间知觉是人对客观世界物体的空间关系的认识。

(1)形状知觉

形状知觉是个体对物体形状特性的反映，是对物体的轮廓和边界的整体知觉。图形可以定义为视野中的一个面积，它是借助可见的轮廓而从其余部分分离出来的。因此，在图形中，轮廓代表了图形及其背景的一个分界面，它是在视野中邻近的成分出现明度或颜色的突然变化时出现的。人们利用已有的知识经验和当前获得的信息，确定知觉到的图形是什么，叫作图形识别。这是形状知觉中比特征分析更高的一个阶段。人对图形的识别不仅依赖于当前输入的信息，而且依赖于人们已有的知识、经验和期待。例如，四条直线的简单相加并不等于正方形，人们必须根据已有的知识经验将四条直线知觉为正方形。

(2)大小知觉

大小知觉是个体对外界物体大小的反映。按常识说，大物体投射在视网膜上的视像大，小物体投射在视网膜上的视像小。视像大，说明物体大；反之，说明物体小。但实际上人们辨别物体大小并不这么简单，因为视网膜的视像不仅随物体的大小变化，而且随物体的距离变化。所以，在知觉物体中，个体是综合视像大小和知觉到的距离来判断物体大小的。另外，经验对大小知觉有重要作用。日常生活中，很多物体都是我们熟悉的，如某同学的体形、一个书包的大小、一支铅笔的长度等。即使物体的距离改变了，我们也能根据经验准确地知觉到物体的实际大小。

(3)深度知觉

深度知觉也叫距离知觉，是个体对物体的凹凸或远近的反映。相对于物体的视像而言，人的视网膜基本上是二维平面，即物体的视像在视网膜上是平展而没有深度的。深度和距离知觉与其他知觉一样，不是人生来就具有的，而是在个体发展过程中逐渐形成的。人们赖以产生深度知觉的线索有三类：肌肉线索、单眼线索和双眼线索。肌肉线索是指人眼在观看物体时，随着距离的不同，眼部肌肉会有不同的变化。根据距离的远近，眼睛的睫状肌进行收缩和舒张，改变晶状体曲度大小，提供距离信息。同时无论物体距离远近，两眼的视轴总是汇聚到被注视的物体上，即辐合。根据辐合角的大小，人们获得距离信息。单眼线索强调视觉刺激本身的特点，是只用一只眼睛就能感受到的深度线索。单眼线索包括线条透视、空气透视、运动透视和对象重叠。双眼线索是当双眼看远处时视轴较为平行，看近处时两视轴相交。双眼线索强调两只眼对于一个立体物得到的视像是有差别的，这就是双眼视差。虽然两只眼睛注视的是同一个物体，但每只眼睛看到的物体是有差别的。

(4)方位知觉

个体对自身或物体所处空间位置和方向的反映是方位知觉。方位知觉有上下、左右、前后三个维度。个体对前后、左右方位的知觉是以观察者为参照的，而对上下方位的知觉除以自身为参照外，还可以以天地为参照。方位知觉是各种感觉协同作用的结果。视觉方位定向主要依靠原始的参照系统。例如，在左手方向的是左侧，在右手方向的是右侧，背后的物体在后方，面对的物体在前方。听觉方位定向依赖耳朵提供的声音线索。人的耳朵在头部两侧，同一声源到达两耳的距离不同，会产生两耳刺激的时间差、强度差和位相差，因此人耳能进行声音定位。在人的方位知觉中，对听觉的方位定向研究得较多。

2. 时间知觉

时间知觉是个体对客观事物和现象的延续性、顺序性的直接反映，是感知时间长短、快慢、节奏、先后的复杂知觉，是听觉、触觉和视觉等感官协同活动的结果。

时间知觉是个体对客观事物和现象的延续性、顺序性的直接反映。

时间知觉具有四种形式：①对时间的分辨，如午饭后，休息了一会儿，接着客人来访，能够按时间顺序把这些活动区别开来；②对时间的确认，如知道今天是哪年哪月哪日；③对持续时间的估计，如知道从某一时刻开始，一直到另一时刻，总共经历了多长时间；④对时间的预测，知道在未来的某一时刻做某事，如两个月后是寒假，三年后就毕业了等。

时间判断必须以某种客观现象作为参考，主要有三种参考系统：①自然界的周期性变化，如太阳的东升西落、月亮的盈亏变化、星座的向西移动、季节的变化等；②机体的各种节律性活动，如心跳、脉搏、呼吸、消化、排泄等；③计时工具，如钟表和日历等。

3. 运动知觉

运动知觉是反映物体的空间位移和位移快慢的知觉。通过运动知觉，人们可以分辨物体是运动的还是静止的，可以分辨运动的快慢。我们周围的世界是不断运动的、变化着的，如鸟在飞、鱼在游、车马在奔跑、河水在流动等，对这些事物的感知就是运动知觉。

运动知觉是反映物体的空间位移和位移快慢的知觉。

运动知觉对动物和人的适应性行为有重要的意义。运动知觉为动物提供了猎物和天敌来临的信号，如山鹰捕蛇、巨蟒吞兔，它们不仅要对彼此的形状、距离、方向进行感知，而且还要对彼此的运动速度正确知觉。人过马路和运动员传球、接球，离开对物体运动速度的正确估计也是不行的。

(1)真正运动的知觉

真正运动的知觉是指物体按特定速度或加速度，从一处向另一处做连续的位移，是对物体的真正运动的知觉。运动是相对的，运动知觉也是相对的。选择不同的参照物，人们产生的运动知觉会有所不同。例如，在奔跑的火车上，选择火车为参照物，人们会认为路边的树木在动；如果以树木为参照物，人们会认为火车在动。

(2)似动知觉

似动知觉是指在一定的时间和空间条件下，人们把客观上静止的物体看成是运动的，或把客观上不连续的位移看成是连续运动的等心理现象。似动知觉主要有动景运动、自主运动、诱发运动和运动后效几种形式。

①动景运动是指当两个刺激物按一定空间间隔和时间距离相继呈现时，人们会看到从一个刺激物向另一个刺激物的连续运动。动景运动也称最佳运动或 Phi 运动，电影电视就是根据动景运动原理制作的，人们很难将动景运动与真正运动区别开。

②自主运动是指在一间黑屋子里，人们站在屋子的一头，在另一头安排一个亮点，注视这个光点几分钟，这时光点会古怪地动荡起来。在没有月光的夜晚，仰视天空的某一亮点几分钟，这些亮点也会游动起来。

③诱发运动是指由于一个物体的运动使其相邻的一个静止的物体产生运动的知觉。路边的树木是相对静止的，但是火车是运动的，人们在火车上会感觉到树木在动而火车是静止的。

④运动后效是指在注视一个运动的物体之后，如果将视线转向另一个静止的物体，就会看到这个静止的物体在朝相反的方向运动。凝视河水流动，然后再看河岸，仿佛它们朝相反的方向流动。在注视飞速开过的汽车之后，会觉得附近的房屋向相反的方向运动。

三、错觉

错觉是在一定条件下个体对外界事物的歪曲的知觉。产生错觉的原因有很多，生理的、心理的、主观的、客观的等。错觉与幻觉不同，幻觉是虚幻的知觉，而错觉在各种知觉中几乎都有发生。

错觉是在一定条件下个体对外界事物的歪曲的知觉。

研究错觉有两方面的意义：一是利用错觉，使其在某些实践活动中产生预期的心理效应。如军事上，创造条件，给敌人造成错觉，达到伪装或隐蔽的目的；服装设计上的错觉，产生美的享受。二是设法纠正错觉，使反映尽可能符合客观实际。如飞行员在海上飞行，由于水天一色，失去了视觉线索，容易产生“倒飞”错觉，消除错觉，可避免事故。

错觉的种类很多。研究得最多的是几何图形错觉，几何图形错觉可分为以下几种。

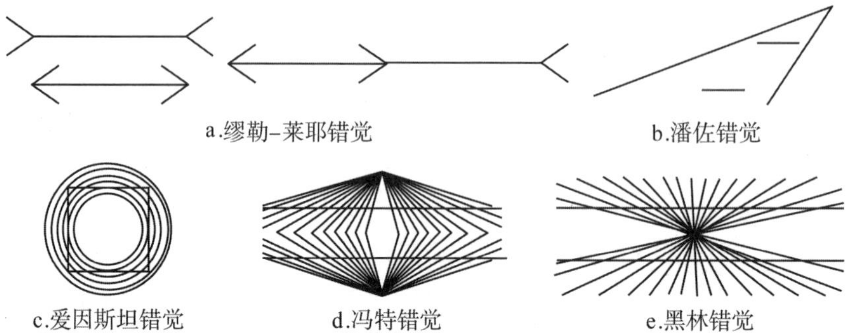

a.缪勒-莱耶错觉　b.潘佐错觉

c.爱因斯坦错觉　d.冯特错觉　e.黑林错觉

图 4-2　几何图形错觉(其中 a、b 属于大小错觉，c、d、e 属于形状错觉)

①缪勒-莱耶错觉(Müller-Lyer illusion)，也叫作箭形错觉。有两条长度相等的线段，在其中一条线段的两端加上朝外的箭头，在另一条线段的两端加上朝内的箭头，结果前者显得短、后者显得长(见图 4-2a)。

②潘佐错觉(Ponzo illusion)，也叫作轨道错觉。在两条辐合线的中间有两条等长的线段，上边的线段显得比下边的线段长些(见图 4-2b)。

③爱因斯坦错觉(Einstein illusion)，正方形的四边加上许多环形线后略显弯曲(见图 4-2c)。

④冯特错觉(Wundt illusion)。在两条平行线上附加了许多线条之后，这两条平行线看上去发生了弯曲，出现了平行线的中间收缩的情形(见图 4-2d)。

⑤黑林错觉(Hering illusion)，也叫发散线条错觉。在两条平行线的中间加上许多向两边辐射的线条后，这两条平行线看上去发生了弯曲，呈现出平行线的中间向外膨胀的情形(见图 4-2e)。

虽然错觉是人常见的心理现象，但不能由此证明人不能正确反映客观事物。恰恰相反，由于人能发现错觉，找出错觉产生的原因和条件，正说明了人有反映客观事物的能动性。错觉虽然对人的认识和实践有不利影响，但利用错觉规律却可以使其成为造型艺术、绘画、建筑设计、服装设计和军事伪装的重要手段。

第三节　感觉的基本规律

感觉是由刺激物直接作用于某种感官引起的。但是，人的感官只对一定范围内的适宜刺激做出反应。个体对适宜刺激的感觉灵敏程度就是感觉能力，而这种感觉能力称为感受性。感受性可用感觉阈限来测量，感觉阈限是指能引起感觉持续一定时间的刺激量，使个体感到某个刺激存在或刺激发生变化，所需刺激强度的临界值。

一、感受性与感觉阈限

感受性是人的感觉器官对适宜刺激的感觉能力。人要产生感觉，就必须有一定的刺激作用于感官。例如，光波作用于眼睛，才能引起视觉，眼睛对光波的感觉能力，就是视觉感受性；声波作用于耳朵，才能引起听觉，耳朵对声波的感觉能力，就是听觉感受性。

人们对刺激物的感受性因人而异。同样一种微弱的刺激，一些人能够引起感觉，而另一些人则不能引起感觉。这说明对这种刺激前一种人的感受性较高，后一种人的感受性较低。感受性可以用感觉阈限来测量。

(一)绝对感受性与绝对感觉阈限

并非任何刺激都能引起人们的感觉，只有达到一定强度的刺激才能引起人们的感觉。例如，并非所有的声音都能被听见，只有达到一定响度的声音刺激才能被人们的耳朵捕捉到；人们平时看不见空气中的灰尘，即便灰尘落在人们的皮肤表面上，人们也觉察不到它的存在，但当细小的灰尘聚集成了较大的尘埃颗粒，人们不仅能看见它，而且能感觉到它对皮肤的压力。这种刚刚能引起感觉的最小刺激强度就是绝对感觉阈限(见表 4-1)。绝对感受性是指人的感官觉察这种最小刺激的能力。

表 4-1　人主要的绝对感觉阈限

感觉种类	绝对感觉阈限
视觉	看到晴朗夜空下 48 千米外的一支烛光
听觉	安静环境下听到 6 米以外的滴答声
味觉	可尝出 9 升水中加入 6 克糖的甜味
嗅觉	能嗅到 1 升空气中散布的 1/10 万毫克的人造麝香的气味
触觉	可感觉到从 1 厘米高处落到脸颊上的蜜蜂的翅膀

绝对感觉阈限是指那种刚刚能引起感觉的最小刺激强度。
绝对感受性是指人的感官觉察最小刺激的能力。

绝对感受性可以用绝对感觉阈限来衡量。绝对感觉阈限越高，即能够引起感觉所需要的刺激量就越大，绝对感受性就越低。相反，绝对感觉阈限越低，即能够引起感觉所需要的刺激量越低，则绝对感受性越高。因此，绝对感受性与绝对感觉阈限两者存在反比关系。用公式表示为：

$$E=1/R$$

其中，E 表示绝对感受性，R 表示绝对感觉阈限。

过去，人们曾把绝对感觉阈限理解为一个固定的刺激量，认为超过这个数量就能引起人的感觉，而低于这个数量，人就不能觉察到刺激的存在，也不会对刺激有任何反应。后来，人们发现这个阈限值并不是绝对不变的，同一感觉的绝对阈限在不同的条件下可能不同，人活动的性质，刺激的强度和持续时间，个体的注意、态度和年龄等因素都会影响阈限。因此，有人认为，把绝对感觉阈限看作某个固定的刺激量是不妥的。

一般说来，人类各种感觉的绝对感受性都很高。例如，在黑暗而晴朗的夜晚，人可以看见 48 千米外的一支烛光；人也能嗅到 1 升空气中散布的 1/10 万毫克的人造麝香的气味等。

(二)差别感受性与差别感觉阈限

两个同类的刺激物，它们的强度只有达到一定的差异，才能引起差别感觉，即人能够觉察到它们的差别，或把它们区别开来。例如，100 人参加的大合唱，如果增减一个人，听不出声音的差别，如果增加或减少 10 个人，差别就明显了。同样，两根很长的竹竿相差 10 厘米，人们难以觉察到它们的差别，但当两支铅笔相差 10 厘米，差别就非常明显了。这种刚刚能引起差别感觉的刺激物间的最小差异量，就是差别感觉阈限或最小可觉差。对这一最小差异量的感觉能力叫差别感受性。

差别感觉阈限是指刚刚能引起差别感觉的刺激物间的最小差异量。
差别感受性是指对这一最小差异量的感觉能力。

差别感受性与差别感觉阈限在数值上也呈反比。差别感觉阈限越小，即刚刚能引起差别感觉的刺激物间的最小差异量越小，差别感受性就越大。

德国生理学家韦伯(Weber)曾系统研究了触觉的差别感觉阈限。他让被试用手先后提起两个重量不大的物体，并判断哪个重些。用这种方法确定了刚刚能够引起差别感觉的最小刺激量。结果发现，对刺激物的差别感觉不依赖于一个刺激物增加的绝对重量，而依赖于刺激物的增量与原刺激量的比值。比如，手上原有的重量是 100 克，必须至少增加 2 克，人们才能感觉到差别；而原有的重量是 200 克，增加的重量必须达到 4 克；原重量为 300 克，增加的重量应该是 6 克。由此可见，引起差别感觉的刺激的增量与原刺激量之间存在着某种关系。这种关系可用以下公式来表示：

$$K=\Delta I/I$$

其中，I 为标准刺激的强度或原刺激量，ΔI 为引起差别感觉的刺激增量。K 为一个常数，它随着被测量的感觉系统的不同而变化。这个公式叫韦伯定律。根据韦伯分数 K 的大小，人们可以判断某种感觉的敏锐程度。K 越小，感觉越敏锐。韦伯常数只适用于刺激的中等强度，主要感觉的最小韦伯分数见表 4-2。

表 4-2 主要感觉的最小韦伯分数

感觉	K	感觉	K
音高(2000 赫兹)	0.003	橡皮气味(2000 嗅单位)	0.104

续表

感觉	K	感觉	K
视明度(100 光量子)	0.016	压觉(5 克/平方毫米)	0.136
举重(300 克)	0.019	味觉(盐 3 摩尔/升)	0.200
响度(1000 赫兹，100 分贝)	0.088		

专栏 4-3 合理满足中学生的感觉寻求

现如今，几乎人手一部智能手机。网络为学生的学习提供了帮助和支持，学生能够在开放的网络平台获得丰富的资源。但是网络是把“双刃剑”，我们要引导学生正确地利用网络。中学生处在感觉寻求水平较高且在上升的趋势中，且感觉寻求是一种人格特质，具有一定的稳定性，靠打压的方式去降低学生的感觉寻求水平是不科学的做法。

第一，开展丰富多样的社团活动，满足中学生的感觉寻求。学生面临着巨大的升学压力，教师形式单一的教学方式、机械反复的习题练习都与求新求变的中学生身心特点不相符。如此的生活和学习方式根本不能满足其日益增长的感觉寻求水平，相反可能会成为网络成瘾的推手。中学生年龄在增长，感觉寻求水平也随之升高，这就像一只无形的手，将充满好奇心喜欢追求刺激的学生推到他们倍感新鲜的网络身边。所以学校应该组织开展丰富多样的教育教学活动，满足学生的感觉寻求，防止学生沉溺网络。例如，开展丰富的社团活动，如艺术社团、科技社团、文化社团等。社团活动主要从学生的兴趣出发，以学生自己探索和发现为主，让学生在探索和发现的过程中寻找新鲜感，这样既满足了学生的感觉寻求，也增长了学生的见识。

第二，合理的体育运动，满足中学生的感觉寻求。无论是出于提高中学生的身体素质的目的还是为了学生的全面发展，这都为满足学生的感觉寻求提供了好的途径。然而有的学校为了中考，严苛地要求学生只针对中考的项目训练，这种枯燥机械的训练显然达不到满足中学生感觉寻求的要求。所以学校应该以学生的兴趣为出发点，开展具有趣味性、刺激性，多元多样的体育活动，如游泳课、帆船比赛、体育运动会等。

第三，开发校本课程，满足中学生的感觉寻求。新的教育教学观要求学校教师能够开发适合本校和本校学生的校本课程。这些校本课程丰富有趣，结合了学校和学生的特色，给整天在学校“围墙”内的学生注入了新鲜的血液。这些课程有些是整合了社会资源的课程，能很大程度地满足学生的感觉寻求。

第四，以学生为中心，满足中学生的感觉寻求。新课程的学生观提出学生是发展的人，是独特的人，是有独立意义的人。教师不能把自己的思想甚至是知识强加给学生，而应该是给学生提供一个自主探索、独立思考的机会和平台，让学生自主地探索和发现知识的奥妙。探索的过程在很大程度上满足了学生的感觉寻求。学生的常规学习都是在学校的课堂上完成的，以学生为中心的课堂教育教学是满足学生感觉寻求最重要和最直接的途径。

（资料来源：陈美蓉，2018）

二、感受性变化

感受性变化可以分为感受性降低和感受性提高，感受性变化主要源于感觉适应。感觉适应是指相同的刺激物持续地作用于某一特定的感受器而使感受性发生变化的现象。适应既可以表现为感受性的降低，也可以表现为感受性的提高。感觉适应是普遍存在的，除了痛觉之外，所有的感觉都存在适应现象，只是各种感觉中适应的表现和速度不同。

(一)视觉适应

视觉适应可以分为暗适应和明适应。从明亮的阳光下进入漆黑的隧道中时，开始什么也看不清楚，几分钟后便逐渐看清周围的事物，这种现象叫暗适应。暗适应是环境刺激由强到弱过渡时，由于弱光的持续刺激，使分析器对弱光的感受性不断提高的现象。在开始的5～7分钟，感受性提高很快，经过1小时左右，相对感受性可提高20万倍。相反，从黑暗的电影院走到阳光下时，开始我们会觉得光线刺眼，什么都看不清楚，稍过片刻，我们的视力便恢复到常态，能看清周围事物了，这种现象叫明适应。明适应是环境刺激由弱向强过渡时，一系列的强光刺激使分析器对强光刺激的感受性迅速降低了的现象。

(二)听觉适应

听觉适应与视觉适应相比不明显，因为它适应快，恢复迅速，但在日常生活中也常常可以观察到听觉适应现象。工厂里强烈的机器声长时间持续作用于人，就会引起听觉感受性的降低，甚至出现听觉感受性明显的丧失；去参加一个舞会，刚到舞会现场时会觉得音乐声很响，待一会儿后，觉得音乐声没有刚开始时那么响了。一般认为，听觉适应会使听觉感受性暂时降低，而且听觉适应具有选择性。即在一定频率声音的作用下，人耳对该频率声音及邻近频率声音的感受性会降低，而对其他频率声音的感受性不会有影响。听觉适应比其他感觉适应更难发生，这是由于声音刺激的强度一般都比较大，因而大脑皮层有关神经细胞不容易立即转入抑制状态。

(三)嗅觉适应

嗅觉的适应速度，以刺激物的性质为转移。一般的气味，经过1～2分钟就可以适应，强烈的气味要经过十多分钟才能适应。爱好晨跑的人，早上锻炼后回到宿舍，会感到房间的空气污浊，但过一会儿就适应了。“入芝兰之室，久而不闻其香；入鲍鱼之肆，久而不闻其臭”就是对嗅觉适应的极好描述。

(四)其他感觉适应

味觉也有适应现象，如厨师连续地品尝菜肴，到后来做出来的菜肴会越来越咸。现实生活中，我们都有味觉适应的经验。如果我们把一种食物放进嘴里，很快食物的味道实际上消失了。而且，对一种味道的适应能显著地影响随后吃进的东西的味道。例如，当我们吃了甜的食物，再吃酸的食物时会觉得更酸。

触压觉的适应也很明显。例如，戴手表的人平时不觉得手腕上有重物；老年人常戴着眼镜感觉不到自己戴着眼镜，所以经常到处找眼镜；冬天，我们刚穿上棉衣时，有一种“负重”感，但很快这种压力的感受性就消失了。实验证明，只要经过 3 秒左右，一般人的触压觉感受性就会下降到原来的 25%左右。

温度觉的适应也很明显。例如，我们在游泳池里游泳时，开始感到池水是冷的，但经过三四分钟后，就感到池水不那么冷了；反之，我们在热水中洗澡，最初感到水很烫，几分钟后，就会感到水不那么烫了。温度觉的适应时间为三四分钟，但对特别热和特别冷的刺激，适应现象则很难发生或不能发生。

感觉适应对于机体来说具有积极的意义(即使是难以适应的痛觉，对于机体来说，也是具有积极意义的)，机体能够在变化的环境中不断感知外界事物，进而调整自己的行为，以便更好地生活、工作。

第四节　知觉的基本规律

一、知觉的选择性

作用于人的客观事物是多种多样的，在一定时间内，人不可能清楚地感知到所有事物，总是有选择地把少数事物作为知觉对象，而把其他事物作为知觉的背景，以便产生清晰的知觉，这就是知觉的选择性。例如，在课堂上，学生把黑板上的文字当作知觉的对象，而周围环境中的其他东西便成了知觉的背景。

知觉的选择性是指人在知觉时，会将少数事物作为知觉的对象，而将其他事物作为知觉的背景，以便清晰地感知一定的事物与对象。

知觉的对象与背景是互相依存、互相转化的。当注意从黑板上的文字转移到挂图时，挂图便成了清晰的对象，而黑板上的文字则成了知觉的背景。知觉的对象与背景的互相转化在双关图形中表现得更为清楚(见图 4-3)。

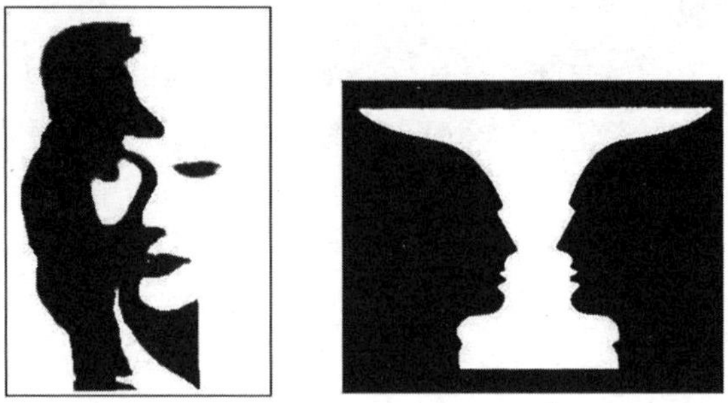

a　　　　　　　　b

图 4-3　双关图形(想一下，您分别在这两张图上看到了什么?)

(资料来源：彭聃龄等，2019)

影响知觉选择性的因素有主观和客观两个方面。

从客观而言，主要有以下几点。

其一，对象与背景之间的差别。对象与背景之间的差别越大，对象从背景中区分出来就越容易；反之则越困难。如批改作业，用红笔最明显；出黑板报时重点部分用彩色粉笔字迹最清楚。

其二，对象的活动性。夜空中的流星、人造卫星，闪烁的霓虹灯广告，电影、幻灯片等教学活动，都易被人知觉。

其三，刺激物的新颖性。教师抑扬顿挫的语言，新颖的教学内容和教学方式，也容易引起学生的优先知觉。

从主观因素看，知觉有无目的和任务，已有知识经验的丰富程度，个人的兴趣、爱好、动机、定势与情绪状态等都影响知觉对象的选择。例如，走进图书馆，喜欢看文学书籍的人多把文学方面的书当作对象，而把其他书作为背景。

二、知觉的整体性

客观事物是由许多属性和部分组成的，但是人在知觉事物时，并不把事物感知为一个个孤立的部分，而总是把它知觉为一个有组织的整体，甚至当某些部分被遮盖或抹去时，人们也能够将零散的部分组织为完整的对象。知觉的这种特性叫知觉的整体性或知觉的组织性。格式塔心理学家曾对知觉的整体性进行过许多研究，提出知觉是按照一定的规律形成和组织起来的，在知觉任何给定的刺激模式时，人们易于以稳定且连贯的形式把不同的元素简单加以组织，而不是把这些元素当成不可理解的、孤立的一堆混乱感觉。

格式塔学派提出的知觉的整体性主要有以下几个定律。

(一)接近律

空间、时间上接近的客体易被知觉为一个整体，人们很容易把图 4-4 中间的圆点知觉为一个整体。

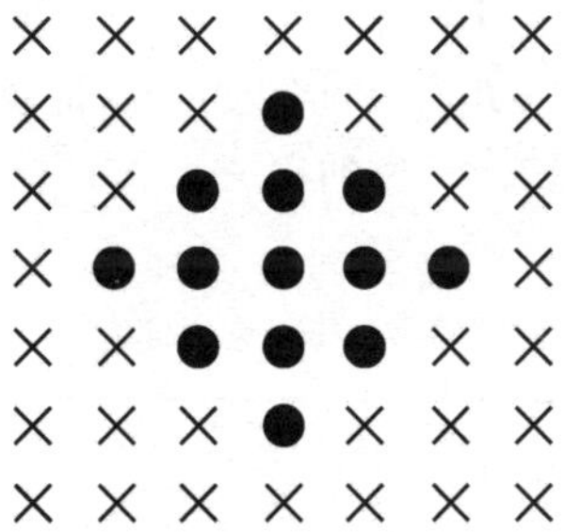

图 4-4　接近律

(二)相似律

物理属性(强度、颜色、大小、形状等)相似的客体易被知觉为一个整体，如图 4-5 易被知觉为两组由圆点组成的正方形。

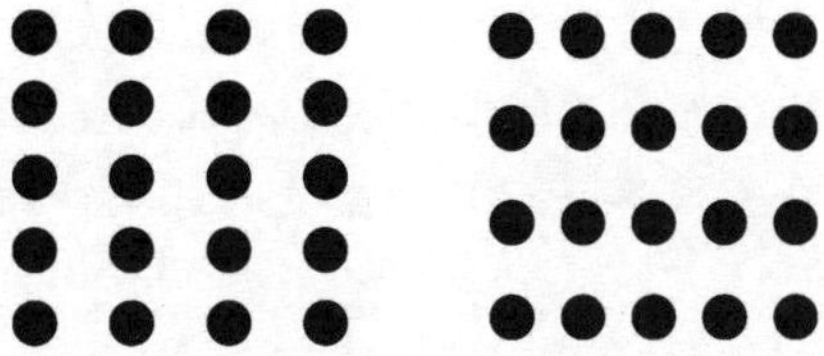

图 4-5　相似律

(三)连续律

具有连续性或共同运动方向等特点的客体，易被知觉为同一整体。例如，人们往往把图 4-6 看成一条直线和一条曲线的重合，而不是看成更复杂的图形。

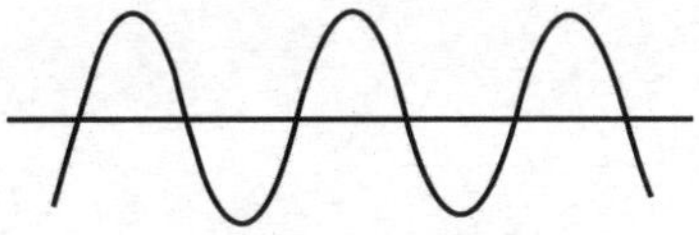

图 4-6　连续律

(四)封闭律

在知觉一个熟悉或连贯性的模式时，如果其中某个部分没有了，人们的知觉会自动把它补上去，并以最简单和最好的形式知觉它。例如，人们倾向于把图 4-7a 知觉为 1 个正方体和 8 个圆形。

a　　b

图 4-7　封闭律

知觉的整体性不仅与对象本身的特性有关，而且与知觉者的主观状态有关。在知觉的过程中，过去的经验或知识可为当前知觉活动提供补充信息，如图 4-7b 易被知觉为两个交叠的三角形覆盖在三个黑色的正方形上。但是，图形中居于中央的白色三角形实际上没有完整的边缘，即没有轮廓。然而在知觉经验中，它们都是边缘最清楚，轮廓最明显的图形。这种没有直接刺激作用而产生的轮廓称为主观轮廓。主观轮廓是人们在一定的感知信息的基础上，进行知觉假设的结果。视野中存在某些不完整因素，是主观轮廓形成的必要条件。

三、知觉的理解性

人们在感知事物时，总是根据以往的知识经验赋予事物一定的意义，并用语词把它标识出来，知觉的这一特性就是知觉的理解性。知觉的理解是以知识经验为基础的，是人把对当前事物的直接感知纳入已有的知识经验系统中去，从而把该事物看成某种熟悉的类别或确定的对象的过程。同样一幅画，成人和儿童的感知就不同。成人不但能了解画的寓意和内容，而且还能根据自己的知识经验看到儿童忽略的细节。如图 4-8a，人们根据已有的经验很容易把它知觉为一匹马，而图 4-8b 则很容易被知觉为一对老年人和一棵树。

知觉的理解性是指人们在感知事物时，总是根据以往的知识经验赋予事物一定的意义，并用语词把它标识出来。

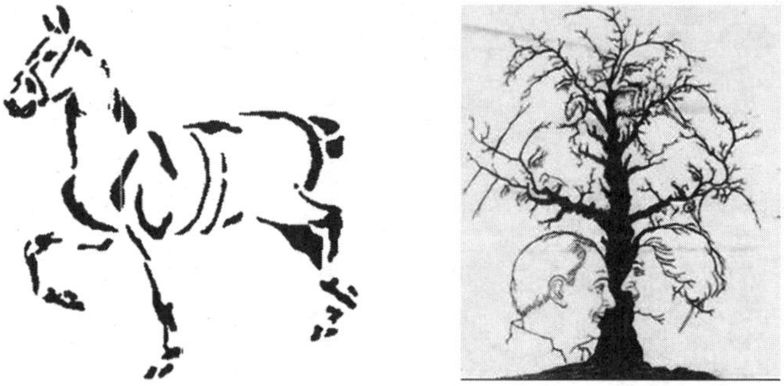

a　　　　b

图 4-8　知觉的理解性

影响知觉的因素除了以上因素外，还有个人动机与期望、情绪与兴趣爱好以及定势等。此外，知觉的理解性对于人们从背景中区分出知觉对象和形成整体知觉都有很大的帮助，有利于扩大知觉的范围，加快知觉的速度。

四、知觉的恒常性

当知觉的客观条件在一定范围内改变时，知觉的映象仍然相对地保持不变，知觉的这种特性称为知觉的恒常性。例如，一个人的头发看起来总是黑色的，如果某人的头部一边向光，另一边背光，那么从次级的物理分析来看，给予人们的刺激当然是半白半黑的，但是人们怎么看也看不出这个人的头发一半白一半黑，而总是看成全黑的，这就是恒常性导致的。

知觉的恒常性是指当知觉的客观条件在一定范围内改变时，知觉的映像仍然相对地保持不变。

知觉的恒常性主要表现为以下几种。

1. 大小恒常性

在一定范围内，不论观看距离如何，人们仍倾向于把物体看成特定的大小，这就是大小恒常性。例如，同样的一个人站在离我们 3 米、5 米、15 米的不同距离处，他在我们视网膜上的像因距离不同而改变着，但是我们看到的这个人的大小却是不变的。

2. 形状恒常性

当人们从不同角度观察同一物体时，物体在视网膜上投射的形状是不断变化的。但是，人们知觉到的物体形状并没有显出很大的变化，这就是形状恒常性。

3. 明度恒常性

当照明条件改变时，物体的相对明度或视亮度保持不变，叫明度恒常性。决定明度恒常性的因素是从物体反射出的光的强度和从背景反射出的光的强度的比例，只要这个比例保持不变，就可保证物体的明度恒常性不变。例如，两张白纸，不管是在阳光下，还是在阴影中，它们都互为背景和对象，对光的反射比例始终保持不变，因而人们对明度的知觉也就保持了恒常性。

4. 颜色恒常性

尽管物体照明的颜色改变了，但人们仍把它感知为原先的颜色，这就是颜色恒常性。例如，不论在黄光照射下还是蓝光照射下，人们总把国旗知觉为红色的。正如室内的家具在不同灯光照射下，颜色相对保持不变一样。

知觉恒常性对于人们的正常生活和工作具有重要意义。如果人没有知觉恒常性，那么在知觉客观事物时，就会随着客观条件的变化而时刻发生变化。由于外界环境永远处于变化之中，因此人要想获得任何确定的知识都会存在困难，甚至是不可能的。

第五节 感知规律与教学

人脑对事物个别属性与整体属性的反映分别对应着我们的感觉和知觉。在实际教学中，正确运用感知觉规律，对促进教与学具有重要的作用。本节，我们重点从直观、第一印象和观察力三个角度探讨在教学中如何应用感知规律。

一、直观及其在教学中的应用

直观是学生获得感性知识的一种手段，在教学活动中，直观能大大促进学生知识的获得与掌握。直观教学使学生能获得感性的、形象而具体的知识，既有助于提高他们的学习兴趣和积极性，也有利于他们形成对事物的清晰表象，减少学习抽象概念的难度，更好地深化认识和运用概念，培养和发展他们的观察力。

(一)直观的基本形式及特点

1. 实物直观

实物直观是指展示实物、标本、演示性实验和现场参观等。通过实物观察得到的材料富有生动性和真实性，能反映事物的本来面貌。但实物观察难以突出事物的本质要素，会受到时间、空间的限制。

2. 模象直观

模象直观指观察模型、仪器、图片、图表等模拟实物，它提供的材料虽不如实物真实，但能突出事物的本质特点，使学生获得那些不能实际感知的事物的典型感性材料，帮助学生理解知识内容，弥补实物直观的不足。

3. 言语直观

言语直观是教师通过生动的语言描述，唤起学生对事物的表象。言语直观不受时空、设备等条件的限制，所提供的材料也具有一定的概括性，有利于抽象概括。但是言语直观不如实物直观和模象直观鲜明、完整和稳定。

(二)教学中运用直观的注意事项

(1)直观教具的刺激强度要适当，不能太强或太弱。作用于感知觉的刺激必须达到一定强度，才能被人感知到。因此直观教具的颜色、大小、声音、强度等要适当，要使全班同学都能清楚地感知到。

(2)感知对象与背景应有一定的差别。对象和背景在颜色、形态和强度等方面差别越大，对象就越容易被感知到。因此应该用背景将对象衬托出来，避免对象和背景的混淆，如不要在要观察的事物周围添加无关、相似的图形或物体。

(3)运用对比规律，采用对比法教学。在性质或强度上对比明显的刺激物同时作用于人的感官时，能使人清楚地感知到它们的差别。因此在用图表教学时，可以把感知的某一部位涂成对比颜色，以便区分。

(4)尽量多运用活动性的教具。活动的知觉对象在安静的背景上容易被感知到。因此通过活动模型、活动幻灯片、演示性实验、教学视频等，使教材成为活动的对象，可提高教学效果。

(5)把直观形象与言语指导结合起来。言语指导与直观形象有三种形式的结合：①言语在前，即教师在演示直观教具前，先用言语说明观察的目的、内容、重点和方法步骤，引导学生根据教学要求，观察教具的主要特征。此时言语起着动员和提示的作用。②言语与直观同时进行，即教师边演示边讲解。此时言语与实物直观、模象直观相互补充。③言语在后，即教师在演示教具之后，得出结论，言语起总结概括作用。

(6)运用直观的目的要明确，并适时呈现。教师选用的教具要与教材要求、实际生活及学生的知识经验紧密联系，激发学生的积极性，启迪思维。在教学中要在适当的时候将教具展示出来，让学生边观察边听讲解，有利于理解概念和规律。

(7)不同年龄段使用不同的教具。不同年龄段的学生在感知事物时特点不同，要根据不同年龄段学生的特点选择不同的教具。如小学生具体形象思维占主导，给小学生上课就应广泛使用直观，让他们在看得见、感受到的过程中学习知识。随着年龄的增长，抽象逻辑思维占主导，教师给初中生和高中生上课时要注重将具体形象思维引向抽象逻辑思维。

二、第一印象在教学中的应用

第一印象在人际交往中具有重要作用。对方的衣着、相貌、表情、风度、年龄等构成第一印象的重要因素。如果一个人初次与别人见面便留下了良好的印象，别人就乐意与他接近，与他交流。因此，教师在与学生初次见面前要做好准备，给学生留下良好的第一印象。例如，第一次上课，教师要衣着整洁、态度端正、和蔼可亲，讲起课来生动形象、引人入胜。相应地，学生给教师的第一印象也会影响教师对学生的客观评价，所以教师要避免先入为主对学生产生错误看法。

三、学生观察力的培养

(一)观察与观察力

观察是指有目的、有计划、有思维活动参加的、比较持久的知觉，是知觉的高级形式。因它与积极的思维相联系，所以有时也称作“思维的知觉”。观察这种知觉形式和在长期系统观察过程中逐渐形成发展起来的观察能力，对教育、科研、学习、军事等实践领域具有非常重要的作用。观察能力简称观察力，是个性心理特征中能力的重要成分。所谓观察力是指有目的、主动地去考察事物并善于全面正确地发现事物的各种典型特征的知觉能力。

(二)观察力的培养

在教学中，教师通过对一定直观教具的操纵来有效完成教学任务，其效果如何主要取决于学生的观察力。因此，为了更好地完成教学任务，必须认真组织和培养学生的观察力。培养学生的观察力要注意以下几点。

1. 明确观察的目的、任务

观察的目的和任务是否明确，是影响观察效果的重要原因。目的、任务明确，学生知道要观察什么，不观察什么，哪里是观察的重点，哪里只要一般了解，这样可以达到良好的预期效果。

2. 教给学生观察的方法

观察前要制订出周密的观察计划，做好必要的知识准备，选择有效的观察方法。观察可以按“整体—部分—整体”的顺序进行，也可以按“部分—整体—部分”的顺序进行。可以由近及远，也可以由远及近地进行观察。选择什么样的观察方法，要根据需要确定，不要顾此失彼。观察的步骤、方法可以让学生自己制定，但是观察的步骤和方法关系到观察的效率和效果，学生制定的观察步骤和方法，教师一定要认真加以审查。

3. 启发学生积极思维

在观察过程中，鼓励学生对观察到的每一个细节都要从不同的角度、不同的侧面加以分析，提出自己的见解，不要满足于现成的答案。

4. 指导学生做好观察总结

观察结束后要进行总结。总结的形式可以是书面的、口头的，也可以是图表的、图解的。教师要鼓励学生之间相互交流观察的心得，找出自己的不足之处，相互学习。

5. 培养良好的观察力品质

良好的观察力主要有以下几种主要品质：①客观性，即观察时要实事求是地按照客观事物的本来面目进行观察，排除主观因素，获得准确合乎事实的结论。②全面性，即在观察时应从不同角度、不同方位、不同层次全面观察，避免以偏概全。③创造性，即能在别人不以为然、司空见惯的事物和现象中发现新问题。④敏锐性，即善于及时发现别人不容易觉察到的事物的特征，捕捉其有价值的因素。⑤精确性，即善于辨别事物或现象之间的细微差别，不遗漏重要的细节。

思考与应用

1. 在《列子》中，有这样的记载：

孔子东游，见两小儿辩斗，问其故。

……

一儿曰：“日初出大如车盖，及日中则如盘盂。此不为远者小而近者大乎？”

一儿曰：“日初出沧沧凉凉，及其日中如探汤。此不为近者热而远者凉乎？”

孔子不能决也。

两小儿笑曰：“孰为汝多知乎？”

这里提及的近如“车盖”，远似“盘盂”都是错觉的现象。请你谈一谈自己对错觉现象的认识，在生活和学习中都遇到过哪些错觉现象呢？举例说明如何利用错觉为社会生活服务。

2. 按照不同的划分标准，感觉有哪些种类？

3. 什么是知觉？举例说明知觉的基本规律。

4. 结合生活实例，试分析感觉与知觉的关系。

5. 如何利用感知觉规律提高教学效率？

推荐阅读

1. 宋晓蕾：《视觉表象的产生与训练：一个整合的视角》，北京，科学出版社，2015。

2. 高湘萍：《知觉心理学》，北京，人民教育出版社，2011。

3. E. H. 贡布里希：《艺术与错觉：图画再现的心理学研究》，杨成凯、李本正、范景中译，南宁，广西美术出版社，2023。

4. 王辉：《特殊儿童的感知觉训练》，南京，南京大学出版社，2020。

第五章

记　忆

第一节　记忆概述
第二节　记忆的过程
第三节　记忆规律与教学

本章首先介绍了记忆的内涵、种类，记忆表象的特征和作用，记忆的品质；其次，介绍了记忆的过程，包括识记、保持与遗忘、再认与回忆；最后，讨论了记忆规律在教学中的应用。

思维导图

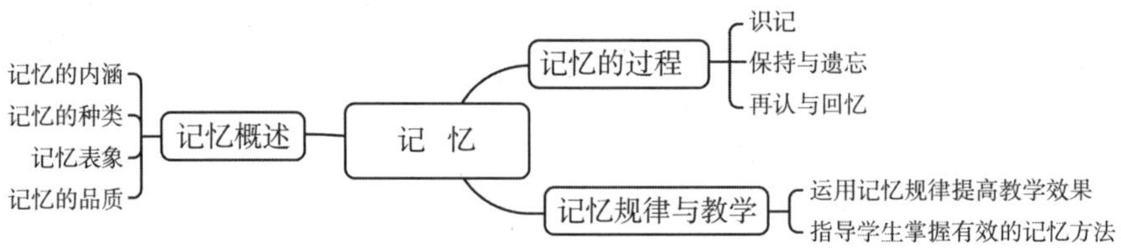

学习目标

1. 理解记忆的内涵、种类；
2. 理解记忆表象的含义、特征和作用；
3. 掌握记忆的过程和记忆的品质；
4. 掌握遗忘的规律及应用；
5. 掌握记忆规律在教学中的应用。

课前思考

假如我们忘记了过去的一切，大脑一片空白会怎样？

此时的你不知道自己是谁，不知道自己的过去，不知道所有的家人和朋友，也不知道自己努力的目标和生活方向，你是否感到非常迷茫和恐惧？

如果你也失去了形成新记忆的能力，你不记得刚刚见过的人、刚刚说过的话、刚刚办过的事……你会有怎样的体验？一切一团混乱，你能否正常生活？

从这个意义上说，一个人如果失去了记忆，就意味着什么？

记忆是什么？记忆的过程是怎样的？我们如何运用记忆力？

第一节　记忆概述

一、记忆的内涵

(一)什么是记忆

记忆(memory)是在头脑中积累和保存个体经验的心理过程，用认知科学的术语讲，就是人脑对外界输入的信息进行编码、存储和提取的过程。人们所见、所感、所做、所思都能在头脑中留下痕迹，并且在以后能够回忆或者再认出来，这就是记忆。

记忆是在头脑中积累和保存个体经验的心理过程，用认知科学的术语讲，就是人脑对外界输入的信息进行编码、存储和提取的过程。

记忆与感知觉都是人脑对客观事物的反映，都是人的认知过程。但记忆是比感知觉更高级的心理过程，更复杂的心理现象。如果说感知觉是人脑对客观事物的直接认知，即信息输入，那么记忆就相当于人脑对客观事物的编码、存储及提取过程。感知觉是记忆的基础，记忆是感知觉的进一步。记忆是个体保持经验的直接形式。

(二)记忆的作用

记忆对于人的生活、学习和工作都有着极其重要的作用。英国著名哲学家约翰·洛克(John Locke)在《人类理解论》(*An Essay Concerning Humane Understanding*)一书中提道："在有智慧的生物中，记忆之为必要，仅次于知觉。它的关系是很重要的，因此，我们如果缺少了它，则我们其余的官能便大部分失去了效用。因此，我们如果没有记忆的帮助，则我们在思想中、推论中和知识中，便完全不能超越眼前的对象。"由此可见，记忆在人的生存和发展中起着极其重要的作用，是高级心理活动的基础。

正如俄国心理学家谢切诺夫(Sechenov)所说："离开了记忆任何现实的动作都是不可思议的，因为任何心理活动，即使是最简单的心理活动都必须以保留它的每一个当前的要素为前提，从而把它与随后的要素'联结起来'。没有这种'联结'的能力，发展是不可能的——人便会'永远处于新生儿的状况'。"

二、记忆的种类

人类的记忆是多种多样的，而且随着记忆领域研究的不断拓宽，对记忆种类的揭示和归纳也会相应增多。就近年来的研究所及可以从四个角度按照不同标准对记忆进行分类，以了解不同记忆的特点。

(一)按照记忆内容与对象划分

按记忆内容与对象的不同可分为形象记忆、运动记忆、逻辑记忆、情绪记忆。

1. 形象记忆

形象记忆是以感知过的事物形象为内容的记忆。例如，1949年10月1日，毛泽东同志站在天安门城楼上高声宣布："中华人民共和国中央人民政府今天成立了!"这一幕牢牢地印刻于在场所有人的脑海中，后来又被多部影视作品重现，成为一代又一代中国人的形象记忆，也成了"国家记忆"。形象记忆可以是视觉的、听觉的、嗅觉的、味觉的、触觉的。正常人的视觉记忆和听觉记忆通常发展得较好，在生活中起主要作用。触觉记忆、嗅觉记忆与味觉记忆，虽然一般情况下，人们在这些方面也都有一定发展，但这几种记忆从一定意义上说可称为职业形式的记忆，因为只有从事某种职业的人由于特殊职业的需要，这些记忆才会得到很好的发展。

2. 运动记忆

运动记忆指的是以操作过的动作、运动、活动为内容的记忆。例如，对游泳的一个接一个的动作的记忆，对体操、舞蹈动作的记忆等都属于运动记忆。运动记忆是运动、生活和劳动技能的形成及熟练的基础，对形成各种熟练技能技巧是非常重要的。

3. 逻辑记忆

逻辑记忆是以概念、判断、推理等形式对事物的关系以及事物本身的意义、性质等为内容的记忆。这种记忆保持的不是具体的形象，而是反映客观事物本质和规律的定义、定理、公式、法则等。它是人类所特有的，是具有高度理解性、逻辑性的记忆，对人们学习理性知识起着重要作用。

4. 情绪记忆

情绪记忆是以个体体验过的某种情绪或情感为内容的记忆。例如，对过去的一些美好事情的记忆，对过去曾经受过的一次惊吓的记忆或对过去曾做过的错事的记忆等。情绪记忆的印象有时比其他记忆的印象表现得更为持久、深刻，甚至终生不忘。在某种条件下，它还可以引起习惯性恐惧等异常症状。

(二)按照记忆信息保持时间和编码方式划分

根据信息加工理论，按记忆信息保持时间和编码方式的不同可分为感觉记忆、短时记忆、长时记忆。

1. 感觉记忆

感觉记忆，又叫瞬时记忆、模像记忆或感觉储存阶段，是指客观刺激物停止作用后，它的印象在人脑中只保留一瞬间的记忆，为 0.25～0.3 秒。就是说，刺激停止后，感觉印象并不立即消失，仍有一个极短的感觉信息保持过程，但如果不进一步加工的话，感觉印象就会消失。感觉记忆最明显的例子是视觉后像。

在感觉记忆中，信息是未经任何加工的，按刺激原有的物理特征编码的。例如，视觉性刺激通过眼睛被登记在图像记忆中；听觉性刺激通过耳朵被登记在音像记忆中。感觉记忆以感觉痕迹的形式保存下来，具有鲜明的形象性。感觉记忆的容量较大，它在瞬间能储存较多的信息。感觉记忆内容保存的时间很短，视觉的感觉记忆在 1 秒以下，听觉的感觉记忆在 4～5 秒之内。在感觉记忆中呈现的材料如果受到注意，就转入记忆系统的第二阶段——短时记忆；如果没有受到注意，则很快消失。感觉记忆的这些特点，为对信息的进一步加工提供了丰富的储备、可利用的时间和注意选择的可能。因此，它对于知觉活动、记忆过程和其他高级认知活动都具有极其重要的作用。

2. 短时记忆

短时记忆，又叫工作记忆或操作记忆，是指记忆的信息在头脑中贮存、保持的时间比感觉记忆长些，但一般不超过 1 分钟的记忆，与人在当前正在从事的活动直接相联系，并具有明显的意识性。例如，我们通过 114 查到需要的电话号码后，马上能根据记忆拨出这个号码，但打完电话后，刚才拨打过的电话号码就忘了，这就是短时记忆；我们听课时边听边记下教师讲课的内容，也是靠的短时记忆。

在短时记忆阶段，信息保持的时间比感觉记忆要长，为 5～20 秒，但不足 1 分钟。短时记忆是记忆过程中从感觉记忆到长时记忆之间的中间阶段或过渡阶段，它为人进行各种心理活动提供了一个“工作台面”。

与感觉记忆不同的是，短时记忆的容量是相当有限的，现代认知心理学用字母、音节、字词等各种识记材料进行了大量实验，证明无论是什么识记内容，短时记忆的容量都在 7 个左右。美国心理学家米勒发表了题为《神奇数 7±2：我们加工信息的能力的某些限制》(*The Magic Number Seven Plus or Minus Two*：*Some Limits on Our Capacity for Processing Information*)的著名论文，用实验证实了短时记忆的容量为(7±2)个，同时也是他在短时记忆的容量中首先引入组块(chunk)的概念。组块是由较小单位(如字母、数字等)按一定关系联合并组成的较大单位(如词组、习惯语等)，短时记忆的信息容量以组块作为计量单位。在没有复述的情况下短时记忆的内容在 18 秒后，回忆的正确率就下降到10%左右。如不经复述，大约 1 分钟之内就会衰退或消失。短时记忆的内容若加以复述、运用或进一步加工，就被输入长时记忆中。

3. 长时记忆

长时记忆是指信息在记忆中贮存的时间超过 1 分钟，直至数日、数周、数年乃至一生的记忆。如果说感觉记忆和短时记忆是记忆过程的开始和继续，那么长时记忆可以被形象地比喻为一个具有巨大容量的信息库。

将信息转入长时记忆的一条重要途径是进行精细复述，即将当前的信息和已有的知识联系起来，赋予它一定的意义，并对信息进行组织。事实上，有的信息似乎不需要意识努力，由一次深刻印象形成而自动编码进入长时记忆中。

记忆的三种类型若按信息加工的理论来划分，它们的关系是：外界刺激引起感觉，其痕迹就是感觉记忆；感觉记忆中呈现的信息如受到注意就转入短时记忆；短时记忆的信息若得到及时加工或复述，就转入长时记忆，其关系如图 5-1 所示：

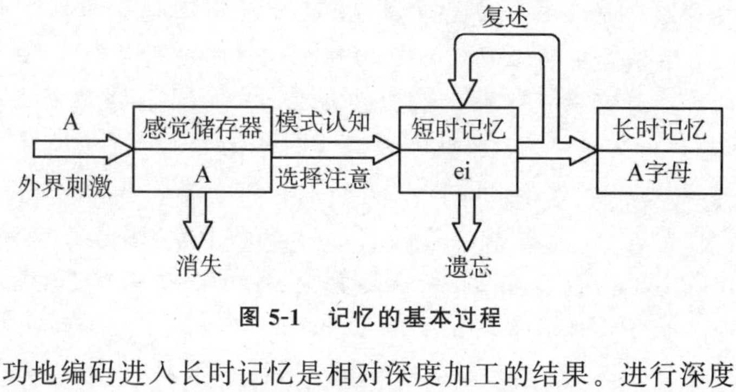

图 5-1　记忆的基本过程

将信息成功地编码进入长时记忆是相对深度加工的结果。进行深度加工时，人们往往忽略了刺激的细节，集中在信息的意义方面。因此，在短时记忆中主要涉及的是听觉代码，而在长时记忆中主要涉及的是语义代码。或者说，在长时记忆中，人们更多对一般意义或一般的观念进行编码，而不是去记忆事物的特定细节。

长时记忆的容量是没有限制的，它贮存的信息时间长。但记忆并不是对信息的被动接收与保存，从某种程度上说，它的贮存是一个对信息的建构过程。长时记忆中的大量信息不像一个非常规范、整齐的图书馆，它的特点是有一个各种关系混合的大杂烩式的框架。

(三)按照意识的参与程度划分

按记忆是否受到意识的控制，记忆可分为外显记忆(explicit memory)和内隐记忆(implicit memory)。

有意识的记忆叫作外显记忆，即那些在大脑中“注册”过的经验，指的是当个体需要有意识地或主动地收集某些经验用以完成当前任务时所表现出的记忆。例如，你可能记得今天早餐吃了什么，小学一年级的班主任老师是谁，喜欢的偶像的影视作品，这些都是外显记忆。你在参加考试时的回忆也需要依赖外显记忆。外显记忆是有意识提取信息的记忆，强调的是信息提取过程的有意识性，而不在意信息识记过程的有意识性。外显记忆能随意地提取记忆信息，能对记忆的信息进行较准确的语言描述。

心理学家发现，人们保留着许多记忆，但意识不到这些记忆的存在，这就是内隐记忆。内隐记忆指的是在不需要意识或有意回忆的情况下，个体的经验自动对当前任务产生影响而表现出来的记忆。它是未意识其存在又无意识提取的记忆。例如，能够熟练地打字的人，一定知道键盘上每个字母的位置。但是，如果要求马上正确说出每个键上是什么字母，却是许多人做不到的。

内隐记忆强调的是信息提取过程的无意识性，而不管信息识记过程是否有意识。也就是说，个体在内隐记忆时，没有意识到信息提取这个环节，也没有意识到所提取的信息内容是什么，而只有通过完成某项任务才能证实他保持有某种信息。

专栏 5-1 如何证明内隐记忆的存在？——启动效应

心理学家在研究脑损伤引起的记忆损害时第一次注意到了内隐记忆。研究者给病人呈现一个词表，词表由诸如椅子、树、台灯、桌子等常见单词组成。但当研究者在几分钟以后要求病人回忆单词时，发现他一个词也回忆不出来。后来，研究者换了一种方法，不再让病人自己回忆单词，而是对他说：“我们想让你说出一个以这两个字母开头的单词，你只要说出任何一个浮现在你头脑中的词就行。CH—你想到什么词?”病人很快说出：“CHAIR(椅子)。”

我们知道，以字母 C 和 H 开头的英文单词很多，如 CHILD、CHALK、CHAIN 和 CHECK 等，也包括测验词表中的 CHAIR，因此病人可能说出任何一个或几个单词。病人自己对记忆词表是没有意识的，研究者通过给出词表中每个单词的开头两个字母来启动或激活其无意识的记忆。在研究者给出的两个字母的启动效应影响下，这个病人说出的单词几乎全部来自词表，显然这两个字母启动了他的内隐记忆。

类似的结果在普通人身上也已被发现。正如上面的例子所指出的那样，内隐记忆一般可通过给被试提供有限线索来揭示，如呈现某个单词开始部分的字母或某个物体的部分形状。一般而言，人们相信自己所说出的东西都是正好浮现在脑子里的东西，实际上，以前看到的或听到的信息对其有很大影响。一些营养学家常说：“吃过什么，你就长什么。”在记忆方面恐怕也有类似情况，即我们经历过什么，就记住了什么——其中既包括我们意识到的部分，也包括我们没有意识到的部分。

（资料来源：库恩等，2014）

三、记忆表象

人们的记忆大多是以表象的形式存在于头脑中的。记忆表象简称表象，指曾经感知过的事物在人脑中保留并再现出来的形象，它是同形象记忆有关的回忆结果。

记忆表象简称表象，指曾经感知过的事物在人脑中保留并再现出来的形象。

记忆表象产生于感知，是在过去感知的基础上形成的并保持在头脑中的事物映象，所以它同知觉一样，也是以其形象为基本特征的。记忆表象属于客观事物的感性印象，是直观的、具体的。例如，我们回忆中学的某位教师时，这位教师的相貌、言谈举止就会在大脑中浮现，犹如在眼前一样。但是，表象又比感知觉复杂，是一种较高水平的反映，它反映着事物共同的、表面的形象特征。

表象有具体表象和一般表象之分。具体表象是在个别事物多次出现在人的面前时，对其外部形象的概括；一般表象是对一类事物共有的一般形象的概括。

人的表象根据表象形成的不同感官分为视觉表象、听觉表象、嗅觉表象、味觉表象、触觉表象、运动表象等。表象可能是单一的，也可能是综合的，如某个字的表象不仅有视觉的，也含有听觉的。

(一)表象的特征

1. 形象性

表象是通过感知留下的事物的形象，所以它们都有形象性的特征。在产生视觉表象时，仿佛看到它一样，生动形象；在产生听觉表象时，仿佛听见它一样；当回忆往事时，犹如身临其境，记忆犹新。但是，由于此时客观事物不在面前，而是通过记忆回忆起来的，所以它所反映的通常是事物的大体轮廓和一些主要特征，没有感知时所得到的形象那样鲜明、完整和稳定。例如，参观过天安门的人对于天安门的形象是很清楚的，但这些形象却总不如正在天安门时那样鲜明、完整和稳定。

2. 概括性

表象反映的是同一事物或同一类事物在不同条件下经常表现出来的一般特点，并不是某一次感知的个别特点。表象的概括性还表现在对同类事物的概括上，如山川、河流、树木等的形象。但是，表象的这种概括性和思维用词语来概括地反映客观事物是不同的。表象所概括的，包含着事物的本质属性和非本质属性，只限于外部形象，还未达到思维的抽象概括水平，基本上仍属于感性认识阶段，表象是感知过程向抽象思维过渡的中间环节。而思维使用的概念只概括事物的本质属性，舍弃非本质属性。

3. 可操作性

表象在头脑中不是固定不动的，是可以被智力操作的。表象在头脑中可以被分析、综合，可以被放大、缩小，可以被移植，也可以被翻转。正因为表象具有可操作性，形象思维、创造思维、想象才成为可能。表象的可操作性可以由心理旋转实验来说明。库伯等人的实验中，每次给被试呈现一个旋转角度不同的字母R，有时是正写的，有时是反写的(见图5-2)。需要被试判断字母是正写的还是反写的。结果发现字母垂直(0°或360°)时，被试的反应时最短，反应时随着旋转角度的增加而增加，字母呈180°时，反应时最长。这说明，人们在完成相关任务时，会对表象进行心理操作，然后再做出判断，进行形象思维。

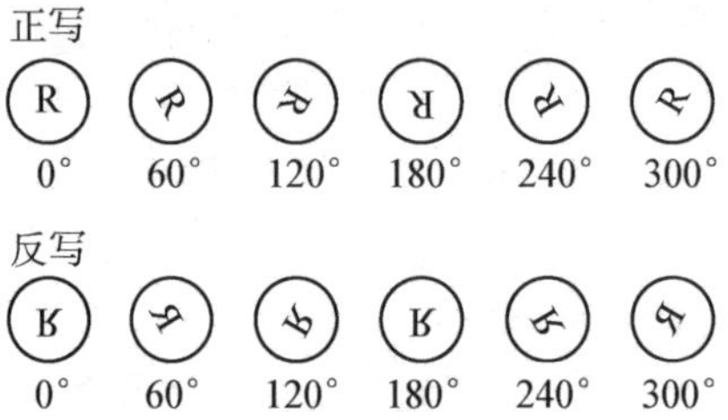

图5-2 心理旋转实验的字母图形

(资料来源：彭聃龄等，2001)

(二)表象的作用

人的记忆表象有着重要的作用。

首先，表象是由感性认识向理性认识过渡的桥梁。有了表象，人们才能再现过去认识过的事物，才有可能摆脱知觉，并将其与当前的事物进行比较和联系，通过抽象、概括，为思维提供基础，使感知过渡到思维，使感性认识上升到理性认识，进行更复杂的心理活动。也可以说，表象是一个介于感知与思维之间的必不可少的中介环节。

其次，表象性知识是学习的重要内容。知识可分为感性知识和理性知识。感性知识的主要内容是表象，理性知识的主要内容是概念、原理。在生活和学习中我们能够再认和回忆过去感知的事物，主要是以记忆表象的形式实现的。大脑中的知识大多数是以表象的形式储存的。

再次，记忆表象是想象的基础。想象是人脑对已有的表象进行加工改造而创造新形象的过程，没有表象就无法进行想象活动。人的表象有个体差异性。有的视觉表象鲜明，有的则听觉或动作表象鲜明。

最后，表象在儿童的学习中有着特殊重要的意义。因为儿童的记忆和思维都是以具体形象占优势，借助表象可使他们获得生动、具体的知识，并在此基础上理解概念等。

四、记忆的品质

记忆有敏捷性、持久性、准确性、准备性四种品质。

(一)记忆的敏捷性

记忆的敏捷性是指一个人识记事物时的速度方面的特征。所谓“过目成诵”就是敏捷性良好的特殊表现。记忆的这一品质，与人暂时神经联系形成的速度有关：暂时神经联系形成得快，记忆就敏捷；暂时神经联系形成得慢，记忆就迟钝。衡量记忆敏捷性的高低一般以一定时间内能记住或回忆事物的多少为标准。记忆的敏捷性是记忆的品质之一，但它不是衡量一个人记忆好坏的唯一标准。有的人可以过目不忘，有的人则久难成诵。但各人的特点不同。有的人记得快，忘得也快；而有的人记得慢，忘得也慢。在评价记忆敏捷性时，应与其他品质结合起来才有意义。学习时集中注意力、专心致志是提高记忆敏捷性的必要条件。

(二)记忆的持久性

记忆的持久性是指记忆内容在记忆系统中保持时间长短方面的特征。能够把知识经验长时间地保留在头脑中，甚至终生不忘，这就是记忆持久性良好的表现。记忆的这一品质，与人的暂时神经联系的牢固性有关：暂时神经联系形成得越牢固，则记忆得越长久；暂时神经联系形成得越不牢固，则记忆得越短暂。在持久性方面，有的人能把识记的东西长久地保持在头脑中，而有的人则会很快地把识记的东西遗忘。一般来讲，记忆的敏捷性与记忆的持久性之间有正相关。记得快的人，保持的时间较长。但也不尽然，有的人记得快，但保持的时间短。经常复习，加深理解是提高记忆持久性的重要手段。

(三)记忆的准确性

记忆的准确性是指对记忆内容的识记、保持和提取是否精确的特征。它是指记忆提取的内容与事物的本来面目相一致的程度。记忆的这一品质，与人的暂时神经联系的正确性有关：暂时神经联系越正确，记忆的准确性就越好；暂时神经联系越不正确，记忆准确性就越差。准确性是记忆的重要品质，如果离开了准确性，则记忆的敏捷性、持久性就失去了意义。

(四)记忆的准备性

记忆的准备性是指对保持内容在提取应用时所反映出来的特征。记忆的目的在于在实际需要时能迅速、灵活地提取信息，回忆所需的内容并加以应用。记忆的这一品质，与大脑皮层神经过程的灵活性有关：由兴奋转入抑制或由抑制转入兴奋都比较容易、比较灵活，记忆的准备性的水平就高；反之，记忆的准备性的水平就低。在准备性方面，有的人能得心应手，随时提取知识加以应用；有人则不然。此外，记忆的准备性也与掌握知识的系统性是分不开的，它要求记忆中的材料具有完整的次序和严格的系统。如果储存的信息无规律、无头绪、杂乱无章，在需要的时候就不能迅速地提取出来。记忆的这一品质，是上述三种品质的综合体现；而上述三种品质，只有与记忆的准备性结合起来，才有价值。

第二节　记忆的过程

记忆是记和忆的完整过程，包括识记、保持与遗忘、再认与回忆三个基本环节。

一、识记

识记是反复认识某一事物，并在头脑中留下印象的过程。记忆过程是从识记开始的。识记是记忆过程的第一步，是保持的必要前提。要提高记忆的效果，首先必须有良好的识记。

(一)识记的种类

1. 无意识记和有意识记

根据人在识记时有无明确的目的，可把识记分为无意识记和有意识记。

无意识记是一种没有明确识记目的的识记。无意识记具有很大的选择性和偶然性。那些在生活中具有重大意义的事物，以及符合个人愿望、兴趣、需要的事物，能自然而然地给人留下深刻的印象。客观事物本身的一些特点，如新奇的、鲜明的、强烈的事物容易被人记住。学生在学习过程中，依靠无意识记能获得大量知识。所谓潜移默化，正说明了外界的各种影响可以通过无意识记被接受。但无意识记缺乏目的性，识记的内容往往有偶然性和片段性，依靠无意识记不能获得系统的、科学的知识。

有意识记是一种有一定目的、经过一定努力并运用一定方法的识记，要求有高度的积极性和自觉性。一切系统的科学知识和技能的掌握，都必须依靠有意识记。有意识记不仅要有预定的目的，而且要有积极的思维活动和有效的识记方法，并且要有一定的意志努力。一般而言，有意识记的效果要优于无意识记。

2. 机械识记和意义识记

根据识记时对材料是否理解及材料本身有无意义联系，可以把识记分为机械识记和意义识记。

机械识记是依据材料的外部联系，采取简单重复的方法进行的识记，其基本特征是重复。机械识记的方法可以保证记忆的精确。例如，学生在识记历史年代、河流长度、人名、地名、元素符号、古汉语、概念、原理等内容时，或者是因为这些材料没有内在的联系，或者是学生对这些材料缺乏理解而采用多次重复的方法死记硬背，就是机械识记。

意义识记是依据材料的内在联系，通过理解进行的识记。意义识记可以保证记忆的效率和提取的线索。对于学习的材料，如果能在充分理解的基础上识记，就会深刻而不易忘记，许多实验和日常经验都证明了这一点。这主要是因为明确而具体的识记目标和长久识记的任务，使人在开始识记时，就对信息具有清晰的选择性和知觉，给予特殊的注意，使其不会因为信息间的干扰而消失，从而提高了识记的效果。

意义识记有其优越性，而机械识记也有其必要性。从识记的效果看，机械识记不如意义识记，但机械识记在学习中也是必要的。因为在学习中总有一些材料是无意义的，或者是意义较少的，而只能机械识记。有时材料本身很有意义，但限于学习者的水平，一时难以理解，也只能先用机械识记，之后逐步加以理解。若把二者结合起来，有意利用意义识记并辅以机械识记，可以取得更好的识记效果。

(二)影响识记的因素

1. 目的和任务

有无明确的识记目的和任务直接影响识记的效果。明确的识记目的和任务有利于调动一个人的识记积极性和针对性。提出明确的识记目的和任务，对识记的效果有着极其显著的积极作用。由于有了明确的识记目的和任务，全部的识记活动都会集中在要识记的对象上，并且个体会采取各种各样的方式去识记它，所以在其他条件相同的情况下，有意识记的效果要优于无意识记的效果。在识记中提出更具体的、局部的、特殊的任务，对识记的进程、效果都有不同的影响。在教学中，教师要求学生对课文进行逐字逐句识记与要求识记课文大意相比，其效果和重视的情形会有显著不同。

2. 材料的数量和性质

识记材料数量的多少对识记的效果是有影响的。一般来说，要达到同样的识记水平，材料越多，识记所用的平均时间和次数就越多，呈现出材料数量与识记效率负相关的趋势。识记 12 个无意义音节达到背诵，平均一个音节需要 14 秒；识记 24 个无意义音节达到背诵，平均一个音节需要 29 秒；识记 36 个无意义音节达到背诵，平均一个音节需要 42 秒。对有意义材料进行意义识记的实验也会得到相同的结果。有人在实验中，让被试背诵不同字数但难度相同的课文，结果平均每 100 字的识记时间随课文字数的增加而延长，同样呈现出识记数量与识记效率负相关的趋势。

识记不仅受材料数量的影响，而且也受材料性质的制约。一般来说，直观形象的材料的识记效果比抽象材料的识记效果要好；识记视觉材料比识记听觉材料的效果要好；识记一篇有联系的故事性课文比识记一系列单独的句子，记住的内容要多得多，但在逐字逐句地重现程度和精确性上，识记单独的句子却比识记故事要好些。

3. 识记时的情绪状态

识记时的情绪状态对人的识记效果会产生影响。一般来说，在积极的情绪状态下，人的识记效果好；在消极的情绪状态下，则识记效率低。有人曾做过实验，让被试在不同的心境下识记 6 个句子的内容，结果发现，识记效率有随心境水平上升而提高的趋势；通常，人们对带有愉快色彩的经历记忆牢固。但是，如果情绪波动非常强烈、兴奋性高、很激动，无论其情绪色彩是积极的还是消极的，记忆同样深刻。

(三)有效的识记方法

首先，意义识记比机械识记的效果好得多。意义识记在全面性、精确性和巩固性等方面，都要比机械识记优越得多。这是因为，理解了的东西与过去巩固了的知识经验发生内在联系，它的存在不是孤立的，而是被纳入已有的知识系统中，成为其中的一部分。相反，不理解的东西总是作为孤立的、在内容上与过去经验没有联系的东西出现在头脑中，不理解的东西即使暂时能背，迟早也会被遗忘。艾宾浩斯(Ebbinghaus)的研究发现，识记 12 个无意义音节，平均需要 16.6 次才能记忆，识记 36 个无意义音节，需要 55 次，而识记《唐璜》一书中的 6 首诗的 480 个音节只要 8 次就能记忆。这可以看出理解在记忆中的重要性。所以，我们在识记时要尽量地去理解，把所学的东西与已有的知识联系起来。

其次，编写识记材料的提纲也能收到好的效果。当识记的材料成为人的活动的直接对象时，识记的效果就好。编写提纲时人会主动地加工材料，参与到记忆过程中去，因此会收到好的效果。编写提纲一般包括以下三个方面：①把材料按意义分成各个组成部分；②提出每部分的小标题或提出易联想起该材料内容的支撑点；③把各部分按照标题或分出的支撑点连成一个统一的系统。

二、保持与遗忘

(一)保持

保持是将识记过的事物作为经验在头脑中巩固的过程，也就是信息的编码和储存的过程。保持是记忆过程的中心环节。记忆的基本特点在于保持，没有保持就无所谓记忆。但保持并非是原封不动地保存头脑中识记过的资料的静态过程，而是一个富于变化的动态过程，它会发生量和质的变化。

1. 保持在量上的变化

保持量的计算是以正确回忆项目的百分数为指标的，算式如下：

保持量＝正确回忆项目量/原识记项目量×100％

保持在数量上的变化，一般表现为识记的内容随着时间进程呈减少的趋势，甚至遗忘。例如，对于教师讲课的内容，当天回忆可能很清楚，可一周或一个月后再去回忆，效果就不一样了。我们可以用回忆、再认和重读时节省的学习时间三种记忆指标来测量识记过的材料在我们头脑中保持的情况。对识记过的材料能回忆，保持效果最好；不能回忆或回忆中有错误，但能再认，保持效果次之；如果材料既不能回忆，也不能再认，可通过重新学习时节省的时间多少来测定识记材料在我们头脑中的保持量。重新学习时节省的时间越多，保持效果越好。

保持在数量上的变化还表现为记忆恢复。记忆恢复是指识记某种材料，经过一段时间后测得的保持量大于识记后即时测得的保持量。这种现象一般发生在儿童和不完全的学习者(即没有达到透彻理解、牢固记忆的学习的人)身上，并且有一定的时间限制。这是英国心理学家巴拉德(P. B. Ballard)在儿童身上发现的。他通过实验发现：儿童最好的回忆成绩不在当时，而在识记后的 2～3 天内。他从实验中测得，儿童在识记后 2～3 天的保持量比识记后即时的保持量要高 6％～9％。这种现象在学习较困难的材料时(与学习容易材料相比)、学习程度较低时(与学习纯熟相比)比较明显。

这种现象出现的原因是什么呢？目前还没有一致的看法。一般认为，在识记时有累积抑制，影响了识记后的回忆成绩，经过一段时间后，这种抑制作用解除，引起回忆量的上升。也可能是材料的相互干扰，识记后的即时测验由于受到前后材料的相互干扰，各部分之间不宜建立有机的联系，材料的保持还是零散的，过一段时间后，干扰的消失以及材料间联系的增多，整体性加强，识记的材料变成一个有机的整体，引起回忆量的上升。

2. 保持在质上的变化

保持在质上的变化，可以用巴特利特(Bartlett)的实验说明。巴特利特在实验中让第一个人看一张图，然后要他默画出来给第二个人看，再让第二个人默画出来给第三个人看……依次下去直至第18个人画出第18幅图为止，结果图形从一只鸟变成了一只猫(见图5-3)，可见记忆图形在质上发生了显著的变化。

图 5-3 记忆过程中图形的变化

（资料来源：彭聃龄等，2001）

语言材料的保持也常常发生变化，主要包括：简化或概括了原材料，扩大了原材料的范围，颠倒了顺序，曲解了原材料的意义，使原材料更完整、详细具体、夸张突出等。例如，让许多人读一篇关于人和鬼打仗的故事，过一段时间让他们回忆故事，结果经常阅读鬼怪故事的人对鬼的内容增加了许多细节；而无鬼论者和逻辑性强的人则大大删去了鬼的内容，把故事编得更合乎逻辑。

以故事为记忆材料的实验结果表明：故事逐渐被缩短、被省略。也就是说，内容的细节部分被丢失，但故事的重大线索不会丢失；故事中的说话语气和表述，容易被换成被试惯用的语气和表述；故事变得更有连贯性，并被合理化，变成适于习惯或符合价值观的故事。在识记故事的时候，先是按平时所说的意义，故事的情节和语言结构被保存在记忆里，回忆的时候，是先回忆出这种结构，然后以这种结构为线索，再加上各个细节部分。

(二)遗忘

保持在质上的最大的变化就是遗忘。

1. 遗忘的概念

遗忘是指对识记过的材料不能再认或回忆，或者是错误地再认或回忆。按照信息加工的观点，遗忘就是信息的丢失，表现为信息提取不出来或提取错误。

遗忘有暂时性遗忘和永久性遗忘两种。暂时性遗忘是指已经转入长时记忆的信息，暂时不能提取，但在适当的条件下，记忆还可恢复。永久性遗忘是指识记材料未经复习而被遗忘，以致永远不能进行再认或回忆。

遗忘是指对识记过的材料不能再认或回忆，或者是错误地再认或回忆。按照信息加工的观点，遗忘就是信息的丢失，表现为信息提取不出来或提取错误。

2. 遗忘的规律

德国心理学家艾宾浩斯对遗忘进行了系统研究。他以无意义音节作为材料，以自己为被试，采用节省法，共做了163次实验，计算出学习后产生的遗忘数量，得出“保持和遗忘是时间的函数”这一结论，并将结果绘成曲线，这就是艾宾浩斯“遗忘曲线”，也称艾宾浩斯保持曲线(见图5-4)。

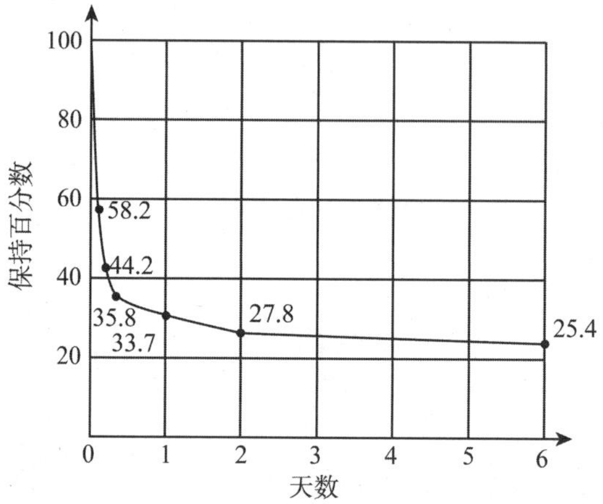

图5-4 艾宾浩斯遗忘曲线

节省法，又叫重学法，指学习材料到恰能成诵时，间隔一段时间再重新进行学习，达到同样能背诵的程度，然后比较两次学习所用的时间和诵读次数，得出一个绝对节省值。

遗忘的规律是，遗忘的进程是不均衡的，在识记后最初时间遗忘很快，以后逐渐减慢，到了相当时间就几乎不再遗忘。

艾宾浩斯之后，许多人用无意义材料和有意义材料对遗忘的进程进行了进一步的研究。采用不同的测量方式，遗忘曲线会有所不同，但它们的总趋势还是与艾宾浩斯的遗忘曲线一致，这表明了人类遗忘过程的基本趋势。

3. 遗忘的原因

遗忘的原因很多，主要有四种不同的理论，即衰退理论、干扰理论、提取失败理论和压抑理论。

(1)衰退理论

衰退理论认为，遗忘是记忆痕迹得不到强化而逐渐减弱、衰退，以致最后消失的结果。从巴甫洛夫的条件反射理论来看，记忆痕迹就是指在感知、思维、情绪和动作等活动时大脑皮质有关部位形成的暂时神经联系。暂时神经联系的形成使得经验得以识记和保持；暂时神经联系的恢复，使旧经验以回忆、再认等形式表现出来。任何事物都有发生、发展和衰退的过程，记忆痕迹也不例外。这个理论接近于常识，容易为人们所接受，但还没有被科学实验证明。

(2)干扰理论

干扰理论认为，在学习和回忆之间受到其他刺激的干扰会导致遗忘的发生，当干扰被排除后，记忆还可恢复。干扰或抑制分为前摄抑制和倒摄抑制。前摄抑制指先学习的材料对识记和回忆后学习的材料的干扰作用，倒摄抑制指后学习的材料对保持回忆先学习的材料的干扰作用。

(3)提取失败理论

提取失败理论认为，遗忘是对所需信息的不成功提取。我们都有这样的经验：不能回忆起某件事但又确信这件事是知道的。如有时我们明明知道试题的答案，可一时就是想不起来，事后又能自然想起。这种明明知道某件事，但一时就是不能回忆出来的现象称为“舌尖现象”(tip of the tongue)。这种情况说明，遗忘只是暂时的，就像把物品放错了地方却怎么也找不到一样。从信息加工的观点来看，遗忘是一时难以提取出欲求的信息。一旦有了正确的线索，经过搜寻，那么所要的信息就能被提取出来。

(4)压抑理论

压抑理论认为，遗忘是由情绪、动机的压抑作用引起的，如果压抑被消除，记忆就能恢复，奥地利心理学家弗洛伊德称之为动机性遗忘。弗洛伊德认为，遗忘是因为我们不想记，而将一些记忆推出意识之外，因为它们太可怕、太痛苦、太有损自我。弗洛伊德在给精神病人施行催眠术时，发现许多人能回忆起早年生活中的诸多琐事，而这些事情平时是回忆不起来的。它们大多与罪恶感、羞耻感相联系，因而不能为自我所接受，故不能被回忆。也就是说，遗忘不是保持的消失而是记忆被压抑，这种遗忘理论也称为压抑理论。

4. 影响遗忘的因素

(1)时间

艾宾浩斯对遗忘现象进行了系统研究，揭示了遗忘在数量上受时间因素制约的规律：遗忘量随时间递增；遗忘的速度是先快后慢，在识记后的短时间内遗忘特别迅速，然后逐渐缓慢。就是说，遗忘的进程是先快后慢。

(2)学习材料

学习材料指材料的种类、长度、难度、系列位置以及意义性。

从材料的种类看，对有意义材料和无意义材料的遗忘是有差别的。形象、直观的材料遗忘进程较慢，而抽象的材料遗忘进程较快。

从材料的难度、长度看，一般来说，比较长的、难度较大的材料的遗忘进程更符合艾宾浩斯遗忘曲线；长度、难度适中的材料保持效果最好。

从材料的系列位置看，由于倒摄抑制及前摄抑制的影响，材料的系列位置不同，保持效果也有差异。倒摄抑制的作用受先后学习的两种材料的相似程度、难易程度和时间安排等的影响。在无意义材料的记忆中，前摄抑制的作用比较明显。在学习中，我们都有受倒摄抑制和前摄抑制影响的经验，这种影响一般在学习两种不同但又彼此相似的材料时较多。但即使是一种材料，如果篇幅较长，学习时也会产生上述现象。

如学习一篇课文，一般总是开头和结尾部分容易记住，而中间部分则容易忘记。其原因是，课文的开头部分只受倒摄抑制的影响，结尾部分只受前摄抑制的影响，而中间部分则受到两种抑制的影响，因而最容易遗忘。

从材料的意义性看，凡是能引起个体兴趣，符合个体需要、动机，激起个体强烈情绪，在个体的工作、学习、生活上具有重要意义的材料，一般不易被遗忘；反之，则遗忘得快。

(3)学习程度

如果学习一种材料，刚刚能够记住，是很容易遗忘的，如果在学习达到一定标准后仍继续学习这种材料，即过度学习，则保持的效果就会好。过度学习也叫超额学习，是指识记一种材料的学习次数超过那种刚好能回忆起来的程度的次数。过度学习会使保持效果良好，但过度学习也要有一定限度。假如把材料刚能背诵时所花的时间定为100%，一般过度学习花的时间以150%为宜。150%的过度学习是提高保持效果的最经济有效的选择。

一般来说，经过深度加工的意义识记比未深度加工的机械识记效果好。意义识记之所以优于机械识记，是由于材料的意义反映了事物的本质联系，也反映了材料与学习者的知识经验的联系。意义识记可使新材料纳入学习者原有的知识结构中去，因而效果较好。

(4)个体的主观因素

个体对材料十分重视、有浓厚兴趣、产生情感反应，一般不易遗忘；反之，则容易遗忘。正如我们能够回忆起较多快乐、积极的事，而对那些失望、恼怒的事则较少忆起。临床心理学家将这种现象称为动机性遗忘或对记忆的压抑。这种压抑作用可以将一些令人不愉快或痛苦的经历排除到意识之外。从这个角度上讲，在记忆时保持良好的情绪状态尤为重要。

5. 如何与遗忘做斗争

复习是与遗忘做斗争的基本方法，要使复习省时有效要注意以下几点。

(1)及时复习

由于遗忘一般是先快后慢地进行，因此学习之后应及时复习。及时复习不需要花太多时间就可以奏效。如果遗忘后再想来恢复已经遗忘的东西，就必须花费很大的精力。根据遗忘的规律，复习的时间应是先密后疏。也就是说，随着巩固程度的提高，复习次数可以减少，间隔时距可以逐渐延长。实践证明，“趁热打铁”可收事半功倍之效。

(2)分散复习与集中复习相结合

复习时，时间过分集中，容易发生干扰；过分分散，容易发生遗忘。所以集中复习和分散复习应结合起来。但时间的具体分配没有一个统一的模式，取决于许多条件。根据遗忘的规律，最初复习的时间间隔应该安排得短一点儿，以后间隔可以逐渐加长。

(3)反复阅读与尝试回忆相结合

复习时，如果单纯地一遍一遍地反复阅读，效果不好。应该在材料还没有完全记住时就尝试回忆。尝试回忆是比阅读更积极的过程，它要求大脑更积极地活动，同时又是一种自我检查的过程，它可以使人集中精力掌握不能回忆的部分或改正回忆中的错误。至于反复阅读与尝试回忆的时间比例要因人、因学习材料的不同而有所不同。

(4)采用多种方式和动员多种感官进行复习

采用多样化的复习方法进行复习，容易使学习者从不同的角度巩固旧有的知识，使学习者感到新颖，容易激起智力活动的积极性。例如，对同一个词的复习，可以用默写、填空、造句、写出同义词或反义词等不同方式，以加深对知识的理解。

动员多种感官参加复习也是提高识记效果的一个重要条件。多种感官协同复习的效果要好于单一感官的复习效果。

三、再认与回忆

(一)再认

再认指人们对感知过的、思考过的、体验过的事物再度呈现时仍能认识的心理过程，通常和感知、思维、情感等一起发生。例如，从许多陌生人中分辨出熟人，就是再认。一般来说再认比回忆容易，个体对成语和寓言等的再认比回忆容易 2～3 倍。再认分为两种水平——感知的和思维的。感知水平的再认往往以压缩的形式表现出来，它的发生是迅速的、直接的。思维水平的再认，往往是以展开的形式表现出来，它依赖于某些再认的线索，并包含了回忆、比较和推理等思维过程。再认存在两种错误形式：不能再认和错认。

识记过的事物并不是在任何情况下都能再认的，再认的准确程度及速度如何，主要取决于几个方面：首先是对原有事物或材料识记的程度，如果原有事物或材料很清晰、准确地被保持，当再次出现时，就容易再认，表现为速度快、准确率高；如果保持不牢固或出现泛化现象，再认就困难，表现为速度慢、准确性差。其次是当前呈现的事物或材料同过去识记过的事物或材料的类似程度，如果当前呈现的事物或材料与过去识记过的事物或材料变化不大，就容易再认；而如果发生了很大的变化，就难以再认。最后是主体的身心状况及有无外部干扰。此外，过去感知过的事物如果发生很大的变化也会导致再认困难，如童年时代的朋友几十年以后往往会相见不相识。

再认困难时要依靠各种线索，尽量寻找与这一事物有关的情境，特别是事物的特点，一部分特点的出现，往往可以唤起对其他部分的记忆。

(二)回忆

回忆指过去经历过的事物的形象、概念在头脑中重新再现并加以确认的心理过程。一般来说，回忆的保持程度高于再认，能回忆的一定能够再认，反之则不一定。

回忆有多种类型。根据回忆有无目的可以分为有意回忆和无意回忆。有意回忆是指根据预定的目的、任务，有意识地搜索和复现以往经验的回忆，如做作业、回答问题、汇报工作等。对于简单的、熟悉的事物的回忆可能是直接的，不需要借助联想，但对许多事物的有意回忆常常是间接的，需要借助联想来实现。无意回忆是指没有明确的目的的回忆，也不经过主体的意志努力，自然而然进行的回忆，如一件往事涌上心头、触景生情，或是谈起某个熟人不由得想起他的一些言行。无意回忆大多是由眼前的事物引起的，也可能受人的情绪状态、兴趣和正在进行的活动等条件的制约。

根据回忆是否有中介物参与可以分为直接回忆、间接回忆和追忆。直接回忆是由当前事物直接唤起经验的重现；间接回忆是借助于中介物进行的回忆；根据有关线索，使用一定策略，通过不断的推论和探索，需要较大的意志努力完成的回忆称为追忆。追忆是一种相当复杂的心理过程，人必须有信心和毅力，还要冷静、机智，要善于灵活地运用联系、推理等各种各样的方法，才能有好的追忆效果。

识记和保持材料都是为了在必要时人能回忆材料。为了能准确、迅速地把识记材料提取出来，弄清影响回忆的因素就极为重要。在识记时是否设下联想线索会影响回忆的效果，因为联想线索利用了事物多方面的联系，有助于信息的提取。它有多种类型：接近联想、相似联想、对比联想、因果联想、隶属联想等。接近联想是指由某一事物想到和它在时间上和空间上相接近的事物。例如，由北京想到天安门、万里长城，这是空间联想；由五一想到五四、五卅，这是时间联想。相似联想，是指由某一事物想到和它在外部特征上或性质上相类似的事物，如由麦子想到稻子等。对比联想是指由某一事物想到和它具有相反特点的事物，如由白色想到黑色、由山脉想到河流、由高兴想到悲哀等。因果联想是指由某一事物想到和它具有因果关系的事物，如由大雪想到丰年、由大雨想到洪水等。隶属联想是指由某一事物想到和它具有隶属关系的事物，如由动物想到猫、狗、大象、骆驼、鸡、鸭等。在识记材料时，建立它们之间以及它们和已有经验之间某种或多种联想线索，那么在回忆时，只要记住某一线索，就能联想出一连串材料，这样可以大大提高回忆效果。

此外，情绪状态对回忆也有较明显的影响，并且比较突出地表现在情绪的紧张度方面。一般来说，良好的情绪状态如愉悦、轻松、平和等有利于回忆；而负性情绪，尤其是紧张情绪对回忆会产生明显的抑制作用。例如，有的同学在考试时，由于一时紧张，对于学过的内容一时想不起来，出了考场就想起来了；还有，人在吵架时，由于气愤，容易张口结舌，理也讲不清了。

专栏 5-2　案件审判中的目击者证言：法律中的记忆问题

在法庭对案件的审判中，许多情况下，法官和陪审团都是依照目击证人的证词来进行判断的。大家普遍相信目击证人的证词是正确和可靠的。但是，孟斯特伯格(Munsterberg，1927)发现，对同一件事情，不同的目击证人会有不同的描述，由此他对案件中证人证词的可信度表示了忧虑。有关的研究证实了孟斯特伯格的担忧，研究发现，目击者对事件的回忆会因为提问方式的不同而有很大差异。例如，洛夫特斯和凯查姆(Loftus & Ketcham，1991)让被试看一段关于一起撞车事故的影片，然后要求被试对事故中车辆的行驶速度作出判断。结果发现，当问题是“车辆在冲撞时的速度是多少”时，被试对车速的判断超过 65 千米/小时；而当问题是“车辆在接触时的速度是多少”时，被试对车速的判断只有 50 千米/小时。一周之后，主试要求被试回忆在事故中车窗玻璃是否被撞碎，而事实上在影片中，车窗玻璃并没有被撞碎。结果是，以“冲撞”字眼被提问的被试中有

33%的人回忆说车窗玻璃被撞碎了，而在以“接触”字眼被提问的被试中，这一比例只有14%。显然，在提问时不同的字眼改变了被试对目击事件的记忆。

在心理学家看来，这个研究可以帮助我们进一步深入地了解人类的行为；而在司法人员看来，它会对目击证人证词的法律效力提出疑问，并进而对司法公正问题产生深远的影响。

（资料来源：彭聃龄等，2019）

第三节　记忆规律与教学

一、运用记忆规律提高教学效果

在教学过程中，教师注重并灵活运用记忆规律，可以提高学生的记忆效果，可以使学生更加牢固地掌握知识。

（一）教学安排科学化

1. 合理安排课程

在课程的安排中，应尽可能避免性质相近的课程经常靠在一起。例如，不要把文科类课程或理科类课程都集中在一起，最好将文科类与理科类课程交叉安排，其间可以插入音、体、美等课程。这样安排能减少由于材料相似性引起的倒摄抑制与前摄抑制对记忆效果的影响。此外，教师需要注意保证课间休息的时间，要尽量保证课间10分钟的休息时间。课间休息有利于学生巩固上一节课中记忆活动所留下的“痕迹”，提高保持效果。同时，也有助于减少由于前一节课和后一节课上的记忆材料的间隔时间过短而引起的倒摄抑制与前摄抑制。

2. 调整教学进度

教师应控制每堂课的信息投入量，注意克服教学中比较普遍的“信息量越大越好”的错误倾向。课堂中，信息量过大不仅不利于学生对所学知识的消化、吸收，也会因识记材料数量过大而降低他们识记的效率。科学合理地安排教学进度，才能使学生的识记更顺利，课堂效果更理想。

3. 改进教学方法

在安排教学内容的时候合理运用记忆规律，会使学生的记忆效果事半功倍。从信息加工的角度看，组块能够增加短时记忆的容量。要想提高课堂记忆效率，就需要科学组织教学，可以合理利用组块，使学生更加高效的记忆。在教育教学中，可以运用组块教学法，将一堂课的教学过程设计成几个环环相扣的模块，每个模块围绕一个目标进行教学。例如，一位教师在讲《螳螂捕蝉》这篇课文时，设计了三个组块：组块一是学习词语串；组块二是读对话；组块三是写“画外音”，悟“螳螂捕蝉”的寓意。这样根据教学内容设计的一系列相关问题，形成问题组块，可以帮助学生对知识进行较为深度的整体加工和信息储存。除此之外，新学过的材料在头脑中建立的联系还不巩固，痕迹很容易自然衰退，带领学生及时复习有利于他们强化联系，进一步加工信息，可以促进知识的巩固。

(二)优化教学心理背景

1. 使学生处于良好的情绪状态

情绪对记忆活动有显著的影响，尤其是识记和回忆两个环节，最易受到过分紧张、焦虑等负性情绪的干扰，因此教师要善于调节课堂情绪气氛，尽可能消除不利于记忆活动的负性情绪的干扰，使学生处于良好的情绪状态，更好地记忆知识。

2. 使学生明确识记目的

有意识记是教学活动中最主要的识记方式。教师应根据不同的教学内容，提出明确的记忆任务，哪些内容只需了解，哪些内容要准确记忆，哪些内容要学会运用，这样有助于提高学生记忆的针对性。

3. 使学生提高对记忆意义的认识

记忆的意义仅在于眼前的检查和考试这样的近期目标，不利于所学知识的巩固。提高学生对与长远目标相联系的识记意义的认识，即使同样的精力投入也会大大延长他们的保持时间，改善他们的记忆效果。因此，教师在向学生提出识记任务时，应向学生指出该识记内容的意义和重要性，使之成为学生长久的识记任务。

二、指导学生掌握有效的记忆方法

记忆窍门和方法主要有以下五种。

(一)定位法

定位法是指将记忆项目与熟悉的地点位置相匹配，使地点位置作为恢复各个项目的线索。这种记忆术来自古希腊，主要是在演讲中采用这种方法。一些著名的演讲家事先记住要讲的几个主要论点，如走到这个门说这个论点，走到那个窗子说那个论点，走到另一个门再说另一个论点等。这样，所要讲的几个论点就不会漏掉。定位法符合两种原理：一是把没有组织的材料加以组织；二是把一个东西放在一个位置上使其定位，就建立了联系，进行了更深一步的加工。

(二)联想记忆法

记忆以联想为基础，联想又是记忆的重要途径之一。联想记忆法是通过建立事物间的联系而进行记忆的方法。可以采取接近联想、对比联想等各种联想进行记忆。例如，学习古代汉语，可以运用接近联想来帮助记忆，把古代汉语同现代汉语联系起来，比较古今词义、句式、语法的异同，看有什么发展变化，可以理解得更深，记得更牢固；学习散文，可以比较杨朔、秦牧、刘白羽等名家的散文作品在立意、选材、结构、语言、风格上各有什么特色，留下的印象往往是强烈而深刻的。再如，学习数理化知识时，可以运用对比联想，将对应的公式、规律、定理、逆定理收集在一起，既可加深理解，又能巩固记忆；解释词语时，可以联系它的反义词进行思考，印象就会深刻得多。

(三)形象记忆法

形象记忆法是将抽象的材料赋予一定形象而进行记忆的方法。给那些抽象难记的材料，赋予一定的形象，通过使它们变成看得见、听得到、摸得着，能刺激视觉、听觉、嗅觉、触觉等器官的具体生动的东西，从而使材料更容易被学生记忆。例如，在地理课教学中，有教师采用图像形象记忆法，把国家或地区画成简单的几何图形，如欧洲像平行四边形、亚洲像不规则的菱形、非洲像三角形加上半圆形、大洋洲像五边形、南北美洲像一对直角三角形等，这样可以提高记忆效果。

(四)谐音记忆法

谐音记忆法是根据材料的读音，利用音调相谐产生的联想来帮助记忆的方法。例如，利用谐音来记忆圆周率 3.1415926535，编成“山巅一寺一壶酒，尔乐苦煞吾”，这样就很容易记住了。再如，马克思生于 1818 年，卒于 1883 年，编成“一爬一爬，一爬爬上山”，这样也很容易记住。谐音记忆法可以把枯燥乏味的记忆材料变得生趣盎然，还能把晦涩难记的东西变得流畅易记，在记忆数、理、化、政、史、地等科目的内容和外语单词的记忆方面有着广阔的天地。

(五)PQ4R 法

PQ4R 法是指学习材料时可以遵循以下 6 个步骤：预习(prepare)、提问(question)、阅读(read)、思考(reflection)、复述(repeat)、复习(review)，简称 PQ4R 法。预习指涉猎全章学习材料，确定要探讨的一些总课题。提问指提出有关分段的问题，把各分段的标题改为适当的问句。阅读指仔细阅读各分段的内容，尝试回答自己给分段拟订的问题。思考指在阅读时思考内容，力图想出一些例子，把材料和自己原有的知识联系起来。复述指学完一个分段后，尝试回忆其中所包含的知识，力图回答自己对本分段所提出的问题。复习指学完全部材料后，默默回忆其中的要点，再次尝试去回答自己所提出过的各个问题。由于学习者对学习材料进行了良好的“主观上的组织”，因此能够产生良好的记忆效果。

教师教学的过程是负载大量记忆活动的过程。要想取得好的教学效果，就得遵循记忆规律制订教学计划，真正使心理学的知识为教学所用。教师在教学的同时，应注意对学生记忆策略的培养，最终使得学生能得心应手地按照记忆规律自主安排学习。同时，注重指导学生养成对记忆状态进行审视的意识和习惯，并善于总结经验，学习就可以达到事半功倍的效果。

思考与应用

1. 什么是记忆？记忆有哪些类型？
2. 什么是表象？表象有哪些特点？
3. 记忆的品质有哪些？
4. 记忆的基本过程是什么？

5. 遗忘的规律是什么？如何根据遗忘的规律有效地复习？

6. 联系实际，举例说明记忆规律在教学中的应用。

7. 材料题：

1999 年普通高等学校招生全国统一考试语文卷作文题为："随着人体器官移植获得越来越多的成功，科学家又对记忆移植进行了研究。据报道，国外有些科学家在小动物身上移植记忆已获得成功。他们的研究表明：进入大脑的信息经过编码贮存在一种化学物质里，转移这种化学物质，记忆便也随之转移。当然，人的记忆移植要比动物复杂得多，也许永远不会成功，但也有科学家相信，将来是能够做到的。假如人的记忆可以移植的话，它将引发你哪些思考？"

一位考生写道："假如记忆可以移植，我会毫不犹豫地移植钱锺书先生的大脑。……从柏拉图到里尔克，从庄周到王夫之，我将一一叩问他们的心灵，整理他们岁月留下的思绪。我将像屈原那样仰天呼唤真理的回报，……我的记忆可能跗过时间的界河，去探访七十年前的清华园，想象那份槛外山光、那片窗中云影。……我将装上独行者余纯顺的头颅。跟着时间奔跑，回到那沟壑丛生的黄土地，回到那风沙刻骨的戈壁滩，去看看草原上的牧马，去欣赏沙漠中的驼铃……我将取出邵云环的思绪，去到那战火纷飞的贝尔格莱德感受真正意义上的残酷……"

（资料来源：https://www.sohu.com/a/197744119_100023380，2022-12）

假如记忆可以移植，你想移植记忆吗？你想移植哪些记忆？为什么？

推荐阅读

1. 赫尔曼·艾宾浩斯：《记忆心理学：通过实验揭秘记忆规律》，倪彩译，北京，中国纺织出版社，2018。

2. 唐卫海、刘希平：《记忆心理学研究的新动态》，北京，中国社会科学出版社，2021。

3. 刘希平等：《记忆与元记忆心理学》，北京，北京师范大学出版社，2022。

4. 杨治良等：《记忆心理学》，上海，华东师范大学出版社，2011。

第六章

思维与想象

第一节　思维概述

第二节　概念形成与问题解决

第三节　创造性思维

第四节　想象概述

第五节　思维与教学

本章主要介绍了人类高级心理功能——思维与想象，其中重点介绍了思维的内涵、种类、过程与品质，创造性思维与问题解决，以及想象的本质与想象力的培养问题；其次介绍了概念形成、想象的种类以及思维与教学的关系。通过学习本章内容，你可以充分理解人类思维与想象的本质与功能，认识思维、想象在人的心理发展过程中的规律及价值，对思维与想象在现实中的应用与培养问题有更清晰的认识。

思维导图

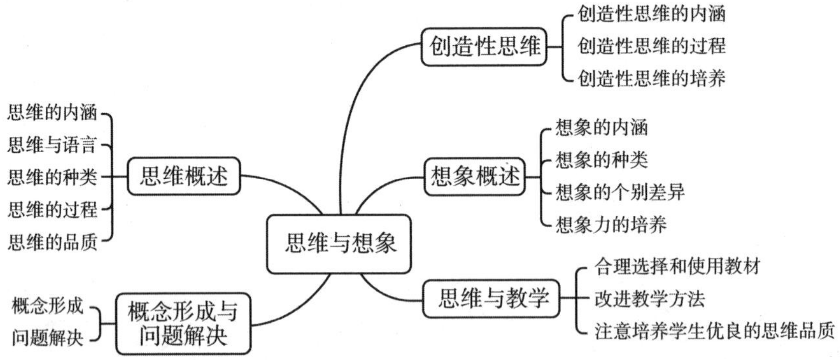

学习目标

1. 理解思维与想象的内涵；
2. 掌握思维与想象的种类；
3. 掌握思维的过程及影响问题解决的因素；
4. 了解思维的品质与创造性思维的培养途径；
5. 了解想象力的培养方法。

课前思考

2016年8月16日1时40分，我国自主研制的世界上首颗空间量子科学实验卫星“墨子号”在酒泉卫星发射中心发射成功。卫星之所以取名“墨子号”，在于墨子为我国古代科学先贤，他在两千多年前便提出了“小孔成像”原理，科技成就斐然。那么，为什么墨子能够取得如此成就？他的奇思妙想源于何处？进而，我们不禁要问：为何在芸芸众生中只有人类被称为万物之灵？为什么恩格斯称人类的高级思维为“地球上最美丽的花朵”？

依靠思维，人类认识事物现象，探究事物本质，创造历史，传播文明。那么思维到底是什么？思维的发展与语言又有着怎样的关系？判断一个人思维品质的好坏有什么标准？良好的思维与想象力有何关系？如何提高一个人的想象力和创新思维能力？

第一节　思维概述

一、思维的内涵

(一)思维的定义

思维是人脑对客观现实概括的、间接的反映，它反映的是客观事物的内在本质属性及其规律性的联系。经由思维，人们对客观事物的认识便可以从感性认识阶段上升到理性认识阶段。因此，思维是人类认识中名副其实的高级阶段。

思维是人脑对客观现实概括的、间接的反映，它反映的是客观事物的内在本质属性及其规律性的联系。

(二)思维的特征

整体而言，思维具备两大特征，即思维的概括性和间接性。

1. 思维的概括性

所谓概括性是指思维主要是反映客观事物的共同的、本质的属性及存在于事物之间的规律性的联系，这是思维最显著的特点。具体而言，思维的概括性包括以下两方面的含义。

第一，将某类事物的一般的、共同的属性或特征抽取并结合起来，从而认识该类事物的性质及与其他类事物之间的关系。比如，各种各样的人概括起来都叫人；把有计划、有组织进行系统教育的机构称为学校；把对青年、儿童身心有目的地施加影响的人，统称为教育者；把形状、大小各不相同而能结出枣子的树木称为“枣树”。人们对概念的形成和掌握就是通过这种概括过程来实现的，它使人们的认识活动摆脱了具体事物的局限性和对事物的直接依赖关系，从而扩大了人们对事物的认识范围，而且也加深了人们对事物本质的了解。

第二，思维的概括性表现在能从部分事物的相互联系的事实中找到普遍的或必然的联系和规律，并将其推广到同类的现象中去。比如，人们通过对日常生活的观察与总结，得出了“燕子低飞要下雨”“月晕而风，础润而雨”“朝霞不出门，晚霞行千里”等谚语式的结论。不单如此，借助思维，人们还可以认识植物与动物、动植物与人类的生态平衡，认识温度的升降与金属膨胀的关系，认识食物与身体健康的关系等。总之，自然科学和社会科学的定理、规律、法则、概念都是人对客观事物的概括反映，都是人类高级思维的成果。概括水平是衡量儿童青少年思维发展水平的标志。一个人概括水平越高，就越能深入地反映事物的本质特征。

2. 思维的间接性

思维的间接性体现在要以一定的事物或已经具有的知识经验为媒介，对客观事物进行深度反映，这种反映超越了感知觉对事物的反映水平。思维之所以有间接性，关键在于知识与经验的作用。

第一，思维凭借着知识经验，能对没有直接作用于感觉器官的事物及其属性或联系加以反映。如“夜来风雨声，花落知多少”。清晨起来，那些昨夜熟睡、未闻风雨声的人在看到院子里满地落英时，也可以判定“昨夜风又雨”。此处，风雨并没有被主体感知，而是主体凭借着经验和知识，判断出了昨夜风雨的事实。思维使人能间接地认识事物，并通过现象揭示出事物的本质和内在规律性的关系。

第二，思维凭借着知识经验，能对根本不能直接感知的事物及其属性或联系进行反映。例如，考古学家通过古生物化石、地层结构及挖掘出来的文物等，进一步推测生物进化历程及历史的发展；中医医生通过望、闻、问、切获得病人的临床信息，进而断定直接观察所不能达到的病人内部器官的状态；人不能直接感知光的运动速度，但通过实验可以间接地推算出光速为每秒钟 30 万千米；教师可以通过学生的行为表现，凭借经验断定学生的课堂学习投入状态，以便随机组织教学。思维的间接性使人能够揭示不能感知的事物的本质和内在规律性的关系。

第三，思维凭借着知识经验，还能在对现实事物认识的基础上进行蔓延式的无止境的扩展。假想、想象和理想都基于思维的这种间接性，制订计划、描绘蓝图、预计未来都是具体的表现形式。

思维的间接性是随着主体知识经验的日渐积累和丰富而发展起来的，它使思维能够超越感知觉，并使其反作用于实践，变成科学与理论，揭示事物发展的可能性。

思维的概括性和间接性是相互联系、相互促进的。人们首先在感觉提供的感性材料的基础上，概括地反映出事物的本质特性和规律性联系；其次便可以依据它们，通过推断，对不在眼前的或感知觉无法直接把握的事物进行间接的、广阔的、更为深入的认识。同样，如果不能对现实获得间接的认识，也就无法进行概括性认识。

(三)思维与感知觉的关系

思维与感知觉都是人脑对客观现实的反映，但是二者不同。感知觉主要反映那些看得见、摸得着、有形的东西，是对客观现象的直接反映，而思维则反映那些看不见、摸不着、无形的东西，是对客观现实概括的、间接的反映；感知觉只反映事物的外部特征，是反映的初级形式，而思维通过“去粗取精，去伪存真，由此及彼，由表及里”，反映同类事物的一般的本质特征及其内在联系，是反映的高级形式；感知觉只反映直接作用于感官的事物，所以反映领域很小，深度也很浅，而思维借助于语言进行加工，可以反映任何事物，反映很广也很深。

思维与感知觉又是密切联系的。一方面，思维以感知觉为前提，没有感性认识，离开了感知觉，思维就成了无源之水、无本之木。另一方面，感知觉以思维为归宿，如果没有思维的参与，感性认识就不能上升为理性认识，不能形成概念，就不能产生思想。例如，教师讲课离不开教具，军事家离不开地图与沙盘，科学家离不开实验室，作家、艺术家的创作离不开现实生活等，所有这些都体现出思维是以感知觉为基础的，但这些感性认识最终还要上升为理性认识，如教师是为了传授知识，军事家是为了通过分析战局作出决策，科学家是为了验证假设，作家、艺术家是为了完成作品等。

(四)思维与想象的关系

思维与想象间是一种交叉关系。思维过程中有想象，想象过程中又有思维，二者密不可分。首先，因为思维和想象一样，都属于高级的认识过程，它们能使人认识感官所不能直接感知的内容，也能使人预见未来；其次，在问题情境中进行想象时，想象的内容和材料的获得及想象的过程都离不开思维。例如，一个人早晨起来，看到地上、房顶都湿了，他就断定昨晚下过雨，并可以想象出下雨的情景和雨量的大小。这不仅是一种思维活动，而且是一个想象的过程，是一种有思维参与的想象过程。反过来，想象的过程在一定程度上就是形象思维的过程。想象的发展，可以丰富和发展思维的内容和材料，特别是文学艺术创作，常常要依靠想象的推测和虚构。例如，吴承恩所著《西游记》中的鬼怪故事就是凭借想象虚构出来的，还有科学家的发明、发现也都是始于想象的假设。

但是，思维与想象是有区别的。想象是人对头脑中已有的表象进行加工改造，创造出新形象的心理过程，是以组织起来的形象、系统的形式对客观现实进行超前的反映；而思维是人脑对客观现实进行概括的、间接的反映，是以概念形式的语言信息或符号信息为中介对问题情境进行逻辑、理性的反映。例如，想要建造一座建筑物，设计师要根据力学的原理、使用的要求、美观和经济的原则进行设计，这是思维的过程，而想象则显现出这座建筑物的具体而微的形象。我国著名桥梁专家茅以升先后发明“射水法”“沉箱法”“浮远法”等，解决了建桥中的一个个技术难题。他在《桥梁远景图》中，描绘了各种各样的桥，毛主席为此称赞他：“你不仅是科学家，还是个文学家呢!”

专栏 6-1　动物有思维吗?

英国年轻的女科学家珍妮发现，黑猩猩马伊克能巧妙地用两个空煤油桶做武器，向猿王戈利亚挑战。空煤油桶发出猿类从未听过的声音，群猿俯首称臣，戈利亚也心存恐惧，不战而败，让出王位。

可见，猿类已有了思维。但是猿类的思维与人类的思维有本质区别。

首先，猿类的思维缺乏抽象概括性。最聪明的黑猩猩经过训练后，虽然能够舀水灭火，但它只能从用于训练的缸中取水，缸中无水，它绝不会到河里去取水，因为它还不能对事物加以概括。

其次，猿类的思维也缺乏能动性，它们只是消极地去适应环境。例如，人们用树枝烤火取暖，猩猩也会靠在猎人生活的地方取暖。但当树枝即将燃尽时，它们不会将干树枝放入火中，只会看着火熄灭后怏怏离去。

再次，猿的思维也缺乏明确目的性和预见性。它们只是边摆弄具体实物边思维。

最后，只有人类才能以概念、判断、推理的形式进行逻辑思维。动物的思维是低级的思维，它们的概括只是知觉水平的，最多是表象水平的。

（资料来源：李传银等，2011）

二、思维与语言

语言是人类通过高度结构化的声音组合，或通过书写符号、手势体态等构成的一套符号系统。人们通过这套符号系统进行思想交流的行为便是言语。语言与思维的关系非常复杂，两者既相对独立又密切联系。

语言是人类通过高度结构化的声音组合，或通过书写符号、手势体态等构成的一套符号系统。

（一）思维与语言的区别

1. 本质属性不同

思维是人脑对客观事物概括的、间接的反映，属于心理现象；而语言是由一定的物质形式与概括的内容所构成的符号系统，只是思维的外壳，属于一种社会现象，列宁曾总结道，“语言是人类最重要的交际工具”。这是二者最根本的区别。

2. 与客观事物的关系不同

思维与客观事物之间是反映与被反映的关系，其间的联系是必然的，不以人的意志为转移；语言与客观事物之间是标志与被标志的关系，但是二者之间并不存在必然的联系，而是一种约定俗成的、主观人为的联系，同一个事物可以用不同的符号来标志，因此具有较大的主观随意性。比如，医生可以被称为医士、大夫、郎中、先生；女儿可以被称为千金、小姐、丫头、姑娘、明珠等。

3. 基本单位与表达含义不同

语言的基本单位是词，而思维的基本单位是概念，二者不完全相同。概念要用词来表达，同一个概念可以用不同的词来表达，而不同的概念也可以用同一个词来表达，也就是我们说的一词多义。

4. 语法规则与思维规律不同

众所周知，语法具有民族性、区域性，每一个民族、每一个地域都有自己独特的语法规则。但是，思维规律却不存在这样的差异，全人类的基本思维规律都是相同的，都是脱离了性别、年龄、职业、民族的限制，在分析综合的基础上，从感性发展到理性，从理性发展到实践等。

(二)思维与语言的联系

1. 语言是思维的载体与交流思想的工具

语言本身具有简洁性与概括性，人类只有通过掌握大量具有高度概括性的词汇、概念，才可以真正摆脱具体事物对思维的束缚，从而实现思维的飞跃。离开了语言和语词，人类就无法进行真正的抽象逻辑思维。通过约定俗成的语言、词汇、语法，人类的思维活动成果被记录下来，人类得以进行思想上的交流。

2. 思维是语言的“内核”与意义

语言是思维的外壳，是思维的载体，只有当语言被用来思维时，它才具备真正的意义，否则，便会产生“鹦鹉学舌，不知其意”的现象。当然，语言不是思维的唯一工具，像手势、身体姿势、表象等都可以成为思维的工具。

三、思维的种类

思维活动是极为复杂的心理活动，具有多样性，即多种形态，它不会也不能只有某一种刻板的固定的格式。研究者从不同角度对其进行了深入的研究，根据不同的划分标准，将思维分为不同的种类。各种不同的分类，都有着不同的研究价值和应用价值。

(一)根据思维过程中解决问题方式的不同

根据思维过程中解决问题方式的不同，思维可被分为动作思维、形象思维与抽象思维。

1. 动作思维

动作思维又称为操作思维，它是以实际行动作为支柱的思维。思维的活动是在实际操作中，借助触摸、摆弄物体而产生和进行的，如一边动手操作一边进行思考。动作思维是个体心理发展的最初思维形式，一般三岁以前的儿童处于这种思维阶段，他们不能在思维上将事物分解，或把某些东西整合成一个整体，他们只能在触摸、摆弄物体的动作中思考，协调感知和动作。感知和动作中断，思维也就终止。这就是说动作思维只能在实际动作时对物体进行分析和综合，其也是小孩子总爱拆合玩具和玩积木的缘故。

人的一生中动作思维都会持续存在。例如，机器出了故障，但究竟出在哪个部位上，我们需要拆开，通过实际检查，才能找出原因，修好机器。运动员技能和技巧的掌握，也离不开动作思维的参与。但成人的动作思维与婴儿的动作思维有着本质的不同，它是在经验的基础上，在第二信号系统的调节下进行的高水平的动作思维，具有明确的计划性和目的性。

2. 形象思维

形象思维主要指凭借头脑中已有的事物的具体形象和表象联想来进行的思维。形象思维是个体思维发展的必经阶段。3～7 岁儿童处于这种思维阶段，如在解几何题时，他们首先在头脑中设想出一张具体的图，并试想做了辅助线之后会怎样；学生理解课文、读小说等也常常需要形象思维的参与。儿童的形象思维是对初级经验的概括。成人虽然主要是依靠抽象思维，但在实际的问题解决过程中，仍然离不开形象思维的帮助，他们的形象思维往往带有强烈的创造性和情感色彩，是概括化了的形象思维。艺术家、作家、导演、考古学家、设计师等的具体形象思维较其他人更为发达，如吴承恩的《西游记》，里面的各种形象与情节设计将作者的形象思维体现得淋漓尽致。

3. 抽象思维

抽象思维又叫逻辑思维，它是在实践活动和感性经验的基础上，以概念、判断、推理等形式进行的思维，是人类思维的核心和高级形式。学龄儿童具有一定的抽象思维能力，但不发达，到中学阶段，随着年龄、知识经验的增长，抽象思维才逐步发展起来。例如，数学定理的证明、科学假设的提出、人物性格的分析、文章中心思想的概括等都需要运用抽象思维。

个体的思维发展都经历着直观动作思维、具体形象思维、抽象逻辑思维的发展阶段。从发展上讲，这三种类型的思维有水平高低之分。但是，后一种思维的出现并不意味着前一种思维的消失。一个思维成熟的人，其三种思维都可以发展到很高的水平。要注意的是，具体到成人的这三种思维类型时，不可把它们与儿童个体思维发展的三种水平混为一谈；音乐家的形象思维和舞蹈家的动作思维，在水平和意义上也并不低于主要运用抽象思维的哲学家、数学家；成人在解决复杂的思维任务时，往往并不是单独运用一种思维类型，而是根据思维任务的特点，有所侧重而又有所结合地运用这三种类型的思维。

(二)根据思维过程是否被个体清晰地意识到或有无明确的步骤

根据思维过程是否被个体清晰地意识到或有无明确的步骤，思维可分为直觉思维和分析思维。

1. 直觉思维

直觉思维就是人在思考问题时，从对象的整体出发，只凭直觉，而未经历明确的逻辑步骤，没有明确的意识过程，就迅速对问题的答案作出合理的猜测、设想或突然领悟的思维。直觉思维具有整体性、直观性、简约性、突发性和模糊性等特点。例如，有的学生在解题时，一旦明确了条件和要求，答案便脱口而出；有的医生听了患者的简单自述或察看了患者的生理状态，能当即作出诊断等。直觉思维在创造性活动中非常重要。在条件不具备的情况下，对要解决的问题的总体方面作出猜测、判断，有利于问题的解决。直觉思维是面临直观材料产生的顿悟现象，是在过去经验基础上的某种灵感的表现，故有人把直觉思维也称为“顿悟思维”或“灵感思维”。

2. 分析思维

分析思维是按照逻辑规律，采取逐步推理的方式，最后获得合乎逻辑的正确答案或合理结论的思维。分析思维具有明确的意识和思维的程序步骤。学生在解数学题时，要经过一步步的分析、推理与论证；医生对疑难杂症的会诊；军事指挥员根据侦察兵的情报信息作出决策等，都是运用分析思维的实例。凡是需要陈述理由或寻找事因的场合，往往都需要运用分析思维。

分析思维与直觉思维虽有明显区别，但在解决问题中相辅相成、互相补充，从一定意义上说，直觉思维是分析思维的简化。

(三)根据解决问题的思维方向性

根据解决问题的思维方向性，思维可分为发散思维和聚合思维。

1. 发散思维

发散思维又称分散思维、求异思维或辐射思维，它是指在解决问题时，从一个目标出发，沿着各自不同的途径去思考，寻找解决问题的方法和途径，探求多种答案的思维。这种不拘泥于一种途径、不局限于既定的理解的做法，显示了其求异性与创新性的特点。清代蒲松龄在《聊斋志异·秀才驱怪》中说的“异史氏曰：‘黄狸黑狸，得鼠者雄，此非空言也’”，后来人们常说的“不管白猫还是黑猫，能捉住老鼠的就是好猫”，都反映出了发散思维的特点，类似的例子还有一题多解，一个工程师有多种设计方案，可以说出砖的几十或更多种用途。对于解决前人尚未完美解决的问题，发散思维具有独特的作用。

2. 聚合思维

聚合思维又称集中思维、求同思维或辐合思维，它是指沿着单一的方向，根据所给予的信息进行多方面思考，把思考的结果遵循单一模式进行归一，找出最佳方案或解决方法的思维。这种思维最大的特点是求同，如同聚光灯一般，集中指向一个焦点，是解决刻板性问题和获得现有知识所不可缺少的。例如，依据许多材料归纳出一种结论：如果已知 A＞B、C＜B、C＞D，求谁最大？经比较得出 A＞B＞C＞D，A 最大。又如学生所做的各种习题和考试题以及各种各样的智力测验、智力竞赛等，绝大多数只有一个答案，都要学生借助集中思维来完成。

(四)根据思维的创造性程度

根据思维的创造性程度，思维可分为常规性思维和创造性思维。

1. 常规性思维

常规性思维又称为再造性思维、习惯性思维，是指运用已获得的知识经验，按现成的方案和程序，用习以为常的方式、固定的模式来解决问题的思维方式。人的许多思维问题只需要运用常规性思维就可以解决。

2. 创造性思维

创造性思维是以新颖、独特、突破常规的方式来解决问题的思维方式，是创造性活动中的主要思维方式，如发明家仿照生物原型创制各种人类前所未有的仪器、仪表。创造性思维必须以常规性思维为基础，不应把常规性思维误解为刻板的思维，实际上常规性思维也有一定的创造性。

四、思维的过程

思维之所以能够反映客观事物的内在本质与规律，解决实际生活中的问题，是因为作为一个心理过程，思维经历了一系列比较复杂的心智操作，具体为分析与综合、比较与分类、抽象与概括、系统化与具体化等。其中，分析与综合是思维的基本过程，其他过程都是通过分析与综合来实现的。

(一)分析与综合

分析是指将事物的各个部分、各个属性、各个细节从整体中分解出来，或从整体中区分出个别的特性。例如，把植物分解为根、茎、叶、花、果实、种子；把一部机器拆分为许多零部件；把几何图形分解为点、线、面、角；把一种食品分出色、香、味、形的特点等。分析是认识事物的开始环节，一切事物都是可以分析的，而且可以从不同角度进行分析。只有对事物的各部分、各方面进行分析了解，才能有对事物整体及内部联系、规律的了解和认识。

具体而言，分析有以下两种形式。

1. 过滤式分析

即首先对问题的条件、要求等进行初步分析，通过逐一尝试并随时淘汰无效尝试，最终求得问题的解决，如猜谜语时连说几个谜底，学生解题时轮番试用甲、乙、丙多种方法等。

2. 综合式分析

即把解决问题的条件、要求等综合起来，深入分析，找出正确的方向和有效途径。例如，在外语阅读中对多义项生词的正确理解，往往是通过综合上下文内容和生词的主要义项等已知条件，加以分析判断而获得的。

综合恰恰相反，它是指把整体的各个部分或各个方面联系起来，把整体的个别特征和个别属性结合为一个有机整体。例如，把以太阳为中心的包括八大行星及其卫星、小行星、彗星在内的天体系统称为太阳系；把具有根、茎、叶、花、果实的生物统称为植物；把一个学生的思想品德、智力水平、学业表现、健康状况等方面联系起来加以评价等。

分析与综合是同一思维过程中彼此相反而又紧密联系的过程，是不可分割的两部分。分析是为了综合，分析才有意义；综合基于分析，综合才更完备。

(二)比较与分类

比较即通过分析与综合把各种事物、现象加以对比，确定它们之间的异同点及关系的思维过程。要想从本质上区分千差万别、纷繁复杂的事物和现象，找出不同事物或现象间的异同点及关系，就必须通过思维的比较过程。比较是认识问题和解决问题的基础。

比较与分析、综合是紧密联系的。比较以分析为前提条件，同时又是一个综合过程。要认识事物或现象，既要进行分析，又要进行综合。离开分析和综合，比较就难以进行。

比较事物之间、现象之间或特征之间的异同点，必须在两个前提条件下进行：一是比较对象之间确有联系；二是要在同一标准下比较。

在对事物的认识中，比较起着重要的作用。从某种意义上说，人认知一切客观事物都是通过比较来实现的，有比较才有鉴别。在教学实践中，教师常常通过比较帮助学生突破学习上的难点。为了帮助学生清楚了解某个对象，教师把某个对象与其他各种十分相似的对象进行比较，找出它们之间的不同点，如物理学中“压力”和“压强”两个概念的比较，正方形、长方形、菱形、平行四边形、梯形等图形的比较。比较不同类事物，不仅能使比较对象的本质特点更加鲜明，而且可以使比较对象彼此之间的区别和联系被更确切地理解。因此，善于比较便是善于深化思维。

分类是通过比较，按照事物的异同程度而把事物加以分门别类的过程。分类的实质，是认识事物之间种与属(或属以上等级)的关系和联系。如生物学的门类，就是以“种”为单位，由低到高的类别层次为“种”“属”“科”“目”“纲”和“门”。在分类上所属层次越高，它所涵盖的事物也越多。分类可以按照不同的标准进行，也就是可以依据不同的一般特征来进行。但是，为了避免分类错误，必须注意两点：第一，要全面考虑事物的一般特征，不宜用只有局部意义或次要意义的一般特征作为分类标准。例如，倘若只依据水中生活这一特性分类，鲸就会被划分为鱼类；倘若只依据有翅和会飞的特性分类，蝙蝠就成了鸟类，然而鲸和蝙蝠却都是哺乳动物。第二，同一次分类的标准应该是统一的。绝不可以在同一次分类中时而以这一标准衡量，时而以那一标准衡量，导致分类的紊乱。总之，分类有助于学生明确某些概念的含义，掌握事物和现象的本质属性。

(三)抽象与概括

抽象是舍弃非本质的属性或特征，并抽取出共同的本质的属性或特征的过程。比如，人们可以从手表、电子表、怀表、石英钟、电子钟等对象中，抽取出它们共同的、本质的特征，即“计时性”，同时舍弃形状、大小、构造、颜色、款式等非本质特征。使用抽象手段，可以使事物的本质属性与非本质属性的界限更加清楚。但这种抽象应该是建立在充分的事实基础上的科学抽象，而不是随意的抽象。

概括是在抽象的基础上，把抽取出来的事物的共同特征或一般的、共同的属性结合起来，并推广到同类事物中去的过程，是一个由个别通向一般的思维过程。当然，概括手段的运用有水平高低之分。若概括只是事物的外部特征，那是低级水平的概括，只有对抽象出来的事物本质属性所作的概括，才是高级水平的概括，即科学的概括。

抽象与概括在实际应用中是相互依存、相辅相成的。抽象是概括的基础，而概括实际上是把分析、比较、抽象的结果加以综合的过程。概括是抽象必然要达到的结果，一切概念、公式、定律、法则和原理都是抽象和概括的结果。人类借助于抽象与概括，使自身的认识从感性上升到理性，从特殊上升到一般，从而实现认识过程的飞跃。

(四)系统化与具体化

系统化是指把本质属性相同的事物分成一定的类别并归纳到一定的类别系统中去，并使之建立联系、形成层次分明的统一整体的过程。例如，生物包括动物和植物两大类，动物包括脊椎动物和无脊椎动物两种，脊椎动物又包括鸟类、哺乳类、鱼类等，而植物按照不同标准又可以包括众多的类别，这样就可以把有关生物的知识加以系统化了。这种系统化有助于学生形成合理的知识结构，达到对知识的联系、理解、记忆、运用。

具体化是把抽象和概括过程中所获得的概念、原理、理论等一般认识应用于同类其他事物中去的过程，是认识发展的重要环节。其常见的具体方式有二：一是引证具体事例说明理论问题；二是运用一般原理解释具体现象或解决特殊问题。通过具体化，个体可以将具体直观的事物与抽象概括出来的东西联系起来。学校的教学实践表明，掌握具体化这一思维过程对学生真正理解、掌握和运用知识是非常必要的。

上述这些思维过程是彼此联系、相互依存的。没有分析就没有综合，没有比较就没有分类，没有抽象就无法概括。因此，完成一项思维活动，往往需要多种思维过程的有机联系。

五、思维的品质

思维是人类种系进化的高级阶段，是人认知能力的集中体现。一个人的思维品质及其表现，通常被作为智力水平高低的重要标志。一般而言，我们可以从思维的广阔性、深刻性、灵活性、敏捷性、独立性、批判性、逻辑性七个方面去衡量个体的思维品质。

思维的广阔性即思维的广度，它力图体现的是一种“周到、全面”的思维特征；思维的深刻性是指思维的深度，体现出的是一种能够“透过现象看本质”的能力和“一语中的”“一针见血”的表现；思维的灵活性主要指思维的“变通性”，重点体现为“随形就势，随机应变”；思维的敏捷性主要指思维的“流畅性”，重点体现在思考的速度快慢上；思维的独立性主要体现在思维的主体性上，指的是思维活动具有内源性和避免依赖性；思维的批判性与独立性息息相关，但独立性更多强调思维的“主体性”“抗干扰性”，而批判性更多强调的是一种建立在独立性基础上的“客观性”“不偏不倚性”，一种破除主观成见和情感束缚的“中立立场”；思维的逻辑性则是思维的最根本特征，主要体现在思维作为内部言语活动体现出来的信息加工与结果上，思维的逻辑性是所有其他思维品质的集中体现，即思维是否遵循经验的或逻辑的规律。

第二节　概念形成与问题解决

一、概念形成

(一)概念的内涵

概念是人脑反映客观事物关键的、本质属性的思维形式。言外之意是每个事物往往既具有本质属性，又具有非本质属性，而概念反映了前者。

具体而言，每一个概念都包含其内涵与外延。所谓内涵，是指概念的“质”的部分，即概念所反映事物的本质特征，而外延则是指概念的范围，即所有具备该本质特征的一切事物。概念的内涵与外延呈反比关系，也就是说，概念的内涵越大，其外延越小，反之亦然。比如，“生物”的内涵是有生命，则其外延包含有生命的物种；而“哺乳动物”的内涵是哺乳、胎生、用肺呼吸，其外延包括天上的蝙蝠、陆地上的走兽、水中的鲸鱼等。

(二)概念形成与掌握

概念形成也叫概念学习，具体是指个体掌握概念的过程。而概念掌握指的是个体在发展过程中如何获得和运用人类历史发展中业已积累起来的现成经验。概念形成不是一个简单的传递过程，而是一个主动的、复杂的、不断在头脑中进行分析、综合的过程，其形成的主要途径有两条。

1. 日常概念

日常概念也叫前科学概念，它指的是不需要通过专门教学掌握，而是通过日常交际和个人积累日常经验而获得的概念。这类概念往往会受到固有狭隘知识范围或约定俗成的日常观念的限制而常常被曲解和存有错误，故也往往容易混淆事物的本质特征与非本质特征，模糊概念与概念之间的区别与联系。

2. 科学概念

科学概念是指个体通过学校情境中的有计划、有目标、有组织的教学活动过程使学生熟悉事物的内涵，进而把握其外延，最终掌握概念的过程。科学概念能够使个体真正抓住事物的本质与内在联系，是个体真正认识事物、探索世界的重要途径。

日常概念虽然属于前科学概念，但它对于个体掌握科学概念具有重要的影响作用，当日常概念与科学概念相一致的时候，便会产生积极影响，反之，便会产生消极影响。

二、问题解决

(一)问题解决的内涵

思维总是体现在一定的活动过程中，体现在问题解决的活动过程中。问题解决是人的思维活动的普遍形式，是一种把思维活动引向实践，使思维产生实际思维成果的过程，它突出地表现了人的心理活动的智慧性和创造性。一个完整的问题包含三种基本成分：一是给定条件，即问题的初始状态；二是问题的目标状态，即问题要求的答案；三是障碍，即必须经历克服障碍的思维活动。从信息加工的观点来看，问题解决是指面临情境、新课题，感到需要解决，而又无现成对策和方法，需要根据目标要求，应用各种智力活动和技能，经过一系列心理活动阶段，最后使问题得到解决的思维活动过程。

(二)问题解决的基本特征

根据问题内涵，问题解决的过程就是克服障碍，从问题初始状态向目标状态逐步推进的过程。其基本特征如下。

1. 问题必须是新问题

假如遇到的问题并非是初次遇到的，而是第二次甚至第三次解答，这便不能称作问题解决，充其量只能算是一种练习。所以，问题解决首先必须保证问题是初次遇到的新问题，是过去经验当中没有的。

2. 问题解决必须具备明确的目的性

问题解决作为一种心智操作活动，必须符合三要素中的目标指向性。如果缺乏明确的目标，那么问题解决也就没有了方向。显然，那种漫无目的的想象或幻想虽然也有相应的心理活动过程，但不能称为问题解决。

3. 问题解决必须包含一系列而非单一的心理操作

那种只需要从记忆库中简单地提取便可完成的活动过程，如回忆同学的电话号码，是不能被认为是问题解决的。

4. 问题解决必须进行思维等认知操作活动

那些简单的甚至自动化的动作，如打绳结、洗碗碟，虽然也具备一系列的操作，但是这些动作基本上不需要思维等认知操作的参与，因此也不能被认为是问题解决。

5. 问题解决具有个人化特点

同样的问题，如“3＋8＝?”对成人根本构不成问题，但对于学前阶段的儿童而言便可以构成问题。由此可见，问题解决这种有明确目标、包含系列认知操作的思维活动与其他活动或一般的思维活动是有着本质区别的。

(三)问题解决的策略

问题解决过程是一个运用一系列的认知操作从问题初始状态向目标状态推进的过程，中间的这一系列认知操作被称为算子，利用算子，便可以逐步达到目标。那么，应该如何在一个问题空间中有效地搜索出必要的算子呢？这里主要有两种具体的途径。

1. 算法式

算法式是依照正规的、机械的途径去解决问题。简单而言，就是根据初始条件，把各种可能达到目标的方法统统都算出来，然后再逐一加以尝试验证，最终确定正确答案。这种方法的优点在于只要穷尽各种可能性，就一定能找到答案，解决问题。缺点是费时、费力、低效。

2. 启发式

启发式是指在问题空间的搜索过程中，在目标指引下，通过观察当前问题与目标状态之间的相似性与可能联系，结合已有的知识经验，采取较少的操作步骤便可以找到答案，解决问题。这种方法的优点是无须找出所有可能性，效率高。缺点是不能保证准确找到答案，对经验的依赖性很高。

(四)问题解决的思维步骤

大多数心理学家把一般的问题解决步骤划分为提出问题、明确问题、提出假设和检验假设四步。

1. 提出问题

提出问题就是发现问题，这是解决问题的起点。这个阶段的主要任务是发现矛盾，找出问题的本质，抓住问题的核心。爱因斯坦认为：“提出一个问题比解决一个问题更重要，因为后者仅仅是方法和实验的过程，而提出问题则要找到问题的关键和要害。”社会需要转化为个人的思维任务就代表着问题的提出，但只有遇到依靠旧办法不能解决的新问题时才能产生解决问题的思维过程。能否提出问题，特别是提出本质性问题，则主要依赖于以下几点。

第一，人的认识兴趣、求知欲与敏锐的观察力。这是发现问题的重要条件，善于探索与追求知识和真理，在科学的发展和探索中永不满足的人，能在一些熟知的、已有公认解释的事实中提出问题，他们并不满足于对事物的通常解释，要进一步追求现象内部的原因和结果。例如，在牛顿以前，很多人都见过苹果落地的事实，但只有牛顿通过敏锐的观察和认识发现了万有引力定律；巴甫洛夫通过狗分泌唾液的实验建立了条件反射学说。真可谓“于不疑处有疑，方是进矣”！所以，教师都应具有“闻问则喜”的品质。听课的学生如果能提出一个有价值的问题就是其智慧的表现，不论他学业表现如何，教师都应给予他“优秀”的肯定。

第二，主体活动积极性。能否提出有社会意义、有价值的问题，主要看主体对周围事物是否具有主动积极性。一般而言，主体活动积极性越高，活动量越大，接触面越广，主体越能发现所从事的实践活动中的问题。尤其是那些经常向未知世界探索的研究者，他们总是能发掘出常人注意不到的问题。例如，英国细菌学家弗莱明(Fleming)在1928年研究毒性很强的葡萄球菌时，发现培养皿里出现一簇簇绿色霉菌。这种现象在培养皿里常有发生，一般情况下人们都会把它倒掉，但弗莱明却注意到了这一现象并进行了认真观察。带着疑惑，他和他的合作者们经过15年的研究最终制出世界上第一种抗生素——青霉素。回顾科学的发展史，不难发现各种科学假说的提出都是科学家善于观察、勤于动脑并热心解决问题的结果。

第三，主体已有的知识经验和智力发展水平。主体的知识经验、智力发展水平与提出的问题紧密相关。知识不足会刺激人提出一些他所不了解的问题，如儿童向成人提出的各种各样的问题。然而，知识不足常常也会妨碍问题的提出。例如，对某个交易会上的展品，专家可能会总结和提出许多关键问题，但一个外行人却提不出什么关键性问题。因此，更深刻的、更有价值的问题的提出，都需要个体掌握一定的知识。一般来说，知识经验愈丰富，智力发展水平愈高的个体愈容易提出深刻的问题。

2. 明确问题

明确问题是分析问题的过程，是对问题成因、性质及各方面有关因素分析综合的过程。它找出了事物的主要矛盾，抓住了问题的核心，指明了探索的方向和过程，进而使问题变得更加明确和具体，从只知有问题变为知道哪里有问题，有什么样性质的问题。分析愈全面，愈深刻，主要矛盾及解决的关键就愈明确，解决也愈容易。

明确问题的基本条件如下：

第一，把笼统的、不明确的问题改造成局部的、具体明确的问题，可以从目前或达到的终点开始，也可以从已知条件或从最后问题本身开始。如解答比较复杂的应用题时，可以依据题目提供的条件提出若干局部问题。这当中可采用分析法、综合法和分析综合法。

第二，明确问题很大程度上取决于已有的知识经验。如不懂得考古学的人，就无从分析古代文物从哪些方面体现了其宝贵价值。知识经验愈丰富，愈容易去粗取精，从大量的事实中分析出问题，从一系列矛盾中区分出主要矛盾和解决问题的关键。

第三，必要的调查或阅读有关的资料。如我们不懂得电视原理和结构，发现图像不清时，就可以查询一下说明书。

3. 提出假设

解决问题的关键是找出解决问题的方案、原则、途径和方法，这是解决问题的关键步骤。对于一些简单问题可以立即找到解决的方法，得到答案。但对于复杂的问题并不能简单地找到和确定方法，而是在明确问题的基础上，根据已有的材料、事实和个人的经验，对解决问题的具体方案提出假定和设想，这就是提出假设。提出假设为解决问题搭起了从已知到未知的桥梁。科学研究一般都要做多种假设方案。如门捷列夫的元素周期表中的某些元素，它们最初是根据已知的元素排列的规律以假设的形式提出来的。因此，恩格斯说："只要自然科学在思维着，它的发展形式就是假设。"形成假设还要依赖许多条件，已有的知识经验与智力水平，特别是创造想象力、直观感性形象和创造性构想等。良好的假设总是从众多假设中挑选出来的，假设不在多，而在于质量，在于其合理性。

4. 检验假设

假设需要被检验，检验有两种方法：一种是直接检验，即按假设去具体解决问题。这种方法要求对实践的目标、程序、标准等要有科学的数据和严格的规定，使检验达到较高的质量分析要求，做到科学化。例如，实际结果同预期结果相吻合，说明假设正确；如果完全相反或相差甚远，则说明假设错误，需要再作假设，重拟方案，但这并不意味着解决问题完全失败，因为它为第二次方案提供了反馈。另一种是通过思维检验，这种方法常常用在不能立即用行动来解决的问题上，特别是在马上采取实际行动进行检验可能会带来重大损失隐患的情况下。要确保这种方法的可靠性，就必须注意搜集到的各种资料的真实性，以及是否具有代表性。总之，无论使用哪种方法，检验假设是否是真理，归根到底还是要依靠实践，依靠人类的科学实践和社会实践。

(五)影响问题解决的因素

问题解决的速度、成败和创造性水平高低受许多因素的影响，主要因素有以下几种。

1. 知识经验

知识经验是发现问题、明确问题、提出假设和检验假设的前提和必要基础。人已有的知识经验愈丰富，愈概括，这些经验就愈容易被应用到解决问题的活动中去，即丰富知识经验有助于问题的解决。但如果不能正确、灵活地运用知识经验，张冠李戴，或把局部经验当作普遍适用的原则，就会妨碍问题的解决，甚至导致失败。所以，要加强对知识的理解，反对教条主义和经验主义。

2. 定势

所谓定势，简单而言是一种心理上的准备状态，它是由先前的活动造成的一种在感知和评价客观事物时的特殊心理准备状态，它影响解决问题时的倾向性。定势有时会有助于问题的解决，有时会妨碍问题的解决。心理学家卢钦斯(Lochins)用量杯量水的实验证明了定势对解决问题的影响。他把被试分为实验组和控制组，要求被试设法用大小不同的容器去取一定量的水，实验结果见表6-1。

表6-1　定势对问题解决的影响

问题	A	B	C	求D	习惯解决	注
1	21	127	3	100	D=B－A－2C	
2	14	163	25	99	D=B－A－2C	
3	18	43	10	5	…	
4	9	42	6	21	…	
5	20	59	4	31	…	
6	23	49	3	20	…	D=A－C
7	15	39	3	18	…	D=A+C
8	28	76	3	25	…	D=A－C

(资料来源：张丽萍、王运彩等，2011)

实验分为两组，实验组79人，控制组57人，实验组从第1题连续做到第8题，控制组只做6、7、8三题，每题半分钟。结果实验组在解题时，81%的被试沿用“D=B－A－2C”的方法贯穿到底，而控制组被试由于不受先前活动的影响，则能用更简便的方法“A－C”和“A+C”去解决最后几道题。

显然，定势对于解决问题的影响可以是积极的，也可以是消极的。在条件不变的情境下，解决相同或类似的问题时，定势使人们能应用已掌握的方法迅速有效地解决问题，具有积极作用。但是，在条件改变或面临新问题的情境下，定势会妨碍人们的积极思考，使人们无法摆脱影响解决问题的习惯和限制，从而产生消极作用。

3. 迁移

迁移是指已经获得的知识、技能、方法和态度对学习新知识、新技能的影响。迁移一般分为正迁移和负迁移两种。正迁移表现为已经获得的知识对新知识的学习和掌握起促进作用，如学习数学有利于学习物理，学习珠算有利于学习心算。负迁移则表现为过去获得的知识对新知识的学习起阻碍作用，如掌握了汉语语法，却影响了英语语法的正确掌握，这种干扰甚至在新知识已掌握之后仍在起作用。

一般来说，知识经验越丰富，概括水平越高，新旧情境间共同要素越多，个体就越易于把一般的知识应用到解决新问题的活动上去，促使问题的解决，这就是正迁移的作用。知识经验片面、概括水平低或使用不当，会妨碍问题的解决或把问题解决的方向引入歧途，使问题得不到解决，这是负迁移的消极作用。

根据正迁移在解决问题中的一般规律，教师在教学中要以概括水平高的定理、定律、规则、公式、基本概念的传授为主，并通过个别例证的分析找出一般的、概括的知识与具体问题情境之间的关系，充分利用迁移的规律去提高学生应用知识解决问题的能力。

4. 动机和情绪状态

动机和情绪状态是影响问题解决的重要因素。动机是人类活动的原动力，有力地推动了人们问题解决的进程。人们具有了某种问题解决的强烈要求，才能以积极的态度去寻找问题解决的途径和方法；相反，对问题漠不关心的人，则没有问题解决的动机，进而会妨碍问题的解决。

心理学家伯奈(Bernay)的不同饥饿状态下黑猩猩取物实验证明了这种关系。实验是这样进行的：猩猩被关在笼子里，笼外挂有食物，笼内放着棍棒。平时猩猩是会用棍棒取物的。被实验的猩猩饥饿状态不一，饥饿时长从进食后 2、6、12、24、36、48 小时不等。实验结果表明：饥饿时间短，取食动机弱的猩猩，很容易被无关刺激干扰而完不成取食活动；饥饿时间长，取食动机强的猩猩，往往专注于食物而不顾棍棒，也难以完成取食活动；只有活动动机居于中等强度的猩猩，活动效率最高。实验表明动机强度与问题解决间存在着一种倒“U”形曲线的关系，即耶克斯-多德森定律(Yerkes-Dodson Law)(具体见图 9-3)。

不难发现，动机弱不能激起问题解决的积极性。在一定范围内，随着动机强度的增加，问题解决的效率也相应提高。但动机太强，急于求成，则容易使心理活动过于集中于问题解决的直接目的，不注意其他有关因素，也会造成问题解决能力的降低。如运动场上，教练员、运动员因求胜心切而败北；书画家临场挥毫泼墨，越想露一手，越容易出现败笔；杂技演员中途失手，越想挽回荣誉，反而越闹笑话等。对于中等难度的任务，只有适中强度的动机状态对问题解决最为有利。

情绪有积极、消极之分，有强、中、弱的区别，情绪在问题解决过程中，表现为积极推动和消极妨碍的作用。情绪过强，个体就处于高度焦虑和急于求成的过分紧张状态，会产生强烈而顽固的心理定势，使兴奋中心难以转移，影响思维的灵活性与广度，最终反而会阻碍和限制问题的解决；而保持中等强度的焦虑和情绪状态，则易于使思维保持较高灵活性，有利于问题的解决。

5. 功能固着

某种物体经常以某种方法被使用，久而久之，人们就会在思想上把它的功能固定在那种用法上，而看不到它在其他方面的用途，这就是功能固着现象。简而言之，功能固着就是一种只熟悉事物通常的用途，而无视它的其他功能的心理现象。

功能固着现象使人难以发现事物功能的新异之处，因而使问题的顺利解决受阻。心理学家邓克尔(Danker)的“蜡烛问题”实验可以说明这一点。受试者分为甲、乙两组。给每个人 3 支蜡烛、3 个小纸盒、5 根火柴、5 个图钉和 1 个垂直的木屏。但是，给甲组的图钉、火柴、蜡烛是分类放在纸盒里的，给乙组的则是散着放在盒子外面的。要解决的问题是：如何把 3 支蜡烛安置在垂直的木屏上？解决这个问题的正确方法是：用火柴熔化蜡烛的底部，把它黏合在纸盒上，而后用图钉将盒子钉在木屏上。实验结果发现，乙组 86%的被试不到两分钟就解决了问题，而在同一时间里，甲组只有 41%的人解决了问题，造成这种差异的根本原因就在于把实验材料分类放在盒子里强化了“纸盒只能作容器”的功能固着概念，这就使甲组的被试遇到了较多的困难，而乙组被试所遇到的是一种没被盒子框住的情境，因此，功能固着的消极影响比较小。

日常生活经验和心理学实验都证明，有时功能固着现象对问题的顺利解决有消极的影响。因此，在解决问题时经常考虑变通功能是很有必要的。

6. 个性特征

能否顺利解决问题与人的个性特征有着密切的关系。如在性格上充满理想、乐观自信、意志坚强、勇于探索的人，往往能够克服困难直到解决问题；而一个被动懒惰、悲观自卑、优柔寡断、胸无大志的人，则往往在困难面前裹足不前，从而影响问题解决的效率。再如在智力水平上，其高低也会直接影响解决问题的效率。

专栏 6-2　有利于问题解决的 10 种方法

阿什克拉夫特(Ashcraft，1998)总结前人的研究成果，提出了有利于问题解决的 10 种方法：

(1)增加相关领域的知识。

(2)使问题解决中的一些成分自动化。

(3)制订比较系统的计划。

(4)作出推论：在解决问题之前要根据问题中给定的条件作出适当的推论。这样，既可避免使问题解决走入死胡同，又可消除对问题的错误表征。

(5)建立子目标。

(6)逆向工作。

(7)寻找矛盾点：在诸如回答“有可能……”或“有什么方法……”这类问题时，可采用寻找矛盾点的方法。

(8)寻找当前问题与过去相关问题的联系性：在解决问题时，要积极考虑当前的问题与你曾经解决的问题或者你熟悉的问题有哪些相似性，然后利用类似的方法解决目前的问题。

(9)发现问题的多种表征：当问题解决遇到障碍时，回到问题的初始状态，重新形成问题的表征。

(10)多多练习：解决代数、物理和写作等课堂中遇到的问题，多练是一种良好的方法。

(资料来源：彭聃龄等，2019)

第三节 创造性思维

一、创造性思维的内涵

(一)创造性思维的定义

创造性思维是指有创见的思维，是在创造性活动中不按现成的方案和程序，而是应用新颖独特的方法去解决问题，产生首创的、具有社会价值的思维成果的思维活动。科技人员的发明创造、文学家的创作、理论家的理论创新、学生独立想出的解题新方法等，都是通过创造性思维实现的。创造性思维是人类活动的高级过程，不仅能揭示客观事物的本质及其内在联系，还能产生新颖的、独创的、有社会意义的思维成果。它是一种探索未知的心理活动，是人类智慧升华的表现，也是知识积累、社会进步和人类文明得以延续、发展的重要保证。

心理学家吉尔福特(J. P. Guilford)认为，创造性思维主要与发散思维和直觉思维有关。但是，更多的心理学家认为创造性思维是多种思维的综合表现，它既是发散思维与聚合思维的结合，也是直觉思维与分析思维的结合，它不仅包括理论思维，而且也离不开创造想象。这说明创造性思维是一种复杂的心理活动，没有什么刻板的模式和成套的规则。但是，创造性思维与一般性思维一样，也包含着类似的思维过程，具体为准备、酝酿、顿悟和验证。值得注意的是，相关基础知识和专业知识的准备是进行创造性思维的前提；复杂的创造性思维过程的酝酿阶段有时是持久的，而令人豁朗则是长期酝酿的结果。

(二)创造性思维的特点

创造性思维除有思维的一般属性外，还有着自身明显的特征。

1. 发散性与集中性的统一

一般认为，发散思维与聚合思维是创造性思维包含的两种基本成分。对于创造性思维来说，发散思维更重要，它是一种要求不依常规、寻求变异、从多方面寻求答案的思维。例如，大型工程建设前，提出多种设计方案。然而只满足于发散思维，人的思路就会“天马行空”，失去实际价值。对于创造的结果而言，聚合思维必不可少，如工程建设的多种方案，究竟哪个更新颖独特，是最佳方案，就要依靠聚合思维来评判，运用已有的信息，朝着一个方向去获得问题的正确答案。也就是说，在思维过程中，既要从多角度思考，又要把思考的结果集中起来，进行筛选、比较，由此看出，任何创造活动的全过程，都是要经历从发散到集中，从集中到发散，再从发散到集中，多次螺旋式循环才能完成的。总之，在创造性思维中，发散性思维和集中性思维各有其不可替代的作用，在提倡发散性思维的同时，必须重视集中性思维，因为只有发散性高、集中性好的思维，才是高水平的创造性思维。

2. 新颖性与独创性

创造性思维贯穿于创造性活动，创造性活动是提供新的、具有社会价值产品的活动。其中，产品可以是一种新观念、新设想和新理论，也可以是一项新技术、新工艺、新产品等任何其他形式的思维成果。如瓦特(Watt)发明蒸汽机，爱迪生(Edison)发明电灯泡，鲁班发明锯子等，这些发明都属于新颖独创的产品。"新颖"是指不墨守成规，推陈出新，前所未有；"独创"是指不同凡响，别出心裁。新颖性与独创性是创造性思维的根本特征。思维成果有无新颖性或思维成果新颖性大小，是衡量创造性思维程度高低的重要标志。

3. 主动积极性

创造性思维活动是一种具有紧张情绪的思维活动，在创造性活动中，思维活动长久而固着地指向思维的目标与对象，那种搞不清问题的性质、成因或解决方法就不罢休的探求状态，就体现了创造性思维的主动积极性。这种对思维目标的始终关注与对思维对象的入迷状态，是推动新形象产生的内部动力，可以持续很长时间，甚至几年、几十年。如徐霞客为探求地理，足迹遍及我国二十几个省区，经历三十余年，最终把自己的经历整理成富有地理价值和文学价值的《徐霞客游记》；陈景润一直沉浸于思考他的数学问题，以至于走路撞到树上，连声向树赔不是。这些事例说明，无论是科学家还是作家，在思维过程中，他们大脑皮层的兴奋中心都集中在创造的目标与对象上了。

4. 灵感

灵感是在文艺、科学活动中，因思想高度集中、情绪高涨而突然表现出来的心理状态。强烈的主体需要、丰富的实践经验和知识积累、长久专注的思考、外界信息的刺激，构成了灵感产生的条件。灵感跟创造动机和对思维方法的不断寻觅联系在一起。灵感状态的特征，表现为人的注意力完全集中在创造的对象上，此时的意识处于十分清晰和敏锐的状态，思维活动极为活跃。暂时把问题搁置起来休息一下，实际上正是在酝酿灵感。在酝酿期间，可以克服错误的定势或"方向"，摆脱旧有观念和旧经验的影响，刷新一下大脑，自由地考虑问题，使正确的解决方向和答案很快出现。

灵感是可贵的，在灵感状态下，创造性思维的工作效率极高，借助于灵感使问题获得解决的事例在科学技术和艺术上不胜枚举。如科学家会突然有了新发现，文学家会突然构思出绝妙的情节、动人的诗句等。灵感并不神秘，它是创造性活动中普遍存在的现象。重要的是要善于根据灵感产生的条件去孕育它，灵感不会从一个疲劳的头脑中闪现出来，这就要善于捕捉它出现的良机。

二、创造性思维的过程

创造性思维的产生总离不开一定的土壤，它总是在特定的情境中萌发，成熟，最后形成。多年来，这个最富价值与诱惑的内部过程备受心理学家们的青睐，其中尤以心理学家沃拉斯(J. Wallas)于 1926 年在《思想的艺术》一书中提出的四阶段论最负盛名，他认为创造性思维的过程大体经过了准备期、酝酿期、豁朗期与验证期四个阶段。

(一)准备期

万事都要从有所准备开始，创造性思维亦不例外。在创造性活动之前，必须积累有关的知识经验、掌握相关的技术信息等，这是创造性活动本身的一部分。对于创造性活动而言，这种准备是广泛而深入的，准备的时间也往往是相当长的。此种状态恰如国学大师王国维所言的第一重境界“昨夜西风凋碧树，独上高楼，望尽天涯路”。

(二)酝酿期

本阶段是指在准备期收集到的信息资料的基础上，对问题和资料进行深入的探索和思考。但是，这一阶段不再是单靠个体的意识努力运作，而是指思考者在多次尝试不得其果时，暂时搁置问题而转向其他活动，从而摆脱该问题本身带来的长期的精神压力，这种酝酿是一种再加工的过程，并不意味着原先收集准备的信息资料被消极地储存在那里，而是以一种无意识的方式进行再加工、再整理，从而形成新思想、新成果。这种酝酿的状态同样可借用王国维所言的第二重境界“衣带渐宽终不悔，为伊消得人憔悴”来传达。

(三)豁朗期

本阶段又叫灵感期，它的产生往往是突然的、戏剧性的。它的出现不分场合和时间，有时是在梦里，有时是在半睡半醒之际，有时是在游戏中，它以一种灵光乍现的方式显现出来，让人醍醐灌顶，豁然洞开。德国科学家凯库勒(Kekule)梦中发现苯分子结构的故事便表明了这一点，“但事情进行得不顺利，我心里想着别的事。我把座椅转向炉边，进入半睡眠状态。原子在我眼前飞动：长长的队伍，变化多姿，靠近了，连接起来了，一个个扭动着，回转着，像蛇一样。看那是什么？一条蛇咬住了自己的尾巴，在我眼前轻蔑地旋转。我如从电掣中惊醒。那晚我为这个假设的结果工作了整夜”。这个蛇形结构被证实就是苯分子的结构。王国维所言的第三重境界“众里寻他千百度，蓦然回首，那人却在灯火阑珊处”，可以很好地描述这种状态。

(四)验证期

通过直觉产生的结果不一定是正确的或科学的，甚至有时可能是错误的。所以，从豁朗期得到的结果必须得到进一步的科学验证。在验证期，一般要求从逻辑的角度进行严密推理，完善假设，通过实验、调查进行反复验证。

三、创造性思维的培养

创造性思维是在不断地解决问题的过程中得到孕育与发展的，是可以培养的。培养创造性思维，对于培养创造性人才具有重要意义。

(一)激发学生的学习动机与求知欲，保护好奇心

求知欲是对新异事物进行探究的心理倾向，学习动机是推动学生进行主动学习的内部动因或动力，学习动机与求知欲都推动学生主动探索问题，深入研究问题。因此，在教学中，教师首先应培养学生对知识的强烈追求欲望，激发良好的学习动机。同时，教师要对学生的好奇心、求知欲加以保护，并创造条件，积极促进学生好奇心的发展，因为强烈的好奇心是创造的萌芽、探索的动力。这便要求教师本身应当具有求知欲和好奇心，别出心裁、不为习俗所束缚，能提出有启发性的问题，能以新异的方式处理问题，从而在有意识激发学生求知欲的同时不断提出饶有兴趣的见解，在潜移默化中影响学生。需要注意的是：对于学生创造性的思维，无论成就大小都要给予鼓励与肯定，不能随意谴责与嘲笑。

(二)培养学生的发散思维并与集中思维相结合

思维的发散性和集中性是创造性思维不可缺少的两个有机组成部分。美国心理学家吉尔福特认为发散思维是创造能力的重要组成部分，真正有创造性的发散思维应该具有流畅性、变通性和独特性三个特征，其中包含想象、创造、启发、猜测诸方面的内容。因此，它对训练和培养创造能力有重要意义。这就要求教师在教学过程中，注意培养学生发散性思维的流畅性、灵活性与独特性。思维的流畅性表现在思维的数量和速度上。比如，在一次思维训练课上，教师提出“报纸有哪些作用?”，要学生尽可能多地把它写出来。有的学生能写出十种用途，但有的学生只能写出七种用途，那就是前者的流畅性中的数量方面表现优于后者。如果当教师提出在半分钟之内，要学生写出报纸的用途的话，那么能写出十种用途的学生，未必能在半分钟之内完成，可能只讲出四种用途，而能写出七种用途的学生则可能在半分钟之内写出五种用途，这说明前者在流畅性的速度上比后者差。因此，思维流畅性要求既快又多，在单位时间内讲出越多越好。思维的变通性表现在思维的广度和灵活性上，如上例中学生不但能写出报纸可以包东西，可以贴墙或了解新闻，学得知识等常见用途外，还可能产生超常的构思，如做衣服和帘子。这说明学生的思考随机应变，不受定势的束缚，能提出不同凡响的新观念。那些与众不同用途的提出，也体现了思维的独特性，这说明学生把握住了思维的本质及核心，有了独特性的深度。

但是，发散思维离不开集中思维，通过集中思维的运用，有助于创造者从发散的结果中分析、综合，发现最佳线索，去粗取精，层层深化，促进创新。要培养集中思维能力，就要学会分析与归纳的方法，并结合实际进行锻炼。教师在讲课时经常将分析过的内容要点写在黑板上，最后跟学生一起讨论，得出结论。上语文课时，教师分析了段落大意，让学生写出中心思想。这都是对集中思维能力的训练。

(三)鼓励直觉思维与分析思维相结合

直觉思维是指不经过严密的逻辑分析步骤，而迅速地对问题答案作出猜测、设想或突然领悟的思维。拿创造来说，关键是直觉，科学家就是在科学观察和实验所取得的经验材料的基础上，通过直觉提出代表创造成果的概念和假设，经过实践(主要是科学实验)检验确立以后，成为建立科学理论的出发点。这就是说，直觉是创造发明的先导。

直觉并不神秘，学生在学习活动中也经常表现出这种思维，如猜测题意，作出应急性答问，提出各种怪问题或不合常规的设想等。但大多数学生不愿表露自己的直觉思维的结果，担心出错而让人嘲笑，从而限制了直觉思维的发展与运用。为了改变这种状况，教师在教学中，应鼓励学生凭灵感或机智回答问题，敢于猜想，允许出错。同时，还要帮助学生懂得展开和利用直觉思维的方法：

(1)要有丰富的知识、实践经验和强烈的探索愿望；

(2)充分利用原型启发、类比和逆向思维等方法获得新闪过的想法；

(3)在解决难题时，应记下一切闪过的想法而不要轻易中断原有的思路；

(4)在问题一时难以解决时，不要急于求成，休息后可能会出现有启发的“灵感”。

在创造活动中，直觉思维与分析思维是相互补充、相互联系的。直觉思维虽然总是以丰富的知识为依据，逐步跃进、越级和采取捷径，但在此以后，仍然需要用分析的方法，如演绎法或归纳法对所作的结论重新进行检验。所以，在培养创造力的教学活动中，不能因为强调直觉思维的作用而忽视对学生分析思维的训练。

(四)提倡勤思善立，鼓励大胆创新

心理学家对有杰出创造成果的人，如科学家、发明家、革新家、作家、探险家等，做过大量调查研究后，发现他们都是一些具有主动精神、充满自信、不为陈腐观念所束缚、既善于深入地观察和思考又善于灵活理解和处理各种矛盾的人。例如，波兰天文学家哥白尼面对行星运动中许多“地心说”解释不了的事实时，不苟同于传统的“权威定论”，大胆提出了地球绕太阳转的假设，经过三十年研究印证，终于创立了极富挑战性和革命意义的“日心说”。

韩愈说过：“行成于思，毁于随。”因此教师在教学中不应只讲定论，也应对某些尚无定论的难题提出假设，敢于猜想，做出示范，同时，创设问题情境，激励学生独立思考，大胆创新，大胆实践，养成勤于思考和善于分析事理的习惯。让学生认识到失败并不可怕，有创造性的人正是善于从失败中学习的人，如爱迪生发明灯泡，曾实验过几千次才成功。自信心是对创造性、对冒险的勇气和意志起关键作用的因素。世界充满了创造力，正如我国著名教育家陶行知先生说的那样：“处处是创造之地，天天是创造之时，人人是创造之人。”

专栏 6-3 酝酿效应

实验(西尔维拉，1971)：“你面前有四条小链子，每条链子有三个环。打开一个环要花 2 分钱，封合一个环要花 3 分钱。开始时所有的环都是封合的。你的任务是要把这 12 个环全部连接成一个大链子，但花钱不能超过 15 分钱。”(见图 6-1)三组被试都用半小时来解决问题，第一组，半小时中有 55%的人解决了问题；第二组，在半小时解决问题中间插入半小时做其他事情，结果有 64%的人解决了问题；第三组，插入 4 个小时做其他事情，结果有 85%的人解决了问题。主试要求被试大声说出解决问题的过程，结果发现第二、第三组被试回头来解决项链问题时并不是接着已经完成的解法去做，而是像原先那样从头做起。因此，可以认为酝酿效应打破了解决问题不恰当思路的定势，从而促进了新思路的产生。

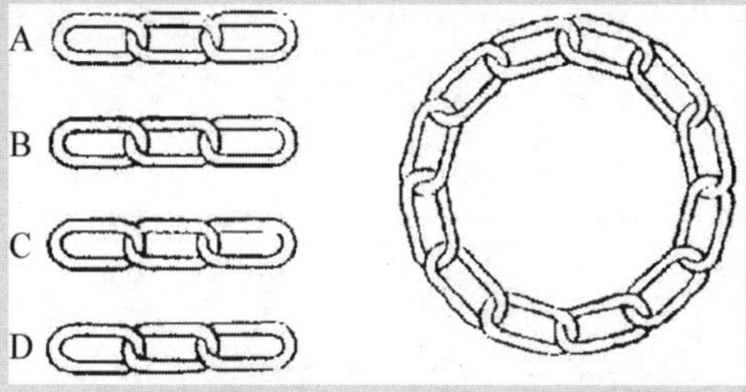

图 6-1 酝酿效应实验

（资料来源：徐厚道，2003）

第四节 想象概述

一、想象的内涵

(一)想象的含义

人脑在反映客观事物的时候，不仅能对直接感知过的客观事物形成形象和记忆表象，而且能够根据别人的口头或语言文字的描述，形成未曾见过的事物形象。例如，我们读了曹雪芹《红楼梦》中对王熙凤的描述：“这个人打扮与众姑娘不同，彩绣辉煌，恍若神妃仙子：头上戴着金丝八宝攒珠髻，绾着朝阳五凤挂珠钗；项下戴着赤金盘螭璎珞圈；裙边系着豆绿宫绦双鱼比目玫瑰珮；身上穿着缕金百蝶穿花大红洋缎窄裉袄，外罩五彩刻丝石青银鼠褂，下着翡翠撒花洋绉裙。一双丹凤三角眼，两弯柳叶吊梢眉，身量苗条，体格风骚，粉面含春威不露，丹唇未启笑先闻。”你脑海中王熙凤的形象便会活灵活现。

人不仅能够根据别人的口头或语言文字的描述形成未曾见过的事物的形象，而且还能够形成见所未见、闻所未闻的事物新形象。例如，中国的《山海经》一书，堪称反映上古社会生活的百科全书，都需要现代人通过丰富的想象才能体味其中的各种形象与情景；又如作家、发明家、设计师能在尚未创造发明以前在头脑中呈现出新角色、新产品的轮廓和形象。此外，人还能反映出与现实完全不同的，甚至在现实中根本不存在的形象，如《西游记》中的各路“妖、魔、鬼、怪”以及“孙悟空”“猪八戒”等形象。

想象中出现的事物形象，表面上看起来，好像是超现实的，但仔细分析一下，任何想象，哪怕是最离奇的想象，也仍然是以现实中已有的材料为基础的。例如，船的制造是以鱼的游泳为依据，托尔斯泰创作的世界名著《安娜·卡列尼娜》中的女主人公安娜的形象，是以普希金的女儿为模特的。即使在创造现实中不存在事物的形象，就其构成整体的各个部分来说，也都是以客观现实为基础的，如中国传统文化里的“龙”图腾形象，也是由马脸、鹿角、鸡爪、蛇身、牛眼等动物的形象结合而成的；“孙悟空”的形象是人与猴特点的合二为一。由此可见，想象的源泉是客观现实。

想象是人脑对已有表象进行加工改造形成事物新形象的过程。人通过实践活动来认识客观现实，实践活动中储备了大量的事实材料，这些材料形成丰富的表象，从而构成丰富的想象。实验研究表明：在实践活动中感知材料越丰富，记忆表象越清晰，则想象越充实、越鲜明；反之，感知材料越贫乏，记忆表象越模糊，想象则越贫乏、越模糊。

人在实践中接触客观世界，又在实践的要求下引起想象活动。例如，石油的日渐枯竭，就促使人去寻找发明新能源，如太阳能等。当然，想象的结果也是受实践检验的，想象的内容、性质和水平，受社会生产实践的历史条件的制约，并随社会生产实践的发展而发展。例如，在今天人们不再想象吴承恩描写的唐僧如何历经千难万险去西天取经，而是想象如何跟随我们的“神舟”系列飞船、“天宫”空间站遨游太空和探索宇宙。

想象是人脑对已有表象进行加工改造形成事物新形象的过程。

(二)想象的作用

1. 想象是促使人的心理活动进一步丰富和深化的重要因素

想象不仅有助于人们更广阔地反映世界，而且有助于人们更深刻地认识世界。从广阔性上讲，想象不像感觉和知觉那样只局限于个体狭窄的直接认知的范围内，而具有更丰富的内容。从深刻性上看，想象是人脑对已有的感知材料经过加工改造后进一步深化了的认识。许多艺术家创造的艺术形象，都是对现实生活最深刻的描绘。人们借助于想象，不仅可以回首年代久远的过去，也可展望引人入胜的未来；不仅可以认识气象万千的世界，也可以推动创造绚丽多彩的世界。

想象除了在认识活动中具有重要的作用外，对人的情绪和意志活动也具有重要意义，它不仅会引起情绪和情感的产生，而且还会推动人的意志行动。

2. 想象是促使人们创造性地进行各种活动的必要条件

想象不仅是人的实践活动的结果和产物，而且是人的各种实践活动的条件和因素。没有实践活动，人的想象就无从产生和发展；没有人的想象，实践活动就无法进行和提高。因为在各种实践活动中，想象一方面以理想、幻想等形式鼓舞和推动人们创造性地去进行改造世界的活动；另一方面又以预见、蓝图等形式构成创造活动的内在因素，促使人们更具体地思考与更严密地组织自己的行动，以获取创造性的成果。比如，我国著名画家齐白石，正是基于想象与实践的反复交融，通过“衰年变法”这一转折性突破，使他的艺术达到一种活泼自由的新境界。

二、想象的种类

(一)无意想象和有意想象

1. 无意想象

无意想象是指没有特定目的的、不自觉的、不由自主的想象。例如，不由自主地随别人对故事的讲述而想象故事的情境；仰看天上的白云时，也会想象出许多生动的形象。

无意想象的极端状态是梦。梦是一种无目的的、不由自主的奇异想象。在梦中，我们可以见到已故的亲人、昔日的朋友，实现长期的夙愿，甚至还可以在梦中解决疑难问题。梦具有形象性、逼真性和离奇性。

人在睡眠中，心理活动并未完全停止。这时，大脑皮层未被抑制的神经细胞、彼此之间接通联系的活动，或由体内外刺激引起的活动，既可呈现生动形象的梦境，也可产生概念的推理、论证的梦境，还可以说梦话、梦游等。例如，需要准时赶车、上班的人会在预定的时间内醒来，这说明在睡眠中人的大脑皮层仍可保持一定的警觉性。

睡眠中的梦有利于大脑细胞功能的恢复，对于积累、整理、储存来自外界和体内的信息，以及蛋白质的合成与分解都是十分有利的。做梦有助于达到心理平衡。当然如果经常梦太多或做噩梦，而严重影响睡眠质量，就需要留意我们的心理健康了。

梦的内容虽然千奇百怪、扑朔迷离，但归根结底是对形形色色的物质世界的变形的反映。睡眠时，机体内外的刺激都可以成为致梦的原因。例如，在寒冷的环境睡觉的人，偶然双足外露，可能会梦见自己在刺骨的冰水中行走；空腹睡觉的人，可能会梦见自己正在美餐，等等。

梦不完全受意识支配，它是无意想象的一种特殊形式。

2. 有意想象

有意想象是根据一定的目的自觉地进行的想象。人们在实践活动中为完成某种活动任务所进行的想象，如教师备课、学生听课、艺术创作、设计制作时的种种想象都是有意想象。有意想象在人的活动中占有极大的比例，因为人的大多数活动都是根据一定的目的而自觉地进行的。

(二)再造想象和创造想象

1. 再造想象

再造想象是根据语言文字的描述或图样的示意，在头脑中形成相应事物新形象的心理过程。所谓“再造”，一方面是指所想象的形象不是个体自己创造出来的，而是根据他人的描述或是图样的提示再造出来的，如我们在读过毛泽东同志的《沁园春·雪》后，脑海中会浮现出北方冬天壮丽的景象，这个过程就是再造想象。另一方面是指所想象的形象是在第二信号系统的调节下，个体的大脑根据当前的任务和个人知识、经验对过去感知的材料加工而成的。因此，再造想象也具有一定的创造性。

再造想象无论对人的认识活动还是实践活动都具有重要意义。因为借助再造想象，人们可以依照他人的描述，超越自身狭隘的经验范围和时空的限制，在头脑中呈现出自己没有见过或不可能见过的事物。例如，学习古代的历史事件，我们可以根据语言的叙述、图解等描绘性信息，通过再造想象去获得不可能见到的“历史知识”。通过再造想象，我们可以不断扩大和深化自己的认识，顺利地掌握各种科学知识、间接经验和生产技术，有效地从事各种实践活动。凭借着再造想象，我们可以在学习过程中生动地理解知识；在艺术欣赏中真切地感受艺术的魅力，深刻理解艺术的价值；在生产劳动中更好地掌握生产技术，顺利地进行生产劳动。

要形成正确的再造想象，必须具备以下两个条件：

(1)正确理解言语的描述和图样的示意

例如，要根据对历史的叙述形成对某一历史事件的想象，我们首先必须正确了解对史实的叙述，然后在懂得图样上各种符号标志意义的前提下，再根据图样的示意形成某种想象。

(2)丰富记忆表象的储备

再造想象的丰富性和深刻性有赖于记忆表象的储备。例如，一个刚登上讲台的新教师与老教师相比，备课时的课堂教学设计、组织及其想象的内容会存在较明显的差异；艺术家、作家在塑造新的艺术形象和人物形象时，都需要到生活中体验，获得丰富的记忆表象，等等。一般而言，记忆表象越多、越正确，再造想象就越丰富、越深刻。但是要注意，想象不是记忆表象的简单拼凑，而是对已有表象的精细加工和改造。

2. 创造想象

创造想象是不依据现成的描述而在头脑中独立地创造出事物新形象的心理过程。例如，作家创造典型人物、科研人员创造新产品等。

创造想象具有新颖性、首创性和独立性等特点。再造想象虽有一定的创造性，但创造想象比再造想象的形成要困难得多。比如，嫦娥奔月的神话故事之所以千古流传，是因为它凝结了我国劳动人民的创造想象，后人难以超越；又如创造一个阿Q的形象，比读《阿Q正传》后，再造出阿Q的形象要困难。创造想象与再造想象二者既有区别又有联系。首先，它们都是以感知觉为基础，都是在原有表象的基础上重新加工改造，重新组合的新形象；其次，在再造想象中，任何读者或听众或多或少都含有不同程度的创造想象的成分，而创造想象中也有再造想象的因素。

要顺利地进行创造想象，必须具备以下几个条件：

(1)社会实践的要求和人的创造需要

社会生活的发展，不断地向人们提出创造新事物、解决新问题的要求。当这些要求反映到人的头脑中，并与人的需要相结合时，就产生了进行创造想象的动机和兴趣，从而激发人们的创造发明。

(2)原型启发

任何一个人对某一项目的发明创造或革新都不是凭空想象出来的。开始时总会受到某种类似事物或模型的启发，如鲁班因为被长满了整齐锋利小齿的思茅草割伤而备受启发，最终发明了锯子；牛顿因苹果落地而受启发，最终发现万有引力定律，等等。

(3)思维的积极活动

创造想象与思维的积极活动是密不可分的，一切创造性的想象总是伴随着创造性的思维同时进行。艺术家塑造新形象也往往和一定的主观思想的启发和构思密不可分。

(4)灵感

灵感是以全部精力去解决所思考的问题或完成创造活动时，由于偶然因素的触发而突然出现的顿悟现象，是人在创造活动中出现的一种复杂的心理现象。人在紧张地从事创造活动时，有时一种新形象、新概念和新思想会突然出现在脑中，而使问题得到解决。这是创造活动中确实存在的和时常出现的事实，所以有的创作家视灵感为创造的“灵魂”。

灵感是以全部精力去解决所思考的问题或完成创造活动时，由于偶然因素的触发而突然出现的顿悟现象，是人在创造活动中出现的一种复杂的心理现象。

灵感的产生具有以下几个特点。

(1)灵感是人们长期从事艰巨的创造活动的结果。灵感是以创作者对问题的长期探索、不断寻觅，艰苦劳动为前提的，创作者长期研究某个问题，长期思索某个问题，大脑形成了许多神经联系，一旦受到某种刺激，就如同灵光乍现，刹那间照亮迷途。

(2)灵感是突发式的、飞跃式的。灵感常出现在一些偶然情况下，如散步、洗澡、睡梦中，出其不意地突然出现。

(3)灵感是在乐观、良好的精神状态下发生的。灵感经常发生在精神状态最好的时候，因为这时的思维比较敏捷，想象丰富且又活跃。

(4)灵感产生时意识清晰，想象活跃。灵感的出现常使创作者情不自禁地欢欣鼓舞，产生不可抑制的激情。这种情感虽很强烈但又是镇静的，处于这种状态下，创作者想象活跃、思路清晰，工作时会表现出异乎寻常的高效。

(三)幻想

幻想是一种与主体愿望相结合并指向未来的想象，是创造想象的一种特殊形式，有自己的特点：一是它总与个人的需要和愿望相联系，是自己所期望的事物的新形象。比如，幻想自己将来成为一名宇航员、科学家、演员等；二是幻想的事物不与当前的创造行动直接相联系，而是对未来活动的设想，对自己工作前景的想象，是神话、童话故事中的形象，科学幻想中的形象，宗教迷信的形象等。

幻想是一种与主体愿望相结合并指向未来的想象，是创造想象的一种特殊形式。

幻想有积极的幻想和消极的幻想两种。积极的幻想是指健康的、有社会意义的幻想。这种幻想可能暂时超越事物发展的自然过程，但对社会、他人、自己均有积极作用。它是促使人们进行创造性活动的前奏和准备阶段，是鼓舞人们不断向上、克服困难、为美好的未来进行斗争的推动力量。如果积极的幻想是在正确的世界观的指导下，符合事物发展的规律，并有可能实现的，那么这种幻想就是理想。理想是对事物发展的一种预见和信念，是同整个奋斗目标相联系的、有可能实现的想象。不同的历史时代文化背景下，人们有着不同的理想。消极的幻想则指的是那些完全脱离现实生活、违背事物发展规律并且几乎不会实现的想象，一个人如果长期陷于这种消极的幻想中，其社会功能和心理健康可能会被严重损害。

三、想象的个别差异

想象是在实践活动中形成与发展起来的。个体所从事的实践活动的差异和个体个性心理品质的差异，使人与人之间的想象也存在很大的差异，主要体现在以下几个方面。

(一)想象发展程度上的差异

想象发展程度包括想象发展的丰富程度和深刻程度，每个人想象的发展程度都是不同的。有些人在生活中富于想象，且想象深刻，能够把日复一日的重复劳动与崇高目标联系起来，从而激发自身的劳动积极性和创造性。如我国著名的水稻专家，被誉为“杂交水稻之父”的袁隆平院士，他为解决“吃饭问题”一生致力于杂交水稻研究，为全世界作出了巨大贡献。像他这样有理想的人总是朝气蓬勃的，总是敏锐地感受着周围发生的一切，秉持着乐观积极的人生态度，热爱生活，目标明确而坚持奋斗。

(二)表象类型不同导致的想象上的差异

在个体的想象活动中，占优势地位的表象类型是不同的，因此，人们的想象也会因表象类型的不同而表现出很大的差异。例如，视觉表象在想象中占优势的人，如作家奥斯特洛夫斯基(Ostrovsky)，他即便后来双目失明了，但在创作作品时仍广泛运用了视觉形象，描写得十分生动。一般来说，画家都属于这一类。听觉表象在想象中占优势的人，如法国唯物主义哲学家狄德罗，他时常想象面前有一个人在同自己对话，而且能清晰“听到”这个人的回答；德国音乐家贝多芬(Beethoven)，他在失聪后依然能以声音形象继续音乐创作。一般来说，音乐家都属于这一类。动觉表象在想象中占优势的人是富于动作想象的，如运动员、舞蹈家。

一般而言，人们想象活动中的表象类型不是单一的，而是混合的，会因个体的个性特点及生活实践的变化而变化。

(三)想象实践性的差异

在将想象转化为现实的过程中，人们的实践活动是存在差异的。有些人富于想象，能明确自己的奋斗目标，坚持自己选择的道路，能克服理想实现过程中的困难、艰辛和危险，承担起自身的责任。这些人积极地把想象纳入实践活动中，并和自身的意志品质联系起来，共同推动自身的实践活动。而有些人虽然也富于想象，但过分停留在想象和幻想层面，无法将想象转化为推动实践的积极力量，长此以往可能会阻碍自身的发展，带来消极的影响。

四、想象力的培养

想象力不仅会影响个体的工作和学习，也会影响个体与他人的沟通和情感交流，影响个体正常的人际关系。对于中学生来说，想象力的发展情况如何，直接影响他们的学习效果。教学实践证明，在各科的学习中，无论是语文、历史还是数学、物理，想象力丰富程度的差异都会带来学生学业表现的差异。例如，几何需要学生具有相应的空间想象能力，语文和历史需要学生具有一定的再造想象能力和情感想象能力，解决问题、欣赏文学和艺术作品需要学生具有一定的创造想象能力，等等。因此，在教学活动中，教师要十分重视学生想象力的培养，重点做好以下几方面的工作。

(一)加强学生世界观和人生观的教育，帮助其树立远大理想

中学生正值想象力发展的黄金时期，可塑性极强。如果教育得当，学生就能在正确教育的影响下树立正确的人生观和世界观。由于一个人的人生观和世界观对自身想象力的发展具有决定性的意义，因此让学生树立远大的理想、高尚的志趣，让他们敢想敢做，他们的想象力就能朝着高尚的方向发展。

(二)丰富学生表象的储备

想象的水平有赖于表象的数量和质量。表象越丰富，想象就越开阔、深刻。中学生不但要“读万卷书”，还要“行万里路”，通过“见多识广”储备丰富的表象。为了促进学生想象力的发展，教师在教学中一方面要注意激发学生的求知欲和探索兴趣，一方面要恰当地运用直观教学方法，如使用挂图、模型、标本、生动形象的语言，组织参观活动，应用课件、幻灯等现代化教学手段，等等。总之，教师要引导学生去观察，去获得感性经验，帮助他们不断丰富自身的表象储备，为自身想象的发展积累丰富的材料。

(三)利用生动活泼的教学激发学生的想象

在教学活动中，教师生动形象的讲解，让课本中的文字描述变成了一幅幅生动的画，抽象的内容变成了一个个具体的形象，这不仅能开拓学生的思路，而且能激发学生的想象。在具体的教学实践中，教师可以这样做。例如，语文教学中让学生分角色朗读，给故事编结尾；物理、化学教学中确切地运用比喻，做教学实验和演示，等等。

(四)发展思维，尤其是语言能力

人的想象活动与思维活动紧密联系，特别是创造想象时必须注意培养和发展学生独立思考的能力。想象的发展也是与语言的发展密切相关的。如果只有丰富的表象而无丰富的语言，学生的想象就会停留在直观层面上。因此，教师在教学中要注意丰富和发展学生的语言能力，提高学生的语言理解能力和表达能力。例如，有意识地让学生用生动丰富的语言描述自己所想象的内容，这既能提高学生的表达能力，促进学生思维与语言能力的发展，又能促进学生想象力的发展。

(五)培养善于幻想的品质

幻想是创造活动的前奏。中学生幻想的随意性、奇异性较大，这就要求教师在教学活动中要善于引导、鼓励学生积极幻想，帮助他们把幻想同创造想象结合起来，让学生敢想敢做，并欣赏和珍视他们的幻想成果。

(六)开展丰富多彩的课外活动

组织学生参加文艺、体育、课外阅读、科技小组等课外活动是不断充实学生的生活体验、丰富和发展学生想象力的又一重要途径。学生在课外活动中积极、主动地探索自己感兴趣的事物，充分发挥自己的想象力和创造力。课外阅读文学作品中引人入胜的情节，科技读物中关于自然、宇宙的生动描述，特别是对未来的大胆幻想，都可能激发学生强烈的求知欲，提高他们丰富的想象力。

第五节　思维与教学

科学的思维能够促成教师合理的教学，而合理的教学又能培养学生科学的思维，二者相辅相成。学生要在感知、记忆的基础上，通过思维掌握事物的本质和规律，只有善于思考，学生才能很好地理解、掌握概念和教材内容，最终达到熟练运用所学知识和方法正确解决问题的目的。学习需要各种类型的思维活动，因此在合理组织、科学设计的教学中，学生的思维能力必将得到稳步提高，而思维能力提高得愈快，学习能力也就愈强，学习效率也就愈高。

为了充分有效地促进学生思维的发展，教学中要做到以下几点。

一、合理选择和使用教材

思维是运用已有的知识、经验去认识新事物，获得新知识，解决新问题的过程。一个人的知识经验的丰富程度和思维能力的高低有密切的关系。学生通过学习教材，获得知识经验，发展思维，但也不是任何知识的获得都有助于思维的提高。有助于思维的知识必须是一个精心组织起来的结构严密的系统，这种知识应该具有更加概括的性质，更科学的表达形式，从而能够使人在更大范围内加以运用，促进思维的发展。也就是说，选择好学科的基本概念、基本原理及有内在联系的内容，才有助于思维。为此，美国当代认知心理学家布鲁纳(Bruner)提出学生要掌握学科的基本结构、基本原理和基本概念，强调学生掌握的知识体系是从教材的知识结构转化而来的。好的教材结构可以简化知识，使学生获得新知识，有利于知识的迁移。这就要求教师在教学中要加强基本知识的教学，使学生充分地理解和掌握知识的核心内容或主要内容，帮助学生建立稳定清晰的知识结构。

学习教材的内容，不论是观念、知识或问题，皆需适合学生的能力和经验，并以精简的方式表现出来。正是从这一点出发，布鲁纳提出了三项原则，即材料的呈现要适当，组织上要经济，学习上要有效率，这三项原则，当视学生的能力与学科的性质变化运用。学习材料的呈现必须根据学生发展的阶段。在这方面，可供采用的学习材料有三种方式，即范例式、图解式与描述式。对于年幼的学生，注重具体事物的认识，应采用范例的方式，呈现图画、模型或观察实际现象，容易为学生所接受。对于年龄稍大的学生，则可采用图解的方式，辅助理解一些抽象知识，对于年龄较大的学生，他们对抽象意义的了解能力逐渐增强，可只用语言符号来描述，简单省时。以上说明，培养学生具有大转换与迁移所学知识的能力，与教材呈现的方式有关。所以教师在呈现教材时，必须考虑到学生发展的阶段、学习的经验基础、理解的能力，以及个体差异等因素的影响。教材在组织上要言简意赅，教师在教学时应分辨清楚内容的繁简。组织学习内容时，不可牺牲意义的理解，要无损于学习质量与效率。

教材内容直接影响学生的思维活动。不同性质的学习材料为各种类型思维的发展创造了不同的可能性。反映事物逻辑联系的材料，如几何定理的证明，要求学习者按逻辑规则进行概念的运算、推导，也就是进行逻辑思维；文学、艺术的材料则为形象思维创造了更大的可能性。根据一定教材提出的学习任务的不同，教师应要求学生进行不同形式的思维活动。例如，同是学习一篇语文课文，如果提出的学习要求是分析文章结构和中心思想，那么学生进行的是抽象思维；如果提出的要求是根据文章的叙述，想象自然的景色、人物的言语和故事情节的发展，那么学生进行的主要是形象思维。值得注意的是：教学内容应当有适当的梯度(即从易到难，由浅入深，从简到繁，循序渐进)、密度(指一节课内讲授教材的分量要适当)和难度。因此，教师可以充分利用材料的内容和学习的课题有意识地锻炼学生的思维。

二、改进教学方法

思维发展不仅需要新颖有趣、逻辑系统性强的教学内容，更需要丰富多彩、生动活泼的教学方法和格式变化的作业内容等。为了发展学生的思维，教学中教师应注意以下几点。

(一)创设问题情境，培养学生提问的能力

在正式讲授教学内容之前，提出与课文有关的一些问题，以激发学生的好奇与思考，这是激发学生认识兴趣和求知欲的有效方法和手段。这就是通常所说的“创设问

题情境”，即在教材内容和学生求知心理之间制造一种“不协调”，把学生引入一种与问题有关的情境的过程，这个过程也就是“不协调—探究—深思—发现—解决问题”的过程。“不协调”必须要有设疑，把需要解决的课题，有意识地、巧妙地寓于各种各样符合学生实际的知识掌握之中，在他们的心理上造成一种悬念，从而使学生的注意、记忆、思维凝聚在一起，以达到智力活动的最佳状态。

创设问题情境的原则如下：

(1)问题小而具体；

(2)问题新颖有趣；

(3)有适当的难度；

(4)富有启发性。

从以上原则出发组织授课内容，教学效果必然会大大提升。

激发学生自己提出各种问题，进行独立思考，是教师创设情境教学的最终目的。提出问题能力的培养是有一个过程的，开始先由教师向学生提问，使学生认识到提问的意义和方法，接着教师鼓励和要求学生自己提出问题，提得好的加以表扬，当学生能够踊跃提出问题时，就可以鼓励学生运用已有的知识、经验，思考如何解答自己提出的问题，其中要注意防止学生有依赖教师的倾向。学生如有了错误，教师在纠正后，必须进一步引导学生举一反三，树立独立自主、自力更生的信念，能提问并解决新问题。

(二)运用发现式学习，充分发挥学生学习的主动性

教育改革的主要目的，在于将学生从被动的接受式学习，转变为主动的接受、探究与发现式学习。灌输式的教学着重学生学习别人研究所得的结论，不利于学生思维的发展。而探究与发现式学习是布鲁纳所倡导的一条学习的新途径，它着重于学生发挥自己的学习主体地位，强调自己学习的过程，重视发展学生的思维能力。教师不是将科学的原理原则直接讲解给学生听，而是让学生在探索、发现的教学情境中亲身尝试科学家发现原理原则所经历的思维过程，有步骤地去探索、追求、发现，从而获得知识和概念。比如，传统教学的讲授法便是要学生背诵乘法口诀，学生知其然而不知其所以然；探究式或发现式教学让学生通过亲自解决乘法问题来掌握乘法运算，学生不仅知其然而且知其所以然。在这样的学习中，学生需要以有意义的方式组织知识，从而巩固和提高旧知识；通过探究与发现，获得成就感与愉快的情感体验，从而更加主动发挥积极性；在发现问题的过程中，不断解决问题，促进自身思维的发展。

(三)帮助学生掌握思维的方法，培养学生的逻辑思维能力

一般学校的教学，往往重视知识的传授，使学生的大脑只发挥吸收记忆、简单推理的功能，而忽视了对掌握知识所必须运用的各种思维方法和推理过程的培养。对于发展思维能力，独立解决问题而言，要掌握的正是各种思维方法和逻辑推理的规律。

逻辑思维是按照逻辑思维规律，逐步分析推导，最后获得合乎逻辑的正确答案或合理结论的思维。它常运用于需要陈述理由或寻找事因的情况。学生要具有逻辑思维能力，首先要弄清和遵循其规律。逻辑思维分为形式逻辑思维和辩证逻辑思维两种。

形式逻辑思维应遵循同一律、排中律和矛盾律三个法则，遵循同一律，使思维具有确定性；遵循排中律，使思维消除不确定性；遵循矛盾律，使思维保持一贯性，即不互相矛盾。辩证逻辑思维，即高级思维的规律，是对立统一的思维规律、量变质变的思维规律和否定之否定的思维规律。这三个辩证法的规律表现于思维形式和方法之中。学生只有自觉地遵循思维的规律，才能使概念明确、判断恰当、推理合理，才能真正具备逻辑思维能力。

但是，如果教师没有有意识地指导学生掌握正确的思维方法，那么即使到了高年级，多数学生对分析、综合、比较、抽象、概括等有关思维方法的概念仍缺乏明确认识，也不能准确自觉地运用思维规律。因此，在教学中，教师有意识地帮助学生掌握思维的方法，培养学生的逻辑思维能力是非常必要的。教师要结合各种知识进行教学，让学生先感知到教师合乎逻辑的讲解，再在教师的引导下重复应用，逐渐熟悉各种思维方法和规律，最终达到从不自觉地应用各种方法逐渐过渡到自觉地应用这些逻辑思维方法和规律。例如，不断运用归纳法去论证或应用演绎法进行推导，从而掌握一条条定理或规律；经过不断地分析、综合、比较、抽象、概括，从而形成一个个新概念；不断掌握一道道应用题的解答步骤，等等。

(四)提高学生的语言表达水平

人的思维不仅与感性认识有关，而且与语言密切联系着。语言是思维的工具和物质外壳，普通人只有借助语言才能对客观现实进行间接地概括地反映。语言是由基本词汇和语法规则构成的人类进行交际的一种社会现象。个体掌握与使用语言的活动称为言语。言语可以分为外部言语和内部言语两种。前者是形式展开的、外现的并让别人能感知的言语；后者是形式简缩的、内隐的、只为语言使用者所意识的言语。内部言语与思维密不可分，思维这种心理过程是借助于内部言语在头脑中进行的。与外部言语不同，内部言语不要求很强的逻辑性和条理性，而往往是以简化、压缩、跳跃的形式出现。这一特点决定了思维一方面有可能快速地进行，另一方面也可能变得不连贯、不符合逻辑或模糊不清。因此在教学中，教师应给学生充分的口头和书面言语表达与练习的机会，如回答问题、复述课文、加强作文训练等，让学生能够经常把内部思维变为外部言语，并对展开的外部言语进行加工、整理，使之用词恰当、结构严密、前后连贯、符合逻辑，从而训练和提高学生的思维能力。

三、注意培养学生优良的思维品质

在教学活动中，教师要注意培养学生思维的深刻性和广阔性，要求学生遇事多动脑筋、全面考虑，不仅能把握事物的整体，抓住事物的本质特征，而且不会忽略重要的细节和特殊的因素。教师要注意培养学生思维的批判性，引导学生不满足于知道事物的结论，同时还要审查得出这一结论的根据，认真检查，去伪存真；善于从新的观点、新的角度思考问题，避免固执、迟钝，要摆脱偏见和早已过时的处理问题的方法。教师要注意培养学生思维的敏捷性与灵活性，结合不同学生的特点，设置教学情境，使学生进行有针对性的练习与训练。教师要注意培养学生思维的批判性，鼓励学生自觉地运用思维的逻辑规律有条不紊地解决问题，思维过程要目的明确、有针对性；思路要清晰连贯，不自相矛盾；论证时论点明确，论据充分，言之有据，言之成理，令人信服。

综上所述，学生思维能力的形成和发展，离不开教师教学中的有意识的指导和训练。俗话说“名师出高徒”，因此培养具有优良思维品质的学生就需要教师事先具备这些能力和品质。但是，在教学活动中，并没有一套可供教师在任何情况下都能适用的现成模式，教师的一切教育措施都必须随着客观情况的变化而变化，这就需要教师具备独创性以组织真正的教育过程。教师创设的具有高度智力意义的训练内容和训练方式，是促进学生创造性思维发展的重要条件。具有独创性的教师，总能巧妙地结合教材，科学地设立具有智力训练意义的练习，创设问题情境，对学生及时设疑、激疑，巧妙地引导学生析疑、解疑，并以此激发学生求知的欲望，引起学生的学习兴趣，多角度地训练学生的思维，促进学生创造性思维能力的发展。

思考与应用

1. 结合中华民族伟大复兴的中国梦，请充分发挥你的想象力，从社会、经济、生活、科技、教育、国防等方面描绘一下 2050 年的中国图景。

2. 创造性思维的特点有哪些？如何培养学生的创造性思维？

3. 影响问题解决的主要因素有哪些？

4. 若要产生顺利的创造想象需要具备哪些条件？

5. 什么是灵感？灵感的产生过程是怎样的？

推荐阅读

1. 理查德·保罗、琳达·埃尔德：《批判性思维与创造性思维(第 3 版)》，田朝霞译，北京，外语教学与研究出版社，2019。

2. 陈琦、刘儒德等：《当代教育心理学》，北京，北京师范大学出版社，2019。

3. 布里奇特·罗宾逊-瑞格勒、格雷戈里·罗宾逊-瑞格勒：《认知心理学》，凌春秀译，北京，人民邮电出版社，2020。

4. 理查德·保罗、琳达·埃尔德：《思辨与立场：生活中无处不在的批判性思维工具》，李小平译，北京，中国人民大学出版社，2016。

第七章

情　绪

第一节　情绪概述
第二节　情绪与情感的种类
第三节　情绪的机体表现与识别
第四节　情绪的理论
第五节　情绪的调节

本章阐述了情绪与情感的含义和特点，重点分析了情绪的适应、动机、信号、组织的基本功能；介绍了基本情绪、基本情绪状态、高级社会情感等基础的情绪或情感类别；涉及了情绪的生理、心理和行为表现以及情绪的识别途径；情绪的几大基本理论以及情绪的调节方法也得到了呈现。

思维导图

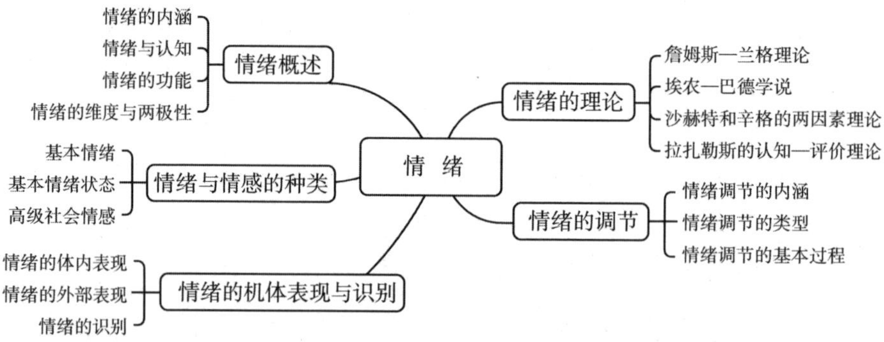

学习目标

1. 了解情绪与情感的种类；
2. 掌握情绪的内涵、成分和基本功能；
3. 了解情绪的理论；
4. 学会在日常生活和教育教学工作中进行情绪的觉察和初步调节。

课前思考

教育者需要什么样的情感？

习近平总书记强调："教育是一门'仁而爱人'的事业，爱是教育的灵魂，没有爱就没有教育。"

学习者需要什么样的情绪？

王阳明批判过"视学舍如囹狱而不肯入，视师长如寇仇而不欲见"的传统教育弊端，并建议"今教童子，必使其趋向鼓舞，中心喜悦，则其进自不能已"。

教育者是否要善于觉察和调节情绪？

苏联教育家马卡连科(Makarenko)反思并呼吁："只有在学会用十五种至二十种声调说'到这里来'的时候，只有学会在脸色、姿态和声音的运用上能做出二十种风格韵调的时候，我才变成了一个真正有本领的人。"

请大家思考或讨论：在你近一个月的生活中，你体验过哪些情绪？在网络聊天中，若不使用"表情包"，会有什么"严重"后果？作为学生，你不同时期对不同科目的学习态度都是怎样的？学生若不喜欢一门课或不喜欢教师，这门课如何才能学好？你有"考试焦虑"吗？在你熟悉的各类语言中，有哪些描述情绪的独特或有趣的词汇？有没有可能，一些情绪情感是笔墨语言难以形容的，就像陆游所写的"情知言语难传恨，不似琵琶道得真"？今天就邀请大家进入情绪心理学的领域，感受科学取向的主流心理学是如何理解"情绪"这一人类最基础的心理生活领域的。

第一节 情绪概述

情绪作为人最基础的心理维度，可关联或渗透到人类一切活动领域中的一切心理、行为之中，动机、意志等现象也常与情绪相并列甚至被归于情绪范畴，因此情绪问题得到了现代心理学的重点关注。

一、情绪的内涵

情绪(emotion)是人对客观事物或情境是否符合主体的愿望和需要而产生的内部体验。显然，当事物或情境真正符合了个体的愿望或需要时，人的情绪就是整体积极的、肯定的，反之则会诱发出消极的、否定的情绪。另外，还有一类特殊的客观事物，即人自身，当人的自我意识关照自身时，人也会产生出相应情绪，如自我憎恶。

情绪是人对客观事物或情境是否符合主体的愿望和需要而产生的内部体验。

由于情绪现象以及人类整个心理活动的复杂性，情感(feeling)也常与情绪并用，以便全面囊括人类的这种经验，在历史上这两个概念曾被统称为感情(affection)。若非要或有必要区分情绪与情感，按传统看法，一般认为情绪是较偏基础、简单、原始、不稳定、表情鲜明、可与动物共享的，而情感则侧重高级、复杂、稳定、含蓄、社会性的面向。就像因食物能充饥而满足，与设宴款待自远方来的朋友而满足，这两种积极体验是不同的——前者属于情绪，后者偏向情感。另外，当指涉基本的心理“过程”时，常用情绪而不用情感。但当代的主流科学心理学，已有将情感也统称为情绪的趋势，因为情感的形成和实际表达通常可经由情绪机制来完成。

广义或完整的情绪现象可被理解为是三种成分的混合：主观体验(subjective experience)是情绪的核心成分或心理层面，伴同或对应主观体验出现的还有生理唤醒(physical arousal)的生理层面，以及作为外部表现或表情的行为层面。主观体验是人心理层面的内在主观感受，如喜悦、愤怒、悲伤、恐惧、焦虑、公平感、爱国的自豪感和荣誉感；生理唤醒指人在不同情绪状态下的机体生物反应，涉及的身体系统较全面，神经、内分泌、循环、呼吸、消化等机体各大系统常广泛参与；外部表现或表情，一般包括面部的、身体的和语调的三方面。

二、情绪与认知

情绪与认知一样，都是人对事物或情境的反映。但它的反映形式不同于认知，因为其并非直接反映客观事物本身，而是反映人与客观事物的主观关系或者说客观事物与人的主观需要间的符合程度。

情绪与认知也有密切联系。一方面，认知经常是情绪情感的基础。个体对事物或情境会产生什么样的情绪情感，经常取决于、至少是对应于其对客观事物的认知。例如，教师的教学态度较为严格，如果学生认为教师是在故意与他为难，就会对教师不满，产生愤怒、厌恶的情绪；如果学生认为教师这么做是怒其不争并长善救失，他就会感激教师，并产生羞愧感。同时，不同的言语表达，尤其是其中的情绪关联类词汇，也会影响人的情绪体验，如汉语中的烦、哀怨、丢面子、不得劲，《红楼梦》中的贾母是"爱"林黛玉还是"疼"林黛玉……当使用不同的语言、词汇来对应主体经验时，所产生的体验是使用不同语言、词汇的人所难以体会的。另一方面，情绪会对认知有反作用。耶克斯-多德森定律即是经典的证据，异常心理学或精神卫生学的相关研究也极为丰富，如有创伤后应激障碍的儿童会更倾向于注意和加工与创伤有关的信息。一系列生活或教育现象也可做出说明。例如，过分惧怕教师会影响学生自身的学习效率，过分紧张会影响考试发挥，爱屋及乌，情人眼里出西施，"人莫知其子之恶，莫知其苗之硕"，等等。

三、情绪的功能

教育家陶行知先生曾提出："真教育是心心相印的活动。唯独从心里发出来的，才能打到心灵的深处。"为何"心"或"情"的力量如此宏大？不难分析，情绪作为个体最基本的心理现象维度，在人的心理生活中无疑承担了重要功能，一般认为包括适应、动机、信号和组织四个相互交叉的功能。

（一）适应功能

情绪是人类乃至一切高等生物赖以生存和延续的重要心理机能，情绪的动机、信号、组织等功能，皆是发端于或可归结于适应功能。比如，还没有发展出语言能力的婴儿，常通过哭闹、厌恶、喜悦、好奇等情绪来表达自己的需要或与成人交流。人们会通过情绪来表达自己的想法或感受他人的需要，只有这样，人与人之间的交流、人与人之间关系的建立才得以保证进行。另外，人在社会中活动时需要按照自己的角色和处境来管理自己的情绪表达，这也是对社会规范的一种学习或适应，如婚礼上我们不会愁眉苦脸，朋友遇到伤心事时我们不会喜笑颜开，等等。

（二）动机功能

情绪、情感是人类活动的基本动力来源之一，对人的活动具有正向或负向的驱动作用。例如，"富贵不能淫，贫贱不能移，威武不能屈"，之所以有仁人志士能够做到，是因为心中的道德感在支撑着他们有所为、有所不为；在学校的德育工作中，道德情操也要与道德认知共同内化，要"动之以情，晓之以理"地让学生产生情感认同或内化，因为仅有道德认知可能不能真正地推动道德行为。再如，我们都知道，兴趣是最好的老师，因为兴趣会推动人在学习和工作中主动、自觉、不知疲倦地探索，因此在教学中教师应通过灵活、生动、参与性的教学方法和内容去调动学生的兴趣，反之，若一位教师陷入"职业倦怠"的境地，必然会对自身和学生的发展造成损害。

(三)信号功能

情绪、情感以表情作为外部表现，而表情可以与语言一样，在人际交流中承担着信号功能(或称“社会功能”)。从种系发生和个体发展的角度讲，表情的交流要早于语言的交流。比如，猴子会以高声的呼喊和夸张的肢体动作来告知同伴将有天敌入侵，婴儿看到陌生人或事物时常感到恐惧、迟疑，而这时如果抚养人用点头、微笑等表情去鼓励他，他就会接收到一种信号——“不要怕，这是安全的”，继而表现出亲近或探索的行为。表情作为一种信号在教育教学活动中也有重要的功能，教师应该经常关注学生的表情，因为通过学生的表情教师即可一定程度上判断学生是否在走神、是否听懂了所讲的内容；有经验的教师还可以通过严厉的眼神来“提醒”走神或不守纪律的学生。最后，在人际沟通中，人们会同时传达出语言信息和情绪情感信号，要意识到，后者经常才是更重要、更易被对方首先捕捉和着重感受的。

(四)组织功能

情绪、情感不仅可在起点或终点上发动或停止活动，而且在过程上可对活动进程起促进、协调或瓦解、破坏等重要的组织作用。例如，在教育教学中，愉快地学习与痛苦地学习相比，前者的效果通常更好一些，西方教育史上就有“快乐之家”的快乐教育倡导与实践，而早此三百余年，王阳明就系统地提出了通过“歌诗”、游戏、郊游等活动让儿童“乐习不倦”的学说。因此，教师应努力把教育教学活动与学生的主观需要对接，让教学与积极、愉快、理智感、自我满足等积极的情绪情感联结起来，以增强教学效果。而对于排斥、厌恶学习的学习困难学生，应多予以积极关注，给其适当安排不同于其他学生的简单学习任务，让其也可以体验到被教师重视和学习成功带来的快乐。当然，必须意识到，学习也是一项艰苦的活动，仅有快乐是不现实的，并且没有痛苦，快乐也会不复存在，就像康德的经典比喻，“若没有空气的阻力，鸟儿不会体验到飞翔的自由”。

专栏 7-1 快乐的人愈快乐，伤悲的人愈伤悲

快乐的人愈快乐，伤悲的人愈伤悲。原因之一是，快乐的人特别易于记得过往的各种快乐情况，伤悲的人则特别易于记得过往的各种悲伤遭遇。

个人的情绪状态，会成为回忆往事的重要导引线索。这种有趣的现象，心理学中叫作“状态依赖记忆”。

以情绪状态为记忆的线索会影响自己记忆的内容和方向。因为在大脑中搜索记忆，必须依赖一些导引线索，这就像到图书馆翻寻书籍，必须利用档案和卡片目录一样。而情绪状态，正是一种现成的可用线索，诱使我们掀出记忆中具有相同状态的旧事。

此外，在回忆过程中会产生一种“一致性压力”，驱使自己把记忆方向调整至与目前想法、感觉、情绪等状态配合的位置。因此，快乐的人较易忘记过往的不快经历，而又不断回味昔日的开心情景。

关于"状态依赖记忆"，它原本用来解释酗酒者的遗忘现象。喝醉的人喜欢把钱包、钥匙、眼镜等小物件随处乱丢，当他们清醒之后，便完全忘记了丢弃的位置，直到再次喝醉，就又可轻而易举地把物件找回来。这种依赖喝酒来唤起记忆的特殊情形，曾被人以生理因素来解释，认为这是酒精产生的作用。后来，有人提出记忆的"线索理论"，才明白此乃心理上的脉络效果。

（资料来源：马家辉，2006，引用时有删改）

四、情绪的维度与两极性

情绪的维度指情绪的一些固有特性，常包括动力性、激动度、强度和紧张度四个方面。而情绪的两极性是指关于情绪的几大维度，每个维度都是一个两极对立的连续体。

情绪在动力性维度上有增力和减力的两极状态。一般而言，满足个人需要的情绪往往可以增加活动的效能，同时这种情绪还往往是积极的，但又带有一种创造性的紧张。而不能满足个人需要的情绪往往会阻碍活动的效能，这些情绪通常是消极的且不能适应环境、事件对人的要求。

情绪在激动度维度上有激动和平静的两极状态。人们在正常生活中的情绪往往是相对平稳而安静的。但当发生重大、突然的事件时，情绪往往比较激动，另外，一些人由于气质类型或身体素质等原因，更易陷入激动状态。激动的情绪常伴有强烈的内部生理变化和明显的外部表现，如暴怒、狂喜、惊骇时的反应。

情绪在强度维度上有强和弱的两极状态。客观事物对于个体意义的大小有差别，因此情绪的强弱水平会有差异，这是人们对情绪最生活化的日常认识。比如，愤怒的情绪由弱到强，依次可以是：不悦、微怒、愤怒、大怒、暴怒、狂怒；喜欢的情绪由强到弱，依次可以是：挚爱、热爱、喜欢、爱慕、好感。

情绪在紧张度维度上有紧张和松弛的两极状态。事情比较重要、紧急、突然或个人准备不足，往往会导致个体产生较为紧张的情绪，如学生走神时被教师叫起来回答问题，观众看到篮球比赛到了最后关头而比分紧咬，初次跳伞的人跃出机舱的那一瞬间，下个星期将要参加决定命运的研究生入学考试等事件所引发的情绪。与紧张相对的状态是松弛，当事情得以解决或没有事件发生时，人们常会感到一种轻松感。情绪的紧张度有时候和情绪的动力性有关，如有心理学家发现，在进行中等难度的任务时，最好使用中等紧张度的情绪和动机，此时过度紧张或过度松弛都不利于任务的完成。

第二节　情绪与情感的种类

情绪与情感是人在各类活动中的"色彩"，这种色彩显然是斑斓、缤纷、五颜六色的，它们可以是：愉悦、惊喜、挚爱、痴恋、幸福、郁闷、忧伤、骄傲、警觉、紧张、焦虑、疑虑、惊恐、生气、烦躁、敌意、轻蔑、厌恶、愧疚、尴尬、耻辱、正义、审美……这么多色彩不免有些杂乱，心理学家曾尝试对它们进行“合并同类项”。

一、基本情绪

现代情绪心理学从物种进化的角度把人类的诸多情绪分为两类，一类是基本情绪(basic emotion)，另一类是复合情绪(complex emotion)。所谓基本情绪即是先天的、人与动物皆有的有限的几种情绪，同时每种情绪都要有相对独立的内心体验、内部生理机制和外部表情；而复合情绪则是由两种或多种基本情绪以一定方式组合起来或若干基本情绪与内驱力、认知相组合的，复合情绪在理论上可达百种之多。

在情绪研究尚不先进的时期，人们曾依据生活经验来总结基本情绪，如中国古代的《礼记》一书中提出了“七情说”，即喜、怒、哀、惧、爱、恶、欲；而《白虎通》一书则提出了“六情说”，即喜、怒、哀、乐、爱、恶。

中国心理学家林传鼎在1944年曾经找出了《说文解字》中涉及情绪的354个字，并将它们总结为18类，即安静、喜悦、愤怒、哀怜、悲痛、忧愁、忿急、烦闷、恐惧、惊骇、恭敬、抚爱、憎恶、贪欲、嫉妒、傲慢、惭愧、耻辱。

当今情绪心理学家对基本情绪种类的认定仍存在争议。比如，有“快乐”“愤怒”“悲哀”“恐惧”的“四情说”，“快乐”“愤怒”“悲哀”“恐惧”“厌恶”的“五情说”，“快乐”“愤怒”“悲哀”“恐惧”“厌恶”“惊奇”的“六情说”，“快乐”“愤怒”“悲哀”“恐惧”“厌恶”“惊奇”“轻蔑”或“喜”“怒”“忧”“思”“悲”“恐”“惊”的“七情说”，甚至还有“兴趣”“惊奇”“痛苦”“厌恶”“愉快”“愤怒”“恐惧”“悲伤”“害羞”“轻蔑”“自罪感”的“十一情说”。可见，诸种学说中“快乐”“愤怒”“悲哀”和“恐惧”四种情绪是最大公约数。因此一些情绪心理学家认为，基本情绪包括这四类，再加惊奇与厌恶。

快乐、愤怒、悲哀和恐惧四种情绪的性质不同，同时每种情绪内部都有强度的差异。以快乐为例，当人的目标得以实现、需要得到满足、紧张得以松弛时，人往往会体验到快乐的情绪；同时由于事件对人的主观意义不同，快乐在强度上也有不同的分类，由强到弱依次可以是狂喜、大喜、欢乐、愉快、满意。比如，在一场无关紧要的篮球比赛中强队战胜了弱队，强队的队员会有一种满意感，但如果弱队在重要的比赛中通过自己的顽强努力战胜了强队，弱队的队员则会体验到一种狂喜。

二、基本情绪状态

有时人受到各类因素的影响，在一定时间内会持续存在某些具有一定强度和紧张度的情绪，我们称之为情绪状态。常见的情绪状态包括心境、激情和应激三类。

(一)心境

心境(mood)是一种比较微弱、持久而又具有弥漫性的情绪状态。所谓弥漫性，即指当前的心境并非针对特定的事物，而是把所有事物都渲染上了同样的情绪色彩。比如，当心情好时什么都愿意做，看什么都“顺眼”；忧伤离别时“感时花溅泪，恨别鸟惊心”；悲观时做什么都没兴致，甚至连最简单的洗漱都能省则省。可见，心境是人心理活动的基调、背景或者说“有色眼镜”。

心境往往不那么强烈，而是微弱、平缓的，有时甚至不为当事人所觉察。心境并非暂时的，但它持续的时间有长有短，短则几个小时，长则数周甚至数月。一般来讲，事件对个体意义的大小决定了心境体验持续时间的长短。比如，期末学业表现进步了很多，可能会有一个星期的积极心境；高考考入理想的大学，可能会带来几个月的满足心境；大学毕业进入社会工作，从前的生活、人际环境发生了变化，可能会导致长达半年的新奇、寂寞而又兴奋的复杂心境。

人们有时会有莫名的、难以意识到原因的心境出现，但未自觉意识到原因并不意味着没有原因。以青少年学生的某些常见心境为例，青少年男女生常常会脱口而出“很郁闷”“很忧伤”“很烦恼”，这些心境往往没有很明确的引发事件，不过看似没有原因，实际原因却是存在的——这往往与青春期阶段独特的自我意识发展矛盾有关，如对自己的期望与自己的现实状况相距太远，既渴望独立又没有能力独立，既希望融入大家又刻意保持个性等。

一般而言，良好的心境有利于学习、工作和人际交往，而持续不良的心境会阻碍这些日常活动。很容易理解，心理健康的人会更多体验到积极的心境，积极的心境也是心理健康的重要指标和努力方向之一。

(二)激情

激情(intense emotion)是一种强烈的、爆发性的、短促的情绪状态。其往往由重大而又突如其来的事件引发，如亲人亡故、死里逃生、重大的成功等。激情状态虽然持续时间比较短暂，冲动过后也会归于相对的平静，但其发生时的强度、紧张度、激动度都是相当高的。如果说情绪状态有强与弱两极，那么心境属于微弱的一极，而激情就属于强烈的一极。

激情状态会同时伴随着非常鲜明的生理变化和外部表现，如狂喜时的手舞足蹈，盛怒时的怒发冲冠，惊骇时的心胆俱裂。在有些激情状态下，人可能会因过度的激动和紧张而语无伦次、动作失调，甚至出现“激情休克”的现象，这里可参照范进中举后的癫狂状态。

在激情状态下，还可能会发生一种独特的“意识狭窄”现象，即理智分析能力、自我控制能力都受到抑制而减弱，此时激动的情绪会完全占据上风，人容易做出一些在平时看来非常鲁莽的行动，如年轻人因点滴小事而斗殴伤人，夫妻间在吵架时恶言相向。不过需要注意，意识狭窄时，理智控制能力只是下降了，而非完全消失，因此个人对意识狭窄时犯下的错误也要承担责任。一个文明、理智、有教养的人要防范这种意识狭窄现象，要对自己的激情状态有所察觉、有所监控、有所管理。

不过激情状态的功能也并非完全负面。由于激情状态的巨大能量，它可以在一些场合下感染自己和他人，如舞台剧演员在表演时，军事领袖在战前发言时，都需要借助激情的力量才能达到预期的效果。

(三)应激

应激(stress)又称压力，指人在应对压力事件时出现的一种身心紧张状态，这种身心紧张状态具有适应性的功能。

一个完整的应激结构包括压力源、压力应对和压力的身心反应三个方面，而压力的身心反应往往对应着一种特殊的情绪状态，即压力感。引起应激的压力事件可以是高度危险和紧急的，如看到一条蛇时身心高度紧张，进而迅速逃跑；也可以是相对平缓的，如面临两周后的考试并着手准备。人面对和应对压力时需要调动自己的身心力量，在这一过程中，人们的身体会有一种特殊的紧张感，同时在情绪状态上会体验到压力感。压力感的大小与事件本身的性质和个人的应对能力有关，霍姆斯(Holmes)等人在 1967 年对 394 名美国人进行研究，发现不同生活事件与压力感存在一般对应关系(见表 7-1)。

表 7-1　生活事件与压力感

序号	生活事件	压力均值	序号	生活事件	压力均值
1	丧偶	100	22	工作责任改变	29
2	离婚	73	23	儿女长大离家	29
3	夫妻分居	65	24	触犯刑法	29
4	坐牢	63	25	取得杰出成就	28
5	直系亲属死亡	63	26	开始或结束学校教育	26
6	受伤或生病	53	27	生活条件的改变	25
7	结婚	50	28	改变个人的习惯	24
8	失业	47	29	与上司闹矛盾	23
9	复婚	45	30	工作时间或条件改变	20
10	退休	45	31	迁居	20
11	家庭成员生病	44	32	转学	20
12	怀孕	40	33	娱乐方式的改变	19
13	性生活不协调	39	34	宗教活动的改变	19
14	新家庭成员诞生	39	35	社会活动的改变	18
15	调整工作	39	36	少量抵押和贷款	17
16	经济地位变化	38	37	改变睡眠习惯	16
17	其他亲友去世	37	38	家庭成员居住条件改变	15
18	改变工作行业	36	39	饮食习惯改变	15
19	一般家庭纠纷	35	40	休假	13
20	借贷大笔款项	31	41	过重大节日	12
21	取消抵押或贷款	30	42	轻度违法	11

(资料来源：黄希庭、毕重增，2020)

应激是人在应对压力时的适应性反应，这个反应的全部过程可包括动员、阻抗和衰竭三个阶段。动员阶段顾名思义是人通过调动身心能量来应对压力刺激，阻抗阶段是继续并持续调动人体的身心能量，但如果阻抗的时间过久、强度过高，就会“耗尽”个人的能量，“摧毁”个人的防御系统，进而造成衰竭。

应激无疑可以提高人对环境变化的应对效果，但健康心理学和心身医学的研究表明，长期处于应激状态、经常体验到过分的压力感会对人的身体健康造成损害，如一些种类的心脏病和免疫系统疾病就与此有关。

心境是一种比较微弱、持久而又具有弥漫性的情绪状态。
激情是一种强烈的、爆发性的、短促的情绪状态。

三、高级社会情感

情感与社会性需要相联系，其往往是高级的、人类所特有的。常见的高级社会情感包括道德感、理智感和美感。

1. 道德感

道德感(moral feeling)是人运用一定的道德标准去评价自身或他人的想法或行为时所产生的态度体验。如有道德感的人会对符合自己心中道德标准的他人言行感到赞赏或钦佩，会对自己不道德的想法或行为感到羞耻或内疚。就像孟子所倡导的“四端”：“恻隐之心，仁之端也；羞恶之心，义之端也；辞让之心，礼之端也；是非之心，智之端也。”这四心，即是典型的道德感体现。

道德感以道德标准为前提，但不同历史时期、不同社会制度、不同文化传统下时常有着不同的道德标准。比如，20 世纪 70 年代以前，在公共场合抽烟无关道德，而在今天就有碍观瞻；再如，南亚某国的女子监狱就设有幼儿园，因为在他们看来不论何种情况下母亲和年幼的孩子都应生活在一起。但是，不论社会文化历史条件如何变化，都应该存在着跨越时间、空间和种族的共同道德，如“己所不欲，勿施于人”。

道德认识、道德情感和道德行为是品德结构的三大核心成分。其中道德情感的作用非常关键，在学校德育工作中，只有在建立正确道德认识的基础上，成功地把道德情感与道德认识相结合，才能更好地诱发出学生主动自觉的实际道德行为。

2. 理智感

理智感(rational feeling)是人对追求真理，对认识活动的成就进行评价时所产生的情感体验。理智感的具体类别有很多，如对自身和世界的好奇心或兴趣，对真理的热爱和惊叹，对求知活动的认可，对错谬和偏见的否定，对自己成功解决问题的快慰等。

理智感促使人们客观地探索世界和学习知识，是人类知识成就和个人学业成功的基本前提之一。在学校教育中，对学生理智感的培养极为重要，应重视知识与生活的关联，重视知识学习中学生的主动探索，尤其对于学习困难的学生，不能任由其理智感被消磨而只剩下失败、困惑甚至是对知识和智力活动的厌恶。

西方所讲的“智”，除去古典传统或伦理学中的某些派别外，往往有与“德”相分离的倾向或潜力。而儒家把“仁”和“智”规定为理想人格的双重品格，确定了人道原则和理性原则的统一——仁，表现为完善的德性；智，即是在德性制约下的人文理性、道德理性。

3. 美感

美感(aesthetic feeling)是人依据特定的审美标准对事物进行评价时所产生的情感体验。不同文化传统和时代背景下的审美标准往往有差别，如中国宋明以后的封建社会认为缠足的女性是美的，而今天显然不会有这种审美。但不同时空下也会有一些普遍的审美标准，如普遍认为垃圾是丑的而彩虹是美的。

美观的体验以愉悦为主，但也时常混合着一些生理驱力、紧张感甚至危险感。人对险峻山河的审美即可理解为一种危险的愉悦。另外，道德感和理智感也可以引发美感，如人们无疑会认为正直、善良、勤劳、奉献的人是美的，而好吃懒做、损人利己的人是丑的；再比如，在科学活动中，科学家常会为知识或世界的秩序、深邃而折服，进而体验到真理之美和研求之美。

关于美感，法国雕塑家罗丹(Rodin)还说过："美是到处都有的，对于我们的眼睛，不是缺少美，而是缺少发现。"可见，不同的人对于美的感受能力是有差别的。在学校教育中，要注重培养学生的审美能力，因为这可以给学生带来一种春风化雨、深入心灵的内在力量，这种力量将伴随并支撑他们的一生。

第三节　情绪的机体表现与识别

与认知和意志等心理过程相比，情绪是相对独特的。它的内部生理反应非常鲜明且几乎全身各系统皆被调动，另外也很容易被发现，它的外部表现常常较为明显而易被识别。

一、情绪的体内表现

情绪在发生时会产生一系列的机体生理变化，这些生理变化以神经系统的存在和活动为起点，并使得其他多个系统协调参与其中，如人恐惧、焦虑时的一个生理变化是唾液分泌减少，嘴会变得干燥。

(一)神经系统

情绪会引起身体各系统的变化，但是所有身体变化都要有神经系统的参与。有研究表明，神经系统中的网状结构、边缘系统、大脑皮层和自主神经系统都与情绪的关系较为紧密。

1. 网状结构

网状结构的基本功能是保持脑的兴奋和人的觉醒，对于情绪而言，网状结构的功能有两方面：第一，情绪的发生需要有一定的唤醒水平，而网状结构提供了这一可能；第二，网状结构可以接受来自各方面的神经冲动，并将冲动向上传至大脑皮层产生情绪体验，同时向下传导以引起行为反应。有研究发现，抑郁症患者在情绪方面的麻木、低沉就可能与网状结构机能的受损有关。

2. 边缘系统

边缘系统包括丘脑、下丘脑、海马体和杏仁核，其是脑中相对原始的部分，低等哺乳动物即有这一结构。这一部分与恐惧和愤怒这类生命最原始、最具有物种生存意义的情绪有关。

通常认为，杏仁核是恐惧反应的中枢，如杏仁核受到损坏，则人可能会丧失恐惧的体验和表情，也无法识别他人的恐惧表情。而下丘脑也可以通过控制自主神经系统和内分泌腺影响人的情绪，如电刺激动物下丘脑的某部分时，会使得动物表现出愤怒或恐惧的情绪。令人意外的是，还有研究者发现在下丘脑中存在着一个“快乐中枢”，当人下丘脑某部分被电流刺激时，人会面带微笑并体验到快乐。

3. 大脑皮层

大脑皮层是人心理活动的最重要结构，大脑皮层不同区域的协同运作更是情绪体验和情绪调节发生的核心机制。不过当前的研究较为关注大脑左半球皮层和右半球皮层的不同情绪功能。通常认为，左半球更多与积极、正性的情绪有关，右半球则更多与消极、负性的情绪有关；与此相对应，时常恐惧、神经质、愤怒、压抑的人，往往右半球的活动较为活跃。

4. 自主神经系统

自主神经系统也与情绪密切关联。情绪不同于其他心理现象之处在于，其活动时身体各器官会高度参与，而自主神经系统恰恰与身体多个器官的活动有关。一般在情绪发生时交感神经兴奋度提高，副交感神经受到抑制；在情绪消退时副交感神经恢复作用，交感神经受到抑制。

(二)其他系统

在情绪过程中，呼吸、循环、消化、内分泌腺和外分泌腺等系统的活动都会产生出对应的变化。

1. 呼吸系统

生理心理学家常以 I(吸气时间)/E(呼气时间)来定量衡量情绪和呼吸的关系。有研究表明，人在惊讶时，吸气约是呼气的 2～3 倍；在恐惧时，吸气和呼气的比率会从一般状态(约 0.7)上升到 3.0 或 4.0；在愉快时，呼吸的比率约为 0.3；在狂喜和悲痛等剧烈情绪下，呼吸还会发生痉挛，甚至出现呼吸暂时中断现象。

2. 循环系统

情绪活动会影响循环系统中血管的舒张、收缩以及心跳的强度、频率等。如人在惊恐时，会心跳加速，血液输出量增加，收缩压升高，血糖和血含氧量增加；人在愤怒时，由于小动脉痉挛收缩，血流通过困难，因而舒张压明显上升。循环系统的变化有时可以被直接观察到，如人在愤怒时的脸色铁青和在羞愧时的面红耳赤，这都是由面部血管的舒缩变化所致。人如果长期处于高度紧张的情绪之中，还可能引起高级神经活动的障碍，从而使循环系统的神经调节发生紊乱，表现为全身细小动脉痉挛，管腔变小，血流阻力增加，最终可能导致高血压。

3. 消化系统

生活经验告诉我们，消化系统的活动与情绪的关系较为明显。一般而言，积极愉快的情绪对胃液、唾液、胆汁的分泌有促进作用，而负面的情绪则对消化腺的活动起抑制作用，如惊恐时，胃黏膜充血发红，胃酸分泌增多，胃的蠕动增加，引起胃痉挛，同时唾液常常减少分泌，导致口渴；在愤怒、悲伤、焦虑时，消化液分泌减少，酸度下降，肠胃的蠕动较慢，胃黏膜变得薄弱，食欲会减退。

4. 内分泌腺

内分泌系统参与进了很多情绪活动之中。例如，在高度紧张的应激状态下，肾上腺素的分泌量会增加，它会导致一些内脏活动和血压、消化、血糖的变化，进而使机体处于一种适应性的准备状态；再如在焦急情绪下，抗利尿素这种激素的分泌会受到抑制，这会导致排尿频数的增加。

5. 外分泌腺

外分泌腺即是有管分泌腺，在情绪过程中，汗腺和泪腺的变化最为鲜明。关于汗腺，人在受惊、恐惧时会出一身冷汗，害羞、紧张时会额头和手心冒汗。至于泪腺，人在感激时流泪，在幸福时流泪，在激愤时流泪，在悲伤时也流泪。可见，泪水在情绪反应中是非常普遍的。不过不同原因引发的泪水在化学成分上是不同的。有生理学研究发现：反射性的眼泪(如因灰尘进入眼睛而流的泪)和情绪性的眼泪(因悲伤、愤怒、幸福而流的泪)是不一样的，尤其是后者常常排出不同种类的有毒物质。如此看来，痛哭之后的轻松感也许是由于体内的毒素随泪水而排出。西方还有研究认为之所以男性更易得胃溃疡，是因为男性常常抑制自己的泪水，导致毒素累积体内。

二、情绪的外部表现

在心理学上，我们把情绪引发出的外部行为表现称作表情(动作)，其通常包括面部表情、姿态表情和语调表情三类。

从种系进化的角度来看，人类的表情可以被认为是人类祖先在生存适应中残留下来的进化遗迹。达尔文(Darwin)在其著作《人类和动物的表情》(*The Expression of the Emotions in Man and Animals*)一书中即提出了这一观点。他认为在人类的原始生存阶段，表情对于生存的适应有着重大作用。比如，人类祖先在准备格斗时，身体会发生一系列有利于格斗的变化：毛发竖起、挺胸昂头是为了使自己的体格看起来较大，以此恐吓对手；而鼻孔扩大、呼吸急促、心跳加速是为了吸入更多的氧气以提供更多的能量。后来随着人类的进化，这些延续数百万年的、原与特定生存活动有关的身体变化逐渐成为人类这一物种不学而能的本能。现代情绪心理学的研究也基本呼应了达尔文的观点，即人生来就有表达不同情绪的能力，甚至不同种族间个体的表情具有相似性。当然，人的表情也多少存在着文化差异，如东亚人的眼神表情更丰富，美国人的嘴部表情更多样。

(一)面部表情

人的面部表情(facial expression)非常丰富，因为面部有 80 多块肌肉，可以产生出 7000 多种表情。但有研究发现，人类在表达基本情绪时的面部表情具有跨文化的普遍性，如图 7-1 依次为高兴、惊奇、生气、厌恶、恐惧、悲伤、轻蔑七种基本情绪下的面部表情。

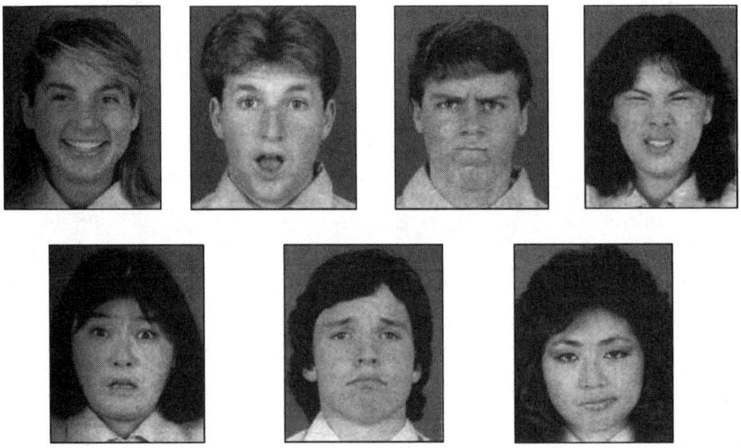

图 7-1　人类的面部表情

(资料来源：彭聃龄等，2019)

人的面部表情要依靠多个面部器官的协调活动来进行，除耳朵外，眼、眉、鼻、嘴及其他颜面肌肉皆可参与其中。

1. 眼睛

众所周知，“眼睛是心灵的窗户”，眼睛显然在情绪表达中有着非凡的意义。当我们说某人“顾盼神飞”“怒目而视”“双眼含情脉脉”时，主要是指他的瞳孔、视线和眼神的变化。就瞳孔而言，它可以根据人的情绪情感活动的变化而自动地缩小或扩大。比如，当我们反感或厌恶某人某事时，瞳孔会相对地缩小；当我们欣赏或喜爱某人某物时，瞳孔会相对地放大。

2. 眉毛

眉毛作为方寸之地，却可以用 20 多种肌肉动态去分别表示不同的情绪。我国的很多成语即印证了这种现象，如眉飞色舞表达了兴奋、扬眉吐气表达了畅快、横眉冷对表达了敌意、柳眉倒竖表达了愤怒。

3. 鼻子

鼻部的表情动作相对较少，不过其含义较为明确。比如，紧张时鼻腔收缩，屏息敛气；愤怒时鼻子张大，鼻翼翕动；轻蔑和厌恶时耸起鼻子、嗤之以鼻、掩鼻而过。

4. 嘴巴

嘴巴在情绪的表达中也很重要，甚至在表达喜欢、爱慕等情绪情感时，嘴部区域所能提供的线索会优于眼部区域。嘴部区域的表情主要依赖于口形曲线的变化，如欢乐时会嘴角上扬、轻蔑时会嘴角拉紧、伤心时会嘴角下撇、惊讶时会张口结舌。

(二)姿态表情

姿态表情通常包括身体表情(body expression)和手势表情(gesture)两类。人在不同情绪状态下，头部、四肢和躯干等身体部位的姿态会产生相应变化，如高兴时捧腹大笑、手舞足蹈，恐惧时身体蜷缩、浑身战栗，紧张时如坐针毡、辗转反侧，争斗时双手叉腰、头颈前伸，讨好时低头弯腰、卑躬屈膝，具体的人类身体表情见图 7-2。

除身体表情，手势表情也是表达情绪的重要方式，其可以表达出喜欢、接纳或拒绝、厌恶等情绪或态度。手势表情通常与言语并用，不过有时也可脱离言语而单独使用。手势表情的含义在不同文化中可能存在差异，如把食指与拇指合成圆圈，其余三指平伸，这一手势对英美人意味着“赞许或同意”，而对日本人来说，这一手势与情绪无关，仅表示“有不少钱”。

图 7-2　人类的身体表情

（资料来源：彭聃龄等，2019）

(三)语调表情

语调表情(intonation expression)是指通过言语的速度、声调、音域等方面的变化以及转折、口误等来表达情绪。通常情况下，紧张时语无伦次，音调有突然的变化，常发生言语中断和明显的口误；悲哀时语调低沉，节奏缓慢，言语时断时续，音域高低差别较小；激动时声音高尖，语速较快，音域高低起伏较大，带有颤音。

语调表情的良好运用可以引发浓郁的情绪氛围。比如，意大利著名悲剧表演艺术家罗西(Rosi)曾去英国访问，在一次宴会中他应邀做即兴表演。只见他拿起一页纸用意大利语朗读起来，只读得全场荡气回肠、悲云笼罩。读完后当人们询问这一段出自哪一部悲剧时，翻译告诉大家，他只是用意大利语把菜谱读了一遍而已。

三、情绪的识别

在实际生活中，我们对他人情绪的判别，往往有意无意地依据表情(动作)、生理变化、言语报告和情绪发生的情境等信息来综合进行。

(一)表情(动作)

如前所述，人的情绪活动会伴有特定的表情，这些表情不仅反馈、强化着人的体验，而且也使自己的体验为他人所觉知。因此，表情是我们识别他人的情绪的主要线索之一。

当情绪强度较高时，表情常常会非常鲜明。不仅有目瞪口呆、捶胸顿足、咬牙切齿、手舞足蹈等鲜明的动作，还有眼神、手势、音调、瞳孔大小、身体朝向等细微的变化。初生婴儿即有初步地识别基本表情的能力，随着社会化程度的逐步提高，识别特定社会文化下的微妙表情含义的能力也会逐步习得。

不过需要指出，人是高度复杂的社会性动物，由于环境的要求或个人的差异性，人们常常需要在某些情境下隐蔽自己的真实表情，并同时表达出社会或自己所期待的另一套表情，甚至为了社会交往的需要，还会用表情来“说谎”。这些做法对应着社会学和社会心理学中的“印象整饰”“自我表现”“角色”“社会化”等概念。例如，听上司讲笑话时，尽管心里并不觉得好笑，但仍咧嘴大笑一番；身边同事遭到不幸，虽然并无法完全感同身受，却仍然表现出悲伤的神情。

另外，许多不同情绪可能具有同一种表情模式，而许多不同的表情又可能表现同一种情绪。比如，一个姑娘低头不语、绞着衣角，是害羞、腼腆、内心充满幸福感？还是不满、气愤、内心极端痛苦？这显然还需要参照其他线索才能做出准确判别。因此，在判别他人的情绪时，表情信息识别虽然必要，但单凭这一种信息是不够的。

(二)生理变化

情绪活动与其他心理活动一样，都必然伴随着机体的一系列生理变化，但是情绪所伴随的生理变化的全身参与性是其他心理活动所不及的。因此，通过生理变化来识别情绪，是一种很有效的方式。不同的情绪状态都会对应特定的生理反应，我们在本节第一部分已有所提及。

(三)言语报告

言语报告是指个人对自身情绪状态进行主观“内省”，并用语言表达出来。有些心理学和哲学理论认为，交互的理解、外在的观察是难以企及真实情况的，而只有当事人自己才“最了解”自己体验到了什么。

除自我观察的困难，有意的隐瞒或精神分析所讲的实际所想与真实所想的不一致之外，言语报告还有一个特殊的困难情况——在日常生活中人们用来描述情绪、情感的词语往往是模糊的、情境化的，甚至多少带有私人色彩。很容易发现，同一种词汇可被用于描述不同的情绪，同一种情绪也可用不同的词汇来表达。比如，一个人说自己“兴奋”或“悲哀”的时候，我们往往很难确切了解他所指的具体意思是什么，他要我们理解的内容到底处于什么范围。另外，有时人用一些词汇来表达自己的情绪时，又无可避免地会被这些词汇的含义限定了思维。因此，不少情绪心理学家对言语报告的准确性有所保留。

指出言语报告的局限性是必要的，不过若只见其局限性，认定对情绪体验的言语报告都是概不足信的，那么人与人之间的情感交流就不可能了。所以，言语报告仍然是研究和判别情绪的有用线索之一。

(四)情境

情绪在某种程度上是人对环境事件的一种主观反应。此时，对情绪的识别就无法绕过对环境事件本身的认识，即对情境的解读。当表情和语言等外部变化比较模糊时，对情境因素的考虑就显得尤为重要。对情境的解读还要依据特定文化、习俗、角色和具体人际互动、事件等信息来综合考虑。

电影中的蒙太奇技术即可印证情绪情境的重要性。比如，当把一张表情严肃的人脸特写与一位衣衫褴褛的乞丐先后剪辑在一起时，人脸会被观众理解为同情；而当把特写与精美的画作剪辑在一起时，则往往会被观众理解为全神贯注的审美。

专栏 7-2　印象管理和“面子”展演：日常生活中的情绪表达与互动

我们不仅要学习关于情绪的抽象知识，还要关心情绪在日常生活和人际互动中的真实运行或实际表达；我们不仅要掌握西方情绪心理学的精华，还要发掘和运用中国本土文化中的丰厚资源。其中，中国人的“面子”(或脸面、脸与面)现象与理论，其高度的人际互动性、非自我中心性以及可贵的道德意蕴，比之西方的相近的拟剧论、情商论，各有所长。

西方文化和学术中常有“人生如戏”之喻，像社会学中的“角色”“社会拟剧论”，心理学中的“心理剧”。而我国相对较少见这一直接比喻，且我们对“戏”的理解也偏于矫饰的“伪”、不严肃的“游戏”等负面意涵。但这并不意味着中国人的生活就不是按照“戏”的模式来运行的或不可以用“戏”的理论来理解，因为这一比喻在宏观上是适于全人类的。更重要的，这更不意味着我们没有相近的解释系统——这即是被中国本土心理学、文化心理学重点关照的主题——面子。同样的，西方缺少关于面子的直接表达，也不意味着西方人就不要面子，更不意味着不可以用面子观来解释他们的生活。西方社会拟剧论的代表戈夫曼就非常反对那种认为面子是中国人独有的论调，他认为面子是于全人类普遍适切的，他的版本的面子就是“印象管理”“自我呈现”。

那么，我们在生活的舞台上是如何运用情绪的？或者说，情绪在印象管理、自我呈现中可发挥什么作用？我们如何运用情绪来给对方面子，并维护自己的面子？面子的直接目的是维护或增强他人以及自己的面子，即给对方面子或给自己面子，当然，若不给对方面子或对对方的不给面子举动不予适当回应，则可能损及自己的面子。给对方面子的策略有：谦虚且礼貌地待人、扩大表情或缩小表情、给人留余地、委婉表达己见、给人台阶下、表达赏识……社会拟剧论研究的自我呈现、自我表现、印象整饰则稍偏于中国人的“给自己面子”或未做区分，相关策略有：逢迎、恫吓、自我抬高、自我显示、恳求……

诸多脸面和印象管理的策略，其实际运作，无不需要情绪，尤其是外部情绪表现的深度参与。这对人们对自己和他人情绪的觉察与调控，提出了很高的要求——不免类似于通俗心理学和部分学院心理学所讲的“情商”。但中国人的面子观，明显超越情商论和拟剧论之处，在于脸面的背后是更深刻的、中国式的“做人”。

（资料来源：侯玉波，2018；汪凤炎、郑红，2015，引用时有删改）

第四节　情绪的理论

通过前面的学习，我们不难发现心理(主要为意识体验)、生理(主要为内部生理唤醒)和行为(主要为外部表情动作)是整合情绪结构的三个不可分割的部分。那么，这三个部分在情绪过程中哪一个最重要？它们之间又是如何相互作用的？对于这些问题，一百多年来，情绪心理学家和生理学家提出了多种理论。应该说，每种理论都有相对的合理性和不足之处，但将它们结合起来，可以使我们更加全面地了解情绪的本质。

一、詹姆斯—兰格理论

依据生活经验，我们都认为人之所以哭是因为悲伤，之所以发抖是因为恐惧，之所以打斗是因为愤怒，也就是说先有内部的体验，随后才有生理的唤醒(和相应的行动)。但是“美国心理学之父”詹姆斯和丹麦生理学家兰格(C. Lange)却在19世纪末不约而同地认为，这一生活经验将顺序弄反了，情绪应该是对身体变化的觉知。他们的这种情绪理论被后世称为詹姆斯—兰格理论(James-Lange theory)。按照该理论理解，当我们看见熊后开始逃跑，此时先有身体的紧张与逃跑反应等生理上的变化，然后这些生理变化被人觉知，最后人才会体验到恐惧的情绪。

詹姆斯和兰格还强调，情绪是自主神经系统，尤其是内脏活动的产物。因此，他们的理论也被称为情绪的外周理论。外周理论强调了情绪与机体变化的密切关系，这是其贡献，先有机体变化再有情绪体验的情绪产生机制也与感觉反馈等现代情绪心理学的研究部分吻合。但该理论过分夸大了自主神经系统的作用，忽视了中枢神经系统和人的主观态度的重要功能，因此也遭到了很多批评。

二、坎农—巴德学说

美国生理学家坎农(W. Cannon)在20世纪二三十年代对詹姆斯—兰格的情绪外周理论提出了质疑。他认为，外周理论的焦点主要在内脏器官的变化上，而内脏是相对不敏感的、变化相对缓慢的，因此不足以引发很多相对急促的情绪；同时，很多情绪都可引起相同的内脏变化；人为地诱发一些内脏变化并不能引起相应的情绪。在这些质疑的基础上，坎农和其学生巴德(P. Bard)提出了情绪的坎农—巴德学说(Cannon-Bard theory)。该学说认为生理唤醒和情绪体验是同步、平行发生的，此外，他们还认为情绪产生的中心不在外周神经系统，而在中枢神经系统的丘脑。

对于情绪产生的具体机制，坎农等人认为，环境刺激会引起感觉器官的神经冲动，这些神经冲动在丘脑进行信息加工后，再由丘脑同时向上和向下发出神经冲动，向上传递至大脑，产生情绪的主观体验，向下传递至交感神经，引起机体的生理唤醒，如瞳孔放大、血压升高、心跳加快、激素分泌增多和肌肉紧张等。照此理解，如当人看见一只熊后，神经冲动会传递至丘脑，在丘脑处会同时发出两种冲动：一是向躯体神经系统—自主神经系统传递的冲动，这会支配骨骼肌和内脏从而产生出生理唤醒上的准备状态；二是向大脑传递的冲动，此时假如人认为这只熊是驯养的安全动物，那么大脑会把这一信息传递回丘脑，进而抑制生理状态的激活水平，但假如人认为这只熊对自己有实际的威胁，那么大脑会产生出恐惧的情绪体验，同时解除对丘脑的抑制，这就会使自主神经系统活跃起来而采取逃避动作和产生生理唤醒，同时这些机体反应又会反过来加强恐惧体验。

坎农—巴德的情绪学说强调了中枢神经系统中丘脑的作用，并且初步重视了个体的认知解释。其贡献在于把詹姆斯—兰格理论对情绪的外周性的研究推向了对情绪中枢机制的研究。但这一学说还有不完善之处，因为其没能充分重视大脑皮层的作用且过分忽视了外周系统的作用。

三、沙赫特和辛格的两因素理论

美国心理学家沙赫特(S. Schachter)和其学生辛格(J. Singer)在20世纪60年代提出了两因素的情绪理论(two-factor theory of emotion)，该理论认为，若要引发特定的情绪体验，有两个因素必不可少：其一，个体需要体验到机体上的生理唤醒状态，如呼吸急促、体温升高、心率加快、脏器收缩、外部肌肉紧张、汗液分泌等，同时个体还需要对这些生理变化进行认知性的唤醒和归因，即解释这些生理变化的产生原因；其二，个体需要对当时所处情境刺激的性质进行认知上的解释，如认为这一情境刺激是可笑的、可怕的、无关紧要的。可见，沙赫特和辛格折衷了詹姆斯—兰格理论和坎农—巴德学说，同时高度强调了认知在情绪产生中的作用。

沙赫特和辛格的理论实际上可以衍生出三个理论假设，并且每个假设都有相应的实证研究作支持。

第一个假设：如果降低或消除生理唤醒，那么情绪体验也随之降低或消失。生理学家和心理学家多次发现，在脊髓受伤的病人中，那些受伤部位很低，如仅下肢失去感觉的个体，情绪体验几乎不受影响；而受伤部位很高甚至颈部以下的内外部感觉都丧失的个体，很多情绪体验就没有受伤前那么强烈了。显然，受伤部位很高的病人由于内脏反应的生理反馈出现问题，所以阻碍了内心体验的发生。

第二个假设：如果把生理唤醒归因于非情绪性的原因，那么情绪体验就应该降低甚至消失。

第三个假设：如果人为地导致生理唤醒并且有一种情境能够合理地解释这种唤醒的原因，那么人就会体验到相应的情绪。为了验证这两个假设，沙赫特和辛格设计了一套经典的实验。

沙赫特和辛格把被试随机分为三组，给每位被试注射同一种药物，并告知被试注射的是一种维生素，目的是研究这种维生素对视觉的影响；但实际上被试被注射的却是肾上腺素，而这种激素与情绪密切相关。此时，三组被试就同处一种典型的生理激活状态。然后，主试给三组被试分别解说注射后可能会有的身体反应：告诉第一组被试，注射后将会出现心悸、手颤抖、脸发烧等反应(这些是注射肾上腺素的正常反应)；告诉第二组被试，注射后会头痛、手脚有些发麻(这些不是注射肾上腺素的反应)；对第三组被试不做任何说明。接着把每组被试各分一半，让其分别进入预先设计好的两种实验环境里休息：一种是令人发笑的愉快环境(让人做滑稽的表演、共同唱歌跳舞)，另一种是令人发怒的情境(强迫被试回答琐碎的问题，并对他们无理斥责)。最后，根据主试的观察和被试的自我报告，第二组和第三组被试在愉快环境中体验到和表达了愉快的情绪，在愤怒情境中体验到和表达了愤怒的情绪；而第一组被试则没有明显的愉快或愤怒表现。

这个实验说明，注射肾上腺素虽然引起了典型的生理唤醒状态，但它的单独作用却不能诱发人的情绪体验；同样地，环境因素也不能单独决定人的情绪体验。在这里，认知对人情绪体验的产生，起着决定性的作用。当然，这个实验也并不否定生理变化和环境因素对情绪体验的作用。事实上，情绪体验是由环境因素、生理状态和认知过程等信息在大脑皮层中整合的结果。环境中的刺激因素，通过感受器向大脑皮层输入信息；生理因素通过内部器官、骨骼肌的活动，向大脑输入生理状态变化的信息；认知过程是对过去经验的回忆和对当前情境的评估。来自这三个方面的信息经过大脑皮层的整合，才最终产生出了某种情绪体验。

四、拉扎勒斯的认知—评价理论

情绪的认知—评价理论(cognitive evaluation theory of emotion)由美国心理学家阿诺德(M. Arnold)在 20 世纪 50 年代初提出，至 60 年代美国心理学家拉扎勒斯(R. Lazarus)将其继续发展。整体上，该理论认为情绪是人与环境相互作用的产物，在这一过程中认知的参与伴随始终，因为只有这样，人才可以了解环境中刺激情境的意义，才可能选择适当的、有价值的外部动作反应。

阿诺德认为人们对遇到的所有事物都有一种自动的评价倾向，而情绪就是一种朝向评价为好(喜欢)的事物或离开评价为坏(不喜欢)的事物的感受倾向。拉扎勒斯则更进一步认为，情绪是个体对环境事件知觉到有害或有益的反应。因此，在情绪活动中，人们需要不断评价刺激事件与自身的关系，而这一过程中可以有三个层次的评价：初评价、次评价和再评价。

初评价(primary appraisal)指个体确认刺激事件是否与自己有利害关系，以及这种利害关系的方向和程度。初评价对人的生存适应具有重要意义，只要人处在清醒状态下，这种评价几乎时时刻刻都在发生。如在森林中遇到一只熊，个体会首先评价这只熊是否会攻击自己，以及假如受到攻击对自己的伤害程度。

次评价(secondary appraisal)是个体对自己反应行为的调节和控制。这一过程主要涉及个体对刺激事件是否有能力控制的判断。当人们要对刺激事件做出行为反应时，必须综合考虑自身条件、客观条件和社会规范，从而选择出有效的反应，在这一评价过程中，经验起着重要的作用。比如，在森林中遇到熊，当己方人手很多且携带武器时，可以静观其变；当自己在车中时可以迅速逃跑；当避无所避时就要高度警觉并与熊搏斗。

再评价(reappraisal)是个体对自己的情绪和行为反应是否有效和是否适宜的反馈性评价。如果通过再评价发现之前的行为是无效的或不适宜的，那么个体就会重新调整自己对刺激事件的次评价，甚至初评价，并相应地表现出新的情绪和行为反应。同样是上边的例子，在森林中遇到熊，由于之前认为自己手中有枪所以不慌不忙，但是随后想起自己枪法并不准，于是慌忙地逃跑。

第五节　情绪的调节

一个人际关系融洽的人能够敏锐捕捉他人的悲喜哀怒，一个成熟的人懂得在不同的场合调整自己的仪态，一个细腻的人能够清晰感受自身的体验……当心情不愉快时有的人听之任之、顺其自然，有的人继续消沉、麻木不觉，有的人外出散心或找人倾诉……以上现象在生活中时常可见，它们都涉及“情绪的调节”这一话题。

一、情绪调节的内涵

情绪调节(emotion regulation)是个体管理和改变自己或他人情绪的过程，即通过一定的策略或机制，使情绪在生理唤醒、主观体验、表情等方面发生一定的变化。情绪调节对个体的身心健康以及各类活动具有重要意义，如通过避免过分负面的情绪而减少某些身体疾病的发生概率，在面临重大挫折后能够及时恢复，在面临紧张情境时能够不慌不乱，在与好朋友交往中能够敏感捕捉对方的情绪并同喜同悲。

关于情绪调节，还有几个关键问题需要指出：其一，不论是积极的情绪还是消极的情绪，当其超过了个体的承受水平或过分干扰到正常的社会活动时，就是需要进行调节的；其二，情绪调节既可以是抑制、削弱、掩盖过分强烈或负面的情绪，也可以是维持或增强积极的情绪，还可以是调动强度过低的情绪；其三，情绪调节都是在一定目标下展开的，这一目标通常是为了把个体的情绪在生理唤醒、主观体验和表情行为等方面管理在特定情境所要求的适度范围之内；其四，情绪调节中既有有计划、有意图的主动努力成分，也有不需要付出意志努力的自动化过程。

二、情绪调节的类型

依据调节的来源、目标、着眼点和实际后果等方面的差异，情绪调节有以下几种类型。

(一)内部调节和外部调节

从调节的来源来看，情绪调节可分为内部调节和外部调节两类。内部调节是通过调节个体内部的生理变化、心理内容和相应的行为以及三者之间的关系来调节情绪。比如，学生面临考试时通过控制自己的呼吸来缓和紧张、激动的情绪；教师因个人生活不顺利而心情烦闷，但在课堂上他会告诉自己要有职业操守，以此避免把个人的负面情绪带到课堂上来。外部调节是通过选择或管理个体所处的外部情境来调节情绪，外部情境的范围很广——活动的、人际的、文化的甚至自然的都属于外部情境。由于情绪调节的目标不同，有些情境有利于情绪的调节，有些情境则不然，如缺乏信心和激情时可以读一些励志书籍，但是当自己过于自负时，这类书籍则多读无益。

(二)修正调节、维持调节和增强调节

根据调节的目标不同，可把情绪调节分为修正调节、维持调节和增强调节三类。修正调节主要指将负面情绪降低甚至转换为积极情绪，如降低盛怒的强度使之不那么愤怒甚至趋于平静；维持调节主要指将积极有益的情绪继续保持下去，如一位学生由于考试进步而学习兴趣大增，教师就可通过及时正强化等手段将这种兴趣延续下去。增强调节是指把情绪在强度这一维度上进行增强，如当学生在课堂上的学习兴趣不足时，教师可以通过增加互动环节、持续鼓励等手段来增强学生的兴趣。

(三)原因调节和反应调节

根据调节的着眼点不同，情绪调节可分为原因调节和反应调节两类。原因调节显然针对的是引起情绪的原因，具体包括主动改变引发情绪的情境，转移注意对象和改变认知策略等，如当一位学生由于考试失败而郁郁寡欢时，教师可以引导这位同学回忆自己在运动场上的成功。反应调节指当情绪发生时，通过变换、减弱、增强、缩短、延长情绪的反应等策略来调节情绪，如教师不仅需要时常压抑自己的不满表情，还要经常持续流露出积极、喜爱的表情。

(四)良好调节和不良调节

从调节的效果来看，情绪调节可分为良好调节和不良调节两类。良好调节意味着情绪调节的结果使得个体的情绪和认识、行动达到协调状态，并且能够适应具体情境的要求；不良调节则显然与此相反，意味着个体失去了对情绪的主动管理。比如，当面临考试时，如果学生能够保持适度的紧张和焦虑情绪，那么这就是一种良好调节；

反之，如果面临考试过分紧张或毫不在乎，那么这显然就是一种不良调节。

三、情绪调节的基本过程

当前内部情绪心理学对情绪调节过程机制的研究涉及生理调节、情绪体验调节、行为调节、认知调节和人际调节五方面。

(一)生理调节

个体内部的生理唤醒是典型的情绪生理反应，通过改变生理唤醒的水平可以实现对情绪的调节。有研究发现，抑制欢乐会令躯体活动、心率、皮肤电等指标下降，呼吸则没有变化；抑制悲伤会使得躯体活动下降，同时心血管系统的交感神经激活水平、呼吸、皮肤电上升，心率则没有变化；抑制厌恶会使得心率和躯体活动下降，但呼吸间隔、皮肤电、眼动等指标会上升。

(二)情绪体验调节

情绪体验是情绪的最核心层面，对情绪体验的调节显然也是整个情绪调节的重要方面。有研究指出，不同类型的情绪体验对应着不同的情绪调节策略，通常情况下，愤怒时采取解决问题策略比较有效，厌恶时采取忽视策略比较有效，伤感时采取回避策略比较有效，悲伤时采取寻求帮助策略比较有效，狂喜时采取抑制外部表情策略比较有效。

(三)行为调节

行为调节是人通过调控自己的外部表情和行为来实现对情绪的调节。行为调节的目的既可以是抑制不适当的情绪，也可以是强化甚至激发适当的情绪。通过行为来调节情绪是有依据的。情绪心理学家研究发现，个体仅仅蜷缩身体就会更多地体验到萎靡，仅仅做出快乐或愤怒的表情就可以多少产生快乐或愤怒的体验。在戏剧、电影表演中，通过行为反过来激发情绪是一种基本的表演技巧。苏联戏剧理论家斯坦尼斯拉夫斯基(Stanislavskiy)即表示过，当演员连续表演多场，已经很难从内心主动激发出诸如愤怒的情绪时，可以通过在舞台上面带愤怒、大声吼叫、挥动自己的身躯、用力摔坏东西等外部行为来调动出内部的愤怒体验。

(四)认知调节

认知调节即是通过调节内部认知以使情绪体验或表情行为发生预期变化。有理论认为，情绪系统与认知系统一起共同作为信息加工过程中的两个子系统，情绪既是信息加工过程的启动状态，也是信息加工过程的背景。有研究以此为基础发现，认知调节的流程可以是：明确知觉或唤醒需要调节的情绪，在认知上解释此情绪产生的原因和相应的改变途径，做出调整情绪的决定并设定相应目标，做出实际的调节措施，对调节措施进行评价(尤其是评价这些措施是否达到预定目标)，将调节付诸实践。

(五)人际调节

在情绪的各类外部调节中，目前相对得到广泛关注的就是人际调节。而在人际调节中，个体的记忆、动机状态、社会信号甚至自然环境等因素都发挥着独特作用。对于个体的记忆，不同情境会让人回忆起或甜蜜或痛苦或尴尬的情绪；对于个体的动机状态，假如外部事物与个体所追求的目标有关，那么这一事物就可以引发出特定强度和性质的情绪；对于社会信号，来自对个体而言重要人物的信号对情绪调节的作用较大；对于自然环境，污浊不堪的环境令人反感，美丽、有秩序的环境则令人舒心。

专栏 7-3 “快乐”和“幽默”

正向情绪、积极情绪中最常见的是“快乐”。具有快乐特质的人，通常比较稳定、值得信赖、擅长控制状况或适应。快乐的人能控制自己的环境、能自我成长、具有稳定的人际关系及生活目标，并且比较能接纳自我。快乐的人即使心情不好，重新振作的速度也比较快。

快乐的原因有很多，包括更多财富、获得稳定的好工作、感到被爱、稳定的亲密关系、学业表现好、有更多时间……调查指出，大多数的美国中年人认为自己与家人、朋友的关系，是生活中快乐的主要来源。而有些人觉得自主性，即能控制生活或重要事件，是幸福的来源。

快乐的人会笑，而幽默使人发笑，带给人快乐。

幽默是微妙的，甚至有种说法认为，“分析幽默是那些没有幽默感的人所进行的无聊游戏”。至少，幽默在应付生活变化或压力上非常有效，也是社会行为与人际关系的润滑剂，还能帮助人在疾病中康复。当然，以贬损、讥讽的方式来表达幽默可能是不明智的，而罹患某类阿尔茨海默病，则可能导致成熟幽默感的消失。

（资料来源：梁庚宸等，2018，引用时有删改）

思考与应用

1. 学生的学业情绪对其学业成就有何影响？如何改善学业情绪？

2. 回想一位你亲身经历过的“好老师”，分析其在工作中如何运用自己的情绪来进行自我呈现或课堂管理？

3. 请搜集“中小学教师职业倦怠”的相关报道或研究，分析其表现、危害、原因，并尝试提出改善的对策。

4. 在网络空间中，人们的面子策略、印象管理策略以及相应的情绪表达与互动，相比线下的日常交际情境，有什么异同？具体到中小学的线上网课和课堂面授，两种方式又有什么异同？

5. 找到一位你欣赏的古今中外的伟大教育家或你亲身经历过的“好老师”，分析：他(她)在师生互动中常用的情绪控制和印象管理手段有哪些？其“情商”或“做人”，哪些方面打动了你？

推荐阅读

1. 阎云翔：《私人生活的变革：一个中国村庄里的爱情、家庭与亲密关系(1949—1999)》，龚小夏译，上海，上海人民出版社，2016。

2. 吕坤维：《中国人的情感：文化心理学阐释》，谢中垚译，北京，北京师范大学出版社，2019。

3. 陶行知等：《先生归来兮・陶行知，人生为一大事来》，北京，中国文史出版社，2010。

4. 艾苓：《咱们学生》，济南，山东画报出版社，2016。

5. 米哈里・契克森米哈赖：《发现心流：日常生活中的最优体验》，陈秀娟译，北京，中信出版社，2018。

第八章

意　志

第一节　意志概述
第二节　意志行动的过程
第三节　意志的品质与培养

本章主要阐述意志的基本概念及意志与认知、情绪的关系；介绍意志行动的两个基本过程：采取决定阶段和执行决定阶段；进一步阐述了意志的品质：独立性、果断性、坚韧性和自制力，以及个体良好意志品质的培养。

思维导图

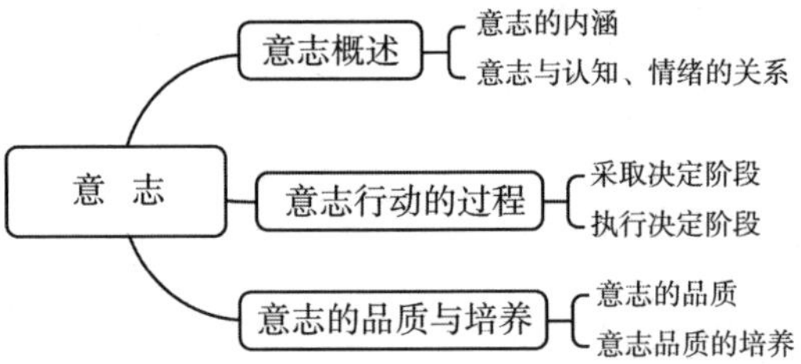

学习目标

1. 掌握意志的概念及特征；
2. 掌握意志行动的过程；
3. 理解意志的品质及培养方法。

课前思考

意志自由问题是哲学、心理学等学科长期争论的焦点，人的意志有没有自由？怎样科学地理解意志的本质？

孟子在《孟子·告子下》中说："故天将降大任于是人也，必先苦其心志，劳其筋骨，饿其体肤，空乏其身，行拂乱其所为，所以动心忍性，曾益其所不能。"由此可见，不屈不挠的意志是影响成就的重要因素。你有哪些优秀的意志品质？你打算如何锻炼自己的意志？

第一节　意志概述

在现实生活中小到解一道数学题，大到参加抗洪救灾，若是有一定的目的并付出了相应的努力，那肯定就会有意志的参与。意志具有引发行为的动机作用，其引发出的动机比一般动机更具有选择性和坚持性，可看成是人类特有的高层次动机。

正如恩格斯所说："一切动物的一切有计划的行动，都不能在自然界打下他们的意志的印记，这一点只有人才能做到。""动物仅仅利用外部自然界，单纯地以自己的存在来使自然界改变；而人则通过他所做的改变来使自然界为自己的目的服务，来支配自然界。"人与动物的根本区别是人在从事行动前，结果已作为目的观念化地存在于头脑中，并以此来指引自己的行动，达到预期的目的。这种先是观念然后行动，是内部意识向外部动作转化的过程，是自觉、有意识地进行的。动物没有意识，只能消极地适应环境。因此，只有人类具有意志，动物没有意志。

一、意志的内涵

(一)意志的概念

意志是人自觉地确定目的，并根据目的来支配、调节自己的行动，克服各种困难，从而实现目的的心理过程。人对客观世界的反映是积极能动的，人根据对客观事物的认识，先在头脑中确定行动的目的，然后根据这个目的支配自己的行动，并力求实现此目的，这种心理活动就是意志。意志不能直接地衡量，要通过一定的活动反映出来，即具有明确的目的，由意志支配的克服困难的行动，如学生为争取优秀的学业表现而刻苦学习，研究员为取得成果而专心致志地攻破难关等。但并不是人一切行动都是意志行动，如吞咽、咳嗽、眨眼、抖腿和打喷嚏等都不是意志行动，因为它们没有预先确定目的，不受意识支配，缺乏意志表现。

意志是人自觉地确定目的，并根据目的来支配、调节自己的行动，克服各种困难，从而实现目的的心理过程。

(二)意志的特征

1. 意志是有目的的行动

自觉地确定行动目的是意志的首要特征。任何意志行动都具有明显的目的性和方向性，即在行动前，人明白为什么要行动，行动要达到什么样的结果。没有行动目的的人，不能称为有意志的人；没有目的的行动，不能称为意志行动。

意志行动的目的确定受到客观因素的制约。它是在反映客观事实的基础上产生的，根据对客观事实的认识而确定的。也就是说，意志行动依存于对自然和社会发展规律的认识，并不是意志自由论者所认为的那样一个人想干什么就干什么。正如恩格斯在《反杜林论》里指出的，“意志自由只是借助于对事物的认识来做出决定的那种能力”。意志是自由的，又是不自由的。说它是自由的，是指人可以按照自己的意愿自主地、能动地确立目的，发动或制止某个行动，选择行为方式；说它是不自由的，是指人的一切行动都必须服从客观规律和人对客观规律的认识。因此，在相对的、有条件的意义上讲，意志是自由的；在绝对的意义上讲，意志又是不自由的。

2. 意志具有调节作用

意志是意识调节功能的表现。在意志行动中，个体主动地调节、支配自己的行为，约束、克制自己的不随意冲动，保证了行动的方向性，实现了预定目的。意志还可以调节人的情绪状态，如运动员在重大比赛时，告诉自己“不要恐慌，正常发挥”。

意志的调节作用主要表现在对行动的抑制和发动两个方面。抑制方面表现为制止不利于实现预期目的的思维障碍、情绪起伏、行为冲动和环境诱惑，根据预期目的权衡主客观条件，选择有效的实现目的的手段、步骤与措施，并组织、支配自己的行动以实现目的。发动方面表现为推动人去从事实现目的的行动。因此，对行动的抑制和发动在人的实践活动中是互相联系和统一的。

3. 意志与克服困难相联系

个体意志的水平往往以困难的性质和克服困难的努力程度衡量。在实现目的的过程中，人们经常会遇到各种各样的困难，如身体不适或心情不好，人们通常会克服问题或继续坚持；如果没有遇到任何困难、障碍的话，就无须付出努力，如饭后散步、闲时聊天、观鱼赏花等。因此，意志与克服困难相联系，而只有目的没有困难的行动称为非意志。

困难主要有两类。一类是外部困难，是在完成目的过程中遇到的客观阻力。阻力的形式包括物质的限制和精神的障碍，如条件艰苦、设备简陋、他人阻挠、时间紧迫、缺乏支持、被他人讽刺或挖苦等；另一类是内部困难，是个体本身的障碍，包括心理和生理两个方面，如知识经验不足、能力不够、顾虑、信心动摇、懒惰、身体不适等。无论是外部困难还是内部困难，都需要个体用意志去克服，克服困难的过程能体现出个体的意志水平。

二、意志与认知、情绪的关系

意志、认知和情绪同属于人的心理过程，三者之间密切联系。意志在认知的基础上产生，同时又受情绪的制约，但个体的认知和情绪离不开意志的调节与控制。

(一)意志与认知的关系

首先，意志的产生以认知为前提，并随着认知的深化而不断发展。意识中目的的确定、方法的选择和计划的制订等，都需要对自身的需求、客观现实、可能遇到的困难等进行冷静的分析，这些都不是凭空产生的，都必须依赖感知、记忆、思维、想象等认知过程才能实现。个体还要在意志行动中不断检验最初制定的目标是否合理，选择的方案和制订的计划是否切实可行，如果认知分析最初制定的目标、方案、计划都合理，个体的意志就会监督个体的行为朝着既定目标继续努力，如果认知分析的结果不合理，意志就会督促个体停止行动，再重新制定。

其次，认知过程的顺利进行依赖于意志的支持。个体在认知客观事物的过程中，总会遇到各种各样的困难，这需要依靠意志克服，从而保证认知过程的持久与深入，如有意注意的维持、解决问题时思维的扩展等，都离不开意志的参与，如果离开意志的支持，就可能会在困难面前退缩、动摇，使认知过程半途而废。

(二)意志与情绪的关系

首先，情绪伴随着意志行动。意志行动的每个环节或步骤都能引发某种情绪。当意志行动进行得顺利或预期目的得以实现时，人会产生满意、快乐、兴奋等积极情绪；当行动受到阻碍或未达到预期目的时，人会产生失望、愤怒、沮丧等消极情绪。因此，无论积极情绪还是消极情绪，都始终伴随着意志活动。

其次，情绪又给意志行动以动力或阻力的影响。积极情绪给人带来愉悦感，增强人的积极性，使人更加努力实现预定目的，会成为行动的动力；消极情绪给人带来的痛苦感会降低人的积极性，使实现预定目的受阻，会成为行动的阻力。但并不是积极情绪一定会成为动力，或者消极情绪一定会成为阻力，如“乐极生悲”“化悲痛为力量”

等。因此，情绪既可以成为意志行动的动力，也可以成为意志行动的阻力。

最后，意志能够调节和控制情绪。某些情绪不可能在所有的活动中都是恰当的，有时会干扰活动，这就需要意志来调节自己的情绪，使之与周围现实和预定目的相一致，如胜不骄，败不馁；高兴时不得意忘形，失败时不悲观失望等。因此，要学会调节和控制自己的情绪，不被情绪左右。

专栏 8-1 亲生母亲巧判断

宋朝龙图阁大学士包拯有一次碰到一个棘手的案子：两个妇女都称自己是一名男孩的亲生母亲，双方争执不下。包公眉头一皱，心生一计，叫差役在公堂上用石灰画了一个圆圈，令小孩站于圈中，对两个妇女说："本大人也不知道你们到底谁是男孩的生母，现令你们分立男孩两边，各执小孩一手，等惊堂木一拍，你们将孩子往自己方向拉，谁将其拉出圆圈，孩子就判给谁。"一声令下，两妇女都各自用力拉，被拉男孩随妇人的用力而剧痛，于是大哭，哭声随着双方用力加大变为惨叫。听到孩子如此惨烈哭叫，其中一位妇人放手不拉，孩子自然被另一个妇人拉出圈外。正在此妇人得意之际，只听包公大声喝道："慢走！此孩判给放手不拉的妇人。天下哪有亲生母亲眼见儿子惨状而不动恻隐之心，死拉不放的?"观者叹服。包公此举就揭示了关于人类意志行动过程中的冲突。

（资料来源：姚本先等，2005）

第二节 意志行动的过程

意志通过行为表现出来，受意志支配的行为称为意志行动。意志行动的发生、发展和完成的过程，大致可以分为两个阶段，即采取决定阶段和执行决定阶段。前者是意志行动的准备阶段，决定意志行动的方向和策略，后者是意志行动的完成阶段，使主观目的转化为客观结果，观念转化为实际行为。

一、采取决定阶段

采取决定阶段是意志行动的开始环节，此阶段主要是主观意志做决定的过程。

(一)动机冲突

在生活中，往往会有多个可供选择的目的同时存在，但根据实际情况，只能从中选择一个目的时，就会产生思想斗争。动机冲突是动机之间相互矛盾时，对各种动机权衡轻重，评定其社会价值的过程以及解除意志的内部障碍的过程。动机对人具有一定的制约力或吸引力，但又无法同时获得满足或避免，要经过激烈的思想斗争才能解决。因此，动机斗争会使人产生犹豫不决、难以取舍、举棋不定、左右为难等心理。

动机冲突是动机之间相互矛盾时，对各种动机权衡轻重，评定其社会价值的过程以及解除意志的内部障碍的过程。

从形式方面来看，动机冲突可分为：双趋冲突、双避冲突、趋避冲突和多重趋避冲突。

1. 双趋冲突

当两种或两种以上目标同时吸引着人们，但人们只能选择其中一个目标时，就会产生双趋冲突。在生活中，经常会遇到两者都喜爱，却不得不舍弃一个的痛苦，如“鱼和熊掌不可兼得”。产生双趋冲突时必须做出非此即彼的选择，优柔寡断可能会一个都得不到。

2. 双避冲突

当两种或两种以上的目标都是人们力图回避的事物，而又只能选一种目标回避时，就会产生双避冲突。典型的有“两难心理”，如前有伏兵后有追击；学生考试没考好，回家怕父母责骂，待在外边又害怕；有同学冬天既怕寒冷不愿早起，但又怕迟到，等等。

3. 趋避冲突

当同一个事物对人们既有吸引力又有排斥力，人们在接近的同时又故意回避它，此时引起的内心冲突就是趋避冲突。如上课时，想回答老师的问题，又怕回答错被同学耻笑；孩子想跟父母外出游玩，但又怕受到约束。

趋避冲突是当同一个事物对人们既有吸引力又有排斥力，人们在接近的同时又故意回避它时引起的内心冲突。

4. 多重趋避冲突

面对两个或两个以上目标，而每个目标又分别具有吸引和排斥两方面的作用，无法简单地选择一个目标而回避另一个目标，必须进行多重的选择，由此引起的冲突就是多重趋避冲突。解决这种冲突要求人们对各种可能性进行深入的思考，要花费较长的时间，如大学毕业生面临考研、出国、就业等选择时的抉择。

(二)确定行动的目的

教育目的是培养德智体美劳全面发展的社会主义建设者和接班人。目的是意志行动所要达到的方向或结果。当行动想要达到的结果只有一个，无选择余地时，目的的确立就不会产生内心冲突；当有多个可供选择的目的时，目的的确立就会产生内心冲突，需要根据目的的意义、价值、客观条件和自身特点等，进行权衡比较，通过意志努力，最终确定一个目的。

目的在意志行动中起着极重要的作用。是否能够通过动机冲突而正确地树立行动目的，表现了个体的意志水平。动机间的矛盾越大，斗争越激烈，确立目的的意志努力越大。目的越深刻、越具体，制定目标的自觉性越强，意志行动越坚决。相反，一个没有明确目的而盲目行动的人，往往会患得患失，斤斤计较，无成就可言。

(三)方法选择和计划制订

行动目的确立之后，面临的任务就是行动方法的选择和计划的制订，它们为实现目的的愿望所推动，要满足两个要求：一是实现预定目的的行为设计是合理的；二是方式方法符合客观事物的规律、社会准则且是合法的。只有把这两方面有机地结合起来，才能顺利地实现预定目的。

方法选择和计划制订既能反映个体的经验、认知水平和智力，又能反映个体的意志水平。在不同的情况下，方法的选择会有所不同。首先，在熟悉或有经验的行动中，一旦确立目的，个体便会立刻意识到应选择何种行动方法及采取何种行动途径；其次，在缺乏实践经验又无前车之鉴的行动中，或实现目的的方法有很多种且各有利弊的情况下，个体要全面考虑、权衡比较，从而选择最合理、最有效的方法与途径去行动；最后，在复杂的意志行动中，为了更有效地达到预期目的，个体还需要拟订行动计划，详细地规划行动的每一步骤及采取的具体措施。

二、执行决定阶段

执行决定是执行所采取的决定，是意志行动的最重要环节。即使在采取决定阶段有决心、有信心，准备和计划得万无一失，如果不能付诸行动，意志行动就不能完成。意志行动只有经过执行阶段，才能达到预定的目的，不执行决定，就没有意志行动可言。因此，执行决定阶段是意志行动的中心环节。

意志在执行决定阶段起着调节作用，主要表现在两个方面：一是坚持预定的目标和计划好的行为程序；二是制止那些不利于达到目的的行动。例如，上课时，学生要积极组织自己的视听，进行各种操作，还要抑制分心现象和干扰课堂教学正常进行的举动。

(一)克服困难实现决定

在执行决定阶段，个体往往会遇到各种各样的困难，需要加以克服，如心理冲突、外部的各种障碍和干扰，需要意志的努力。克服困难是意志行动的关键环节，如无数革命者表现出“明知山有虎，偏向虎山行”“明知征途有艰险，越是艰险越向前”的英雄气概，“排除万难，争取胜利”的精神；勾践历经十数年的励精图治、卧薪尝胆，最终实现复兴的宏愿。即使有再美好的行动目的、完美的计划，如果不能付诸实际行动，一切都仍是空中楼阁。

意志努力在这一环节上通常会表现为：第一，在实现所做的决定中承受巨大的体力和智力上的负担；第二，必须克服原有知识经验和内心冲突对执行决定产生的干扰；第三，在行动的过程中一旦出现新情况、新问题与预定目的、计划、方法等发生矛盾时要果断抉择；第四，在意志行动过程中有外部预料不到的情况发生时能够坚持；第五，个性品质或情绪与执行决定相冲突时，能够控制和调节；第六，要根据意志行动中反馈的新情况来修正原先的行动方案，放弃不符合实际情况的决定，以更好地达到目标。

(二)挫折与应对

在日常生活中，个体的意志行动受到无法克服的干扰或阻碍，预定目标不能实现时所产生的一种紧张状态和情绪反应是挫折。挫折是个体的意志行为受到无法克服的干扰或阻碍，预定目标不能实现时所产生的一种紧张状态和情绪反应，如准备去参加一次盛会，由于交通堵塞而不能按时到，会产生一种烦躁不安的内心紧张状态和情绪反应。挫折的内涵由情境、认知、反应三个方面的要素共同构成。挫折情境主要是指那些阻碍个体的需要获得满足、干扰活动动机达成的内外障碍或者情境因素，如失恋、学业表现不理想等。挫折认知是指个体对挫折情境的知觉、认识和评价，如有的同学总是怀疑别人议论自己，嘲笑自己，但事实并非如此。挫折反应是指伴随着挫折认知，一个人对挫折情境产生的情绪和行为反应，如常见的愤怒、失望、紧张、躲避或攻击等。人们经常会不可避免地遇到各种各样的挫折，而增强挫折承受力是培养良好意志行动的重要方面，那么，该如何增加挫折承受力呢？

挫折是个体的意志行为受到无法克服的干扰或阻碍，预定目标不能实现时所产生的一种紧张状态和情绪反应。

第一，正确看待挫折。要认识到挫折是普遍存在的，从某种意义上讲，挫折是生活中的一部分。自然界、社会中的万事万物都在曲折中前进，顺利发展的事物几乎没有。挫折是客观存在的，关键在于人们怎样认识它，如果认识到挫折是生活中不可避免的组成部分，就对挫折有了较充分的心理准备。能在面对挫折时，不灰心、不后退，敢于向挫折挑战，能把挫折转化为前进的阶梯、成功的起点。

第二，改善挫折情境。挫折情境是产生挫折和挫折感的重要原因，如果挫折情境得到改善，挫折感也就会随之消失。改善挫折情境可从两方面入手：一是预防挫折的发生，即对一件事情的成功或失败做出正确的评估；二是挫折发生之后，认真分析引起挫折的因素，设法改变、消除或降低其影响的程度。例如，受挫者可以暂时离开挫折情境，到一个新的环境中去；面对受挫者时，可以改变环境气氛，给他以同情、支持和温暖。

第三，总结经验教训。善于总结失败和挫折中的教训是增强挫折承受力的重要方面。一方面，从失败中吸取教训，以积极态度冷静地分析遭受挫折的主、客观原因，及时找出失败的症结所在，发现自己的弱点，力争改进。另一方面，要发现自己的优点和长处，重新振作精神，鼓起战胜挫折的勇气，树立信心，增强对挫折的承受能力。

第四，调节抱负水平。抱负水平是指个体在从事活动前，对自己要达到的目标或成就的预期标准。它是人们进行成就活动的动力，能否成功则取决于抱负水平高低是否适合个体的能力或条件。抱负水平过低或过高都不利于增强个体的自信心和自尊心。在过低的抱负水平下，即使成功了，人们也不能产生成就感；抱负水平过高，在达不到预定的目标时，容易产生挫折感。所以要使个体在活动中产生成就感又不至于受到挫折，就要提出适合个体能力水平的、具有挑战性的目标。

第五，建立和谐的人际关系。建立和谐的人际关系对于增强挫折的承受力是有积极作用的。当一个人遭受挫折后，如果有几个在思想上、学习上、生活上志同道合的朋友，向他们倾诉自己的心里话，便能使自己从挫折中解脱出来，内心的紧张也会逐渐释放。同时，还可以从朋友那里得到鼓励、信任、支持和安慰，这些都有利于他重新振作精神，战胜困难和挫折。

采取决定阶段和执行决定阶段之间不是相互孤立的，而是互相联系、互相渗透的。没有采取决定阶段，对行动的目的和方法缺乏自觉的认识，行动就是盲目的；没有执行决定阶段，行动前的计划和决定就会成为毫无实际意义的空想。因此，人的意志行动的两个阶段是一个完整、统一的过程。

专栏 8-2 在挫折中成长——心理弹性

埃米·沃纳(E. E. Werner)在夏威夷考艾岛进行了30年的跟踪研究，考察了处于高危环境仍能发展得适应良好的成人所具有的特质。研究显示，在高危群体中，有三分之二的人表现得十分脆弱，到青少年和成年后存在社会和心理问题的比率较高，但是仍有三分之一的人能够正常发展，表现出很好的心理弹性。心理弹性是指人们面对挑战或挫折时，抵御压力的冲击，从消极状态中复原甚至从中获得成长性发展的能力。可以从以下途径增强我们的心理弹性。

1. 获得意义感可以改变我们对痛苦的认知，使我们形成积极的挫折观，理解苦难和挫折的积极意义，积极看待生命中的麻烦和挑战。

2. 反思自己人生追求的层次并尝试走向更高层次，形成超越小我的幸福观和人生目的。

3. 建立起一串大大小小的希望，让希望引领生活，在追寻希望的路上品味实现每一小步带来的积极情绪。

4. 理解不同价值观的内涵及其对人生的影响，明确自我价值观的特点并反思自我价值观是如何形成的，尝试调整现有的价值观。

5. 面对不良事件时，在情绪调节的早期阶段启动有效的调节行为，节省自身认知资源，减少不良情绪体验。

6. 理性看待自己的情绪，认识到情绪产生的本质是想法而非事件本身，反驳不合理信念，不被情绪主导。

7. 理性看待好事和坏事，用乐观的解释风格理性看待不良生活事件，进行积极归因。

8. 了解不同情境下不同应对方式的效果，放弃不良应对方式，练习采用有效的应对方式。

9. 发现并总结生活中的经验，掌握问题解决的策略，提高问题解决的能力。

10. 了解自己和他人的品格优势，运用品格优势应对挫折事件。

11. 练习采用积极的人际互动方式，巩固人际资源以应对挫折。

12. 用成熟的、负责任的、积极建构的心态重新看待家庭关系，优化与家庭成员沟通的质量。

13. 加强身体锻炼，增强体能，发展个人运动能力和才艺。

14. 掌握放松方法，使身体进入从容宁静的状态。

（资料来源：盖笑松等，2020）

第三节　意志的品质与培养

由于生活实践和教育环境不同，人的意志力存在很大的个体差异。衡量一个人的意志品质可以从以下四个方面进行，分别为独立性、果断性、坚韧性和自制力，它们在人的意志行动中贯穿始终。因此，培养良好意志品质才会使人成为具有坚强意志的人。

一、意志的品质

（一）独立性

独立性是指一个人不屈服于群体压力，不随波逐流，能根据自己的认识与信念独立地采取决定，执行决定。独立性是意志的首要品质，贯穿于意志行动的始终，也是坚强意志的精神支柱。独立性使个体在行动中能遵循客观事物规律，虚心吸取别人的合理建议，在思想和行动上表现出既有原则性又有灵活性，能够独立自主地实现目的，不轻易受外界不良因素的影响。

与独立性品质相反的是受暗示性和独断性。受暗示性是指容易接受别人的影响，不加分析地接受别人的建议或思想，轻易改变或放弃自己的决定。一个人若不能根据自己的认识和信念提出行动，即便自己做了决定，也会受别人的言行影响，没有主见，人云亦云。独断性是对自己的决定坚信不疑，毫无理由地拒绝他人的建议或忠告，即使客观环境发生变化，也不肯更改目的，一意孤行。受暗示性和独断性是意志薄弱的表现。

（二）果断性

果断性是指一个人有能力及时采取有充分根据的决定，并在深思熟虑的基础上实现这些决定。具有果断性品质的人能全面而深刻地考虑行动的目的以及达到目的的计划和方法，当机立断，不拖泥带水，果断地采取行动，即使情况发生变化也能立即停止或改变已经执行的决定。

与果断性品质相反的是优柔寡断和草率。优柔寡断是指在做决定时顾虑重重、犹豫不决，一直处于动机斗争状态。即使做决定也迟迟不能付诸行动，行动时往往畏缩不前。主要特征是思想分散，情感矛盾，在各种动机、目的和方法之间摇摆不定，时常怀疑决定的正确性，缺乏主见、勇气和信心，错失良机。例如，考试时不知道先做哪一道题而犹豫不决，以致耽误时间等。草率是对任何事情不加思考，不考虑主客观条件和行动后果，选择的目的只是想尽快摆脱由此带来的不愉快的心理状态。主要表现为懒于思考，轻举妄动，行为鲁莽，导致行为失败。优柔寡断和草率都是意志薄弱的表现。

(三)坚韧性

坚韧性是指一个人坚持行动目的，并能在行动中保持充沛的精力和毅力的意志品质。具有坚韧性意志品质的人，能克服和抵制不符合行动目的的主客观诱因的干扰，做到目标专一，始终不渝，克服各种困难，百折不挠，直到实现目的。例如，“富贵不能淫，贫贱不能移，威武不能屈，此之谓大丈夫”；马克思写《资本论》花了 40 年；李时珍写《本草纲目》花了 27 年；“氢弹之父”于敏隐姓埋名 28 年，从事氢弹原理研究，实现中国氢弹突破。

与坚韧性品质相反的是动摇和执拗。动摇是指立志无常，见异思迁，尽管有行动目的，但虎头蛇尾，遇到困难不加分析就任意放弃或改变自己预定的目的，或遇到挫折就望而却步，半途而废。执拗是当实践证明其行动是错误的时，仍固执己见，一意孤行，不能正视现实，不能理智地评价自己的行为，不能根据变化的形势灵活地采取对策，也不能放弃不合理的决定，最终以失败而告终，表现为对自己的行动缺乏理性的认识，我行我素。动摇和执拗实质就是不能正确对待行动中的困难。动摇和执拗都是意志薄弱的表现。

(四)自制力

自制力是指善于克服自己的情绪，并能有意识地调节和支配自己的思想感情和行为的意志品质。具有自制力的人，善于控制自己，具有较强的组织性、纪律性、忍耐性。自制力反映着意志对行动的抑制职能，主要特征是使个体的情绪稳定、注意力高度集中、记忆力强和思维敏捷，必要时抑制激情、暴怒和失望等。

与自制力品质相反的是冲动性。冲动性表现为放纵自己，不能控制自己的情绪，感情用事，毫无约束，有任意而为的倾向，易开小差，易受外界的引诱和干扰而不能律己，顺利时喜欢为所欲为，忘乎所以，不顺利时就会冲动、感情用事、不能自制，失败或遭遇挫折时不能面对现实，强调客观原因，怨天尤人。冲动性是意志薄弱的表现。

二、意志品质的培养

郑燮的“咬定青山不放松，立根原在破岩中。千磨万击还坚劲，任尔东西南北风”；王阳明的“立志用功如种树然，方其根芽，犹未有干；及其有干，尚未有枝，枝而后叶，叶而后花实。初种根时，只管栽培灌溉，勿作枝想，勿作叶想，勿作花想，勿作实想。悬想何益！但不忘栽培之功，怕没有枝叶花实?”。个体意志品质不是先天具有的，而是在后天生活实践中逐步形成的。培养学生良好的意志品质是教育工作者的一项重要任务，良好意志品质的培养主要从以下几个方面入手。

(一)加强目的动机教育

为培养个体优良的意志品质，首先要加强目的动机教育，树立正确而高尚的行动目的。学生的学习动机多种多样，为父母而学、为教师而学、为考大学而学、为祖国而学等。不论为什么而学，要尊重、承认他们的意愿，保护他们强烈的学习热情，要在保证学习热情的情况下，逐步提高他们的动机水平。动机可以激励人们去奋斗，动机越高尚、越强烈，对目的的重要性、意义性认识越深刻，意志行动也就越坚决而持久。

加强学习目的的动机教育，逐步提高动机水平，有利于培养坚强的意志品质。例如，引导学生参加科技活动，培养爱好，帮助学生形成稳定的学习动机和认真负责的学习态度；以学习成功的反馈作用，来培养和激发学生的学习动机；因势利导，逐步提出更高要求，帮助学生克服利己主义动机，形成正确的动机。总之，培养正确的动机是意志品质培养的一个重要方面。

(二)制定可行的行动目标

行动目标的制定应该适合个体的能力水平和知识经验。目标过高，个体能力和知识经验不够，无论付出多大的努力都无法实现，就会导致个体丧失信心，甚至怀疑自己的能力，产生自卑心理；目标过低，个体无须经受困难和磨炼，轻而易举地实现了目标，个体的意志得不到锻炼。因此，目标的制定要具体可行，目标过高或过低，都不利于个体意志力的培养。

目标最好遵循 SMART 原则。目标必须是具体的(specific)，如把目标定为“看完这本书的第八章”比“学习这本书”要具体得多，可操作性更强；是可以衡量的(measurable)，可以通过核查来确定是否达到目标；是可以达到的(attainable)，目标应适合自己的实力，中等难度的目标具有一定的挑战但并非高不可攀；必须与其他目标具有相关性(relevant)，是一个目标群；必须具有明确的截止日期(time based)，有一定的时间压力。

(三)引导在实践活动中与困难做斗争

实现意志行动的决定是意志行动的关键，是锻炼个体意志品质的重要环节。人不经历艰苦的磨炼，就像温室的花朵一样，没有强大的生命力。正所谓“宝剑锋从磨砺出，梅花香自苦寒来”。

首先，个体遇到困难的复杂性、克服困难的勇气与意志力成正比，困难越复杂，所需要的意志努力越大。当然，困难要适度，太复杂的困难，会挫伤个体的积极性，使个体体验不到成就感。因此，提出的活动任务要有一定的难度，但经过个体自己努力是能克服的。其次，当学生成长过程中遇到困难时，不应袖手旁观，也不应包办代替，应该鼓励和指导，让他们通过自己的意志努力克服困难，独立完成任务，从而获得宝贵的成功经验。最后，建立必要的、严格的生活制度，养成良好的、有规律的生活习惯。

（四）了解意志品质的差异，采取不同的教育方法

个体的意志品质是有差异的，要扬长避短，采取不同的教育方法。有的学生可能独立性不足，应该加强对其自觉性、独立性的教育；有的学生做事不够果断，应加强对其自信、勇敢、果断等品质的培养；有的学生坚韧性不足，应注意培养他们克服困难、坚韧不拔的毅力；还有的学生自制力不足，要注意提高他们的自我控制能力，培养他们冷静、理智的个性特征。

（五）加强意志的自我锻炼

良好意志品质的培养中，社会环境、教育条件、人际交往等都极其重要，它们都需要通过自我修养和自我锻炼才能真正起作用。可以从以下几个方面来帮助学生加强自我锻炼：一是正确认识自我，通过对意志行动的分析评价，发现自身意志品质的优点，以增强自信心；发现缺点和不足，以增强自我锻炼的决心，有针对性地提高。二是善于自我要求，在正确的自我认识的基础上，根据自身的特点，对自己提出意志行动的具体化要求，如信念坚定、勤奋努力。三是善于约束自己，如养成良好习惯，遵守规章制度，制订学习计划并严格执行，严格遵守作息制度等。四是善于自我督促、自我激励，利用榜样、格言进行自我督促和激励，逐渐形成优良的意志品质。

思考与应用

1. 材料题：

战国时期著名的军事家孙膑，怀有雄才大略却被多年同窗陷害遭受膑刑。但他从不放弃，用自己的努力，使自己效力的齐国成为“战国七雄”之一，还留下传世兵书《孙膑兵法》。

孔子从小家境贫困，没有受教育的机会，只能通过自修来学习。他从15岁开始发奋读书，遇到难题就多方求教，他曾说过“三人行，必有我师焉”。他为了实现自己的政治理想，周游列国，历经坎坷、磨难和挫折，虽然理想没能实现，但最终成为我国著名的思想家和教育家。

以上两则材料列举的人物具有哪些意志品质？我们要如何培养良好的意志品质？

2. 什么是意志？简述意志行动的过程。

3. 动机冲突有哪些类型？

4. 什么是挫折？如何增加对挫折的承受力？

推荐阅读

1. 奥斯特洛夫斯基：《钢铁是怎样炼成的》，田国彬译，北京，北京燕山出版社，2002。

2. 维克多·E. 弗兰克尔：《活出生命的意义》，吕娜译，北京，华夏出版社，2018。

3. 安杰拉·达克沃思：《坚毅》，安妮译，北京，中信出版社，2017。

4. 保罗·史托兹：《逆商：我们该如何应对坏事件》，石盼盼译，北京，中国人民大学出版社，2019。

第九章

需要与动机

第一节　需要概述
第二节　动机概述
第三节　学习动机概述

本章主要阐述了需要的基本概念和分类，以及马斯洛的需要层次理论；介绍了动机的内涵和分类，以及动机理论；详细介绍了学习动机的内涵和影响因素，以及如何培养学生“我要学”的学习动机。

思维导图

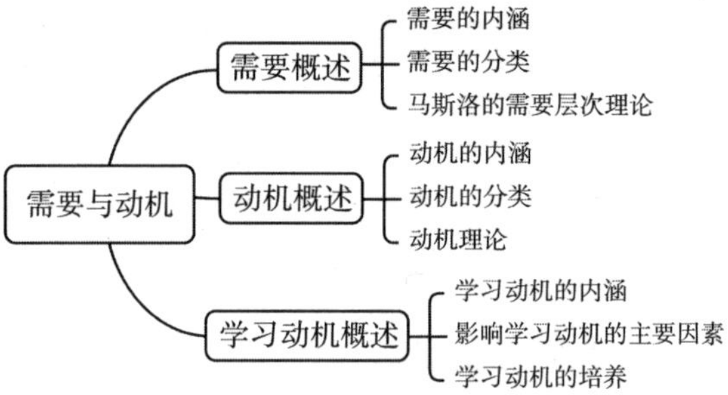

学习目标

1. 理解并掌握需要的内涵及马斯洛需要层次理论；
2. 理解并掌握动机的内涵及动机理论；
3. 掌握培养学习动机的方法。

课前思考

每个人的行为，如早上起床、吃早饭、去上班、休息、睡眠……这些行为的出现，是什么在引导和调节呢？你认为你的成就动机是高还是低？在充满挑战的任务中，你是否有耐力、热情和自信心？人通过行为满足自己的需求，也通过行为实现自己的愿望，在教育教学中又该如何培养学生的学习动机？

第一节　需要概述

《史记・管晏列传》中曾记载："仓廪实而知礼节，衣食足而知荣辱。"即人必须在吃饱穿暖、仓谷富足之后，才会产生另一个层次的需要，如对审美、礼节和荣辱大义的追求。人类的一切活动，都是在满足这种需要的基础上产生和发展起来的。由此可见，需要与人的行为有着密切的关系。

一、需要的内涵

需要是人脑对生理需求和社会需求的反映。人类的一切活动都是在满足需要的基础上产生和发展起来的，需要与人的行为有着密切的关系。需要是机体内部的一种不平衡状态，它表现为机体对内部环境或外部生活条件的一种稳定的要求，并成为机体活动的源泉。对于需要的概念，可作如下分析。

需要是机体内部的一种不平衡状态，它表现为机体对内部环境或外部生活条件的一种稳定的要求，并成为机体活动的源泉。

(一)需要是机体内部的不平衡状态

人的生存和发展必须以机体内部的平衡为基础。当个体生理或心理上某些必需因素缺失或不足时，会产生一种紧张、不平衡的状态，个体会产生某种需要，当需要得到满足时，紧张状态才会消除。例如，血液中的水分不足，会产生喝水的需要；社会治安不好，人身安全得不到保障，会产生安全的需要；无亲人或朋友在身边，会产生爱的需要。

(二)需要由个体对某种客观事物的要求引起

机体内部和外部的环境都会向个体提出某种要求，当个体感受到这些要求，个体内部的不平衡状态被引起时，这些要求就会转化为个体的某种需要。例如，父母“望子成龙”使孩子有上进的动力，这种需要是由外部要求引起的；人渴了喝水，这种需要是由机体内部的要求引起的。需要是指向一定对象的，即追求某种客体并从客体中得到满足。没有客体和对象的需要，不指向任何事物的需要是不存在的。

(三)需要是机体活动的源泉，是个体活动的基本动力

没有人追求自己不需要的东西，人的活动都是由需要引起的。从饥则食、渴则饮到文学艺术的创作、科学技术的发明与创造等，需要促使人朝着一定的方向，追求一定的目标，以行动求得满足。需要、兴趣、爱好、动机、价值观和人生观都是推动个体从事活动的动力因素，但需要是基本动力，其他都是在需要的基础上形成和发展起来的。

专栏 9-1　代理母猴

动物也有不同的需要。哈洛(H. Harlow)对幼猴的依恋进行了研究。在实验中研究者为幼猴制作了两种“代理母猴”，一种用铁丝制作，并安装了能喂奶的“乳房”；另一种用木头制作，并且用海绵等柔软的物体包裹，内部还安装了一个能够提供温暖的灯泡。研究者考察幼猴和这两种母猴待在一起的时间。结果发现幼猴几乎一直与拥有柔软“皮毛”的木制母猴待在一起，饥饿时才会离开木制母猴去铁丝母猴那里吃奶，吃饱后就立刻返回木制母猴这里。此外，幼猴害怕时也会迅速跑向木制母猴寻求安慰。如果幼猴的“接触安慰”需要得不到满足，甚至会出现对牛奶的消化不良。“接触安慰”需要在幼猴依恋的形成中，重要性大于食物需要。从实验可以看到，幼猴的行为体现了“接触安慰”和食物这两种不同的需要。此外在人类的研究中也有类似的结果。莱维(Lévy)研究了健康的人和神经症病人的成长经历，发现在婴儿时期得到关爱和抚慰的个体才能成长为一个健康的人，而神经症病人在年幼时基本需要没有得到满足。

(资料来源：李红等，2012)

二、需要的分类

人的需要是多维度、多层次的，从不同的角度、标准，需要可以被划分成不同的种类。依据起源，可分为自然性需要和社会性需要；依据对象，可分为物质需要和精神需要。

(一)自然性需要和社会性需要

1. 自然性需要

自然性需要又称生理性需要，由机体内部生理的不平衡引起，如果这些需要得不到满足，个体就无法生存或不能延续后代。与个体的生存和种族繁衍相联系的需要包括饮食、饮水、运动、睡眠、排泄和性等。

自然性需要是人类最原始、最基本的需要。人和动物都具有自然性需要，但在满足自然性需要的对象和方式上有差异。人根据外部条件和行为的道德规范有意识地调节自己的需要，主要通过社会生存劳动生产出自己所需要的对象，随着生产力的发展，不断提高自己的自然性需要。动物只能等待大自然的恩赐，依靠自然界现成的天然物质来满足需要。马克思指出：“饥饿总是饥饿，但是用刀叉吃熟食来解除的饥饿不同于用手、指甲和牙齿啃生肉来解除的饥饿。”朱熹说：“饮食者天理也，要求味美人欲也。”人在进食时，不仅受到机体的饥饿状态的支配，而且要考虑各种社会习俗和礼仪的影响，如在大庭广众、宾朋满座时就算饥肠辘辘，也不会狼吞虎咽地进食。

2. 社会性需要

社会性需要是维护社会存在和促进社会发展而产生的需要。人类赖以生存的第一个基本条件是劳动，人类如果不劳动，人类社会就无法存在和发展。社会性需要是人类特有的高级需要，是个体与社会环境相互作用后天习得的，如劳动、交往、学习、道德和审美等。

社会性需要受社会文化条件制约，具有社会历史性。不同的历史时期、不同的民族和不同的风俗习惯，社会性需要也有所不同。如中国古代，男子的衣着讲究长袍马褂，如今就不需要了。当个体的社会性需要得不到满足时，虽然不会威胁到个体的生存，但个体会因此感到难受、不舒服和不愉快。

自然性需要和社会性需要是紧密相连的。一方面，自然性需要受到社会文化的调节，在一定程度上反映了个体的社会性需要，如少数民族在饮食上的禁忌；另一方面，社会性需要有时包含自然性需要，如与朋友交往时，往往要喝茶、吃饭等。

(二)物质需要和精神需要

1. 物质需要

物质需要是个体对生存和发展所必需的物质生活的需要，如对日常生活必需品的需要，对住房和交通工具的需要，对食物的需要，对空气、阳光的需要等。物质需要既有自然性需要的内容，又有社会性需要的内容。如服装既要满足人们防寒、防晒等自然性需要，又要满足个体的自尊、追求美和他人的赞许等社会性需要。

2. 精神需要

精神需要是个体对生存和发展所必需的精神生活的需要，如交往需要、审美需要、对文艺作品的需要、看电视电影的需要等。精神需要的性质和层次往往影响个体的发展方向，有高尚与低俗之分，高尚的精神需要可以使人不断进步，而低俗的精神需要则会消磨人的意志，使人走向歧途。

随着社会进步和生产力的发展，物质需要和精神需要都将不断地得到满足，两者有着密切的联系。一方面，精神需要的满足要通过某些物质需要，如追求信仰、学习有关的知识体系就会产生对书本等的物质需要。另一方面，物质需要和精神需要又不是完全等同的。丰富的物质生活条件并不能保证精神需要的满足，匮乏的物质生活条件也并非不能满足精神需要。

三、马斯洛的需要层次理论

美国心理学家马斯洛认为，人的需要是一个具有内在联系和层次性的系统结构，人的需要自下而上分为五个层次，分别为生理需要、安全需要、归属与爱的需要、尊重的需要和自我实现的需要，它们相互联系、相互依赖和彼此重叠。

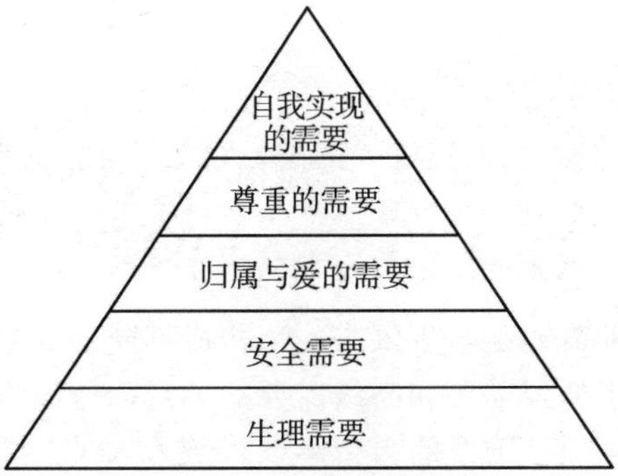

图 9-1 人类需要的层次

（资料来源：彭聃龄等，2019）

1. 生理需要

生理需要(physiological need)是维持个体生存与种族繁衍的需要，是人最重要的需要，如对食物、空气、睡眠、性的需要等。它处于最优先满足的地位，是人类行为最有力量的动力。只有生理需要基本满足之后，安全需要才会相继产生。

2. 安全需要

安全需要(safety need)是对安全的环境、恒定的秩序、避免伤害和威胁的需要，如追求稳定的工作或收入，避免危险的工作，装防盗门窗，买各种保险，注意食品卫生等。在面临危险或威胁时，人会把安全看得比一切都重要，安全需要得到满足，人就会有安全感，否则便会有威胁感或恐惧感。

3. 归属与爱的需要

归属与爱的需要(belongingness and love need)是人希望获得别人的爱和爱别人的需要。它开始支配人的动机和行为，使个体希望被某个团体或群体认同和接纳，并成为其中的一员。因此，个体会主动与他人交往，建立情感，维持彼此的关系，如结交朋友、追求爱情、建立家庭、参与团体等。归属与爱的需要如果得到满足，人就会有良好的归属感，否则便会有强烈的孤独感。

4. 尊重的需要

尊重的需要(esteem need)是个体对自己尊严和价值的追求，包括自尊和他尊两方面。自尊是个体对自己的尊重，相信自身的力量和价值，表现为自信、自强、自主、胜任工作、取得成就等；他尊是指别人对自己的重视和尊重，表现为追求地位、名誉、尊严、威信、获得他人的注意和欣赏等。尊重的需要如得到满足，人就会自信、乐观和有价值感，否则就会有自卑感、软弱感和无能感，面临问题缺乏信心和勇气。

5. 自我实现的需要

自我实现是最高层次的需要，一般在其他需要都基本满足后才能产生。自我实现的需要(self actualization need)是指人们实现个人理想、抱负，最大限度地发挥自己的潜能及自我完善的需要。每个人都想把自己的工作做得尽善尽美，不同的人自我实现的形式不同，如艺术家的创作、科学家的发明。

自我实现的需要是指人们实现个人理想、抱负，最大限度地发挥自己的潜能及自我完善的需要。

马斯洛认为，这五种需要是与生俱来的，构成不同的等级或水平，成为激励和指引个体行为的力量。关于低级需要和高级需要的关系，他提出如下观点。

首先，需要的层次越低，需要的力量越强，潜力越大，随着层次的上升，需要的力量相应减弱。他把上述需要分为缺失性需要(deficit or deficiency need)和成长性需要(growth need)两大类。前四种需要为低层次需要，也称为缺失性需要，与人的本能相联系，关系到个体的生存；高层次需要也称为成长性需要，不受本能支配，不是个体生存所必需的。

其次，当低层次需要基本得到满足后，高层次需要才出现。只有生理需要基本得到满足时，安全需要才会产生，只有生理和安全的需要基本得到满足时，归属和爱的需要才会产生。依此类推，一个饥肠辘辘或担心自身安全的人，不会去追求归属与爱的需要。

再次，低级需要和高级需要不是绝对的对立。低级需要部分满足时，高级需要就会产生。例如，苦行僧过着物质贫乏的生活，但仍追求高级的需要。

最后，高层次需要出现得晚。无论是从动物到人的进化的角度看，还是从个体的发展史的角度看，婴儿会有生理和安全需要，自我实现的需要则要到成年后才出现，而且只有人类才有自我实现的需要。

马斯洛的需要层次理论系统地探讨了需要的结构与发展的规律，不仅丰富了需要理论，而且在实践上也产生了重要的影响，如企业根据马斯洛的理论制定满足职工需要的措施，调动职工的积极性。但马斯洛的需要层次理论也存在一定的不足，他认为人的需要是与生俱来的，需要的发展是一种自然成熟的过程，而低估了环境和教育对需要发展的影响，忽视了人的社会性；并且他强调个体优先满足低级需要，忽视了高级需要对低级需要的调节作用。

专栏 9-2　测测你的自我实现倾向

对下面的陈述，按以下标准选择与你最符合的分数：1＝不同意；2＝比较不同意；3＝比较同意；4＝同意。

1. 我不为自己的情绪特征感到丢脸。
2. 我觉得我必须做别人期望我做的事情。
3. 我相信人的本质是善良的、可信赖的。
4. 我觉得我可以对我所爱的人发脾气。
5. 别人应赞赏我做的事情。
6. 我不能接受自己的弱点。
7. 我能够赞许、喜欢他人。
8. 我害怕失败。
9. 我不愿意分析那些复杂问题并把它们简化。
10. 做一个你想做的人比做一个随大流的人更好。
11. 在生活中，我没有明确的要为之献身的目标。
12. 我由着性子表达我的情绪，不管后果会怎样。
13. 我没有帮助别人的责任。
14. 我总是害怕自己不够完美。
15. 我被别人爱是因为我对别人付出了爱。

记分时，对以下题目要反向记分：2、5、6、8、9、11、13、14(选择 1＝4 分，选择 2＝3 分，选择 3＝2 分，选择 4＝1 分)。然后把 15 道题的分数相加。这项测验是琼斯和克兰德尔(Jones & Crandall，1986)编制的一项关于自我实现的简短测验。可以把你的得分和下面大学生的常模进行比较(平均分：男生，45.02；女生，46.07。标准差：男生，4.95；女生，4.79)。分数越高，说明你在人生的某个阶段，越有可能达到自我实现。

(资料来源：伯格，2000)

第二节　动机概述

人为什么会有这样或那样的行为，人一直在试图解释自己和他人行为背后的原因，心理学家倾向于用动机来解释。那究竟什么是动机？它与需要是怎样的关系？它如何激发行为并影响行为效率？它如何对行为的结果进行归因？

一、动机的内涵

(一)动机的概念

俗话说，“火车跑得快，全靠车头带”。如果没有车头给予的动力和方向引导，没有车头的调节控制，那么火车就不会跑起来。恩格斯指出：“就个别人说，他的行动的一切动力，都一定要通过他的头脑，一定要转变为他的愿望和动机，才能使他行动起来。”在心理学领域，“动机”概念会用来解释个体的行为和情绪等问题。个体的行为，除简单反射或简单无意识行为外，都是在动机的支配下进行的。动机(motivation)是由目标或对象引导、激发和维持个体活动的心理过程或内部动力。

动机是由目标或对象引导、激发和维持个体活动的心理过程或内部动力。

人的某种行为可能是被生理的需求诱发，也可能是被外部的某种刺激引起。换言之，动机形成的条件或来源可能是内在因素，也可能是外在因素。

需要是引起动机的内在因素，动机在需要的基础上产生。当人感到生理或心理上存在某种缺失或不足时，就会产生需要，如个体意识到渴或饿时，就需要水和食物，就会产生主动寻找水源或食物的动机。只要外界环境中存在能满足个体需要的对象，个体活动的动机就可能出现，但并非任何需要都可以转化为动机，只有需要达到一定的强度后，才会转化为相应的动机。

诱因是引起动机的外在因素。诱因是驱使机体产生一定行为的外部因素。诱因可以是物质的，也可以是精神的，如教师对学生的口头表扬就是激发学生的精神诱因，给学生发放相应的奖品则是物质诱因。实际上，任何刺激都可以成为引发行为的诱因。例如，映在西山的斜阳会让诗人创作出“白日依山尽，黄河入海流”的诗篇；给孩子奖励一个贴花，他就会把碗里的饭吃得干干净净，不浪费粮食。

(二)动机的功能

1. 激活功能

动机是个体能动性的主要方面，具有发动行为的作用，能激发个体产生某种行为，使个体由静止状态转向活动状态。例如，集邮的人看到精美的邮票就想拥有它，会想办法弄到它。动机激发力量的大小，由动机的性质和强度决定。

2. 指向功能

动机的指向功能是指动机会将人的行为指向一定的对象或目标。个体的行为具有一定的方向性，并朝向预定的目标推进或展开。如在想吃食物的动机支配下，人们可能会去超市或食堂购买食品；在成就动机的驱动下，人们可能会选择有挑战性的任务等。

3. 维持和调整功能

动机的维持功能主要体现在行为的坚持性上。当动机激发个体的某种行为后，这种行为能否坚持下去，要受动机的调节和支配。动机的维持是由个体的行为与预定目标的一致程度决定的。当行为指向个体追求的目标，其动机就会加强，行为就会继续下去；如果行为偏离了追求的目标，其动机就得不到强化，行为就会减弱或停止。

(三)动机与行为

1. 动机与行为

行为与需要、动机是相联系的。需要是个体感到某种缺乏而力求满足的心理倾向，它是机体自身和外部生活条件的要求在头脑中的反映；而动机是在需要的基础上产生，引发并引导行为朝着某一目标的内部动力。三者之间的关系如图 9-2 所示。需要可以理解成行为活动的源动力，需要并不直接指向人们的行为。也就是说，人们产生了某种需要，并不一定会导致某种行为的出现，如口渴的需要并不必然会引起喝水的行为。而动机则是行为活动的直接动力。当动机引发人们的行为，并获得某种结果时，人们又会对需要的满足进行评价。动机直接指向行为，是引起行为的原因，是行为的直接性动力。

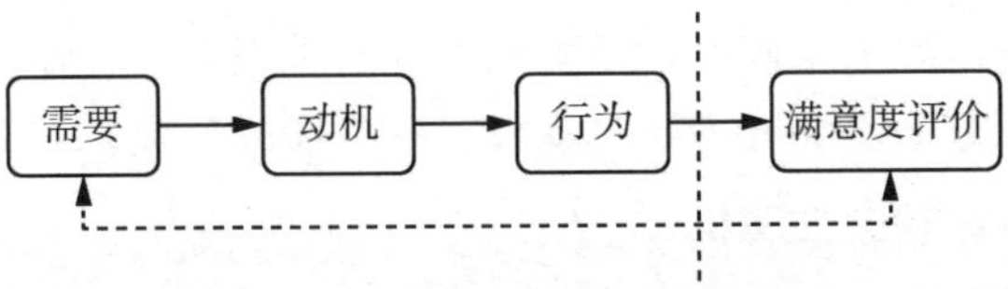

图 9-2 动机与行为关系的一般性理解

动机引发个体的行为，为了达到预定目标，个体会结合自身和环境条件选取最有效的行为。两者之间的关系似乎既明确又复杂。动机与行为之间不是一一对应的关系。首先，同一动机会引发不同的行为。例如，“为国争光”可以表现为取得好的比赛成绩来为国争光，做好本职工作来为国争光。其次，不同动机也会引发相同的行为，如“努力学习”背后的动机可能是得到他人的称赞，报答父母的养育之恩，出人头地、光宗耀祖，找份好工作。

2. 动机与行为效率

动机与行为效率的关系主要表现在动机强度与行为效率的关系上。一般认为，从事一项工作时，动机强度越高，行为效率越高；反之，动机强度越低则行为效率越低。但实际上，事实并非如此。动机强度与行为效率的关系不是一种线性关系，而是呈倒 U 形曲线关系。一般情况下，中等强度的动机最有利于任务的完成，即动机强度处于中等水平时，行为效率最高，动机强度一旦过强会对行为有阻碍作用，注意和知觉范围会变得狭窄，从而使行为效率降低。例如，学习时有学生急于求成，过度紧张和焦虑，不能静心学习，导致学习效率下降；考试中的“怯场”和“发挥失常”现象，有时是由动机过强造成的。

动机强度与行为效率之间的关系还随着任务难度的变化而变化，耶克斯和多德森的研究表明，各种活动中都有一个最佳的动机水平，最佳水平会随任务性质的不同而不同，过强或过弱的动机都会使行为效率下降。当任务容易时，工作效率会随动机的提高而上升；随着任务难度的增加，动机的最佳动机水平有逐渐下降的趋势，即在难度较大的任务中，较低的动机水平有利于任务的完成(见图 9-3)。

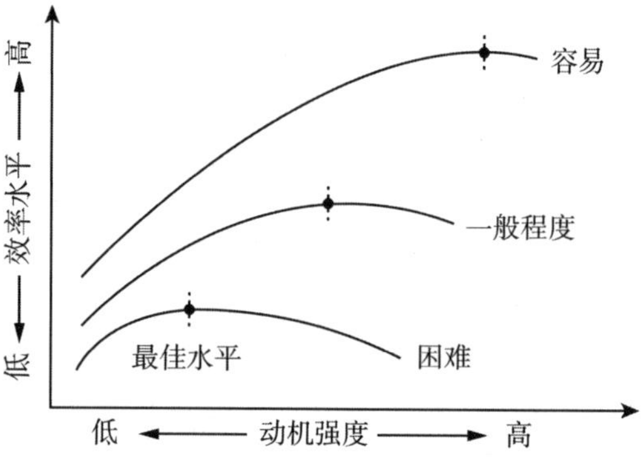

图 9-3 工作难易度、动机强度和行为效率的关系

(资料来源：彭聃龄等，2019)

二、动机的分类

动机的产生是以需要为基础的，动机是需要的表现形式，需要是多种多样的，动机也是复杂多样的。基于需要的不同，动机也有不同的分类。

(一)生理性动机和社会性动机

生理性动机也称驱力，以个体自身的生物学需要为基础，如饥饿、渴、性欲、缺氧、睡眠、排泄、母性。饥饿由机体内缺乏食物或营养引起，个体在饥饿时会感到紧张不安、痛苦，形成内在压力，促使其寻觅并摄取食物；性是人和动物都有的一种较强的驱力，它不是个体生存和维持生命的必要条件，但却是种族延续所必需的。

生理性动机及满足方式不可避免地要受到人类社会或文化的影响，打上社会的烙印。例如，母亲爱子女，不仅有血缘上的本能，还有社会责任与义务；渴，满足渴的需求的方式方法也不同，有人喜欢喝茶，有人喜欢喝白开水，有人则喜欢喝饮料。

生理性动机是动物与人类共有的，但社会性动机是人类特有的。社会性动机是以人的社会性需要为基础的动机，推动个体从事各种社会性活动，而人类的社会性行动是以社会性需要为基础的。社会性动机具有持久性的特点，个体差异性比较大，一般包括成就动机、交往动机、兴趣和归属动机等。罗杰斯认为每个人都有实现自我价值、形成独特自我的需要；沙利文(Sullivan)强调每个人都有独特的人际关系，要了解一个人的人格特点及行为，则需要分析其人际关系。当从人际关系的角度理解和认知人的行为时，就会发现人的行为具有社会性，其动力即社会性动机。

人的成长与发展，实际上是学习和内化社会行为规范，逐步实现社会化的过程。在社会文化和制度的约束下，人们逐渐成为“社会人”，产生社会需要，并设法去满足这些需要。比如，人们成长的过程中存在着亲子交往、师生交往、同伴交往，而在不同类型的交往中，人们的行为也是有差别的，而这种差别就是在满足不同类别社会需要的过程中体现的。

(二)内部动机和外部动机

内部动机是由个体内在需要引起的动机，是源于活动本身可以使个体获得的满足和愉悦，无须外在刺激引起，如幼儿园小朋友能把饭吃得干干净净，是因为自身饿了。内部动机比较稳定，会随着目标的实现而增强。

外部动机是在外部刺激的作用下产生的行为动机，是为了获得某种强化而产生的动机，如幼儿园的小朋友为了得到父母和教师的表扬与奖励，会把饭吃得干干净净。外部动机通常是不稳定的，当外在的强化撤销时，个体的行为也会随之消失。

不难看出，同一种行为其动机也可能是不同的，有可能是内部动机驱使，也有可能是外部动机诱发，更重要的是内部动机和外部动机的划分不是绝对的。在一定条件下，外部动机可以转化为内部动机，如有些学生最初的学习是为了得到他人的表扬，但逐渐地对学习本身产生兴趣。对于儿童来说，往往先有外部动机，之后才逐渐发展内部动机。对于成人来说，很多活动都是在外部动机和内部动机的共同作用下完成的。

三、动机理论

(一)本能理论

本能理论是最早的动机理论，产生于19世纪末20世纪初，曾一度在动机理论上占统治地位。生物进化论的创始人达尔文最早提出本能概念，麦独孤(W. McDougall)和弗洛伊德进行了深入研究。本能是机体生来具有的程序化的行为模式或行为倾向。我国古代儒学的“良知”“良能”和孟子的“仁、义、礼、智”与一般本能相似，是与生俱来的。

麦独孤认为，人类的行为都是以本能为基础的，本能是人类一切思想和行为的动力和源泉。个人和民族的性格与意志也都是由本能逐渐发展而形成的。他提出人类具有逃避、好奇、争斗、繁殖、合群、自卑等18种本能，每种本能又都具有能量、行为和目标指向三种成分。弗洛伊德认为，人有两大类本能，一种是生本能(力比多)，作用是维持个体生存和种族繁衍，如饮食、性、自爱和他爱等个人所从事的任何愉快的活动。另一种是死本能，会促使个体走向毁灭，如仇恨、侵犯和自杀等。死本能指向内部时会导致自我破坏行为，指向外部时会导致攻击行为。

(二)驱力理论和诱因理论

驱力理论的主要支持者是赫尔(C. L. Hull)，他认为，机体的需要产生驱力，驱力激起机体的行为。这种“需要→驱力→行为”的关系中，驱力是一种动机结构，它能为机体的活动提供动力，促使机体采取行动，以消除需要唤起的紧张状态。他的理论适用于解释生物的机能，如吃、喝、睡眠和性行为等。

驱力理论强调个体活动的内在动力，却忽略了外在环境对行为的诱发作用。针对这种缺陷，人们提出了诱因概念。诱因指能满足个体需要的刺激物。诱因理论强调外部刺激引起动机的重要作用，具有唤起机体行动和指导行动方向两种功能，如诱人的美食能激发个体的进食欲望，挑战性的工作能激发个体的成就需要，漂亮的时装能引起个体的购买欲。

(三)成就动机理论

1950 年至 1965 年是研究成就动机的黄金时期，代表人物麦克利兰(McClelland)和阿特金森(J. W. Atkinson)分别从宏观和微观上对成就动机进行了研究。成就动机(achievement motivation)是个体从事某种活动时力图取得成功的动机，如研究员希望在工作中能有创新。阿特金森认为，成就动机应该分为两类，分别为追求成功的动机和避免失败的动机。追求成功的动机是人们追求成功和由成功带来的积极情感的倾向性；避免失败的动机是人们避免失败和由失败带来的消极情感的倾向性。

追求成功的人会将目标定位于获取成就，所以他们会选择有所成就的任务。他们最有可能选择预计自己成功的可能性有 50%的任务，因为这种任务能给他们提供最大的现实挑战。如果他们认为成功完全不可能，或胜券在握，动机水平反而会下降。反之，避免失败的需要强于力求成功愿望的人，预计自己成功的把握大约是 50%时，他们会回避这项任务。他们往往选择更容易成功的任务，使自己免遭失败，或者选择极其困难的任务，这样即使失败，也可以找到适当的借口，得到自己和他人的原谅，从而减少失败感。

成就动机在后天环境和教育的影响下形成。首先，成就动机的高低与童年的家庭教育关系密切。民主的家庭教育方式，儿童的成就动机水平较高，如父母尊重他们的个性，鼓励他们自己做决定，并给予奖励。其次，儿童早期的独立性训练能促进成就动机的发展。最后，成就动机的高低与成功的经历密切相关。有较多成功经验的个体，他们的成就水平比经常遭受失败的个体要高。

追求成功的动机是人们追求成功和由成功带来的积极情感的倾向性。
避免失败的动机是人们避免失败和由失败带来的消极情感的倾向性。

专栏 9-3 范仲淹的成就动机

据说，宋朝的范仲淹从小就懂得立志。有一次，一个算命先生来到他所在的村子，家长和孩子团团围着算命先生，纷纷要求算命先生先给自己的孩子预测未来。面对周围的吵闹，算命先生一时不知道如何是好。

恰巧算命先生看到范仲淹从这儿路过，便叫过范仲淹，索性问他："我帮你看看未来，如何?"范仲淹说："你帮我看看，我将来能不能当宰相。"这算命先生可能一辈子也没有见过一个孩子居然开口就说要当宰相，吓了一跳。算命先生跟他说："你小小年纪，怎么口气这么大?"范仲淹有点儿不好意思，赶紧说："不然这样好了，你再看看，我将来能不能当医生?"

算命先生有一点儿纳闷，两个志愿怎么差这么多，就问范仲淹："你为什么选这两个志愿?"范仲淹回答："不为良相，便为良医，因为只有良相和良医可以直接救民于水火。”算命先生听后很感动，这个孩子念念不忘的是救人，算命先生马上跟他说：“你有一颗心，叫宰相之心，日后一定能当宰相。”范仲淹的气度决定了他的格局，胸怀决定了他的成就，他对国家的忧患意识和实践，使他终成为一代名流。

一个人的出身不能决定他的将来，一个人的天赋不能决定他最终的成功，一个人的起点不能决定他一生的发展。一个人在他成长的过程中需要有一个支撑点，这个支撑点就是成就动机。高成就动机的人，能朝着自己的目标奋进，并最终取得成功。

（资料来源：李红等，2012）

(四)归因理论

归因理论由美国社会心理学家海德(F. Heider)于 1958 年首次提出。归因是人们对他人或对自己的行为进行分析，指出其性质，推论其原因的过程。归因理论认为，动机是与行为相联系的事件与结果之间暂时性联系的最好代表。当人们在工作和学习中体验到成败时，总试图去寻找成败的原因，“寻求”理解的需要是人类行为的基本动因，而对事物之间因果关系的知觉是解释行为的基本原理。如面对成功，有人可能会归结于自己的努力或能力，有人会归结于运气或任务的难度。

归因是人们对他人或对自己的行为进行分析，指出其性质，推论其原因的过程。

在海德归因理论的基础上，韦纳(Weiner)等人进行了系统的探讨，总结了个体认为会影响自己成败的六个因素，即能力高低、努力程度、任务难度、运气好坏、身心状况和外界环境，个体一般采用前四种因素归因。韦纳等人又从三个维度对以上因素进行区分：内外源性(内部的归因和外部的归因)、稳定性(稳定的归因和不稳定的归因)和可控性(可控的归因和不可控的归因)。三个维度和六个因素结合，便组成了“归因的三维度模式”(见表 9-1)。

表 9-1 归因的三维度模式

	稳定性		内外源性		可控性	
	稳定	不稳定	内在	外在	可控	不可控
能力高低	+		+			+
努力程度		+	+		+	
任务难度	+			+		+
运气好坏		+		+		+

续表

	稳定性		内外源性		可控性	
	稳定	不稳定	内在	外在	可控	不可控
身心状况		+	+			+
外界环境		+		+		+

注：表中“+”表示每一个因素和维度的关系。

(五)自我决定理论

20世纪70年代，德西(Deci)等人提出自我决定理论(self-determination theory)，从有机辩证的角度阐述外部环境促进内部动机及外部动机内化的过程，是人类行为的动机理论。自我决定理论提出六个理论，其中最核心的理论是基本心理需要理论(basic psychological need theory)。

基本心理需要理论认为人类从出生就具有先天的三种基本需要：自主需要(autonomy need)、胜任需要(competence need)和关系需要(relatedness need)。自主需要是个人内在的愿望，个体在行动中能感觉到选择感，也就是个体在行动的控制感和心理上能感到自由。胜任需要是个体希望或感觉有能力掌握环境，并带来预期的结果，积极寻求挑战有助于发展自己的技能，适应复杂多变的环境。关系需要是个体感觉与他人构建良好的关系，即成为群体的一员，爱和关心以及被爱和被关心。三种基本需要就像心理上的营养物一样，个体所有的努力都是为了满足这三种与生俱来的需要，其中任意一种需要得不到满足或受挫都会影响个体心理上的成长、内化和幸福感。

基本心理需要反过来又受到个体所处环境的影响，环境包含微观环境(家庭、学校和工作环境)和宏观环境(社会的经济体系、政治体系和文化价值观)。

因此，基本心理需要成为联结外部环境与个体动机和行为的核心，当个体在所处的环境中，基本需要得到了满足，其内部动机和外部动机就会被内化，其行为和心理健康也最终会被促进，具体路径影响过程见图9-4。

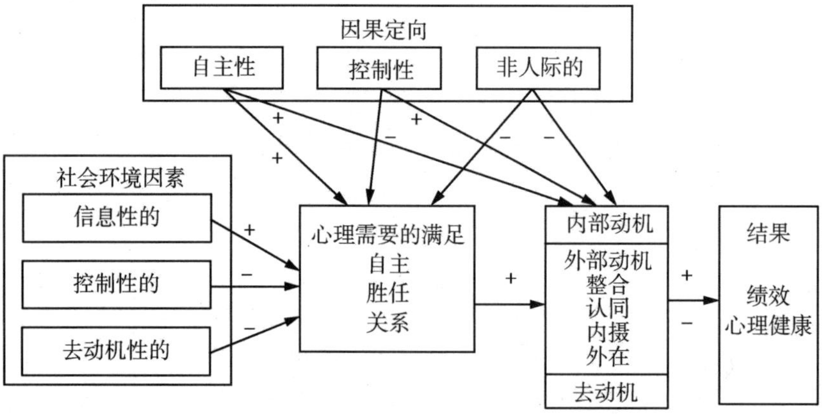

图9-4 社会环境因素对个体行为影响的因果路径模型

(六)成就目标理论

20 世纪 80 年代，德韦克(Dweck)将成就目标概念引入成就动机领域，并使之成为 20 世纪 90 年代动机研究的一个热点。他认为成就目标有两种类型，一种是掌握目标(mastery goal)，个体的目标定位在掌握知识和提高能力上，个体认为达到了上述目标就是成功；另一种是成绩目标(performance goal)，个体的目标定位在好名次和好成绩上，个体认为只有赢了才算成功。

不同的成就目标对应着不同的动机和行为模式。掌握目标类型的个体往往会采取主动、积极的行为，如选择适当的具有挑战性的任务，并使用深层的加工策略等；而成绩目标类型的个体，往往有较高的焦虑水平，有时不敢接受具有挑战性的任务，遇到困难时容易退缩。安德曼(Anderman)等人总结了两类成就目标的特点(见表 9-2)。

表 9-2　两类成就目标的特点

对任务的取向	类型	
	掌握目标	成绩目标
成功	提高、进步、掌握、创新	高成绩，比他人有更好的表现，在标准化测量中取得相当的成就，不惜一切代价地取胜
价值	努力，挑战困难的任务	避免失败
满足感的产生	进步、掌握	成为最好的，低努力的成功
喜欢的工作环境	有助于个人潜能的成长、学习	能建立不同成绩等级
努力的理由	活动内在的、个人的意义	证明个人的价值
评价依据	绝对标准，进步的证据	常模，社会比较
错误	成长过程的一部分，具有信息功能	失败，缺乏能力和价值的证据
能力	通过努力发展的	天生的、固有的

(资料来源：Anderman、Maehr，1994)

第三节　学习动机概述

学习贯穿于人的生命全程，是一种什么力量在推动人去学习并维持如此长的时间？如何激发和培养学生学习的积极性，使学生从被动的“要我学”转变为主动的“我要学”？要回答这些问题，就要研究学习动机。

一、学习动机的内涵

(一)学习动机的概念

学习动机是直接推动学生进行学习的内部动因，是一种社会性动机，是在社会生活条件和教育的影响下逐渐形成的。学习动机并不是某种单一的结构，而是由多种动力因素组成的整体系统，包括学习需要、学习自觉性、学习态度、学习兴趣等。

学习动机可以看成是一般的人格特征和短时的唤醒状态。一般的人格特征如通过人格测验发现具有较高的成就需要的人，能持久推动学习活动，这种高成就需要是个体的学习动机，也是稳定的人格特征。短时的唤醒状态，如为调动学生学习的兴趣或积极性，教师用故事或游戏导入，学生会进入高度唤醒状态并准备后续学习，这种激起的学习动机是特殊的动机状态。

学习动机是直接推动学生进行学习的内部动因。

(二)学习动机在学习活动中的意义

学习动机在学习活动中具有双重意义。从学生方面，客观准确地把握自己行为的动机，可以对行为的可能后果做出分析评价，并以此来调整自己的动机和行为，从而提高学习的积极性，促进人格的发展和完善。从教师方面，了解学生的学习动机，有助于提高教育和教学的质量。学习动机与学习效果的关系并不是直接的，两者之间往往以学习行为为中介。学习行为又不单纯只受学习动机的影响，还受一系列主观的客观的因素影响，如学习基础、教师指导、学习方法、学习习惯、智力水平、个性特点、健康状况等。

二、影响学习动机的主要因素

(一)学习目的

人具有某种特殊的能力，即在活动开始之前，就能在头脑中形成观念形态的活动结果，这种意识到的结果往往成为一种有力的动机驱使人去实现它。当一个学生在意识中确立自己的学习目的，并以此来推动学习时，这种学习目的就可以归入学习动机的范畴了。

在分析学习目的的时候，还要分析学生学习目的的远近性。如果学生具有稳定的远景目标，会表现出一种持久地推动学习的力量，而不易为情境中的偶然因素所改变。如“为中华之崛起而读书”，就是受长远动机影响的远景目标。近景目标与学习活动的结果直接联系，会表现得比较具体，具有较大的情境性，容易因情境的改变而消逝，有实效，起作用的时间比较短暂且不稳定。如以高考为指挥棒，学生考前刻苦异常，动力十足，而一旦考上，有些人则立即松懈下来，无所事事，丧失了学习的热情和动力。因此，一种较好的组织起来的学习目的，应该是既有远大的远景目标，又有切实的、具体的近景目标，这样才会推动人不断地去努力学习。

(二)求知欲

达尔文在自传中说："我记得我在学校时期的性格，其中，对我后来发生影响的，就是我有强烈而多样的兴趣，沉溺于自己感兴趣的东西，了解任何复杂的问题和事物。"求知欲是人们渴望获得科学知识的心理倾向。从生物学上讲，求知欲源于动物的探究反射和好奇动机，具有自我保护和适应环境的功能。在儿童身上很容易看到这种倾向，他们对环境中的许多事物都感到新奇，但儿童的求知欲只是一种潜在的倾向，还缺乏特定的内容和方向，要使其发展成一些对特定学科的兴趣，还有赖于相应的学习经验，特别是在学习活动中获得成功的经验。

求知欲是推动学生学习的一种最实际的内部动力。求知欲的满足，一般不会使学习兴趣减弱或消失，反而能够使学习的兴趣更加浓厚和丰富，产生与更高的认识活动水平相适应的新的兴趣。

(三)成就动机与抱负水平

推动学生学习的主要动力之一是个体在自己的工作和学习中都希望获得更好、更大的成就，这就是成就动机。例如，幼儿园的孩子想搭成一组更高的积木，中学生想获得更好的学业表现，大学生希望毕业后干一番事业。

抱负水平与成就动机有着密切关系。西尔斯(R. S. Sears)等人的研究表明，学业表现优秀的学生，其成就动机和志向水平一般也较高。另外，成功的经验会提高个人的志向水平，失败的经验会降低个人的志向水平。我国的教育心理学工作者，通过对学业表现不理想学生的调查研究发现，中小学生学业表现不理想的主要原因是他们对学习丧失信心，成就动机和志向水平偏低。因此，对他们的教育目的之一，就是使他们获得成功的经验，培养和提高他们的志向水平和成就动机的水平，以改变他们对学习的消极态度，提高他们的学习积极性。

(四)交往动机

由于存在交往动机，获得父母、教师或同伴的赞扬不仅使学生感到处于优越的社会地位，而且还会使他们在与有关人员的交往中享有亲密的情感。反之，被严厉对待不仅会使学生的自尊心受伤害，而且还会使他们觉得被抛弃、不受宠爱以及在集体和社会中处于孤立的状态，从而产生孤独感和焦虑。交往动机在学习过程中起着不同的作用，有时能使学生为他所喜欢的教师而努力学习，有时则会使人拒绝为他所不喜欢的教师去努力学习。

在学校环境中，应重视学生的交往需要并创设条件使这种需要得到合理的满足。当学生和教师之间建立一种友好合作的关系，学生与学生之间能够互相帮助、相互促进，学生与班级等群体之间和谐融洽时，这种良好的人际关系不仅有利于推动学生去学习，而且对于学生的健康成长也是非常重要的。

三、学习动机的培养

学习动机的激发是指在一定教学情境下，利用一定诱因，使已形成的学习需要调动起来，以提高学习的积极性。在教学过程中，学生是教学的主体，学生的积极参与可以提高学业表现，可以激发教师的教学热情，提高教学效果和教学质量。因此，培养和激发学生的学习动机是教师的一项重要任务。

(一)创设问题情境，实施启发式教学

启发式教学与传统的“填鸭式”教学相比具有极大的优越性。实施启发式教学的关键在于创设问题情境。问题情境是具有一定难度，需要学生努力克服，力所能及的学习情境。创设问题情境是在讲授内容和学生求知心理之间制造一种“不协调”，将学生引入一种与问题有关的情境中。问题情境最好是适度的疑难情境，难度过小或过大都不好，学生对“半生不熟”“似会非会”的内容更感兴趣。

创设问题情境的方式可以是多种多样的。可以用教师设问的方式提出，也可用作业的方式提出；可以从新旧教材的联系方面引入，也可以从学生的日常经验引入。

要想创设问题情境，教师首先要熟悉教材，掌握教材的结构，了解新旧知识之间的内在联系；其次要了解学生已有的认知结构状态，使新的学习内容与学生已有的发展水平构成一个适当的跨度；最后通过问题情境来引入教学内容，不仅能激起学生的兴趣，调动学生的好奇心和求知欲，充分发挥学生的想象力和思维潜能，而且能使教师的讲课变得引人入胜。

(二)及时反馈学习结果

及时的结果反馈能调整学习的进度，提高学习兴趣和改进学习策略，也可以使学习者为了收获更好的学业表现或避免再犯错误，增强学习动机，保持学习的积极主动性。学生及时了解自己的学习结果会产生相当大的激励作用，产生进一步加强学习的愿望。

罗西(C. C. Ross)和亨里(L. K. Henry)曾做过一个著名的心理实验。他们把一个班级的学生分为三组，让学生每天学习后接受测验。第一组学生每天被告知其学习结果；第二组每周被告知其学习结果；第三组则不被告知学习结果。进行 8 周后，改换条件，除第二组仍旧每周被告知学习结果外，第一组与第三组的情况对调，即第一组不再被告知学习结果，第三组则每天被告知学习结果。

实验表明：在第二个第 8 周后除第二组显示稳定的进步以外，第一组与第三组的情况则有很大的变化，即第一组的测验分数逐步下降，而第三组的测验分数则突然上升，见图 9-5。

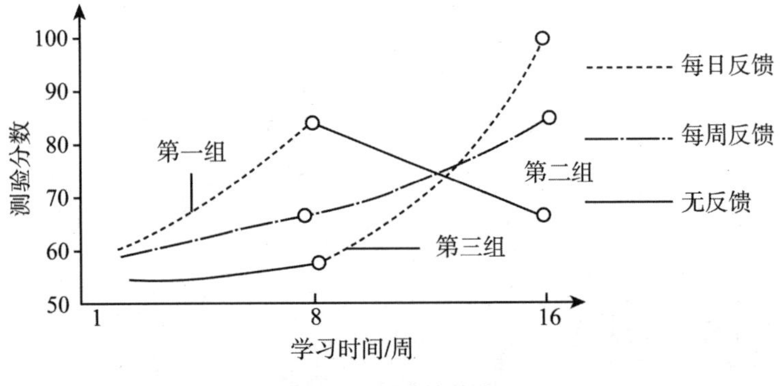

图 9-5　反馈的效应

由此可见，反馈在学习上的效果是很显著的，每天及时反馈比每周的反馈效率更高；如果没有反馈，不知道自己的学习结果，缺乏学习的激励，则难以进步。因此，教师应尽可能让学生及时了解自己的学业进展情况及取得的成就。

(三)适当的表扬与批评

适当的表扬与批评所起的作用是对学生的学习活动予以肯定或否定的强化，从而巩固和发展正确的学习动机。一般情况，表扬、奖励比批评、指责能更有效地激励学生的学习动机。前者能使学生产生成就感，但如果使用过多或不当，会造成学生骄傲和忽视自己缺点的倾向，耐受挫折的能力减弱，也会破坏学生的内在动机；后者则会挫伤学生的自尊心和自信心。

在当前的教育领域，赏识教育和竖大拇指教育倍加流行，教师们被鼓励多使用表扬，少用批评，禁用惩罚。但有效地进行表扬不是一件容易的事。勃洛菲(J. E. Brophy)提出，表扬一定要针对真正的进步与成就，要及时并真诚地表扬，要向学生说明表扬的理由，使之归因于努力和能力。惩罚并不能告诉被惩罚者如何采取恰当的行为，会导致许多负面的结果。不主张惩罚不等于不使用批评。由此可见，不管使用哪种评价方式，重在适度和适当。任何的表扬、奖励和批评都应让学生感到有理有据，过火与不及时都有损动机作用。适当的表扬与批评，应注意以下几点：使学生对评价有一个正确的态度，评价必须客观、公正和及时，要注意学生的心理发展水平和个性心理特点。

(四)正确的结果归因

成败归因理论表明，学生对学习结果的归因，不仅解释了以往学习结果产生的原因，更重要的是会对以后的学习行为产生影响。不同的归因方式对学习动机的影响，具体表现在以下四个方面。

首先，人的个性差异和成败经验等影响着他的归因。

其次，前次成功的归因将会影响他对下个行为结果的预期。如果归因为稳定因素，预期结果可能与上一次一致，即成功者预期以后的成功，失败者预期以后的失败；如果归因为不稳定的因素，预期结果与上一次不一致。

再次，归因影响情绪反应。如果归结为内部原因，在成功时会感到满意和自豪，在失败时会感到内疚和羞愧；但归结为外部原因，不论成功还是失败都不会产生太剧烈的情绪反应。

最后，归因影响努力程度。如果把失败归结为不稳定和可控制的原因(努力)，那么以后遇到困难会坚持努力并相信自己可以成功；相反，如果倾向于把失败归结为稳定和不可控制的因素(能力)，那么会感觉自己改变不了现状，努力也没用。

不同的归因方式对学生今后的行为所产生的影响不同，因此，可以通过改变学生的归因方式来改变其今后的行为。在学生完成学习任务后，教师应从两个方面来指导学生进行正确的成败归因。一方面，引导学生找出成败的真正原因；另一方面，教师根据学生过去一贯的学业表现差异，从有利于今后学习的角度进行归因，哪怕这时的归因并不真实。

一般来说，归因于主观努力对所有学生都是有益的。学业表现优秀的学生不会过分自傲，能继续努力；学业表现不理想的学生不至于自卑，能够从失望的状态中解脱出来，以后努力学习。

思考与应用

1. 如何理解马斯洛的需要层次理论？

2. 材料题：

一群孩子在一位老人家门前嬉闹，叫声连天，老人难以忍受。于是，他出来给每个孩子 25 美分，并说："你们让这儿变得很热闹，我觉得自己年轻了不少，这点儿钱表示谢意。"孩子们很高兴。第二天，一如既往地嬉闹。老人给了 15 美分，并解释说："我没有收入，只能少给一些。"孩子们仍然兴高采烈。第三天，老人只给了 5 美分。孩子们勃然大怒："一天才 5 美分，你知不知道我们多辛苦！"他们向老人发誓，再也不会来他门前玩了。

这个案例中，孩子们在为谁玩？需要和动机是如何共同影响他们的行为的？

3. 根据韦纳的归因理论，结合自身谈一谈不同的归因方式如何影响后续行为。

4. 简述自我决定理论的基本思想。

5. 简述成就目标理论。

6. 如何有效激发和培养学生的学习动机？

推荐阅读

1. 布罗菲：《激发学习动机》，陆怡如译，上海，华东师范大学出版社，2005。

2. 亚伯拉罕·马斯洛：《人性能达到的境界》，曹晓慧等译，北京，世界图书出版公司北京公司，2014。

3. 阿德勒：《自卑与超越》，吴杰、郭本禹译，北京，中国人民大学出版社，2013。

4. 爱德华·L. 德西、理查德·弗拉斯特：《内在动机：自主掌控人生的力量》，王正林译，北京，机械工业出版社，2020。

5. 迈克尔·J. 弗朗、里奇·吉尔曼、E. 斯科特·休布纳：《学校积极心理学手册》，张大均等译，重庆，西南师范大学出版社，2017。

第十章

能 力

第一节 能力概述
第二节 能力的种类与结构
第三节 能力的测量
第四节 能力发展与个体差异

能力作为个体顺利完成某种活动的必要心理条件，在日常生活、学习中非常重要。心理学通过有效的测量技术，可以对每个人能力方面表现出来的各种差异加以度量。能力不仅有强弱之分，也存在结构上的不同及发展早晚的差异，究其原因，主要是遗传、环境、教育等因素各异所致。本章首先概述了能力的内涵，其次介绍了能力的种类与结构，再次介绍了能力的测量方法，最后介绍了能力发展的一般趋势与个体差异。

思维导图

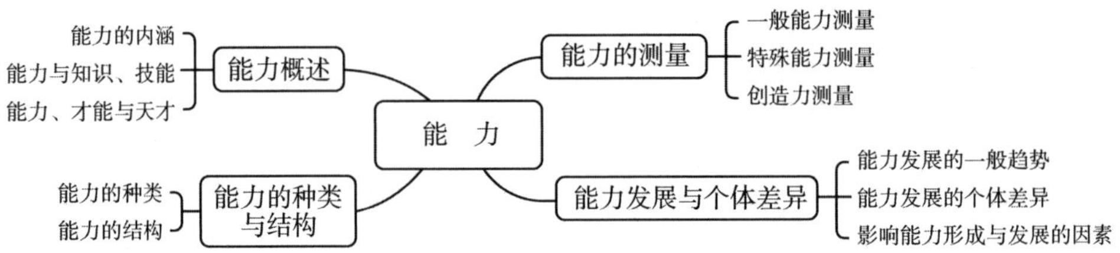

学习目标

1. 掌握能力的内涵；
2. 理解能力与知识、技能的关系；
3. 了解能力的种类、结构与测量方法；
4. 掌握能力发展的个体差异及影响能力发展的因素。

课前思考

没有一个班级所有同学的学业表现都是完全相同的。学生学业表现之所以呈现出差异性特征是由于他们自身的知识基础不同，还是智力差异所致？要如何判断学生之间的智力差异？智力测验有哪些？智商是怎么得来的？学业表现不理想就一定意味着能力差吗？智力是多元的吗？在智力发展过程中，遗传和环境哪一个更重要？

关于能力，的确有太多的问题值得思考。随着人类对其奥秘的探索，能力丰富的内涵得到越来越多的揭示。本章就极具影响的理论、技术加以概略介绍，目的在于引导人们去正确地认识能力，并通过不断的应用与实践，去探索包括上述问题在内的各种疑问的答案。

第一节　能力概述

大千世界，芸芸众生。有人聪慧，有人愚拙；有人能歌善舞，有人五音不全；有人显示了运动天赋，有人则具有组织才能；有人功成名就，有人平凡一生。可见，每个人的能力是不同的。那么，什么是能力呢？

一、能力的内涵

能力是直接影响活动效率，使活动得以顺利完成的个性心理特征。

首先，能力与活动紧密相连。能力是在实践活动中形成和发展起来的，并在活动中得到表现。例如，音乐家超强的听觉识记能力、染布工人良好的色彩辨别能力、演员逼真的剧本表演能力等都是在他们从事的实践活动中发展起来的，也只有在这些实践活动中，他们的能力才能表现出来，受到鉴别。实质上，能力是个体完成活动的本领。

其次，能力直接影响活动效率。从事某种活动必须以一定的能力为条件和保证，能力的强弱决定活动效率的高低。例如，要成为一名合格的教师，就需要较强的语言表达能力、教学组织能力、观察能力等。能力是顺利完成某种活动的必备条件，缺乏这种条件，相应的活动就无法顺利完成。例如，缺乏色彩辨别能力，就不能顺利完成绘画着色活动。

能力是直接影响活动效率，使活动得以顺利完成的个性心理特征。

虽然能力与活动紧密相连，但并不是所有影响活动的心理特征都是能力。目的与动机、立场与观点、兴趣与爱好、谦虚与骄傲、勤奋与懒惰等，虽然和活动有一定的关系，但它们不是直接影响活动效率的因素，因而不能称为能力。只有那些直接影响活动效率，保证活动顺利完成的心理特征，才属于能力的范畴。例如，曲调感和节奏感对于音乐活动，色彩辨别力和透视能力对于绘画活动，口头表达能力和组织管理能力对于教学活动等才能称为能力。

二、能力与知识、技能

能力与知识、技能既有区别，又有联系。搞清它们之间的关系，对教育工作者具有重要意义。

(一)能力与知识、技能的区别

首先，它们所属的范畴不同。知识是人类社会历史经验的概括和总结，大多以语言、文字、符号的形式被传授和保存下来；技能是个体运用已有的知识经验，经过反复训练形成的自动化的行为方式；能力是一个人稳定的个性心理特征。其次，三者的生理机制不同。掌握知识、技能是形成暂时的神经联系系统和动力定型，能力是在掌握知识、技能的过程中发展起来的神经系统的结构和机能的特点，即形成暂时神经联系时表现出来的某些特性。再次，三者的发展并不是同步的。一般来说，知识、技能的掌握比较快，而能力的发展要慢得多，能力并不永远随知识的增加而成正比例的发展；人的知识在一生中可以通过学习持续地增加和积累，所谓“活到老，学到老”，要有终身学习的意识和行动，而人的能力的发展则受机体和神经系统的发育、成长、衰老的影响，有一个发展、停滞和衰退的过程，到了一定的年龄，能力就不再发展了。最后，迁移的范围不同。能力是一种个性心理特征。从形成上看，它是在个体身上固定下来的概括化的东西，并且在反映客观现实中获得的观察力、记忆力，以及分析、综合能力等，一旦成为个人的特点，就会迁移到不同的场合中去，在极广的范围内起作用。一个人的知识、技能虽然也有一定的概括性，但是它们概括化的深度与迁移的广度却比能力差得多。知识是对相应经验的概括，它只能在此经验范围内迁移；技能是对相应的行为方式的概括，其迁移范围也较狭窄。

(二)能力与知识、技能的联系

能力与知识、技能又是紧密联系、相辅相成的。知识、技能的获得是能力形成与发展的基础，而能力是在知识、技能获得的过程中逐渐发展起来的，离开了知识的学习，就无从发展能力。同时，能力的形成与发展又是掌握知识、技能的必要前提，不具备必要的能力，知识就难以被掌握。如不具备感知能力，个体就无法获得感性知识；不具备抽象思维能力，个体就无法获得理性知识。能力还制约着一个人知识、技能的获得方式和效果。能力的大小不同，相同的时间内获得的知识、技能的深度和广度就会有差异。教师应该创造条件，使学生的知识、技能和能力相互促进，协调发展，避免知识、技能与能力之间的关系失调，特别要注意改变高分低能这一现象。

三、能力、才能与天才

能力直接影响活动效率，有的活动需要的能力比较单一，但人的大多数活动需要多种能力的有机结合。学生要完成学习任务，仅凭记忆能力是不够的，必须有思维能力、想象能力、理解能力等；教师要顺利地教学，就需要有敏锐的观察能力，清晰、准确的语言表达能力，饱满的情绪感染力和较强的组织能力等。我们把多种能力的有机结合称为才能，如一个人具有较强的色彩鉴别力、丰富的想象力、明确的线条比例判断力，能够顺利完成绘画任务，才说明他有绘画才能。

才能有高有低，才能的高度发展就是天才，即一个人各方面的能力得到了高度的发展，达到了最完备的结合，能创造性地完成某个或多个领域中的任务，创造出卓越的业绩。例如，马克思、爱因斯坦、达·芬奇等都是天才人物，他们的共同特征是能够高效率、创造性地解决前人未曾解决的问题。天才不是天生的，是在遗传物质的基础上通过后天努力逐渐形成的。爱迪生曾说过："天才是百分之一的灵感加上百分之九十九的汗水。"天才离不开个人的勤奋和努力。

第二节　能力的种类与结构

一、能力的种类

人类从事的活动丰富多彩，完成这些活动所必需的能力也是多种多样的。根据不同的划分标准，可以将能力进行不同的区分。

(一)一般能力和特殊能力

根据能力作用的活动领域不同，可将能力分为一般能力和特殊能力。

一般能力又称为智力，是人从事各种活动共同需要的能力，如观察力、记忆力、注意力、想象力、思维能力等，是人所共有的最基本的能力。特殊能力是指从事某项专业活动所必备的能力，如音乐能力、绘画能力、体育能力、写作能力等，它是顺利完成某项专业活动的心理条件。

一般能力与特殊能力是紧密联系的。一方面，一般能力是特殊能力形成和发展的基础，为特殊能力的发展创造条件。例如，人的一般听觉能力既存在于音乐能力中，又存在于言语能力中。没有一般听觉能力的发展，就不可能发展音乐和言语听觉能力。另一方面，特殊能力的发展也会促进一般能力的发展。例如，音乐能力的发展会提高一般听觉能力，并进而影响言语听觉能力的发展。

(二)模仿能力和创造能力

根据活动中创造性的大小，可将能力分为模仿能力和创造能力。

模仿能力是指人们通过观察别人的行为、活动来学习各种知识，然后以相同的方式做出反应的能力。人的能力不是先天具有的，是在生活中不断从他人那里学习获得的。儿童期是模仿能力形成和发展的重要时期，儿童会在家庭中模仿父母说话的声音、神情，在游戏中模仿动画片中的语言、动作等。模仿不但表现在观察别人的行为后立即做出相同的反应，而且表现在某些延缓的行为反应中。不仅儿童，成人身上也具有模仿性的特点。

创造能力是指产生新思想、新发现和新产品的能力。一个具有创造力的人往往能超越具体的直觉情景、思维定势、传统观念和习惯势力的束缚，在习以为常的事物和现象中发现新的联系，提出新思想，获得新发现，产生新产品。作家在头脑中构思新的人物形象，创造出新的作品；科学家提出新的理论模型，并用实验证实这些模型，都是创造力的具体表现。

模仿能力与创造能力是互相联系、互相渗透的。人们总是先模仿后创造，模仿是创造的前提和基础，创造是模仿的发展和结果。

(三)流体能力和晶体能力

根据能力在人的一生中的不同发展趋势以及能力和先天禀赋与社会文化因素的关系，可将能力分为流体能力和晶体能力。

流体能力是指在信息加工和问题解决过程中表现出来的能力，它较少依赖于文化和知识的内容，而取决于个人的禀赋。流体能力的发展与年龄密切相关。一般来说，在 20 岁以后，人的流体能力的发展达到顶峰，30 岁以后将随人年龄的增长而降低。此外，心理学家们也发现，流体能力属于人的基本能力，其个别差异受教育文化的影响较小，受先天遗传因素的影响较大。

晶体能力是指获得语言、数学等知识的能力，它取决于后天的学习，与社会文化有密切的关系。晶体能力在人的一生中一直在发展，只是到 25 岁以后，发展的速度渐趋缓慢。

虽然流体能力与晶体能力具有不同的发展速度，达到成熟和出现衰退的时期也不同，但两者有一定的依赖关系。一个有较高流体能力的人，在良好的教育环境中将发展出较高的晶体能力，而在糟糕的教育环境中，其晶体能力的发展将受到影响。

> 流体能力是指在信息加工和问题解决过程中表现出来的能力。
> 晶体能力是指获得语言、数学等知识的能力。

(四)认知能力、操作能力和社交能力

根据能力的功能，可将能力分为认知能力、操作能力和社交能力。

认知能力是指个体接受、加工、储存和应用信息的能力，即我们一般所说的智力，如观察能力、记忆能力、思维能力、想象能力等。人们认识客观世界，获得各种各样的知识，主要依赖于人的认知能力。

操作能力是有意识地调节自己的外部动作以完成各项活动的能力，如劳动能力、表演能力、运动能力等。操作能力是在操作技能的基础上发展起来的，又成为顺利掌握操作技能的重要条件。

社交能力是人在社会群体生活中与他人相互交往、保持协调的能力，如组织管理能力、信息沟通能力、人际知觉能力等。这种能力对组织团体、促进人际交往和信息沟通有重要作用。

认知能力、操作能力与社交能力是互相联系、相辅相成的。人在与外界环境相互作用的过程中发展认知能力，人又依靠认知能力去调节操作能力和社交能力。操作能力是在积累知识和经验的基础上形成和发展的，认知能力也受操作能力发展程度的影响。

二、能力的结构

能力的结构是指能力是由哪些成分构成的，这些成分又是怎样结合在一起的，其中哪些成分占主要地位，哪些成分处于次要或辅助地位。能力是由多种心理品质构成的系统，具有复杂的结构。心理学家对能力的结构提出了许多假设，主要有以下几种理论模型：能力的因素说、能力的结构理论和能力的信息加工理论。

(一)能力的因素说

1. 单因素说

美国心理学家桑代克(Thorndike)曾对能力做过系统的描述。在他看来，人的能力是由许多独立的成分或因素构成的，如抽象能力、对社会关系的适应能力等。根据这种学说，不同能力和不同因素是彼此没有关系的，能力的发展只是单个能力独立的发展。这种学说很快受到人们的批评。因为心理学家发现，当人们完成不同的认知作业时，他们得到的成绩具有明显的相关性，而这说明各种能力因素并不是完全独立的。

2. 二因素说

1927 年，英国心理学家和统计学家斯皮尔曼(Spearman)根据人们完成智力作业时成绩的相关程度，提出能力由两种因素组成：一般因素(G)和特殊因素(S)。人们完成的任何一项活动都需要由 G 和 S 两种因素决定。例如，完成一项语文作业需要 G+S1 来实现，完成一项算术推理作业需要 G+S2 来实现，完成一项操作活动则需要 G+S3 来实现。同一个人在完成这些活动中一般因素 G 是共同的，而特殊因素 S1、S2、S3 是不同的，一般因素参与所有的智力活动，而特殊因素只分别参与不同的智力活动。

G 因素是人的全部智力活动的共同基础，是人的基本心理潜能。虽然人们都有这种能力，但每个人具有这种能力的大小却是不同的。S 因素只参与特殊智力活动，是保证人们完成某些特定活动所必需的，因而每个人的 S 因素既有大小的区别，也有有无的区别。斯皮尔曼还认为，G 因素是能力水平高低的标志，而 S 因素是每个人认识领域差异的表现。完成任何一种作业，都需要 G 和 S 两种因素参与，但 G 因素是第一位的。在个体完成的智力作业中，包含的 G 因素越多，则各种作业成绩的正相关值就越高；相反，包含的 S 因素越多，则其成绩的正相关值就越低。

斯皮尔曼的二因素理论简单明确，为智力测验技术提供了理论依据，在智力理论的发展中具有重要地位，近半个世纪以来智力测验的理论绝大多数是以这个理论为基础建立起来的。但是，这个理论也有局限性。首先，二因素论最初否定了群因素的存在；其次，把一般因素和特殊因素完全对立起来，没有看到它们之间的关系和联系，因此也是不可取的。

3. 群因素说

群因素说是美国心理学家瑟斯顿(L. L. Thurstone)于 20 世纪 30 年代提出来的。他用因素分析的方法求得智力由七种因素构成，并把这七种因素称为七种基本心理能力：语词理解、语词流畅、数字运算、空间关系、联想记忆、知觉速度、一般推理。这些基本能力因素的不同搭配，就构成了每个人独特的智力。瑟斯顿为了考察他构想的七种基本能力的独立性，专门设计了“基本心理能力测验”。但测验结果显示，各种基本能力并不是绝对割裂的，它们之间都有不同程度的正相关。这实际上意味着可以从这些基本能力中找出一般因素。

群因素理论对后来能力研究的影响较大，不仅是因为他提出的因素分析的方法为后来研究智力开辟了一条新的道路，而且他的研究也促进了能力测验的发展。但这一理论由于没有明确一般因素和群因素之间的关系，因而存在一定的缺陷。

(二)能力的结构理论

1. 层次结构理论

英国心理学家弗农(P. E. Vernon)于 1961 年提出了能力的层次结构理论。他认为，智力是个多层次的心理结构，最高层次为智力的一般因素 G；第二层次包括两大因素群，即言语和教育因素(V∶ED)、机械和操作因素(K∶M)；第三层为小因素群，包括言语、数量、教育以及机械、空间、操作、运动等；第四层是各种特殊能力。

能力的层次结构理论运用系统理论来研究能力的结构，从全新的角度给了我们一定的启发。

2. 三维结构理论

美国心理学家吉尔福特认为人的智力可以从三个维度上加以分析，即智力活动的内容、操作和产物。智力活动第一个维度是内容，即信息材料的类型，包括视觉的、听觉的、符号的、语义的和行为的五个因素。智力活动的第二个维度是操作，是智力的加工活动，包括认知、记忆、发散思维、聚合思维和评价。智力活动的第三个维度是产物，是运用智力操作信息后得到的结果，包括单元、类别、关系、系统、转换和蕴含。他用排列组合的方法使每一个项目与其他维度的任意两项结合，把人的智力在理论上分为 5×5×6＝150 种。1988 年，他又将记忆区分为“记忆记录”和“记忆保持”，这样把智力三维结构模型含有的多种因素组合起来，就得到了 5×6×6＝180 种不同的智力因素(见图 10-1)，图中的每一个小立方体代表一种智力因素。例如，给被试 10 种图案，每种呈现 5 秒，然后让他们简要描述。在这项测验中，活动的内容为视觉，操作为记忆，产品为单元，它代表了对视觉记忆能力的度量。

吉尔福特的三维结构理论丰富了人们对智力本质，特别是智力的复杂性的认识，促进了智力测验的发展，对于人们更深入地把握智力本质有重要的启发意义。

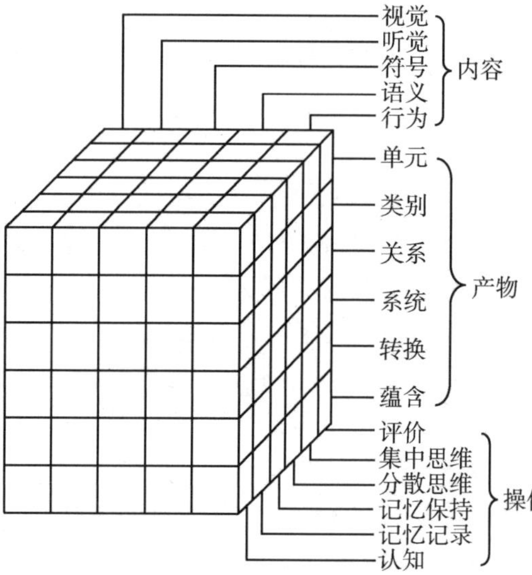

图 10-1 吉尔福特的智力三维结构模型

(资料来源：J. P. Guilford，1988)

(三)能力的信息加工理论

20 世纪 70 年代以来，与能力的结构理论不同，能力的信息加工理论把人的能力和智力看成一个过程，由不同的阶段组成，并且是由某些更高的决策过程组织起来的。比较有代表性的有智力三元理论和智力的 PASS 模型。

1. 智力三元理论

美国耶鲁大学的心理学家斯腾伯格(Sternberg)1985 年提出了智力的三元理论，试图说明更广泛的智力行为。该理论由三个亚理论组成：成分亚理论、经验亚理论和情境亚理论。

成分亚理论将智力与个体的内部世界联系起来，包括三种成分及相应的三种过程，即元成分、操作成分和知识获得成分。元成分是用于计划、控制和决策的高级执行过程，如确定问题的性质、选择解题步骤、调整解题思路、分配心理资源等；操作成分表现在任务的执行过程，是接受刺激，将信息保持在短时记忆中并进行比较，负责执行元成分的决策；知识获得成分是指获取和保存新信息的过程，负责接收新刺激，做出判断与反应，并对新信息进行编码与存储。在智力成分中，元成分起着核心作用，它决定人们问题解决时使用的策略。

经验亚理论将智力与个体内、外部世界联系起来。经验亚理论表现为两个方面的能力，一是处理新任务或新情境的能力，二是信息加工过程自动化的能力。斯腾伯格认为，应对新异性的能力和自动化的能力是完成复杂任务时两个紧密相连的方面。当个体初次遇到某一任务或某一情境时，应对新异性的能力就开始了。在多次实践后，人们积累了关于任务或情境的经验，自动化的能力才开始起作用。

情境亚理论将智力与个体的外部世界相联系。在日常生活中，智力表现为有目的地适应环境、塑造环境和选择新环境的能力。一般来说，个体总是努力适应他所处的环境，力图在个体及其情境之间达到和谐。当个体在一种情境中感到不能适应或不愿意适应时，他会重新选择或塑造环境以提高个体与环境之间的和谐程度，而不只是适应现存的环境。

斯腾伯格的智力三元理论是现代智力理论的代表之一，它与当代认知心理学的发展相契合，使智力理论研究有了突破性的进展。

2. 智力的 PASS 模型

加拿大心理学家纳格利尔里(Naglieri)和戴斯(Das)等人于 20 世纪 90 年代初提出了智力的 PASS 模型。PASS 是“Planning-Attention-Simultaneous-Successive”的缩写，即“计划—注意—同时性加工—继时性加工”，它包含三个认知系统和四种认知过程。其中，注意系统又称注意—唤醒系统，它是整个系统的基础；同时性加工和继时性加工统称为信息加工系统，处于中间层次；计划系统处于最高层次。三个系统协调合作，保证了一切智力活动的运行。

三个机能系统之间有一种动态的联系，注意、信息加工和计划系统之间是相互作用和相互影响的。注意系统和计划系统关系非常密切，计划系统需要一个充分的唤醒状态，以使注意能够集中，进而促使计划的产生。信息加工和计划系统也是密不可分的，现实生活中的任务往往能以不同的方式进行编码，个体如何进行这种信息加工也是计划系统的功能，所以同时性或继时性加工要受到计划系统的影响。

专栏 10-1 加德纳与多元智能

心理学家霍华德·加德纳(Howard Gardner)采用了完全不同于传统模式的研究方法。加德纳认为我们不应该问“你聪明吗”这样的问题，而应该问“你有多聪明”这样一个不同的问题。在研究后一个问题的过程中，他提出了影响深远的多元智力理论，认为人类的智力至少可以划分为 8 种不同的类型，分别是音乐智力、身体运动智力、逻辑数学智力、语言智力、空间智力、社交智力、自知智力和自然主义智力。在加德纳看来，多元智力框架中的每一种智力类型都与大脑内一个独立系统相联系。他认为可能还存在其他的一些智力类型，如确认和思考关于人类存在问题的存在智力。

加德纳强调每个人都同时拥有这8种智力。不过，这8种智力在每个人身上的结合方式并不相同。有些人可能在所有的方面或某些方面具有较高的水平，而另一些则可能在其他方面表现杰出。当然，还有一些人可能在所有的方面都处于很低的水平。世上的绝大多数人介于中间状态。加德纳认为人的各种智力是以复杂的方式协同作用的。尽管这8种智力相对独立，表现方式也不同，甚至每一种智力都有多种表现方式，但他同时也指出在现实生活中没有任何一种智力是独立存在的，至少对于正常发展的人来说是这样的。即使是完成一些看起来最简单的活动，各种智力成分通常也是协同作用的。

多元智力的概念促进了包含有多个答案的智力测验的发展，这些问题通常可反映一个人的创造性思维能力。现在很多教育家也接受了多元智力的概念，并利用多元智力概念设计了培养不同方面智力的课程计划。

（资料来源：费尔德曼、黄希庭，2008）

第三节　能力的测量

能力作为一种心理特征，具有看不见、摸不着的特点，因而不能直接测量。但是能力与行为有极其密切的内在联系，这就为间接测量人的能力提供了客观依据。能力测量的思想源远流长。2500多年前，孔子就根据自己的观察把人分为中人、中人以上和中人以下。孟子也说：“权，然后知轻重；度，然后知长短。物皆然，心为甚。”判断一个人的能力的方法有很多，但是用科学方法把测验编制成量表来测量一个人的能力是从法国心理学家比奈(A. Binet)开始的。能力测量有不同的种类，根据能力分类，可分为一般能力测量、特殊能力测量和创造力测量三种。实施这些测量的目的就是要把能力用数量化的形式精确地表示出来。

一、一般能力测量

一般能力测量也叫智力测量，是目前普遍流行的一类能力测验。20世纪初以来，智力测验有了长足的发展，不仅测验理论有了很大进展，测验编制的方法也越来越科学。

(一)比奈—西蒙智力量表

1905年，法国心理学家比奈与医生西蒙(S. Simon)受法国教育部的委托，对智力发展迟缓儿童进行筛选，以便给他们特殊帮助，让他们去读教授特殊课程的学校。为此，比奈和西蒙编制了专门的智力测验量表，来判别儿童智力的差异，这个量表称为“比奈—西蒙量表”(Binet-Simon Scale)。该量表包含 30 个测验项目，测量儿童的记忆、言语、理解等，每个项目的难度逐渐上升，根据儿童通过项目的多少来评定他们智力的高低。1908 年，比奈和西蒙对已编制好的量表进行了第一次修订，测验项目由 30 个增至 58 个，测验的年龄为 3～15 岁，每个年龄组的测验项目为 4～5 个。

(二)斯坦福—比奈量表

1916 年，美国斯坦福大学的推孟(L. M. Terman)教授将比奈—西蒙量表介绍到美国，并修订成为斯坦福—比奈量表(Stanford-Binet Scale)。1937 年和 1960 年，该量表经两次修订，成为目前世界上广泛流传的标准测验之一。

斯坦福—比奈量表是一种年龄量表，每个年龄组的测验都由 6 个项目组成，每个项目代表两个月的智龄(mental age，MA)。智龄是对智力的绝对水平的度量，它说明了一个儿童的智力实际达到哪种年龄水平。如果一个儿童通过了 5 岁组的全部项目，通过了 6 岁组的 4 个项目、7 岁组的 3 个项目、8 岁组的两个项目，而 9 岁组的项目一个也没有通过，那么这个孩子的智龄为 5(岁)＋4×2(月)＋3×2(月)＋2×2(月)＝5 岁＋18 个月＝6 岁 6 个月。

为了清楚地表示儿童的智力水平，德国心理学家施特恩(W. Stern)首先提出了智商(intelligence quotient，IQ)的概念。智商就是智力年龄与实际年龄(chronological age，CA)之比。推孟为了去掉小数，提出了乘以 100 的方法，于是智商的计算公式为：

$$\text{智商(IQ)}=\text{智龄(MA)}/\text{实龄(CA)}\times 100$$

如果一个 5 岁儿童的智龄与他的实际年龄相同，那么这个孩子的智商就是 100，说明他达到了 5 岁儿童的一般水平，如果他的智龄为 6.6，那么他的智商就是 132。智商在 90～110，说明智力处于一般水平；超过 110，说明儿童的智力水平偏高；低于 90，说明儿童的智力水平偏低。

用智龄和实际年龄的比率来代表智商，叫比率智商(ratio IQ)。比率智商有一个明显的缺点，即当人的智力发展到一定的年龄可能会稳定在某一水平上，而实际年龄却在不断增长，采用比率智商来表示人的智力水平，年龄越大，智商越小，这显然与客观事实不符。

(三)韦克斯勒智力量表

斯坦福—比奈量表是对个体智力状况的综合测量，只能给人一个相当笼统的概念。但是智力并不是一种单一的能力，它包含着各种结构成分。在同一人身上，智力的各个成分可能有不同的发展水平。

为了更真实地反映出一个人的智力状况，韦克斯勒(D. Wechsler)编制了若干套智力量表。韦氏成人智力量表(Wechsler Adult Intelligence Scale，WAIS)，适用于 16 岁以上的成人；韦氏儿童智力量表(Wechsler Intelligence Scale for Children，WISC)，适用于 6～16 岁的儿童；韦氏学前儿童智力量表(Wechsler Preschool and Primary Scale for Intelligence，WPPSI)，适用于 4～6.5 岁的儿童。

韦氏智力量表包含言语测验和操作测验两个部分，言语测验包含常识、数字广度、词汇、算术、理解、类同等项目，操作测验包含填图、图片排列、积木、物体拼配、数字符号、矩阵推理等。分测验中各项目得分相加，称为分测验的原始分，原始分按手册上相应用表可转化成平均数为 10，标准差为 3 的量表分，言语测验分和操作测验分相加便可得到全量表分。最后，根据相应用表换算成言语智商、操作智商和总智商。

韦克斯勒还革新了智商的计算方法，根据智商正态分布的事实，提出了“离差智商”(deviation IQ)的概念。韦克斯勒认为，人们的智商是以平均数 100 和标准差 15 的正态形式分布的。看一个人的智商高低，实质上就是看他在同年龄组分数分布中所占的位置。根据这种理论计算出来的智商称离差智商。离差智商的计算公式为：

$$IQ=100+15Z$$

$$\text{其中，} Z=\frac{X-\overline{X}}{SD}$$

Z 代表标准分数，X 代表个体的测验分数，$\overline{X}$ 代表团体的平均分数，SD 代表团体分数的标准差。只要知道了一个人的测验分数，以及他所属团体的平均分数和团体分数的标准差，就可计算出他的离差智商。离差智商克服了比率智商的不足，是对个体的智商在其同龄人中相对位置的度量，因而不受个体年龄增长的影响。

二、特殊能力测量

智力测验只是测量人的一般能力，但在实际生活中，还需要对个体的特殊能力进行测量。特殊能力测量，是指对特殊职业活动能力的测量。它需要对特殊活动进行分析，找出它所要求的特殊能力，列出测验项目，然后采取适当的手段进行测量。

(一)音乐能力测验

音乐能力测验由美国心理学家西肖尔(Seashore)等人编制，用来测量小学四年级及以上个体不受音乐训练影响的基本音乐能力。主要评估听觉辨别力的六个方面：音调、音量、旋律、节奏、音色、音调记忆。西肖尔及其同事经过研究诊断发现，这些能力是获得音乐全面发展的基础。

后来的音乐测验采取更复杂的内容。例如，温格(H. D. Wing)等人编制的温格音乐能力标准化测验。该测验从八个方面计分，包括和弦分析、音高变化、记忆、节奏重音、和声、强度、短句和总体评价，适合 8 岁以上的儿童。又如，戈登(E. Gordon)等人编制的音乐能力倾向测验，测量三种基本音乐因素：音乐表达、听知觉和音乐情感动觉。

(二)美术能力测验

梅尔(N. C. Meier)编制了美术判断力测验，主要考查被试的审美能力，包含艺术判断和审美知觉两个分测验。艺术判断分测验包含 100 对不着色的图片，内容有风景、静物、木刻、壁画等，每对由两幅图片组成，一幅是公认的杰作，一幅是在某些方面稍作改动的作品，要求被试在两幅图片中选出哪一幅更好。审美知觉分测验包含 50 个项目，每个项目为一件艺术品的四种形式，每一种形式相对于另外三种在比例、整体性、形状、设计等特征上有所不同，要求被试按照其优劣排列出等级。

(三)数学能力测验

苏联心理学家克鲁捷茨基(B. A. Крутечкий)等人编制了数学能力测验。他根据中小学生不同年级的水平，编制了 26 个系列的题目，包括具有多种多样解法的题目、正向和逆向的题目、序列题目、与空间概念有关的题目等，用来测量学生数学能力的发展水平。

(四)文书能力测验

文书能力测验主要有普通文书能力测验和电子计算机程序编制与操作测验。文书能力测验包括与智力测验类似的题目和测量知觉速度与准确性的题目，这是因为文书工作中需要言语、数学能力和动作敏捷性以及察觉异同的快速性等能力。

三、创造力测量

创造力与智力既有联系又不完全相同，智力测量的结果不能作为创造力高低的指标。美国心理学家吉尔福特通过对许多智力测验的分析，发现智力测验主要测量的是认知和集中思维能力，但创造力更需要发散思维的参与。而发散思维能力主要表现在思维的流畅性、变通性和独创性三个方面。目前国内外的创造力测量正是从这三个方面对人的创造力进行评定的。

(一)托伦斯创造性思维测验

该测验由美国明尼苏达大学的心理学家托伦斯(E. P. Torrance)编制，适用于测量幼儿园儿童到成人被试，但对小学四年级以下的被试，必须进行个别施测。该测验主要包含言语、图像、声音三个部分，共 12 个分测验。其中，言语创造性思维测验由询问、猜测原因、猜测结果、产品改进、不寻常用途、不寻常问题和假设 7 个分测验组成；图像创造性思维测验由图像构建、图像完成、平行线或圆 3 个分测验组成；声音词语创造性思维测验由声音想象、拟声字想象两个分测验组成。测验的结果能够给出被试思维的流畅性、变通性和独创性三项创造性指标的分数。

(二)南加利福尼亚测验

该测验由美国心理学家吉尔福特等人编制，适用于测量具有中学以上文化水平的被试。它由 14 个分测验组成，分别是词语流畅性、观念流畅性、联想流畅性、表达流畅性、非常用途、解释比喻、用途测验、故事命名、推断结果、职业象征、组成对象、绘图、火柴问题、装饰。前 10 个分测验要求被试进行言语反应，后 4 个分测验要求被试进行操作反应。该测验较好地反映了吉尔福特提出的创造力的本质，是一个标准化的创造力测验。

(三)芝加哥创造力测验

该测验由美国芝加哥大学心理学家编制，适用于测量青少年的创造潜能。它由 5 个部分组成，即词汇联想、物体用途、隐蔽图形、完成寓言、组成问题。测量的结果也是从被试思维的流畅性、变通性和独创性三个方面来评定的。

由于人的创造力在现实生活中有重要的意义，创造力测验也就引起了人们普遍的重视。但又由于这类测验的研究历史还不长，测验的标准化程度还不高，某些测验虽然已经取得了一些有价值的研究资料，但离预测和培养人的创造行为的要求还相距较远。

能力测验是一项专业性很强的工作，使用能力测验时，一定要高度重视科学性与客观性，知道自己承担的责任。具体需要注意以下几个方面：首先，测验量表的科学性，只有采用科学的测验工具才能保证测验结果的可信度和有效性；其次，测验量表的使用，要由心理学工作者和受过专门训练的人员承担；再次，在呈现测验结果时，必须提供真实和准确的信息；最后，正确解释测验结果非常重要。

目前，能力测量还存在局限性。首先表现为智力概念、能力结构的理论还有不少问题，需要进一步探讨。其次，目前能力测验还含有一些非智力因素，很难准确反映一个人的能力水平。

第四节　能力发展与个体差异

人的能力是不断发展的。不仅个体能力不断发展，人类的整体能力也在不断提高。能力的发展既有共同趋势，也有个体差异。

一、能力发展的一般趋势

人的一生大致可分为九个不同的时期，即新生儿期、乳儿期、婴儿期、幼儿期、童年期、少年期、青年期、中年期和老年期。在人的一生中，能力的发展趋势如下。

(1)童年期和少年期是某些能力发展最重要的时期。从三四岁到十二三岁，智力的发展与年龄的增长几乎是等速的。以后，随着年龄的增长，智力发展呈负加速变化，个体智力发展趋于缓和。

(2)人的智力在 18～25 岁达到顶峰。但是，智力的不同成分达到顶峰的时间是不同的。一般来说，知觉和推理能力接近成人水平的时间较早，言语理解和语词流畅性达到成人水平则较迟一些。

(3)根据对人的智力毕生发展的研究，人的流体智力在中年以后有下降趋势，而人的晶体智力在人的一生中却是稳定上升的。

(4)中年期是各种能力发展相对稳定的时期，富有创造性的活动也常常在这个时期出现。

(5)能力发展的趋势存在个别差异。能力高的人发展快，达到高峰的时间晚；能力低的人发展慢，达到高峰的时间早。

(6)青年期是一个人能力发展的重要阶段，青春孕育无限希望，青年创造美好明天，青年一代有理想、有本领、有担当，国家就有前途，民族就有希望。青年学子要树立坚定的理想信念，勇担时代重任，练就过硬本领，珍惜时间，不负韶华。

专栏 10-2 智力发展的关键期

人的智力发展速度是不均衡的，有时快、有时慢。个体在发展的某一时期，对外界刺激特别敏感，容易接受特定刺激的影响而获得某种智力，这一时期就是智力发展的关键期。发展的关键期是在动物中首先发现的，进而推动了对人类智力关键期的研究。20 世纪 20 年代宾特纳(Pintner)提出："从出生至 5 岁，智力增长最快，从 5 岁至 10 岁，智力增长虽没有如此之快，但仍旧是固定的，并且是容易测量的。再发展 5 年，增长逐渐缓慢。"皮亚杰(Piaget)认为，从出生到 4 岁，是人类智力发展的决定性时期。布鲁姆(Bloom)认为，如果把 17 岁智力发展的水平看作是 100%，那么，0～4 岁就获得了 50%，4～8 岁获得 30%，最后的 20%则在 8～17 岁获得。

因此，人类智力发展的关键期在 4～5 岁。不同的能力，关键期的时间也不同。口语发展在 2～5 岁，书面语言为 4～5 岁，数概念为 5～5.5 岁，弹钢琴在 3～5 岁。

（资料来源：郭黎岩等，2002）

二、能力发展的个体差异

人与人之间在能力上存在明显的个体差异。因为人的遗传因素不同，后天生活环境不同，所受教育不同，从事的实践活动也不同，人们的能力总是存在个体差异，这些差异主要表现在以下四个方面。

个体差异是指个体在成长过程中因受遗传与环境的交互影响，使不同个体之间在身心特征上显示出彼此不同的现象。

(一)能力发展类型的差异

首先，能力的类型差异集中表现在人的两种信号系统活动的相互关系上。根据两种信号系统活动的相互关系，可以把人的能力分为艺术型、思维型和中间型三种。艺术型的人第一信号系统占优势，其心理活动中具体形象性的内容占主要地位，他们更适合从事艺术工作，大多数画家、音乐家、演员都具有这种类型的特点。思维型的人第二信号系统的活动占优势，他们倾向于进行概括和抽象等思维活动，更适合从事教学、哲学、物理、语言等方面的工作。中间型的人，两种信号系统的活动比较均衡，多数人属于中间类型。

其次，能力的类型差异表现在一般认知能力的差异上，即个人在感知、记忆和思维过程中经常采用的习惯化的认知风格上。在知觉方面，有的人属于综合型，他们的知觉富有概括性和整体性，但分析方面不足，"只见森林，不见树木"；有的人属于分析型，他们的知觉有较强的分辨性，对细节感知清晰，但综合方面差，“只见树木，不见森林”；第三种人的知觉具有上述两种类型的综合特点，称为分析综合型。在记忆能力方面，有的人视觉表象占优势，属于视觉型；有的人听觉记忆占优势，属于听觉型；有的人情绪记忆占优势，属于情绪型；有的人运动记忆占优势，属于运动型。有的人记得快，忘得慢；有的人记得慢，忘得慢；有的人记得快，忘得快；有的人记得慢，忘得快。在思维方面，有的人在解决问题时，总伴有实践的动作，属于动作思维型；有的人则习惯于具体形象的思维，属于形象思维型；有的人善于抽象的逻辑思维，属于抽象思维型。

最后，能力的类型差异更明显地表现在特殊能力上，有的人具有文学方面的才能，表现出敏锐的观察力、创造想象力和高度发展的言语表达力；有的人具有技术方面的才能，表现出极为精细的技术观察能力、技术思维能力和空间构造的技术表象力等。在生活中，我们要看到自己的长处，相信“天生我材必有用”，学一行，爱一行，专一行，爱岗敬业，精益求精，创造自己的人生价值。

(二)能力发展水平的差异

能力有高低的差异。大致来说，能力在全人口中表现为常态分布：两头小，中间大。心理学家在分析人的智力发展水平时，采用超常、中常和低常的概念来概括儿童智力发展水平的三个等级。

1. *智力超常*

超常儿童指智力发展显著高于同龄常态儿童的儿童或有某些特殊才能的儿童。西方一般把智商在 120 以上者称为超常儿童，智商在 130～135 及以上的儿童为“天才”儿童。超常儿童一般具有以下特点：注意力集中，能全神贯注地从事紧张的工作，知觉敏锐，记忆力强，思维敏捷，条理清楚，分析、概括能力强，富有创造性，求知欲旺盛，热爱劳动，学习刻苦，自信，意志坚强等。

导致智力超常的原因很多，最重要的是良好的先天素质和早期教育。查子秀对超常儿童的调查表明，超常儿童几乎都拥有优越的早期教育条件，如父母重视早期家庭教育、父母的文化程度相对较高、儿童的生活环境中拥有较多的书籍等。

2. *智力低常*

低常儿童又称智力落后儿童，指智力发展显著落后于同龄儿童的儿童或在智力发展上有严重障碍的儿童。西方一般把智商在 70 以下称为智力落后，智商在 50 以下称为智力严重落后。低常儿童的特点是：知觉敏锐度差，难以分辨细节，对词或直观材料的学习能力低，回忆时一般缺乏逻辑意义的联系，思维概括力极低，言语出现迟，词汇贫乏，有时还有言语障碍。

导致智力低常的主要原因有：父母的智力落后，家中缺乏良好的学习环境或在成长过程中营养较差。另外，严重的智力不足往往是由遗传、疾病、脑损伤、中毒和内分泌失调等生理原因造成的。

特殊能力的差异也是构成能力发展水平差异的重要内容。一方面，不同的人具有不同的特殊能力；另一方面，虽然具有相同的能力，但人们的发展水平都各不相同。

同时，能力发展水平的差异还表现在创造力发展水平的差异上，在科学、技术、艺术领域中，普通人和有成就的人在创造力上有十分明显的差异。为了证明人们创造力的差别，上海的一些心理工作者对上海地区的577名大学生的发散思维能力进行了测查，结果证明，在流畅性、变通性、独创性三个方面，学生之间有着明显的差异，特别是在流畅性方面，差异的全距是2～38分，标准差为5.59。这表明思维创造性的差别尤为显著。

(三)能力发展早晚的差异

人的能力有发展早晚的差异，主要有“才华早露”“中年成才”“大器晚成”三种情形。

人才早熟的例子不胜枚举，古今中外都有人在童年期表现出某些优异的能力。中国古代先人中，李白5岁诵六甲，10岁观百家。王勃6岁善辞赋，9岁攻《汉书》。现代人中，宁铂两岁半能背诵诗词30余首，5岁上小学，6岁攻读医书，9岁学习天文。外国人中，莫扎特3岁发现三度音程，5岁谱制小步舞曲，11岁创作歌剧；德国数学家高斯3岁就会心算。

“大器晚成”也是一个客观事实。我国古代就有“甘罗早，子牙迟”的记载。李贽57岁才写出处女作《焚书》，齐白石40岁才表现出绘画才能，李时珍61岁才写出巨著《本草纲目》。在国外，亚里士多德49岁开始创作，摩尔根60岁发表基因理论，达尔文50岁发表《物种起源》，巴甫洛夫76岁发表《大脑两半球机能讲义》。

早熟与晚成的人毕竟是少数，中年才是成才和创造发明的最佳年龄，是人生的黄金时期。中年时个人成就最多，对社会贡献最多。有人于1960年统计了1243位科学家、发明家的1911项重大发明创造，发现科学发明的最佳年龄在35岁左右。还有人研究了1901～1978年间的325位诺贝尔奖奖金获得者，发现取得成果的最佳年龄是30～50岁。还有人根据调查认为成名的最佳年龄是37岁。总之，几乎所有的研究都有利于这样一个结论，即中年成才是个基本规律。

在科学研究中，中年成才的原因，从生理角度看，此时人们正值年富力强、精力充沛之际；从社会学角度看，他们既有青年人思想活跃、好奇探新的特点，又有成年人老练持重、思考缜密的特点；从心理学角度看，他们的记忆能力、比较和判断能力等，正随年龄的增长、阅历的扩大而呈最佳状态，而这些有助于中年人进行抽象、复杂的思维活动，作出杰出贡献。

(四)能力的性别差异

男女两性的能力发展和表现是否存在性别差异，一直是人们关注的热点问题，埃利斯(Ellis)出版的《男与女》(*Man and Woman：A Study of Secondary and Terfiary Sexual Character*)一书是研究性别差异开始的标志。

早期的性别差异研究只限于一般智力因素，20世纪30年代的研究发现，男女在一般智力因素上没有性别差异。而40年代之后的研究认为：性别差异并未表现在一般智力因素上，而是反映在特殊智力因素中。具体表现如下。

1. 言语能力上的性别差异

霍沃(Hoover)总结了3～8年级的一系列研究发现，女生言语能力比男生好。在各种言语能力中，女生在词的流畅性上优势最明显，但在言语推理能力上则男生占优势。可以说，男性的语言总体上属于工作语言，而女性的语言总体上属于人际语言。

2. 空间能力上的性别差异

空间能力是体现性别差异最明显的一种能力。林兰德(Linnand)和皮特森(Petersen)认为，空间能力由三个因素组成：空间知觉能力、心理旋转能力、空间想象能力。在前两者的测验中，男性明显优于女性；在后者的测验中，男女差异不显著。

此外，男女能力的性别差异还表现在注意、感知、记忆、思维、沟通能力等方面。畅销书《男人来自火星，女人来自金星》阐释了人们无论在生理上还是心理上，无论是在语言上还是在情感上，都存在性别差异。

三、影响能力形成与发展的因素

人与人之间能力的差别是显而易见的。那么，能力发展中的个体差异究竟是怎样形成的呢？一般而言，它是多种因素交互作用的结果。这些因素主要包括遗传、环境、教育、实践和个人的主观能动性。

(一)遗传的影响

生物将后代和前代之间在形态结构和生理特征上表现出的某些相似的性状特征，相对稳定地传给后代的现象叫遗传。遗传对能力发展和个别差异形成的作用，心理学家主要从三方面进行了研究。一是研究血缘关系疏密不同的人在能力上的类似程度。如果遗传对能力有作用，那么血缘越密切的人，能力的发展水平应该越相似。这种研究通常用同卵双生子和异卵双生子来进行。二是研究养子养女与亲生父母和养父母能力的关系。如果遗传对智力发展有作用，那么孩子与亲生父母能力的相关应该比与养父母能力的相关高。三是对同卵双生子进行追踪研究。这些孩子从小被分开生活在不同的环境里若干年后，将他们进行比较。如果遗传确实有作用，那么同卵双生子即使生活在不同环境中，他们的发展仍应保持较高的相关性，见表 10-1。

表 10-1　血缘关系、环境与智力发展的相关

关系与类别	相关系数
无血缘关系而又生活在不同环境者	0.00
无血缘关系但自幼在同一环境长大者	0.20
养父母与养子女	0.30
亲生父母与亲生子女(生活在一起)	0.50
同胞兄弟姐妹出生后在不同环境长大者	0.35
同胞兄弟姐妹出生后在同一环境长大者	0.50
异卵双生子不同性别而在同一环境长大者	0.50
异卵双生子同性别而在同一环境长大者	0.60
同卵双生子出生后在不同环境长大者	0.75
同卵双生子出生后在同一环境长大者	0.88

(资料来源：多俊岗等，2012)

这些结果表明，遗传关系越密切，个体之间的智力越相似。这些都说明了遗传因素对智力发展的影响作用。当然这些材料也同样表明，没有血缘关系的人，由于生活在同一环境，他们的智力也有一定的相关性。这说明在智力发展中，环境的作用也是很重要的。

(二)环境和教育的影响

遗传只为智力发展提供了可能性，要使智力发展的可能性变为现实，还需要社会、家庭与学校教育许多方面的共同作用。

1. 营养

儿童在胚胎期和出生后，大脑和全部神经系统都处于迅速发展时期，因而母体环境和营养状况直接影响着脑的发育。因此，重视“胎教”，加强孕期给婴儿的营养供给是智力开发不可忽略的因素之一。

2. 早期经验

在儿童成长的整个过程中，智力发展的速度是不均衡的。它在早期阶段有着很快的变化，而且对以后的发展有重大的影响。从出生到青少年时期，是个体快速生长发育的时期，也是能力发展的重要时期。苏联教育家马卡连柯指出，教育的基础主要是在 5 岁以前奠定的，它占整个教育过程的 90%，在这以后，教育还要继续进行，人会进一步成长、开花和结果。美国心理学家亨特(Hunter)认为 6 岁以前是儿童智力变化最大的时期。

3. 家庭环境

家庭环境包括家庭的文化背景、生活方式，父母的品德、兴趣、文化修养、职业，对孩子的教育态度、教育方法等。这些对儿童的智力发展有很大的影响。有研究发现 6 个月婴儿的智力水平直接取决于和母亲交往所花的时间，生动的社会性刺激对婴儿的心理发展十分有益。孩子出生后，如果睡在有花纹的床单上，床的上方吊着会转动的音乐玩具，他们仰卧时，就能自由地观察这一切。两星期后，他们就会试着用手抓东西；而没有提供相应刺激的孩子，要在 5 个月时才出现该行为。缺乏母亲爱抚的孩子，可能出现智力发展上的问题。有安全感的孩子喜欢探索环境，而探索环境正是能力发展的重要条件。

4. 学校教育

学校教育在儿童能力的形成与发展中起主导作用。这是因为学校教育是一种有目的、有计划、有组织的教育，这种教育使人在掌握丰富的知识技能的同时，也发展了能力和其他心理品质。成年人具有的观察力、记忆力、逻辑思维能力、言语表达能力、分析决策能力、创造发明能力等都与学校教育密不可分。

此外，国家和社会为人的发展提供了良好的外部和内部环境，青年学生应珍惜时代机遇，把个人发展与国家需要结合起来，实现个人对美好生活的追求，也为国家发展作出贡献。

(三)实践活动的影响

人的各种能力是在社会实践中最终形成和发展的。离开了实践活动，即使有良好的素质、环境和教育，能力也难以形成和发展起来。我国古代思想家王充早就指出“施用累能”，即能力是在使用中积累的。他说：“齐的都城世代刺绣，那里的平常女子都能刺绣；襄地传统织锦，即使不聪明的女子也变成了巧妇。这是因为天天看到，时时学习，手自然就熟练了。”他还提出了“科用累能”，即从事不同职业的活动就积累了不同的能力。例如，谈论种田，农夫的能力高于一般人；谈论做买卖，商人的能力强于一般人；而长期从事管理工作的人，组织和领导能力就会得到发展。可见，长年累月、坚持不懈地参加某种社会实践，能力就能得到相应的发展。

（四）人的主观能动性的影响

环境和教育是能力形成和发展的外部条件。一个人要想提高能力，除了有良好的外部条件，还离不开个人的主观努力，即发挥人的主观能动性。一个人刻苦努力、积极向上，具有广泛的兴趣和强烈的求知欲，他的能力就可能得到发展。相反，一个人饱食终日、无所用心，工作上没要求，事业上无大志，对周围的一切事物都没兴趣，他的能力就不可能有较好的发展。古今中外许多杰出的政治家、科学家和发明家，无论他们的天赋如何，其共同点是他们都会长期不懈地勤奋努力。歌德说：“天才就是勤奋。”鲁迅说：“时间，每天得到的都是二十四小时，可是一天的时间给勤勉的人带来智慧和力量，给懒散的人只留下一片悔恨。”勤奋之所以能成为能力发展的重要因素，是因为它能影响活动的深度和广度。俗语讲“勤能补拙”就是这个道理。

能力的形成与发展依赖于多种因素的交互作用，虽然各种影响因素在决定能力高低与发展历程中各占的比重无法精确计算，但有一点是不能否定的，即遗传、环境、教育和主观能动性在能力发展中的作用是缺一不可的。

思考与应用

1. 如何正确认识“智力是不断变化的，智商是相对稳定的”的观点？
2. 能力发展的个体差异主要表现在哪些方面？
3. 分析自己的能力特点，并思考在今后的发展中如何更有效地发展自己的能力？
4. 影响能力形成与发展的因素有哪些？
5. 结合实际谈谈在学科教学中如何进行智力开发？

推荐阅读

1. 霍华德·加德纳：《多元智能新视野》，沈致隆译，杭州，浙江教育出版社，2021。

2. 刘淑艳：《青春的魅力：青少年的智商与情商》，北京，北京工业大学出版社，2013。

3. 木村久一：《早期教育与天才》，唐欣译，南京，江苏人民出版社，2009。

4. 陈鹤琴：《家庭教育》，武汉，长江文艺出版社，2013。

5. 赵美玉、申和平、王圆昇：《家庭教育与儿童智商情商开发》，郑州，郑州大学出版社，2009。

第十一章

人　格

第一节　人格概述
第二节　气质与性格
第三节　人格理论
第四节　人格成因
第五节　人格测评

本章阐述了人格的复杂内涵、重要特征以及经典的人格结构观；就气质、性格、自我，尤其是气质的四个传统类型——多血质、胆汁质、黏液质、抑郁质进行了分析；介绍了特质论、类型论等经典的人格结构或类型理论；重点论证了影响人格形成、发展或变化的多方面影响因素；人格测评的一些常见方法也得到了呈现。

思维导图

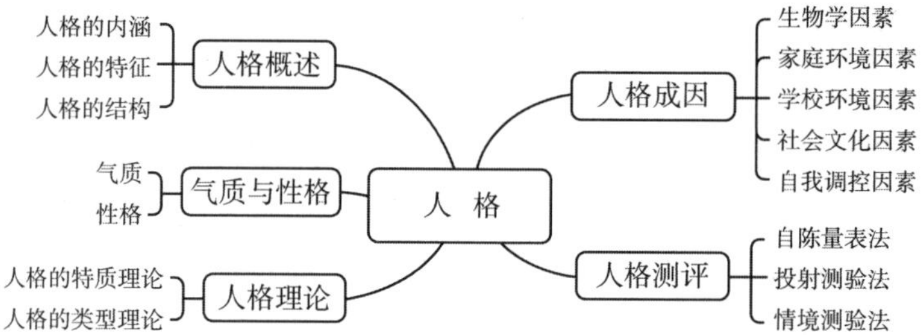

学习目标

1. 掌握人格、气质、性格等基础概念的内涵；
2. 理解人格的特征和人格的结构；
3. 掌握气质的四种基本类型，了解气质的理论和性格的结构；
4. 了解人格的特质理论和类型理论；
5. 掌握影响人格形成、发展、变化的因素；
6. 了解人格的测评方法；
7. 形成尊重学生个体差异性和尽量相信学生人格可塑性的正确情感或态度；具备以科学和人性的态度将相关知识用于自我分析和教育教学工作的方法。

课前思考

“人格”在自然语言中或日常概念里常负载道德含义，至少有生活风格含义。中国先秦时期就有关于“理想人格”的论说。

儒家的理想人格重视“善”或“仁”，尤其强调“内圣”或“修身”的起点或中心作用，而修身的关键在于躬身内省。《尚书》就告诫人们：“满招损，谦受益，时乃天道。”《论语》中也恰有一段可作对应的对话，足可令所有人自思、自省、自新！孔子的学生子贡曾自信地自述“我不欲人之加诸我也，吾亦欲无加诸人”，而孔子却不客气地直言：“赐也，非尔所及也。”

墨家的理想人格，则是“兼士”和“圣人”，内容是“兼相爱”“交相利”和“兴天下之利”。

道家的理想人格重视“真”或者后世所说的“真人”，是我国古代少有的非单一形而上学和政治学意义上的“天人合一”观念或修身之道。“真”首先表现为和于自然。顺乎自然之道，天地与我并生，万物与我为一。自然不再是异己的、与自己相对的存在，而是不断化解对立，使小我和宇宙大我达到内在统一，达到逍遥、自由之境。

请大家观察，道德意义上的人格，是否是今天人格研究的所有内涵？也请大家思索，当代西方心理学的人格研究，又会与古代中国“修身”的人文传统产生何种有益与有趣的对话？

心理学意图揭示人类的思考、感情和行动之谜，为此就必须了解个人和环境这两大主要影响因素。个人因素是多样的，但狭义上其核心部分特指人格。在心理学的诸多领域中，人格研究在综合性、方法和理论的多元性、辐射其他心理学分支领域的广度、与心理学之外其他学科结合的深度等方面都是屈指可数的。百余年的人格心理学研究高峰林立、众说纷纭，这正对应着人格本身引人入胜的神秘和精彩。

第一节　人格概述

心理学的人格研究类似智力研究，是心理学基础领域中综合性较高的，都涉及个体的整体特征或个体间差异。但智力研究的传统核心是基础认知的整体特征，而人格研究则囊括一个人认知、情绪、动机—意志，以及自我和社会性等多方面的整体特征。

一、人格的内涵

在中文的自然语言中，“人格”多与道德或自尊有关。正如，我们会说，老一辈无产阶级革命家的人格风范令人敬仰；再如，蔡锷讨伐袁世凯时提出的口号是为国民争“人格”。但人文社会科学中的学术词汇和自然语言常有内涵上的差别，当“人格”作为心理学的专业概念时，其包括了道德的含义但又不止于此。从西方语言的词源上讲，人格的英文“personality”来源于拉丁文“persona”，意指古希腊演员在出演戏剧时在舞台上戴的面具，类似于中国京剧中的脸谱。照此理解，人格在西方的“原意”是个人所扮演的特定社会角色及其外部公共表现——背后是“人生如戏”的比喻，是对人性的变动不居以及对人类行为社会性和修辞性的认同。但人格的概念虽然“来源于”面具，但并不意味着就只“等同于”面具。

直至今日，心理学对人格的定义仍不统一，甚至，有多少位人格心理学家，就可以有多少种对人格的界定。例如，奥尔波特(G. Allport)就梳理过 50 种人格定义，最终认为人格是“个体内在心理物理系统中的动力组织，它决定一个人对环境的独特适应方式”；艾森克(Eysenck)界定人格是“生命体由遗传和环境决定的实际和潜在行为模式的总和”；赫根汉(B. R. Hergenhahn)曾说人格“可以根据一个人的惯常行为模式加以描述。在种种不同的情况下，人们反应定势的差异形成了各人不同的个性特征。正是这些惯常行为模式才有可能使我们对人们的未来行为做出具有一定准确性的预测”；费斯特(J. Feist)将人格敲定为“相对持久的特质和独特的特征模式，它使人的行为既具有一致性，又有独特性”。

在中国心理学界，对人格的界定则有：“个体在行为上的内部倾向，表现为个体适应环境时的能力、情绪、需要、动机、兴趣、态度、价值观、气质、性格和体质等方面的整合，是具有动力一致性和连续性的自我，是个体在社会化过程中形成的给人以特色的心身组织”“具有一定倾向性的各种心理特征的综合，也是各种心理特征的一个相对稳定的组织结构，它反映了一个人区别于他人的整体精神面貌”“个体在先天遗传素质的基础上，通过与后天社会环境的相互作用而形成起来的相对稳定和独特的心理行为模式”等。

可见，人格的内涵异常复杂，每种界定皆依据不同理论倾向突出了人格的某些方面，但定义上的差异化、多元化未必是坏事，因为复杂的事物需要丰富的观照角度。综合各方观点，我们可将人格理解为构成一个人思想、情感及行为的独特模式，这个独特的模式包含了一个人区别于他人的稳定而统一的心理品质。

人格是构成一个人思想、情感及行为的独特模式，这个独特的模式包含了一个人区别于他人的稳定而统一的心理品质。

二、人格的特征

(一)独特性与共同性

就像周恩来总理的外交倡导——“求同存异”，“同”与“异”是世界的客观事实，是一对基本的辩证法范畴。而人格的独特性和共同性问题，也恰恰是人格的最基本特征。

俗话说“人心不同，各如其面”，世间每个人在人格上也都是独一无二的，即便是同卵双生子，他们的人格也各不相同，所以教育领域就有“因材施教”的基本原则。有时，我们对人的评价，在概念使用上可能是相同的，但意味可能不同。就像一个非常复杂的概念——“自恋”，在有的人身上指其道德自尊感强，有“有所为，有所不为”的爱惜自己名节的气度；在有的人身上是“自私”，是利字当头、义字丢开的自利，而其之所以这么做，是因为其认为自己“配得上”享有不属于自己的待遇；有时又指相对中性的自我关注、自我中心、认为自己很独特，等等。每个人的生理素质、个人经历和自我反省等内部外部因素或先天后天因素不同，在它们的共同塑造下，人格自然是独特的。

但人格除却独特性，无疑还有共同性。如黑格尔的辩证法所讲：“我即我们，我们即我”，马克思本人也非常喜欢一句话：“凡人所有，我无不具有。”人格共同性的来源可以是人类这一物种共同的早期生活环境和遗传素质，社会生物学、行为遗传学和进化心理学等领域对此多有研究；共性的来源还可以是某一群体共同的处境，如老年女性、中国人、诗人、新时代的中国大学生、常年卧病在床者、遭受校园欺凌而受到创伤的人……这些群体共享类似的生活处境或社会角色，所以每个群体内部的个体间多少会有共性。不过需要指出，对于群体内部的共同性，往往不应过分强调，因为群体内部的各亚群体间存在差异，亚群体内部的每个个体间也存在差异；每个个体又同时隶属于多个群体，每个群体对其人格的塑造方向和塑造程度又多有不同。另外，共同性最终也只能存在于具备独特性的个体人格之内，并依据其来表达。

(二)稳定性与可塑性

人格并非偶然，而是在不同时间和不同情境下都具有相对的稳定性。也正是如此，我们才能把握人的独特性，才能对其行为做出预测，否则我们每次遇到一位朋友，都要重新认识他。俗语说“三岁看大，七岁看老”，该说法虽极端，但也指出了在不同时间跨度下人格的稳定一致性。唐代诗人高适在《别董大》中有名句“莫愁前路无知己，天下谁人不识君”，诗人之所以这样说，是因为他相信以朋友的品格，不论和谁相处都会一样好。这些看法的背后即指向人格跨越情境的稳定性。相反，当一个平日里处事小心谨慎、踏实持重的人偶尔做出冒险、轻率的事，我们就不能说他具有冒险、轻率的人格，因为他在大多数情境下稳定的品质并非如此。

人格虽有相当的稳定性，但并不意味着它就是一成不变的。年龄增长、遭遇重大生活变故、学校教育和工作特点的潜移默化、社会文化的变迁、自我的主动反省与改变、生理条件的变化等诸多因素也可能使人格发生变动。也正因如此，学校教育、员工培训、心理咨询、监狱改造等以人格塑造或改变为目标的工作领域才得以发挥作用，同时，个人的自我成长也成为可能。

(三)整体性(统合性)

人格内部有着价值观、需要、动机、意志、行为方式、自我意识等元素或层面，这些方面在人格中当然不是孤立存在着的，而是通过相互关联、交叠互动而构成一个功能性整体。人格结构的整体性决定了人格内部各方面之间存在着一定的内在对应，因此我们有时可以根据一个人的一种人格特征，一定程度上推知他其余的某些特征。如中国古代的识人智慧提到：“识不多则多虑，威不足则多怒，信不足则多言。”另外，整体性对人的自我同一性和心理健康还至关重要。一般来讲，人格与环境的失调或人格内部各因素间的失调是心理问题甚至心理障碍的主要来源和表现。人格整体性的较严重破坏可体现为多重人格障碍，同一人具有不同子人格，每种子人格下的品位、价值观、行为方式等都各不相同，同时子人格间互不干扰。

当然，人格的整体性、统合性，乃至于稳定性，若过分强调，又将走入极端。因为认为人具有高度内部统一且有一个自我之“核心”的人格观，这在本质上是将人格现象比作客观自然物质来理解，极大排除了人格的变动性、差异性、社会性。因此，当代的人格研究一向重视与社会心理学的结合，并重视人格中自我主题的研究，还部分吸收了社会建构主义的视角。

(四)功能性

当代人皆知晓“性格决定命运”的命题，这即是在表达人格的功能性一面。人格对人的思想、感情和行动具有调节性的功能，这无疑会使其成为人生成败的最大内因。正如周恩来总理“为中华之崛起而读书”的人格志向，激励了其一生的事业。又如，一个真诚、善良、细腻、热情的人，会在人际关系上取得成功；一个意志刚强、百折不挠、深谋远虑的人，容易收获事业上的成就；一个怯懦、消沉、懒惰的人，在遇到挫折时常常一蹶不振；一个口蜜腹剑、满腹抱怨、对人尖刻的人，自己也会生活在紧张不适之中。另外，人格对很多简单的心理行为现象也会发生一定作用，如 A 型人格的人在前瞻记忆任务中表现较好。

(五)社会性

陶行知先生曾说过，在学校的教育中，在学生的培育中，“只有人中人，没有人上人，也没有人下人”。那么，“人中人”有什么意思与意义呢？

诸多思想家都对“人”做出过断定：“人是天生的政治性动物”“语言的世界就是人的世界”“人是悬挂在自己编织的意义之网上的动物，而文化就是这种意义之网”……“政治性”“语言”“意义”“文化”等词语无疑与“社会性”相近。可见，人本质上是隶属于社会群体的，参与社会生活并被社会塑造的，对个体的人格而言，也是如此。首先，人类若要共同生活，社会若要有效运行，离不开对个体思想和行为的规范，以便成员间在一定程度上能够互相理解、互相预期。人本主义的精神分析学家弗洛姆(Fromm)就曾指出，动物依靠本能生活，而人类没有多少本能可以依靠，为了在社会上共同生存，人类发展出了人格，并且有必要发展出特定社会文化所期待的人格。其次，生理潜能固然会影响人格的特点，但仅具备生理潜能而缺乏社会条件，人格也是无法发展出来的。我们皆知印度“狼孩”卡马拉的故事：卡马拉在婴儿期即脱离人类社会而被狼群抚养至8岁，其被解救后所携带的动物习性与人类社会格格不入，甚至可以认为其没有人格。总之，人格不仅依赖于特定社会所提供的语言、关系、场所和活动等条件来发展、运行，还体现了特定社会对其的塑造。

专栏 11-1　孙悟空的人格历程

孙悟空在中国是妇孺皆知的神话人物，他称霸水帘洞，大闹蟠桃会，被困五行山下五百年，西天取经历逢九九八十一难……齐天大圣的威名也早已传出国门，引起西方学者的注意，其中就包括美国人类学巨擘玛格丽特·米德。米德并非局限于将孙悟空看成神话人物，而是认为孙悟空的经历象征了典型的中国人在成长过程中的问题以及期间的辗转波折。

孙悟空最初作为“初生之犊”，随意非为，甚至妄想与“父亲”平等(自封齐天大圣)，却竟然被一再容忍下来，这表明中国幼童在成人眼中仅为“胡闹的小猴子”，可以暂时放纵和被宠。但是，到达某一阶段时，孩童便需要循规蹈矩、按章办事，若有违反，即遭处罚管束。

孙悟空以弼马温之地位，违背职责，不能不遭受严厉惩罚。而执行教训之人，先后有如来佛祖、观音、玉帝、天将、唐僧等多位，这显示了在中国家庭中任何长辈均有资格管教小孩，而小孩的叛逆更是整个家庭的大事，必须尽力处罚和矫正。

孙悟空凭着一身胆色与武艺，大闹天庭，抗拒权威的镇压，但不管他如何厉害，“一个筋斗翻了十万八千里，却仍然逃不出如来佛的手掌”，最后，只好乖乖地陪着唐僧共取佛经。在取经路上，头上的金箍(象征外在约束)又一直发挥作用，令孙悟空不能脱离长辈和权威的控制，终而学得生存技巧以成正果(孩子终于长大了)。

如此看来，我们都是“孙悟空”了。

(资料来源：马家辉，2006，引用时有删改)

三、人格的结构

人格包含了哪些部分？这一人格的结构问题也是其他人格研究问题的基础。部分学术传统常把人格与个性不做甚多区分，并认为个性包括了个性倾向性(包括需要、动机、兴趣、价值观等)和个性心理特征(包括能力、气质、性格)。苏联心理学和传统的中国心理学常习惯使用个性概念，他们将个人相异于他人的所有特征的总和统称为个性；西方心理学家则习惯使用人格概念，多把人格理解为个性中排除了能力成分以外的所剩部分。

但综合各方面和各时期的学术传统，且考虑到当前的习惯，人格结构可被认为包括三方面：气质、性格和自我(自我调控系统)。而自我调控系统是人格中的内控系统或自控系统，具有自我认识、自我体验、自我控制三个子系统，其作用是对人格的各种成分进行调控，保证人格的完整、统一与和谐。

自我调控系统是人格中的内控系统或自控系统，具有自我认识、自我体验、自我控制三个子系统，其作用是对人格的各种成分进行调控，保证人格的完整、统一与和谐。

第二节　气质与性格

生活中，我们常被劝导，密友、伴侣等亲密关系间的相处要性格互补，又有人说要性格近似。那么，这到底是在何种学术概念的含义上谈论“互补”与“相似”的？还有很多人会反省“我情绪太不稳定了”“我太内向了”，并因此造成压力与困扰。此时，情绪不稳定、内向，是否是容易改变的？

一、气质

(一)气质的内涵

当代西方心理学已较少研究成年人的气质问题，成年人的气质问题被转化为人格的情绪维度和开放性特质来研究。但在国内，由于苏联心理学的影响，以及气质现象在教育实践活动中的高度重要性，所以未完全抛弃或转化对气质的兴趣。

气质是不以人的活动目的和内容为转移的心理活动的典型的、稳定的动力特征。气质作为一种动力特征，主要表现在心理活动的强度、速度、灵活性和指向性等方面。心理活动的强度可包括情绪表现的强弱、意志努力程度的强弱等；速度可指思考节奏和情绪表达的快慢等；灵活性可针对思维灵敏的程度、对新情境的适应能力等；指向性则指心理活动是倾向于向外关注外部事物还是倾向于向内关注自己的内心世界。

气质是不以人的活动目的和内容为转移的心理活动的典型的、稳定的动力特征。气质作为一种动力特征，主要表现在心理活动的强度、速度、灵活性和指向性等方面。

气质的概念类似于生活中“脾气”的用法。比如，《红楼梦》中的人物，他们在不同活动中总带有一些稳定的脾气在身上：林黛玉的优柔、凤姐的雷厉、妙玉的孤僻、李纨的沉静……这些描述针对的都是气质，可见气质给人的各种活动都渲染上了稳定的色彩。

还有一则经典的小品常被用来说明气质差异，它反映出了我国心理学传统上对气质的独特理解或阐发。故事发生在一所戏院的门口。当时戏刚刚开场，先后有 A、B、C、D 四位先生持票来到门口。A 先生大步跑来，匆匆奔向门口就要入内，而戏院的看门人将他拦住，并说：“节目已经开演，按规定开演后就不能再入内，以免干扰到其他观众。”A 先生未及听完即气急败坏地与看门人高声争执起来。此时，同样迟到的 B 先生也赶到了门口，B 先生马上理解了争执的真相，但他灵机一动，趁看门人无暇顾及的混乱之际侧身溜入戏院。随后，C 先生也走到了门口，他目睹了 A 先生和守门人的持续争执，心中平静地想到：“既然如此，我就另寻他处，也不一定非要看戏”，想完即买下一份报纸找个地方休息去了。最后，D 先生也来到了门口，见此情景，不禁叹气到：“唉，我真倒霉，连场戏都看不成。”他不断这样想着，越想越气馁。面对相似的情境，四位先生的表现却各异，这些差异无疑涉及气质，涉及人心理活动的强度、速度、灵活性和指向性。

每个人都有自己独特的气质，关于气质特征的形成，通常认为其更多是先天的，受个体的生理素质，尤其是高级神经活动特征的制约。同卵双生子即使在不同环境下被抚养长大，他们之间气质的相近性也高于在同一环境下成长的异卵双生子。我们的生活经验也可以印证气质的先天性，如新生婴儿中有的稳定安静，有的伶俐好动，有的急躁易怒。而对于新生婴儿，后天教养对他们气质的影响可被假设为是极少的，他们的气质特征可更多归因于其自身的生理素质。

由于很大程度上被生物学因素决定，所以气质表现出了高度的稳定性。俗话说“江山易改，禀性难移”，这里的禀性即对应着气质。不过气质也并非一成不变。一般来讲年龄越小，先天气质的表现就越鲜明，但随着年龄的增长，环境、教育、经历和自我反省的力量也可以促使其发生一定程度的变化。比如，有些脾气急躁的人由于工作性质、生活挫折等原因变得稳重而不那么爱发脾气了。不过对于这种气质改变的现象，一些心理学家称之为“气质的掩蔽”，即认为这种变化通常只是表面的或暂时的，若要发生本质的、长久的变化则非常困难。

(二)气质的理论

1. 体液说

“气质”一词在古希腊文和拉丁文中有“比例”“关系”的意思，这一理解的源头可追溯到西方的“医学之父”——古希腊医生希波克拉底(Hippocrates)。希波克拉底假定人体内有血液、黏液、黄胆汁和黑胆汁四种基本体液，四种体液的不同搭配方式不仅决定了人的健康和疾病，更决定了人的气质，即体内哪种体液占了上风，就会表现出这种体液独有的人格特点。希波克拉底还认为，每种体液都是由冷、热、干、湿四种属性以不同比例搭配而成的：血液是热和湿的配合，血液占优势的人犹如春天般热情和润达；黏液是冷和湿的配合，黏液占优势的人就像冬天一样淡漠和沉静；黄胆汁是热和干的配合，黄胆汁占优势的人类似夏天般热烈和躁动；黑胆汁是冷和干的配合，黑胆汁占优势的人仿佛秋天般忧郁和细腻。

希波克拉底对气质的解释充满了想象和比喻，这显然是不科学的，但他概括出的这四种基本气质类型则比较符合实际。后来古罗马医生盖伦(Galen)等人将血液占优势者称为“多血质”，黏液占优势者称为“黏液质”，黄胆汁占优势者称为“胆汁质”，黑胆汁占优势者称为“抑郁质”。多血质、黏液质、胆汁质和抑郁质的这种气质分类方式和相应的特征描述也由此被沿用至今。

2. 体型说

历史上有些学者认为人格与体格有关，如 19 世纪末的意大利犯罪学家龙勃罗梭(C. Lombroso)就认为某种体型的人是“天生犯罪人”，不过这显然更多针对性格。至于气质，德国精神病学家克瑞奇米尔(E. Kretschmer)于 1925 年提出了经典的气质的体型说。克瑞奇米尔将人的体型划分为三类并与气质特征对应如下：第一种为细长型，这类人身形高瘦，骨骼、肌肉不发达，气质表现为沉静、偏执、爱独处、爱思辨；第二种为肥胖型，这类人身形短胖，脂肪丰满，面广颈短，圆肩阔腰，气质表现为乐观、热情、善于交际、容易兴奋、情绪不稳定；第三种为强壮型，这类人的身形介于细长型和肥胖型之间，往往身形均匀，肌肉较为结实发达，气质表现为固执、节俭、迟钝、有礼貌、正义感强。克瑞奇米尔甚至还认为体型与心理障碍的易感性存在对应关系，如精神分裂症患者多为细长型，躁郁症患者多为肥胖型，癫痫病患者多为强壮型。

体型说的科学依据并不扎实，大量调查表明体型与气质特征并没有必然的联系。同时，该学说有将普通人与心理障碍患者过分混同的倾向，这显然不恰当。

3. 血型说

气质的血型说由日本学者古川竹二于 1927 年提出，他认为血型决定了人的气质。由于人类的血型常为 A 型、B 型、O 型和 AB 型四类，所以每种血型也各自对应了一种气质：其中 A 型气质的人保守、老实、稳重、多疑、多虑、害羞、富感情、容易灰心丧气；B型气质的人外向、积极、轻诺言、善于交际、爱管闲事；O型气质的人进取、坚强、自信、有胆识、爱指挥他人；AB型气质的人则兼具A型气质和B型气质的特点，不过往往表面表现以B型气质为主，内心实际以A型气质为主。

自古川竹二以后，心理学界，尤其是日本心理学界对气质的血型说展开了一系列的验证性研究，不过研究结论通常否定了这种血型和气质间的对应关系。还有学者分析到，A-B-O-AB并非唯一的血型分类系统，同时每种血型的内部又可细分为多种亚型，亚型间也存在着巨大差异。由此看来，血型说虽然在民间流传广泛，但其科学基础并不牢固。

4. 激素说

美国生理学家伯尔曼(L. Berman)在20世纪二三十年代提出了气质的激素说，他认为个体的气质特征是由内分泌腺的激素分泌活动决定的。根据体内何种内分泌腺的活动占据优势，伯尔曼将人的气质分为六个类型：甲状腺型、副甲状腺型、垂体型、肾上腺型、性腺型和胸腺型。甲状腺型表现为精力饱满、思维敏锐、意志坚强、情绪易激动；副甲状腺型表现为平静、淡漠、社会兴趣缺乏；垂体型表现为理智、沉思、有自制力；肾上腺型表现为精力充沛、专横、好斗；性腺型表现为暴烈、攻击性强；胸腺型表现为柔弱、天真、不善工作。

伯尔曼的理论较为全面，其对气质原因的分析也有一定的科学依据，因为内分泌腺分泌的激素作为高能活效物质的确会对身心活动产生重大的影响。但他过分抬高了内分泌腺的作用，而忽略了高级神经系统对内分泌腺的调节和支配作用，所以其科学性仍是不足的。

5. 高级神经活动类型说

俄国生理学家巴甫洛夫于1927年提出了气质的高级神经活动类型说，通常认为，这一学说发现了气质的神经机制，较为科学地解释了气质问题。巴甫洛夫在研究高等动物的条件反射时发现高级神经活动不论是兴奋过程还是抑制过程，都有强度、平衡性和灵活性这三个基本特性：强度指神经系统对高强度或持久刺激的耐受力，平衡性指神经系统中兴奋和抑制两大过程是否均衡，灵活性指能否根据环境需要在兴奋过程和抑制过程间顺利转换。巴甫洛夫依据这三种特性的独特结合，将人类的高级神经活动分为活泼型、安静型、兴奋型(不可遏制型)和抑制型四类(见表11-1)。

表11-1 气质的高级神经活动类型

高级神经过程的基本特性			高级神经活动类型	气质特点	对应气质类型
强度	平衡性	灵活性			
强	平衡	灵活	活泼型	反应敏捷、活泼好动、情绪外露、喜欢交际	多血质
强	平衡	不灵活	安静型	安静沉稳、反应迟缓、意志坚定、不爱交际	黏液质

续表

高级神经过程的基本特性			高级神经活动类型	气质特点	对应气质类型
强度	平衡性	灵活性			
强	不平衡		兴奋型 （不可遏制型）	容易兴奋、激动难抑、攻击性强、不易约束	胆汁质
弱			抑制型	体验深刻、对事敏感、行为孤僻、胆小畏缩	抑郁质

(三)气质类型特征

一些学者承袭了希波克拉底的四分法和盖伦等人的后续命名，将气质类型分为多血质、胆汁质、黏液质和抑郁质四类。每种气质类型又都可从感受性、耐受性、不随意反应性、反应的敏捷性与灵活性、可塑性与稳定性、内倾性与外倾性、情绪兴奋性、情绪与行为特征等多个心理特征维度上来详细解读；不过也可以不做细分，而仅做大致描述。

关于多血质，这类人思维和行动敏捷、开朗乐观、活泼好动、情感外露、善于交际，但往往缺乏恒心、毅力不坚、见异思迁。代表人物有：王熙凤、韦小宝。

关于胆汁质，这类人思维灵活、精力旺盛、情感体验强烈且变动迅速、勇敢果断、热情直率，但常常鲁莽、粗枝大叶、感情用事、做事冲动。代表人物有：张飞、李逵。

关于黏液质，这类人思维深入周到、安静沉稳、做事踏实、内刚外柔、交往不广却深入交心，但通常不够主动、欠缺灵活、行动迟缓。代表人物有：沙僧、林冲。

关于抑郁质，这类人思维敏锐、想象力丰富、情绪体验深刻而细腻、多愁善感、自制力强、孤僻独处，但经常悲观、柔弱、迟疑不决。代表人物有：林黛玉。

需要指出，生活中多数人并非单一的气质类型，而常是两种或多种气质的混合型。另外，每种气质类型在人群中的比例是不同的。比如，中国多项针对大学生的研究表明，单一类型气质者占总人数的31.6％～34.1％，其余者为混合气质；同时不论单一气质还是混合气质人群，多血质最多(占一半以上)，其后依次是黏液质、胆汁质和抑郁质。

(四)气质的意义

1. 气质类型本身无好坏之分

每种气质都有积极的一面，也都有消极的一面，同时气质不涉及人的道德品质如何，所以不能将某种气质从整体上断定为“好的”或“坏的”。比如，多血质的个体有活跃、灵敏、乐群、开朗、适应力强等优点，但常常浮躁、不够稳重、见异思迁；胆汁质的个体有勇敢、热烈、积极、直率等优点，但不免粗糙、暴躁、鲁莽；黏液质的个体有沉静、稳重、意志坚强等优点，但多显得固执守旧而不够灵敏；抑郁质的个体敏锐、细腻、内心体验深刻，但时常孤僻、被动、优柔寡断。因此每种气质类型的人都要学会正确地识别和平和地看待自己在气质上的优缺点，同时通过主动的自我调控来扬长避短。

2. 气质类型并不决定人的社会价值

气质更多取决于个体的高级神经活动方式，其仅作为心理活动的动力性特征，并不决定个体社会成就的大小或品格的高低。各种气质的人，由于天赋、努力和机遇等原因，在生活的各个领域都有可能取得杰出成就，如俄国文学家中赫尔岑(Ге́рцен)是多血质、普希金(Пушкин)是胆汁质、克雷洛夫(Крылов)是黏液质、果戈理(Гоголь)则为抑郁质，四位作家气质各异，但他们都在文学领域里表现优异。当然，每种气质类型的人中，也都有很多人默默地为社会做力所能及的平凡贡献，但也都有少数人道德品质败坏，危害社会，为人们所厌弃。

3. 气质特征会影响人的活动方式与效率

在生活实践中，气质虽然不起决定性作用，但它对活动方式和活动效率的确会有一定影响，尤其是在特殊领域中，有必要考虑从业者的气质特征。

不同气质的人具有不同的职业适应性。例如，胆汁质和多血质的个体更容易适应灵活快速的工作，黏液质和抑郁质的个体则更擅长适应细致持久的工作。气质还会影响活动的方式，如在学习中，胆汁质的学生学习精力充沛，能够连续作战，且善于学习新知识；而抑郁质的学生容易疲劳，善于复习旧知识，但在学习新知识时能够准确把握新旧知识间的关联。

但对于一般性的工作，由于能力因素和性格因素的共同参与，加之个人的主观努力等原因，导致气质对工作效率的影响并不明显。但是在选拔某些特殊领域的工作人员时，应当额外注意其气质类型。例如，选拔飞机驾驶员、宇航员、大型动力系统调度员时，工作性质要求他们必须具有高度灵敏的快速反应素质，在危难中还应能镇定自若、临危不惧、敢于下决断，不具备这些特点，往往难于有效完成工作。

4. 气质特征会影响人的身体健康

现代心身医学的研究表明，气质会影响人的身体健康。美国医学家洛森(Lawson)等人就曾发现气质与心脏病有特定的关系：他们把人的气质差异归结为A、B、C、D、E五种类型，其中A型气质的人为心脏病易感型，其心理特征是说话与行事节奏匆忙、易动怒、性急如火、争强好胜，常常充满着失败感和懊丧情绪，总是迫使自己处于高度应激的压力状态，而这些心理行为表现给心脏带来了过高的负担，就容易使其罹患心脏病。不过，虽然气质对身体健康有影响，但也不能简单认为具有某种气质就一定会出现相应问题。人的身体健康与多种多样的因素有关，气质只是其中之一，并且人可以一定程度上控制自身气质的表现程度。比如，洛森的研究伙伴弗里德曼(Freedman)就是一个具有A型气质的人，同时染患心脏病多年。当他弄清楚这一气质对心脏的危害时，就尝试着自主平抑激动情绪和远离应激情境，通过这些自我调控手段弱化自己A型气质的表达，从而控制心脏病的复发。

(五)气质对教育工作的意义

教师要做好教育教学工作，就必须了解气质类型和气质特征，要根据学生不同的气质类型分别进行不同方式的教育，要引导学生发扬自身气质的积极方面，克服其消极方面。做到“一把钥匙开一把锁”，要采取有效的教育策略提高教育效果。

对多血质类型的学生，要着重培养其朝气蓬勃、满腔热忱、机智灵活等个性品质，防止其朝三暮四、虎头蛇尾、粗心大意等不良品质。在教育方法上，在激起他们多方面兴趣的同时，要注意培养他们的中心兴趣，帮助他们形成踏实、专一和坚持的品质。对胆汁质类型的学生，要着重培养其豪放、爽朗、勇敢、进取的个性品质，防止暴躁、任性、冲动等不良品质。在教育方法上，教师要引导他们学会控制自己，帮助他们养成自制、坚韧、耐心、平稳、镇定、延迟决定等品质。对黏液质类型的学生，要着重培养其热诚待人、工作踏实、顽强等优良品质，防止墨守成规、谨小慎微、执拗等不良品质。在教育方法上，要允许他们有充分的时间考虑问题和做出反应，引导他们积极探索新问题，并鼓励他们参加集体活动，发展他们的灵活性和积极性。对抑郁质类型的学生，要着重培养其敏感、认真、细致等个性品质，防止怯懦、多疑、孤独等消极品质。在教育方法上，要多多鼓励他们参加集体活动，并在活动中培养意志的坚韧性、情绪的稳定性，在集体中获得友谊和生活乐趣。总之，教师要教育学生做气质的主人，要有意识地控制自己气质的不良方面，发挥自己气质的积极方面。

二、性格

(一)性格的内涵

正直、诚实、坚毅、勇敢、勤劳、谦逊、朴素、爱国等描绘人格的词汇显然不是在说气质，此时就要涉及气质之外的另一个重要人格成分——性格。性格具有社会道德含义，是表现在人对现实的态度和相应的行为方式中比较稳定的、具有核心意义的个性心理特征。

性格具有社会道德含义，是表现在人对现实的态度和相应的行为方式中比较稳定的、具有核心意义的个性心理特征。

首先，性格表现在人对现实的态度和相应的行为方式中。所谓态度就是个人对自己、他人和环境的一种倾向性，主要包括对事物是否有价值的认识评价倾向、对事物是否喜爱的情绪体验倾向和做出相应举动的行动倾向。多个态度的聚合会形成一个人的态度体系、价值观体系，而习惯化了的行为则构成行为方式。态度的类型、强度、深度、向中度常决定着人的行为，如面临考试，认为考试重要的同学往往会用心准备，而认为不重要的则顺其自然。不过有时候，行为也会反过来塑造态度，如“勉强成习惯，习惯成自然”，以及社会心理学中的“认知失调理论”即讲述了这一道理。

其次，性格是个体稳定的个性心理特征。一个人在一时一地偶然间表现出来的态度和行为方式特征不能称为性格，能称为性格的是那些经常的、一贯的、在类似甚至不同情境中都会表现出来的特征。比如，一个人偶尔在几次劳动中表现得很勤劳，我们就不能说他有勤劳的性格特征，只有在长期、多种劳动中都一贯如此，我们才可做此断定。

再次，性格又是人格中具有核心意义的部分。人的性格主要是后天形成的思想与行为习惯，反映了环境的塑造和个人的修养，有好坏之分，甚至在性格特征中占主要位置的就是具有高度社会评价意义的思想道德品质。由于在整个人格中，性格最能体现个人的修养和社会接纳度，所以其被认为是人格中最具核心意义的部分。

最后，还需补充，性格虽然主要由后天因素塑造，但也多少受生物学因素影响，就像遭遇脑损伤或病变就可能会改变性格。临床中就曾多次发现，人脑某部分受损的病人在愈后性情大变，变得偏执、无礼、粗俗、不能自控。

(二)性格的结构与特点

1. 性格的结构

性格是一个十分复杂的结构，根据个体对现实的态度和个体在心理过程中的特点，可对其从以下四个方面来分析。

(1)性格的态度特征

性格的态度特征表现在个体对他人、对事物和对自己三个方面。对他人的态度包括对社会、集体和其他个人的态度，如关心社会、热爱祖国、有集体荣誉感、乐于助人、正直、坦荡、诚实等，而负面的则有损公利私、损人利己、奸诈、虚伪、冷酷等。对事物的态度包括对工作、学习、生活的态度，如勤奋刻苦或懒惰享乐，认真谨慎或敷衍随便，务实实干或讲求形式，节俭朴素或铺张浮华。对自己的态度涉及对自己的认识和评价，包括自尊、自爱、有自我批判精神、自卑、自负、自我蒙蔽等。

(2)性格的意志特征

性格的意志特征指个体在自我管理、自我调节的方式和水平上的特点。具体可包括以下几种：第一，反映个体是否有明确的行动目标并使其受社会规范约束，如行为的独立性、目的性、盲目性、组织性、散漫性、冲动性等；第二，反映个体能否对行为做出自觉控制，如主动性、自制力等；第三，反映个体能否长期坚持工作或学习，如是坚忍不拔、坚持不懈还是见异思迁、虎头蛇尾等；第四，反映个体在紧急情况或困难条件下的特征，如是果断、勇敢、镇定、顽强还是犹豫不决、手足无措、胆小怯懦等。

(3)性格的情绪特征

性格的情绪特征指个体支配调节自身情绪的独立性、强度、稳定性、主导心境等方面的能力，其反面即是个体情绪受内部生理因素和外部环境因素感染和支配的程度。如两位同样是胆汁质的个体，若一位任由自己的情绪不分场合地表达，而另一位则尽力调控，那么两人在性格的情绪特征上就无疑存在着差异。

(4)性格的理智特征

性格的理智特征是指个体在感知、记忆、思维、想象等认知活动中表现出来的除能力因素以外的态度和活动方式特征。比如，在感知方面，包括详细分析型和综合概括型、快速型和精确型、严谨型和草率型、记录型和解释型、主动观察型和被动观察型等；在记忆方面，包括信心记忆型和无信心记忆型、主动记忆型和被动记忆型等；

在思维方面，包括深思型和粗浅型、灵活型和呆板型、独创型和守旧型等；在想象方面，包括广阔想象型和狭窄想象型、大胆想象型和想象阻抑型、主动想象型和被动想象型等。

2. 性格结构上的特点

(1)性格结构的整体性

性格结构的各因素并非简单堆积，而是彼此关联而构成一个有机的性格整体。性格结构的整体性也意味着不同性格特征之间存在着一定的内在联系，因此，可以根据一个人少数的性格特征，一定程度上推知他其余的一些性格特征。例如，若知道一个人在工作中总是踏实勤奋、认真负责、任劳任怨的，那么我们可以推断他在意志特征方面是有自制力的，甚至可以推断他在人际交往中对他人可能会很真诚。

(2)性格结构的复杂性

性格的复杂性可通过人行为表现的复杂性反映出来。比如，有的儿童在学校里认真刻苦、勤劳热心、举止礼貌，但在家中却任性、粗暴、不愿劳动；有的战士在战场上无所畏惧、勇往直前，但在人际交往中却害羞腼腆；有的人生活俭朴，但常年资助贫困儿童。性格结构的复杂性使得全面了解一个人变得非常困难，所以应在多个情境下对他人和自己进行全面考察。

(3)性格的可塑性

性格的可塑性可从两方面来理解。其一，性格的形成是高度可塑的，行为主义心理学家华生就曾说过："给我一打健康的婴儿，我可以把他们训练成为任何一种人物——医生、律师、艺术家、大商人，甚至乞丐或强盗。"其二，已形成的性格虽然比较牢固，但在一定条件下也是可以改变的。比如，国家通过公益广告来改变国民的不文明观念和习惯，再如，人到老年常常会变得淡泊、豁达。可见，性格的可塑性为自我教育、家庭教育、学校教育甚至社会的进步都提供了前提。此外，塑造或改变性格的力量既可来自个人内部的主观认识、主观努力，也可来自外部的环境变化，最好的方式是将二者结合起来。

(三)性格与气质、能力

1. 性格与气质

二者的区别可以有四个方面：第一，从反映的内容上讲，气质涉及心理活动的动力性特点，包括活动的强度、速度、灵活性与稳定性，而性格主要是指人稳定的态度和行为方式。第二，从起源上看，气质主要反映了高级神经系统活动的特点，因而很大程度上被生物遗传因素决定，而性格是主要被后天的内外部因素塑造。第三，从可塑性上讲，气质活动因受先天生物学因素制约，所以形成较早、较稳固，也较难改变，而性格主要在后天被塑造，因此相比气质其可塑性更大。第四，在社会评价意义上，气质没有好坏高低之分，而性格则不然，因其内含了道德品质的成分。

二者的关系又可从三个方面来讲：第一，气质给相同的性格特征渲染了独特的色彩，不同气质的个体也可以有相同的性格特征，但这些性格特征在不同气质个体身上的表现会有不同，如同样都是勤劳，胆汁质和多血质的个体多表现为迫切、有生机、精力饱满，而黏液质和抑郁质的个体多表现为安静、仔细。第二，气质可以影响某些性格特征形成的难度和速度，如对于自制力，胆汁质的个体需要花费较大精力才能发展出来，抑郁质的个体则较容易达成。第三，性格可以在一定程度上掩蔽、改造气质的外部表现，如一位急救室医生是胆汁质，但急救的工作应具备沉着的性格特征，长期从事这一工作就可能多少改造其胆汁质的易冲动特点。

2. 性格与能力

性格与能力反映的内容显然不同。能力是决定活动效率的基本因素，性格则反映了个体倾向于采取什么态度去进行哪一类活动。如一个人的记忆力比较差，这属于其能力特点，但如果这个人不论识记什么材料都马马虎虎、半途而废，这就反映了他的性格特征。

性格与能力也是相互联系、相互影响的。其一，能力可能会影响性格特征的形成与发展，如良好的观察力和迅速、准确的思维能力对果断这一性格特征的形成会起到促进作用。其二，性格特征也制约着能力的形成与发展，如在智力水平相当的学生群体中，有勤奋、自信等性格特征的学生，能力发展得往往更高、更快。

第三节 人格理论

心理学中主要的传统人格理论有精神分析理论、人本—存在主义理论、学习理论、特质理论、类型理论等，而一个完整的理论又会涉及人格的结构、动力、发展变化、变态—应对、测评等问题。对人格结构的因素探索是目前相对主流的研究方向之一，以人格的特质理论为代表。但在日常智慧和心理学应用实践中，又时常需要将个体的人格归入某一类型，这即对应着人格的类型理论。

一、人格的特质理论

人格的特质理论起源于第二次世界大战前后的美国，主要代表人物是美国心理学家奥尔波特、卡特尔(R. B. Cattell)和英国心理学家艾森克等人。所谓“特质”即个人在不同情境下都会相对稳定地表现出一系列心理行为反应。比如，假定某人在买东西、参加聚会、上课发言、碰到陌生人、遇到熟人等情境下都一定程度上表现出紧张、退缩、沉默、较少目光接触等反应，我们即可认为此人有“害羞”的人格特质。特质理论认为特质决定了个体行为的基本特性，是人格结构的基本单元。不过对于特质可分为几个层次以及人格中有多少种相对独立的特质，不同理论又有不同的理解。

(一)奥尔波特的人格特质理论

人格的特质理论由奥尔波特在1937年首次提出。他将人格的特质分为“共同特质”和“个人特质”两类，前者指在某一社会文化形态下为多数人所共享的一些特质，后者指具有个人独特性的一些特质；二者的关系极为复杂，不过奥尔波特非常重视后者。对于个人特质，奥尔波特又将其分为首要特质、中心特质和次要特质三类。首要特质是一个人最典型、最具概括性的一个特质，会影响一个人方方面面的表现。生活中多数人并不具备首要特质，不过小说或电影的中心人物往往被作者以夸张的笔法，特别设计出一个首要特质，如林黛玉的首要特质就是多愁善感。中心特质是构成个体独特性的几个重要特质，在每个人身上都有5～10个，如林黛玉的清高、聪明、孤僻、抑郁、敏感。次要特质是个体非核心的特质，在数目上远远超过了中心特质，往往只有在特殊情境下才表现出来，如林黛玉与长辈相处时很顺从，但与同辈，尤其是宝玉相处时则很任性，此时"顺从"和"任性"就是其次要特质。另外，一些无关紧要的特点也可属于次要特质，如林黛玉对食物、衣着的偏好等。

另需提及，奥尔波特之后的特质理论执着于寻找一个普遍的特质框架(如3种、5种、16种)，随后用这一框架来评价具体的个人。而奥尔波特则比较排斥这种做法，他认为不应对特质做出非常明确、统一的界定，因为同一特质在不同人身上的表现都是独一无二的，因此所谓的框架是不够稳定且过分先入为主的。基于这些观念，他主张要通过外部观察、访谈，解读日记、自传、梦等综合的方法去了解一个人的特质，并用丰富的语言对这些特质进行个性化的如实描述。

(二)卡特尔的人格特质理论

20世纪50年代前后，有自然科学背景的心理学家卡特尔受化学元素周期表的启发，以对人格词汇进行因素分析为核心技术对人格特质进行了研究，最终提出了自己的特质理论模型。模型包括四个相互关联的层次，由高到低分别为：

第一，个别特质和共同特质。区分依据为特质是为社会成员所共有的还是为个人所独具的。

第二，表面特质和根源特质。前者是一群看上去有关联的特征或行为，可从外部直接观察，后者则是隐藏在表面特质的背后并制约表面特质的深度特征。可以说，表面特质是根源特质的表现，根源特质是表面特质的原因；每一种表面特质都源于一种或多种根源特质，而一种根源特质可以影响多个表面特质。可见，卡特尔认为根源特质是人格的最重要部分。他还发现人都有16种根源特质(见表11-2)，但每个人在这些特质上的表现程度是不同的，即存在量上的差异。也正因如此，可以对人格进行定量测评。另外，表面特质和根源特质既可能是个别特质，也可能是共同特质。

第三，体质特质和环境特质。这一分类都针对根源特质而言，有些根源特质更多由内部的生理状态或先天的遗传因素决定，可称为体质特质；而有些根源特质更多由后天的环境因素塑造，可称为环境特质。卡特尔通过数学分析发现，16种根源特质中有些属于体质性的，有些属于环境性的。

第四，动力特质、能力特质和气质特质。所有这些特质都共同受体质特质和环境特质的影响。动力特质使人趋向某一目标，即提供了行动的动力；能力特质是表现在认知和运动等方面的成效，其中智力是最重要的，而智力又可分为晶体智力和流体智力；气质特质则涉及情绪，专指情绪反应的速度、强度、稳定性等特点。

表 11-2 卡特尔的 16 种人格根源特质

人格因素	低分者特征	高分者特征
乐群性	缄默孤独	乐群外向
聪慧性	迟钝，知识面窄	聪慧，富有才识
情绪稳定性	易激动，易生烦恼，易受环境支配	情绪稳定而成熟，能面对现实
恃强性	谦逊，顺从，通融，恭顺	好强，固执，独立积极
兴奋性	严肃，审慎，冷静，寡言	轻松兴奋，随遇而安
有恒性	苟且敷衍，缺乏奉公守法精神	有恒负责，做事尽职
敢为性	畏怯退缩，缺乏自信心	冒险敢为，少有顾虑
敏感性	理智，着重现实	敏感，感情用事
怀疑性	信赖随和，易与人相处	怀疑，刚愎自用，固执己见
幻想性	现实，合乎成规，力求妥善合理	幻想的，狂放任性
世故性	坦白，直率，天真	精明能干，世故
忧虑性	安详，沉着，有自信心	忧虑抑郁，烦恼自扰
激进性	保守，尊重传统观念	自由，批评激进
独立性	依赖，随群附众	自强自立，当机立断
自律性	矛盾冲突，不顾大体	知己知彼，自律严谨
紧张性	心平气和，闲散宁静	紧张困扰，激动挣扎

（资料来源：彭聃龄等，2012；2019）

(三)艾森克的人格维度理论

英国心理学家艾森克在 20 世纪 40 年代以后运用了包括因素分析在内的多种方法去探查人格的结构，最终认为人格有三个基本维度：外倾性，类似于内向、外向的区分；神经质，即情绪是否稳定；精神质，特指孤独、怪异、冷酷、敌视等偏于负面的特征。其中艾森克研究最丰富的是外倾性和神经质，他根据这两个维度建立了一个直角坐标系，同时认为坐标系的四个象限，即两大维度的四种组合对应着古典的四种气质类型，每种类型又都有相对固定的一些特质(见图 11-1)。

可见，艾森克的人格特质理论还多少具有类型理论的色彩，不过其对每一类型具体特征的描述是按照特质理论展开的。

(四)人格的五因素模型

继奥尔波特、卡特尔和艾森克的开创性工作之后，20 世纪六七十年代以来的人格心理学家又进一步探索了人格的特质维度。多年来的多个研究，尤其是采用因素分析法的研究都共同发现，世界各地区的人们的人格都可以归结为 5～7 个相对独立且稳定的特质因素，同时在每个因素的内部又有相对明确的次级特征。目前较权威的、针对西方人的五因素模型由塔佩斯(Tupes)等人提出，他们把人格的特质分为五类(见表 11-3)：

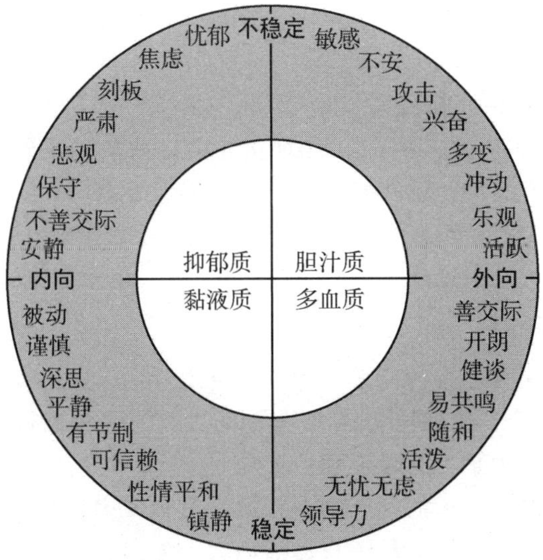

图 11-1　艾森克的人格维度图

（资料来源：彭聃龄等，2019）

表 11-3　人格的五大因素

因素	正向描述	负向描述
外倾性	果断、健谈、精力充沛	害羞、安静、有保留
宜人性	善良、亲切、有同情心	残酷、冷淡、好争吵
责任心	负责、谨慎、有组织	轻率、马虎、不负责任
神经质或情绪稳定性	满足、冷静、稳定	不稳定、焦虑、喜怒无常
开放性	开放、聪明、有创造性	肤浅、简单、不聪明

（资料来源：彭聃龄等，2019）

专栏 11-2　中国人的人格特质模型

人格特质结构在文化普遍性之外，是否还存在文化特殊性，是当今人格特质研究者工作的一个重要方向。大五人格模型虽然已成为 20 世纪末以来对人格特质最为风靡的描述，然而对于这样一个植根于西方文化土壤，建立在西方价值观、方法和人群样本基础之上的理论，其他文化下的人格研究者的态度是审慎的。多年来，中国的人格心理学工作者致力于发掘中国人的人格特质模型，提出了一些有代表性的理论，如六因素模型和七因素模型。

其中，六因素模型的人格结构包括了“外倾性”“神经质或情绪稳定性”“开放性”“宜人性”“尽责性”，较完整地涵盖了五因素模型的内容，同时，新增的第六维度则更加凸显了中国人独有的人格特征——“人际关系性”，可对应于日常所说的“做人”，指在为人处世方面讲人情、“好面子”、讲和谐，喜欢主动营造人际关系。七因素模型则包括了“外向性”“善良”“行事风格”“才干”“情绪性”“人际关系”“处世态度”，也依然覆盖了五因素模型的特质。

（资料来源：彭聃龄等，2019）

二、人格的类型理论

人格的类型理论主要用来表述一类人与另一类人在人格上的差异。对人格类型的区分既有单一分类，如 T 型人格；也有对立分类，如内向—外向人格、场独立—场依存人格、A 型—B 型人格；还有多元分类，如霍兰德(J. Holland)的职业兴趣分类、斯普兰格(E. Spranger)的价值观分类。另外，本章前面已涉及的几种气质学说，也都属于多元分类范畴。

(一)单一类型理论

单一类型理论中比较著名的有美国心理学家法利(F. Farley)在 20 世纪八九十年代提出的 T 型人格理论。法利认为 T 型人格的人具有爱好冒险、喜欢刺激的人格特征。法利还根据冒险行为是否有建设性，又将 T 型人格分为 T^+ 型和 T^- 型：如果冒险行为倾向于是健康的、积极的和有创造性的，就属于 T^+ 型人格，如思想家、科学家、发明家等智力活动者，运动员等身体活动者；如果冒险行为倾向于是破坏性的和消极的，就是 T^- 型人格，如犯罪分子、吸毒者。

(二)对立类型理论

1. 荣格的向性类型理论

瑞士精神分析学家荣格在 1921 年正式提出了自己的人格类型理论(心理类型理论)，理论的完整形态是将人格按照态度类型(内倾、外倾)和思维功能类型(思维、情感、感觉、直觉)这两个维度，把人格分为八类。不过该理论最为人知的部分是其中的向性类型学说，即把人的人格分为内向型(内倾型)和外向性(外倾型)两类。通常认为，内向的人因为把“心理能量”投入自身的内部世界，所以趋于安静，喜欢幻想，对探索事物的本质感兴趣；而外向的人因为把“心理能量”投入外部世界，所以活泼开朗，爱好社交。

荣格的向性类型理论在大众文化中十分流行，但在流行中对理论的很多重要方面没有提及。比如，荣格认为每个人都同时有内向的一面，也有外向的一面，只是可能有一面是无意识的；人在生命的不同时期，内外向所占的比例是不同的；一个人的心理健康往往需要内向与外向的平衡；在走向心灵意义上的自我实现的过程中，内向的作用十分关键。

2. 威特金的场独立—场依存人格理论

美国心理学家威特金(H. A. Witkin)等人在 20 世纪 40 年代将人在知觉中的风格分为场独立型和场依存型两类，二者区分的依据是其知觉更多独立于还是依赖外部环境因素。后来，场独立—场依存之分就从简单的知觉扩展到人格领域。一般来讲，场独立型的人不易受外部环境的干扰，具有独立判断的倾向，善于解决新问题，但在人际交往中常不够关心他人感受。而场依存的人则对外在参照有较大的依赖倾向，易受暗示，灵活性较差，但人际交往能力强，能够体察入微。场独立、场依存是一个连续体的两极，多数人处于这一连续体之间的某一位置。

(三)多元类型理论

1. 霍兰德的人格类型理论

美国心理学家霍兰德于1959年提出了一种专门针对职业兴趣的人格类型理论。该理论依据人格特征和职业选择的关系，尤其是人格中的兴趣类型成分，把人格分为六个类型：社会型、理智型、现实型、艺术型、贸易型和传统型。不同人格类型的个体对不同工作岗位的兴趣和适应度不同，在求职、招聘或岗位调整中可以此为参考做出“人业互择”(见表11-4)。

表11-4　霍兰德的人格类型理论

人格类型	相近人格类型	相对人格类型	人格特征	匹配职业
社会型	艺术型、贸易型	现实型	善于言谈，喜爱社交活动，关心社会现实，重视社会义务和道德	教师、护士、公关人员、咨询人员、社会学家等
理智型(研究型)	现实型、艺术型	贸易型	求知欲强，喜欢逻辑和推理，抽象思维能力强，有学识，做事精确	工程师、科学研究人员、医生、电脑程序员、系统分析员
现实型(实际型)	理智型、传统型	社会型	动手能力强，言辞不多，做事保守，谦虚，独立	农民、电工、修理工、机械工、制图员、装配工
艺术型	理智型、社会型	传统型	有个性，感情丰富，富于想象，追求完美，有创造性，喜欢艺术和文学，善于用艺术手段表达自己	编辑、作家、雕刻家、演员、导演、歌唱家、作曲家、乐队指挥等
贸易型(企业型)	社会型、传统型	理智型	性格外向，注重利益，有冒险精神，喜欢担任领导者，有使用语言、说服、支配等能力	销售员、营业部主任、经理、董事长、律师、政府官员等
传统型(常规型)	现实型、贸易型	艺术型	尊重权威和制度，保守，细心，有条理，友好，善于控制自己，有牺牲精神	办事员、打字员、秘书、会计、出纳、记账员、接待员、档案管理员、图书管理员等

(资料来源：李传银等，2011)

霍兰德的人业互择观现已深入人心，同时依据其人格理论所设计的“霍兰德职业倾向测验”在教育和人才选拔领域中的应用也十分广泛。还需指出，生活中多数人的人格为混合型，较少见单一类型。

2. 斯普兰格的人格类型理论

德国哲学家、教育学家、心理学家斯普兰格在1914出版的《人的类型》一书中，区分了社会生活的六大领域，并将人的价值观和性格分为相应的六个类型。

第一，经济型，核心兴趣为讲究实利，热衷于通过付出时间、金钱来获得利益回报，如企业家。第二，理论型，核心兴趣为追求真理，热衷于对知识的探索、理性分析、总结提炼，如科学家、思想家。第三，审美型，核心兴趣为发现美感，热衷于感受生命中的和谐之美，如艺术家。第四，权力型，核心兴趣为谋求权力，热衷于获得权位并以此支配或影响他人，如政治家。第五，社会型，核心兴趣为对他人的关爱，热衷于奉献自己的时间和能力去帮助他人，如义工。第六，宗教型，核心兴趣为渴望宗教的整合，热衷于在信仰中寻求生活方式和生命的终极价值，如僧人。

斯普兰格还指出，生活中多数人的性格为混合型，较少见单一类型的人。

第四节　人格成因

人们各自的人格面貌是如何形成的？“性相近，习相远”则简短道出了真相：既有先天的生物学因素，又有后天的外部环境因素；既有个人努力的主动因素，又有个人较难改变的被动因素。当前多数心理学家认为，人格的成因是多种因素共同塑造的结果。

一、生物学因素

生物学因素可以是遗传的，也可以是后天的；可以是个人的，也可以是群体乃至种族、种系的；可以是稳固的，也可以是临时的。但我们常讲的生物学因素多狭义上指“遗传”，尤其是其中具有个体差异性、独特性的遗传特点。

生活经验告诉我们，新生儿即有人格差异，更年期的女性会有人格变化、脑部受损的病人可能性情大变……这些事实都说明了人格似乎与生物遗传因素有关。为探讨生物遗传因素在人格形成中的作用，遗传学家高尔顿(Galton)在19世纪末即开创了“双生子研究范式”的先河，随后被各国心理学家继承并发扬。目前这一范式的逻辑是：同卵双生子的生物遗传素质相同，因此他们间的人格差异可归咎于生物学原因之外的环境因素；异卵双生子的生物遗传素质存在差异，但他们的后天环境相似度很高；此外，双生子是在相同环境还是不同环境下被抚养长大，也可作为一个重要的变量，因为其可使遗传或环境因素的作用更加突出。

中国一项长达二十年的双生子追踪研究表明，人格的许多方面的确与遗传原因有关(见表11-5)。瑞典心理学家也曾用量表测量了6000对双生子的人格，结果表明，同卵双生子在神经质和外向性上呈正相关，整体相关系数可以达到＋0.5，而异卵双生子也为正相关，但相关系数只有＋0.22。艾森克的研究则更为细致，他发现对于外向性这一特质，未分开抚养的同卵双生子间的相关系数为＋0.61，分开抚养的同卵双生子间的相关系数为＋0.42，异卵双生子间的相关系数为－0.17；在神经质方面，亦有相近发现。

表 11-5　双生子在 MMPI 分量表得分的相关系数和遗传率

		r_{M2}	r_{D2}	H
Hy	癔症	0.50	0.49	0.02
Ma	轻躁狂	0.25	0.01	0.02
Pd	精神病态	0.02	0.08	0.07
Sc	精神分裂症	0.69	0.61	0.20
Pa	偏执狂	0.39	0.13	0.30
Pt	精神衰弱	0.49	0.09	0.44
D	抑郁	0.49	0.07	0.45
Hs	疑病症	0.56	0.17	0.50
Si	社会内向	0.60	0.04	0.58
Mf	男性化—女性化	0.94	0.04	0.73

注：r_{M2} 为同卵双生子的相关系数，r_{D2} 为异卵双生子的相关系数，H 为遗传率。

（资料来源：彭聃龄等，2019）

可见，国内外的双生子研究皆揭示了生物遗传因素对人格形成的影响，甚至对于一些被认为与社会因素更相关的性格类特质也多少如此。不过我们也发现，分开抚养的同卵双生子，他们间人格的相似性低于共同抚养的同卵双生子，所以这也从侧面说明了环境在人格形成中的重要作用。至于在人格形成中遗传和环境因素各自起多少作用、如何起作用、二者之间的关系如何等问题，则没有非常精确的答案。

根据现有研究，我们只可以做两个大体的判断：第一，遗传和环境共同作为了人格形成中的影响因素，且两者之间会有交互作用；第二，遗传因素塑造人格的程度在不同的人格特质上有差异，对于气质这一与生理原因关系较大的特质，遗传的作用较明显，而在价值观、信念等与社会条件关系紧密的特质上，环境的作用可能更优先。

二、家庭环境因素

有不少心理学家和教育学家认为，家庭是“制造人类人格的工厂”。其原因是多方面的，首要一点就在于早期经验在人格塑造中起到了重要的作用，而儿童早期最主要的生活环境即是家庭(当然，也绝不能否认，家庭对人格形成的影响在早期之后也会持续发生，只是往往不会像早期那样直接、全面、深刻和持久地发挥作用)。以此为起点，与社会相关联，家庭作为社会的基本单元，承担着将本社会文化的规范和价值观初步传递至下一代的任务。常被提及的是，在特定家庭的内部，家庭成员的结构、家庭成员(尤其是父母)的不同人格特点、家庭成员间的互动方式等因素也会参与到对个体人格的塑造中。

父母是儿童的第一任教师，他们的人格常常会迁移到下一代身上。如果父母和睦相处、热爱劳动、勤俭持家，儿童就容易形成有责任心、爱劳动和诚实的品质；如果父母对亲朋热情周到、和气真诚、通情达理，儿童也往往善于与人交往、团结伙伴；

如果父母言行粗鲁、蛮横无理，儿童也容易出言不逊、不守规则；如果父母价值观对峙、互不协调，儿童则往往无所适从，容易养成两面讨好、投机取巧、好说谎话的品质。

父母对子女的教养方式对人格的形成也有不可低估的影响。心理学家常把教养方式分为民主宽容型、权威独断型和放纵溺爱型三类。在民主、宽容的家庭气氛下成长的孩子，被鼓励参与进家庭和自身问题的讨论和决策中，有表达自己思想感情的机会，发展了好奇心和独立性，容易成为思想活跃、谦虚、独立、有礼貌、待人亲切诚恳的人。采取权威独断型教养方式的父母，常常对孩子有过度严厉的指责，往往使孩子缺乏自信心，甚至以说谎自卫，羞怯、情绪不安定。而放纵或溺爱孩子的父母，会对孩子无原则地百般宠爱、百依百顺、过分娇惯，结果常会使孩子养成生活难以自理、胆小怯懦、蛮缠胡闹、自私、缺乏独立性等许多不良品质。

还有不少心理学家对个体在同辈家庭成员中的排行很感兴趣，并认为这也会影响个体人格的形成。国内外研究材料多表明：独生子女往往能够严格要求自己，有很强的成就动机，但具有较高的支配性和优越感；次生子女自我评价实际，社交能力强，但在行动中不够慎重；晚生子女一般具有较高的自信心和野心，但往往表现出攻击性。显然，造成这一结果的原因与不同出生次序的个体所承担的角色有关。苏联心理学家科瓦列夫(Kovalev)曾对一对同卵双胞胎姐妹进行了个案追踪研究。姐妹俩的外貌非常相似，在同一个家庭中长大，并且从小学到中学、大学都在同一个学校、同一个班级。但在人格上二人却有明显的差别。姐姐比妹妹善于言谈，好交际，处世也比较果断和主动；在谈话和回答问题时，总是姐姐先说，妹妹往往只表示首肯或做补充性回答。对于姐妹俩在人格上的反差，科瓦列夫了解到，原因主要在于她们小的时候由她们的祖母和父母做了一个决定——要求姐姐照管妹妹，作妹妹的好榜样，并首先接受长辈委派的任务。长此以往，这些半家长式的大姐姐的角色要求就内化进姐姐的人格，使其比较早地形成了独立、主动、果断、善交际等特点，而妹妹则养成了追随姐姐、倾听姐姐意见的习惯。可见，儿童在家庭中所处的位置、所扮演的角色，对人格的形成也是至关重要的。

三、学校环境因素

从学龄期至成年早期，多数人将在学校中度过自己的大量时光。由于学校是有目的、有系统地对学生施加改变的场所，且学校中的学习活动和多种人际关系对适龄个体来讲都是极端重要甚至处于中心位置的。所以，基于这些原因，学校教育的目标、内容、方法，教师的榜样、价值观，学校的传统、制度、班风，师生关系、同辈关系等学校环境因素都将影响学生人格的形成。

知识具有教化心灵的巨大力量，学校教育的内容无疑会塑造学生的人格。英国哲学家培根(F. Bacon)的一段论说正反映了这一点，“读史使人明智，读诗使人灵透，数学使人精细，物理使人深沉，伦理使人庄重，逻辑修辞使人善辩。”

教师的标签之一即是“人类灵魂的工程师”，如俄国教育学家乌申斯基所言：“只有人格，才能塑造人格。”一般而言，学生具有“向师性”，教师的榜样力量会在有形无形中熏陶着学生的人格，甚至有学生有意识地把教师作为自己的学习楷模，此时教师自身的人格自律就至关重要。

师生相处也是学校中的一类重要现象，如果教师管理学生的方式是专制式的，学生则容易情绪紧张，往往不是冷淡就是带有攻击性，经常在教师在场时毕恭毕敬，不在场时秩序混乱，不能自制。如果管理是民主式的，则学生一般情绪稳定、积极，态度友好且有领导能力。如果管理是放任式的，学生则容易养成集体意识淡薄、组织纪律性缺乏等放任散漫的习惯。

最后，学校中的班级是同辈关系的重要来源，尤其对于青少年而言，从同辈朋友处观察学习、定位自己、了解他人、收获友谊、获得归属感和社会支持都是顺利度过青春期，发展出良好人格同一性和自我认同的重要条件。

四、社会文化因素

人类生存于并建构自社会文化性的语言符号和生活实践之中。广义的社会文化因素的范围异常广泛，几乎包含了除去个体因素、生理因素和生态因素以外的所有内容：语言、生计模式、群体组织、经济关系、阶级、性别、婚姻家庭、亲属关系、教育、政治、法律、宗教、传媒等；另外，体现于上述领域中的制度、习惯、习俗、信念体系和背后的意义系统也都属于社会文化的范畴。可见，即使前文提到的家庭和学校教育，其本质上也与社会文化因素有关，只是一方面二者过于重要，另一方面二者存在着高度微观和个性化的一面，所以被拿出来做单独讨论。另外，对社会文化因素还要从两个角度来全面理解。其一，“特定社会文化”的角度，即每个社会文化都有其独特性，我们身处其中；其二，“社会文化自身”的角度，即每个人都首先身处社会文化“本身”中，而不用管它是哪种社会文化。

社会文化因素对人格的塑造往往是宏观、全方位且自然而然的。即使一些生理素质要影响人格，也要经由社会文化条件的调控。比如，肥胖有可能会对个体人格有影响，但这一影响的背后往往伴随着社会评价。因为在现代工业社会或后工业社会，生产方式变革带来的社会变迁使得对人的管理权由宗教、宗族或家庭下放一部分到个人手中。而肥胖可能意味着个体对自己的管理不够严格甚至放纵，那么一个自我放纵的人被认为很难成为这一社会中合格的社会成员。再比如，身材对年轻女性的人格尤其是自我意识的影响更为鲜明，这往往是因为在男权社会中，女性需要迎合男性的目光。

再以性别特征为例，通常认为男女两性的人格差异是由生理素质决定的，即男性天然就刚强、支配，女性天然就柔弱、顺从。不过社会文化人类学家米德(Mead)通过实证研究，有力地驳斥了这一传统观念。米德实地考察了南太平洋的三个原始部落，这三个原始部落坐落在方圆100公里以内的区域，自然条件相近。米德发现阿拉佩什人的男女性别气质是男强女弱，与多数社会类似；蒙杜古马人的男女气质较为相近，两者之间差别不明显；而查姆布利人最为特殊，因为在我们看来，他们的男女气质是颠倒的。究其原因，米德认为这和每个部落的生计模式和文化传统有关。

五、自我调控因素

家庭教育、学校教育和社会文化因素都是性格形成或改变的外在条件，但内部条件，即自我调控系统的作用也是不容忽视的。自我调控系统以自我意识为核心，自我意识是人对自身以及自身与外界关系的一种认识、评价和控制，如“我是个内向的人”“我的样貌不好看，这令我很自卑”“我开朗、宽容、细心，朋友们很喜欢我，我也感到很有价值感”“我总是三心二意、半途而废，今后要好好改改了”……这些表述针对的都是自我意识。

自我调控系统固然会受社会文化等外部因素的塑造，但其另一方面又具备高度的个人特色和主观能动力量，这意味着一种拒斥或迎合外部塑造的可能性。比如，一位高中生自小就有在学习上拖延、懒惰的性格习惯，家长、教师对其进行了多年的劝说甚至惩罚，但这种习惯在他身上依然牢固。可能的原因有很多，常见的有教师、家长的讲话方式不适宜，他听不进去；他本来就不喜欢学习，没有从内心深处意识到拖延是一种不好的习惯，不愿意做改变；即使意识到拖延是一种不好的习惯，但总管不住自己。此时外部力量之所以未能起作用，是因为没能充分调动起这位学生的自我调控系统。

外部力量若要塑造人格，自我调控系统是难以绕过的。由于这一系统，相同的外部力量会在两个不同个体身上发挥不同作用；同时，因自我调控系统有一种“自我教育”的功能，所以这也为每一个人的人格完善提供了宝贵的潜能。

专栏 11-3　性格决定命运，还是自我决定命运？

我们常说“性格决定命运”。这个判断在学术上是片面的，在现实上也是无法被充分检验的，因为影响一个人发展的因素必然是“多”方面而非单一自我方面的。但我们不必深究，因为作为一种夸张的文学修辞，该陈述旨在说明人格、性格的重要性。现在，我们可以进一步改写这句话，从“性格决定命运”改为“自我决定命运”。因为自我，是人格系统或复杂行为系统的核心，对每个人的人际关系、学业事业表现以及心理健康，都有着非凡的意义。

“自我决定命运”可以做很多解释，但最关键的方面或逻辑上的前提在于，我们对自己的认识和相应的要求是什么样的。即，在自我认知和自我调控上，我是一个什么样的人，我作为这样的人，应该如何做事、如何处世为人，哪些事情我会做，哪些事情我不会做。更直接地讲，做什么事才符合我的自我意象、符合我对自己的认识——或者说，符合自己给自己确立的一种“人设”。

最典型的例子就是理想和自律，一个有远大抱负和理想的大学生，会时刻以理想中的自我形象、自我目标来认识和要求自己，因此在学习和生活上就会严格自律。

有一个很好的例子，能够说明为何自我决定命运。

苏联教育家苏霍姆林斯基曾表示，好的家庭教育培养出的理想的孩子形象是，若请他参加婚礼，即使那里所有的人都喝成醉鬼，他母亲也相信自己的孩子会滴酒不沾，并且清醒地、按时地回到家里。请大家思考，这个孩子为什么能做到如此自律？苏霍姆林斯基的回答就是三个字——自尊心。即，一个有自尊心的人，做当众酩酊大醉的事，他不会做！苏霍姆林斯基反复强调，教育的全部技巧就在于抓住这可贵的自尊心，而自尊心就是上进心。若一个儿童或学生失去了自尊心，那么他也就失去了可教育性或成长的可能。

我们儒家的理想人格，即作为君子、作为大丈夫，不同于小人或坏人，是应当有所为，有所不为的。就像孟子说的“富贵不能淫，贫贱不能移，威武不能屈”，荀子也提到，“权利不能倾，群众不能移，天下不能荡”。

可见，我们会做什么事，不会做什么事，经常与“我”、与“自我”有关。

具体到学业方面，自我也在起作用。请大家思考，一个放弃了学习的、常年的后进生或者传统所说的“差生”，今天所说的学习困难学生，为何会“躺平了”而放弃学习？原因有两个方面，都和自我相关。

第一，涉及自我认识、自我期望。他们可能认为，我是所谓的“差生”，上课发言、按时完成作业、好好学习，不是我该做的事，而是好学生该做的事。学业表现差这一事实，与我对自己的“差生”的自我定位或自我期望，与我的“差生”身份，是完全符合的。

第二，涉及自尊心、自我价值感。意思是：与其做一个努力学习却学业表现不佳的学生，不如做一个“躺平了”的学业表现不佳的学生。因为努力却没收获，往往对人的自尊心、自我价值的打击更大；且按照俗见，这种学生在同学间的“风评”也是最低的。所以，我干脆做一个“躺平了”的学生——学习不好，是因为我没学，是因为我压根就没想学，而不是因为我“笨”。如此，学业成就被牺牲了，而“面子”和广义的“自恋”却得以保留、维护，甚至提高。

（资料来源：陈琦、刘儒德等，2019；许丹东，2020；杰瑞姆·布莱克曼，2021，引用时有删改）

第五节 人格测评

生活中，人们常常只能依据一个人在少数情境下的言行举止等外部表现来断定其人格。但是，对于学术研究和心理咨询与治疗、教育评价、人才选拔等领域而言，单一运用这种基于日常智慧的断定方式常欠缺客观性或无法进行规模性的研究。为提高人格测评的科学性，心理学家付出了百年的努力，如今给我们奉献出了科学、多样的测评方法。常用的方法有自陈量表法、投射测验法和情境测验法三类。

一、自陈量表法

自陈量表法即人格量表法，这是一种要求被试回答人格量表中的问题，以此评价其人格特点的方法。人格量表是在一定人格理论和测验理论的支持下科学编制的标准化问卷。量表由若干客观性问题组成，每个问题往往都代表了人格的某些方面；一个问题通常陈述一种行为或特点，要求被试真实回答其与自身情况是否符合或符合的程度有多少。最终我们可根据被试的回答情况，按照测验手册精确计分并推断出其整体人格或人格的某些方面。在实践中，自陈量表法通常适于普查较大样本群体的人格，或作为深入了解某群体、某个体人格的初步手段或辅助性手段。下面即简单介绍三种常见的人格自陈量表。

(一)明尼苏达多项人格测验

明尼苏达多项人格测验(Minnesota Multiphasic Personality Inventory，MMPI)是国内外的大型、权威人格测验，目前广泛应用于科学研究、临床实践和司法等领域。MMPI最初由美国明尼苏达大学心理学家哈撒韦(Hathaway)和精神病学家麦克金利(Mckinley)于1940年编制，现已被译成100多种文字版本(MMPI的第二版，即MMPI-2在中国已译介完毕)。MMPI适用于16岁以上，小学以上文化程度的群体，完整版有566个问题，涉及健康状态、心身症状、情绪反应、社会态度、婚姻家庭等26类项目。MMPI由十个临床分量表和四个效度量表组成，临床分量表包括疑病症(Hs)、抑郁(D)、癔症(Hy)、精神病态(Pd)、男性化—女性化(Mf)、偏执(Pa)、精神衰弱(Pt)、精神分裂症(Sc)、轻躁狂(Ma)、社会内向(Si)；效度量表主要是为了检测被试的回答是否准确，同时可据其修正甚至推翻测验结果。量表中的问题均采用"是""否"的方式来回答，但当被试对自己的情况感到不确定时，则无须回答，不过这一做法不被鼓励。MMPI例题如下：

1)我的胃口很好。	[是]	[否]
2)我喜欢热闹的聚会。	[是]	[否]
3)有人控制我的思想。	[是]	[否]

(二)卡特尔16种人格因素测验

美国心理学家卡特尔于20世纪50年代编制了最初的16种人格因素测验(Sixteen Personality Factor Questionaire，16PF)，目前该测验适用于16岁以上、有阅读能力的人群，尤其适于探查一般人群的人格，在科学研究、心理咨询、人才选拔等领域都有广泛应用。16PF的理论基础是卡特尔自己的人格特质理论，可以探查16种人格根源特质：乐群性(A)、聪慧性(B)、情绪稳定性(C)、恃强性(E)、兴奋性(F)、有恒性(G)、敢为性(H)、敏感性(I)、怀疑性(L)、幻想性(M)、世故性(N)、忧虑性(O)、激进性(Q1)、独立性(Q2)、自律性(Q3)、紧张性(Q4)。测验的完整版共有187道题目，题目的种类和选项有多种类型，要求被试选择自身的情况。16PF例题如下：

1)童年时，我喜欢阅读：A. 神话幻想故事　B. 不确定　C. 战争故事

2)在工作中，我喜欢独自筹划，不愿受别人干涉：A. 是的　B. 介于A、C之间　C. 不是的

3)生动的梦境常常干扰我的睡眠：A. 经常如此　B. 偶然如此　C. 从不如此

4)如果征求我的意见，我赞同：A. 切实制止精神疾病患者和智力发育严重迟缓的人生育　B. 不确定　C. 杀人犯必须被判处死刑

16PF不仅可以描述16种人格根源特质，还可以进一步分析内外向、顺从—独立、

焦虑、情感活动与处事特征等次级人格因素，此外，对心理健康、环境适应、专业成就、创造力等社会成就因素也可做出预测。

(三)艾森克人格问卷

艾森克人格问卷(Eysenck Personality Questionnaire，EPQ)由英国心理学家艾森克在20世纪50年代末初步编制，后历经修改。目前问卷既有成人版也有儿童版，都包含四个分量表：内外向分量表(E)，测量内向和外向的倾向性；神经质分量表(N)，测量情绪的稳定程度；精神质分量表(P)，测量精神病性的程度；掩饰性分量表(L)，测量回答的真实程度，同时也反映纯朴性等人格特点。EPQ的中国儿童版和成人版皆只有88道题目，每道题目都要求被试在“是”和“否”之间做选择。EPQ例题如下：

1)你总是完成家庭作业后才去玩耍吗？　[是]　[否]　(儿童版)
2)你常无缘无故觉得疲乏吗？　[是]　[否]　(儿童版)
3)你喜欢会见陌生人吗？　[是]　[否]　(成人版)
4)若你犯有错误你是否愿意承认？　[是]　[否]　(成人版)

EPQ包含的题目数量不多，同时测量的人格维度少，所以因其方便性在研究和实践中也有广泛使用。

采用MMPI、16PF、EPQ等自陈量表法的优点是考察全面、施测方便、结果可定量处理。但自我陈述和高度结构化的形式无疑会有一些不足，如被试自己不一定了解自己，在测验以外还有话要讲，对同一问题被试在不同时空下的回答并不一致，作答时有意地遮掩或无意的反应倾向等。总之，若要深入和个性化地了解某一具体个体的人格，仅采用自陈量表法是不够的。

二、投射测验法

投射测验法是主试向被试提供若干个模棱两可、意义不明的材料或情境，要求被试相对自由地对其做出反应的方法。在反应的过程中，被试内心真实的态度、情感、欲望、性格等会在不知不觉间被外在地投射出来，主试据此就可以间接地推断被试的人格特征。常见的投射测验常包括罗夏克墨迹测验、主题统觉测验、房树人测验、故事完成测验等，其中最著名的是前两者。

(一)罗夏克墨迹测验

罗夏克墨迹测验(Rorschach Inkblot Test，RIBT)由瑞士精神病学家罗夏克(Rorschach)于1921年正式公布。测验的材料为10张墨迹图片，其中5张是黑白的，2张是黑灰色兼带红色的，3张是彩色的(见图11-2)。测验每次只能施测一人，通常包括三个阶段：

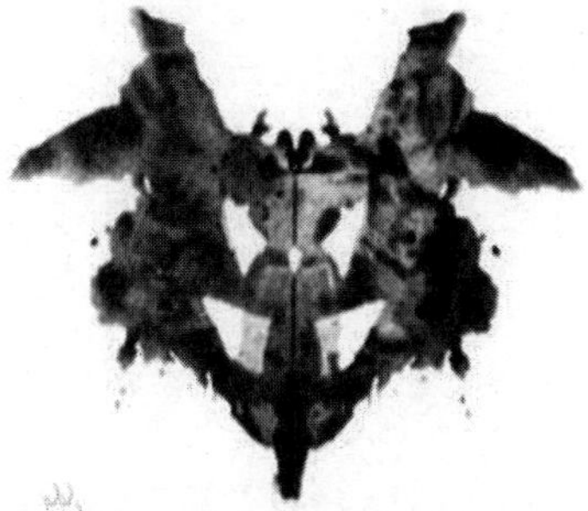

图11-2　罗夏克墨迹测验
(资料来源：彭聃龄等，2019)

第一，自由联想阶段。主试依次向被试呈现10张图片，并公布这类指导语：“你看见了什么？”“这可能是什么？”或“这使你想起什么？”，要求被试对每张图片进行自由联想，主试应如实、完整地记录被试的所有语言反应，同时对情绪、动作、反应时间等表现也要记录。此时主试和被试间一般不做交谈。

第二，提问阶段。主试为了理解被试在上一阶段做反应的原因，对被试进行非暗示性的询问，如询问被试主要关注了图的哪一部分。

第三，极限测试阶段。当被试对图片的反应过于特殊时，主试可给出提示，以此确认其是否看到了某些内容。

RIBT 对资料的整理较为复杂。比如，被试对图片的哪些部位做了反应，这些部位是整体的、局部的还是细微处的；对这些部位的形状、运动、色彩，还是浓淡做了反应；反应的结果是常见的还是独特的，是人、动物还是物体等。而对测验结果的解释，即分析被试在反应中投射出来的人格，则更为复杂，需要对照测验指导手册的内容来下判断。

（二）主题统觉测验

与罗夏克墨迹测验齐名的另一种投射测验是主题统觉测验（Thematic Apperception Test，TAT），该测验由美国心理学家莫瑞（Murray）和摩尔根（Morgan）于 1935 年创制。当前常用的 TAT 版本是第三版，其测验材料是 30 张比较模糊的黑白图片和 1 张空白卡片，图片的内容多为人物，也有一部分是风景（见图 11-3）；有些图片分别只适用于成年男性、成年女性、男孩或女孩，有些则是共用的；被试要根据自己的性别和年龄施测不同的图片组合，但都为 19 张图片再加一张空白卡片。

图 11-3　主题统觉测验

（资料来源：彭聃龄等，2019）

测验每次只能施测一人，要分两个时间段进行，中间必须间隔一天。在测试时被试要根据每张图片的内容用五分钟时间自由想象出一个故事，对故事的内容不做限制，但必须包含四个因素：图中发生了什么事情，为什么会出现这种情境，图中的人物正在思考什么，故事的结局会怎样。被试在自编这些故事时会不由自主地把内心深藏的认识、情感、愿望、经历等信息投射其中。

在施测完毕后，主试要对被试的故事做出评分，包括两部分：一是需求变量和情绪变量，具体有关怀、顺从、恭顺、归属、受保护、自主、进取、成就、攻击、自责、性、矛盾、情绪变化、沮丧、焦虑、怀疑等；二是压力变量，具体有支配、归属、关怀、拒绝、攻击、身体危险等。至于具体分析被试的人格，则要借助测验指导手册中的解释才可完成。

RIBT、TAT 等投射测验对人格的探查通常比较深入和具体，被试的反应也相对自由。但其缺点也是很明显的，如只能一对一施测，程序复杂，评分、解释不够标准化，对主试的素质要求太高，结果不稳定，因此不够经济和标准化。此外，测量的内容常常不仅有人格，也有不少当前的心理处境或历史的个人经历，所以对人格测验而言，其在功能上尚不够专门化。

三、情境测验法

情境测验法就是主试精心设置某种情境并使被试身处其中，主试通过观察被试的行为反应以断定其人格的方法。常见的情境测验有性格教育测验和情境压力测验，前者多用于教育评价领域，后者多用于人才选拔领域。

(一)性格教育测验

德育是学校教育的根本目标之一，但对德育教育效果的评价却常常很难展开，而性格教育测验就可以弥补这一缺憾。比如，考试结束后，教师将学生的试卷全部复印一份再把原版返还，并提供标准答案，要求学生为自己评卷。最后将试卷收回并与复印版对照，如此就能反映学生在“诚实”这一性格上的现状或德育效果。当然，这只是性格教育测验的简单运用，也可把其设计为实验的形式，如随机化、设置对照组，进行前后测、定量处理等。

(二)情境压力测验

情境压力测验是特别设计一种压力情境，使被试置身其中，然后由主试观察、记录被试是如何反应的，从而了解其人格特质。情境压力测验最常运用在人才选拔领域，其中以“无领导小组讨论”(leaderless group discussion，LGD)的方法最为常用。无领导小组讨论的时间设置一般在一个小时左右，参与者常有4～8人，一般角色平等并围坐在圆桌或U形桌周围，另有多个面试官坐在一定距离之外。

面试官开始会给参与者提供一个开放性的问题并讲明程序，随后测试正式进行。测试依次有时长不等的以下几步：思考题目、每人自我陈述、小组讨论、推选或自荐代表总结陈词。在这些过程中面试官在旁观察和记录个人的表现，内容可以有：对别人正确的意见予以支持、对别人的方案提出富有创造性的改进意见、提出自己的观点并设法得到小组成员的支持、时间观念如何、完全忽略别人的论述、过激的语言表述、搬出教条的模型以期压服别人等。通过记录和分析这些表现，面试官可以对每人的语言表达、计划性、价值观、自信心、人际合作、组织协调等人格和能力因素加以评价。

无领导小组讨论中的讨论题有多种类型，如两难型、开放型、资源争夺型、排序选择型、实际操作型等。

性格教育测验和情境压力测验等情境性测验因能在相对生态的情境中做观察，所以被试的反应通常十分自然、真实。但其较为费时和复杂，因此不够经济。此外，由于人在某一情境中的反应不仅体现了人格，也体现了社会心理、能力素质和先前训练等因素，同时人格是在多种情境而非单一情境中表现出来的特征，所以对人格测验而言，其还不够稳定和专门化。

思考与应用

1. 在你家乡的方言中，有哪些关于人格评价的独特或有趣词汇？
2. 进化心理学和文化心理学，对人格形成原因的解释有何不同？

3. 完全放弃学业的“躺平”学生，其自我意识可能有哪些特点？

4. 为何说“影响人格形成与发展的因素是多重而非单一的”？这种认识对你将来做教师有什么启示或警示？

5. 找到一位你欣赏的古今中外的伟大教育家或你亲身经历过的好教师，总结其作为教育者的人格特点以及对学生的人格培养方法，其中有哪些方面触动了你？

6. 寻找中华优秀传统文化和日常生活中关于理解人和对待人的丰厚且伟大的传统智慧或日常智慧，以及这些资源和当代西方人格心理学告诉我们的又有什么异同？

7. 习近平总书记在《牢记初心使命，推进自我革命》中强调，“要在自我净化、自我完善、自我革命、自我提高上下功夫。”那么，作为新时代的大学生，你个人将如何做到自我的净化、完善、革新和提高？

推荐阅读

1. 林耀华：《金翼：一个中国家族的史记》，庄孔韶、方静文译，北京，生活书店出版有限公司，2015。

2. 翟学伟：《人情、面子与权力的再生产》，北京，北京大学出版社，2013。

3. 任炜华：《为平民教育奉献终生的晏阳初》，太原，山西人民出版社，2020。

4. 肯尼思·J. 格根：《社会建构的邀请(第三版)》，杨莉萍译，上海，上海教育出版社，2019。

5. 杰瑞姆·布莱克曼：《心灵的面具：101 种心理防御》，王晶译，上海，华东师范大学出版社，2021。

第十二章

个体心理发展

第一节　个体心理发展概述
第二节　小学生的心理发展
第三节　初中生的心理发展
第四节　高中生的心理发展

本章主要介绍了个体从小学生、初中生到高中生的心理发展过程。首先，介绍了个体心理发展的含义和特点，个体心理发展的影响因素等；其次，介绍了小学生的心理发展，主要包括生理发展、认知发展、情绪发展、自我发展等；再次，介绍了初中生的心理发展，主要包括生理发展、认知发展、情绪发展、自我发展等；最后探讨了高中生的心理发展特点及教育策略。

思维导图

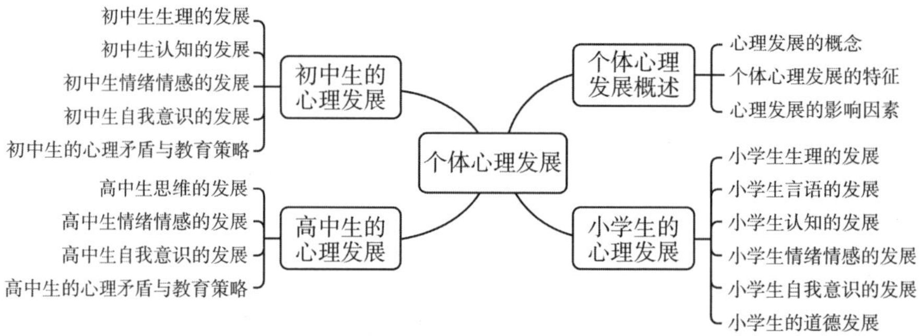

学习目标

1. 掌握心理发展的内涵与特征；
2. 掌握小学生的心理发展特点；
3. 掌握中学生的心理发展特点；
4. 理解中学生心理发展的矛盾及教育策略。

课前思考

中国有句俗语“三岁看大，七岁看老”，意思就是说，从一个人小时候的表现就可以预测他会成为什么样的人。孩子为什么从出生开始就表现出不同的气质？一个小时候顽皮、学业表现不理想的孩子，以后会成为一个什么样的少年？成年以后，又将是怎样的一个人？他在事业上是否会有所建树，他与别人是否能很好地合作？青春期的孩子为什么会叛逆？为什么说叛逆是独立的开始？父母怎样智慧地陪伴孩子顺利度过狂野的青春期？在人一生的变化中，哪些变化是持久的，哪些变化是短暂的？影响变化的关键因素是什么？遗传和环境因素对个体毕生发展起怎样的作用？

第一节　个体心理发展概述

一、心理发展的概念

同世界上的万事万物一样，人的心理每时每刻都处在不断的发展和变化当中。人的一生会经历美好天真的童年、奔放阳光的少年、执着坚韧的青年、忙碌而充实的中年，以及睿智而沉着的老年。从子宫到坟墓，发展贯穿人类生命的全程。同时，每个人的一生都会出现里程碑式的转折点，它们对个体的发展起着决定性和标志性的影响，包括上学、毕业、工作、结婚、生子、养育、父母亡故、退休、死亡等。个体心理发展的规律是什么？从小学、初中到高中，个体的心理又各有怎样的年龄特点？如何对个体进行科学有效的陪伴和教育？

个体心理发展是指个体从受精卵开始，由出生、成长、成熟、衰老直至死亡的整个生命进程中有规律的、系统的、连续的心理变化过程。

个体心理发展是指个体从受精卵开始，由出生、成长、成熟、衰老直至死亡的整个生命进程中有规律的、系统的、连续的心理变化过程。这种变化既有量的变化，又有质的变化，既包括前进上升的变化，又包括衰退下降的变化，既包括认知、语言的发展变化，又包括情绪、人格、社会性等的发展变化。随着年龄的增长、知识和社会生活经验的增多，个体心理发展变化表现出相应的规律性，是有序的、模式化的和相对持久的发展变化。而且，这种心理发展包含了个体生理及其机能的生长与成熟，所以在很多情况下，我们把个体身体与心理的成长变化统称为“身心发展”。

个体心理发展是一个持续毕生的变化过程，是个体结构和机能的获得、维持、转换和衰退的过程。从出生到成熟阶段，总是表现为从简单到复杂、从低级到高级、由量变到质变、从混沌到分化与专门化、从不随意到随意、从被动到主动的趋势；在从成熟到衰老的过程中，则表现出从灵活到呆板、从清晰到朦胧、从健全到衰退的趋势。所以，从生命全程来看，人的心理发展总是呈现为曲折复杂的变化过程。

二、个体心理发展的特征

个体心理发展是一个非常复杂的问题，表现出各种各样的特点，又有其一般的规律和特性。

（一）心理发展既有连续性，又有阶段性

在人的一生中，个体身心特征的发展是一个从低级到高级、从量变到质变的过程，既表现出心理发展的连续性，又具有阶段性。在一定时期内，心理特征是相对平稳的、细微的，这是一个量的累积过程，体现了发展的连续性。当这种量积累到一定程度的时候，新质就会替代旧质，量变也就随之发生质的“飞跃”，这体现了发展的阶段性。以思维发展为例，在3岁以前，幼儿的思维主要是直观动作思维，即思维与他的感知和行动密切联系，思维只能在动作中进行。3～7岁，儿童思维逐步从直接的感知和动作的束缚中解放出来，开始凭借具体事物的形象或表象进行思维，即思维由直观动作思维向具体形象思维过渡，并且逻辑思维开始萌芽。到了7岁以后，儿童上了小学，具体形象思维高度发展，开始向抽象逻辑思维过渡。再到11、12岁，个体抽象的逻辑思维开始上升到主要地位。

从思维发展的阶段性可以看出，儿童心理发展是与年龄相联系的，一定的年龄阶段具有一定的心理发展特征。因此，我们把儿童心理发展与年龄相联系的在各个阶段表现出来的不同于其他阶段的一般的、典型的和本质的特征，称为心理发展的年龄特

征。这种社会期待性的行为标准，被称为发展任务(development task)。根据个体的年龄和主要的发展任务，人的一生可以分成八个阶段：产前期、婴幼儿期、儿童早期、儿童后期、青年期、成年期、中年期以及老年期，每一发展时期都有大致年龄以及身心发展的主要特点(见表 12-1)。

表 12-1 人的毕生发展分期

各个时期名称	时间段	主要发展任务与发展特点
产前期	受精至出生	生理发展
婴幼儿期	出生至 3 岁	身体成长和动作发展 社会性依附：亲子关系 初步的认知能力、语言发展
儿童早期	3～6 岁	力量增加、粗大和精细动作发展 认知发展：创造力、想象力 社会化发展：自我意识
儿童后期	6～12 岁	力量和运动技能发展 认知发展：有逻辑的具体思维、书面语言、记忆 社会化发展：同伴关系、自我概念与自尊
青年期	12～20 岁	生理发展：身体的迅速改变、生殖成熟 认知发展：抽象思维 社会化发展：人格独立、两性关系建立
成年期	20～40 岁	职业与家庭 认知能力处于巅峰之后逐渐下降 社会化发展：父母角色、社会职业角色
中年期	40～65 岁	生理机能出现某些衰退、活力下降 认知技能复杂化：解决实际问题的能力提高，但学习新知识的能力下降 社会化发展：性格有一定改变，对时间的取向改变
老年期	65 岁以上	生理机能衰退 智力与记忆能力逐渐衰退、反应变得缓慢 需调适多方面的缺损(如身体机能的衰退、记忆能力的下降、失去所爱的人、退休后收入减少等)，寻求生命的意义，面对越来越近的死亡

(资料来源：彭聃龄等，2019)

(二)心理发展的方向性和顺序性

一般情况下，心理发展具有一定的方向性和先后顺序，既不能逾越阶段发展，也不能逆向发展。比如，个体动作的发展遵循从头到脚(自上而下)的头尾律、从躯体中心到外围的近远律、从粗大肌肉动作到精细肌肉动作的大小律等发展规律；在思维的发展上依次遵循直观动作思维、具体形象思维、抽象逻辑思维的路线进行。在这个过程中，发展的速度可以存在个别差异，但发展的顺序一般不能改变。因此，教师在对学生进行教育教学时应遵循学生的心理发展规律，不揠苗助长，要科学育人，形成正确的儿童观和教育观。

(三)心理发展既有共同性，又有个别差异性

人的心理发展在各个年龄阶段表现出来的年龄特征也体现了个体之间心理发展的共同性，但人与人之间心理发展又存在个别差异性。有人喜欢文学，有人喜欢数学；有人沉着冷静，有人热情奔放；有人粗心马虎，有人谨慎细致；有人长于抽象思维，有人长于形象思维。即使是同卵双生子，心理发展也存在个别差异。因此教育既要照顾学生心理发展的共同特点，又要充分考虑他们心理发展的个别差异，实施个性化教学，使每个学生的心理都得到最好的发展。

(四)心理发展的非等速性和不平衡性

人的心理发展不是匀速前进的，有的阶段发展快，有的阶段发展慢，具有非等速性。就拿智力发展来说，一般的个体智力在 12 岁以前增长较快，以后增长变慢，到了 20 岁达到高峰，35 岁后又缓慢下降。

心理的发展也是不平衡的。每种心理的发展，都有其发展的关键期，错过这一发展的关键期或在关键期正常发展受到阻碍，都将会给后来的发展造成阻碍。例如，2～3 岁是口头语言发展的关键期；从出生到 4 岁是视觉发展的关键期；小学四年级是小学生思维发展的质变期；八年级是中学生思维发展的质变期。因此，需要教师和家长利用好关键期，突出重点，抓住关键，实施科学教育。同时，不平衡性还表现为各种心理成分的发展不是齐头并进的，有的方面发展较早，有的则表现出来得较晚；有的发展到顶峰的时间早，有的则比较晚。

三、心理发展的影响因素

心理学界普遍认为，遗传、环境和教育是影响个体心理发展的基本因素，但对各因素在心理发展中所起的作用，则有不同的看法。

一种观点认为，遗传在个体心理的发展中起着决定性的作用，即把人的心理的发展看成是受先天不变的遗传因素决定的。代表人物如美国的心理学家桑代克，他说：“人的智慧 80％取决于基因，17％取决于训练，3％取决于偶然因素。”霍尔也说过：“一两的遗传胜过一吨的教育。”英国人类学家高尔顿，采用家谱调查的方法，对比名人与普通人，得出的结论是天才的上代能生育出天才的子孙，他甚至倡导要善于选择配偶。在我国也有“龙生龙，凤生凤，老鼠的儿子会打洞”这一俗语，以上皆说明了遗传的重要性。我们把这种观点叫作遗传决定论。

另一种观点认为，环境和教育在个体心理发展中起着完全的决定作用。他们认为，新生儿只不过是白板一块，教育者可以按照自己的意愿任意将他们培养成各种为人所需的人。如代表人物美国心理学家华生就曾说过这样一句很有名的话：“给我一打健康的婴儿，我可以把他们训练成为任何一种人物——医生、律师、艺术家、大商人，甚至乞丐或强盗。”我们把这种观点称为环境决定论。

辩证唯物主义认为：遗传素质是个体心理发展的前提，为心理发展提供了可能性，没有这个生物前提就谈不上心理发展；个体心理的发展方向和发展水平，取决于个人所处的环境及受教育的状况，环境和教育则规定了个体心理发展的现实性；家庭环境和家庭教育影响孩子一生的发展，家庭教育的智慧就是要激发孩子的自我教育和主观能动性。个体的主观能动性是其身心发展的内在动力，是个体心理发展的决定性因素。例如，宋朝王安石写过一篇《伤仲永》的短文，说金溪有一个叫方仲永的少年，5 岁时就能作诗，但后来父亲不让他学习而是把他当作赚钱工具，结果到 12、13 岁时他写的诗就不如以前了，到了 20 岁左右，他就“泯然众人矣”。还有“孟母三迁”的典故，孟子的母亲在其幼时为了选择良好的环境教育孩子，多次迁居，最终孟子成为战国时期的大思想家。可见，家庭教育对个体心理发展的重要性。

专栏 12-1 《家庭教育促进法》的颁布与实施

中华人民共和国主席令，第九十八号《中华人民共和国家庭教育促进法》(以下简称《家庭教育促进法》)已由中华人民共和国第十三届全国人民代表大会常务委员会第三十一次会议于 2021 年 10 月 23 日通过，现予公布，自 2022 年 1 月 1 日起施行。

全国人大常委会法工委社会法室主任郭林茂介绍：“《家庭教育促进法》贯彻落实习近平总书记关于注重家庭家教家风建设的重要论述，通过制度设计采取一系列措施，将家庭教育由旧时期的传统‘家事’上升为新时代的重要‘国事’。同时，贯彻落实中央关于减轻义务教育阶段学生作业负担和校外培训负担的文件精神，真正实现学校教育和家庭教育相互配合。”

《家庭教育促进法》第 2 条明确将家庭教育定义为“父母或者其他监护人为促进未成年人全面健康成长，对其实施的道德品质、身体素质、生活技能、文化修养、行为习惯等方面的培育、引导和影响”。同时，还明确规定“未成年人的父母或者其他监护人负责实施家庭教育”“父母或者其他监护人应当树立家庭是第一个课堂、家长是第一任老师的责任意识，承担对未成年人实施家庭教育的主体责任，用正确思想、方法和行为教育未成年人养成良好思想、品行和习惯”。

《家庭教育促进法》明确规定，“家庭教育以立德树人为根本任务，培育和践行社会主义核心价值观，弘扬中华民族优秀传统文化、革命文化、社会主义先进文化，促进未成年人健康成长”。同时，在家庭教育内容的规定中与“德智体美劳”为主要方面的学校教育相区别，突出“以德为先”，强调“教育未成年人爱党、爱国、爱人民、爱集体、爱社会主义，树立维护国家统一的观念，铸牢中华民族共同体意识，培养家国情怀”“教育未成年人崇德向善、尊老爱幼、热爱家庭、勤俭节约、团结互助、诚信友爱、遵纪守法，培养其良好社会公德、家庭美德、个人品德意识和法治意识”。

《家庭教育促进法》明确规定，“教育行政部门、妇女联合会统筹协调社会资源，协同推进覆盖城乡的家庭教育指导服务体系建设，并按照职责分工承担家庭教育的日常事务”。同时，明确规定“妇女联合会发挥妇女在弘扬中华民族家庭美德、树立良好家风等方面的独特作用，宣传普及家庭教育知识，通过家庭教育指导机构、社区家长学校、文明家庭建设等多种渠道组织开展家庭教育实践活动，提供家庭教育指导服务”。

《家庭教育促进法》明确规定，“国家工作人员应当带头树立良好家风，履行家庭教育责任”。同时，还规定“国家机关、企业事业单位、群团组织、社会组织应当将家风建设纳入单位文化建设，支持职工参加相关的家庭教育服务活动”。

第二节　小学生的心理发展

小学生的年龄是从 6 岁、7 岁至 11 岁、12 岁，属于个体心理发展的儿童后期。小学生进入学校，接受正规而系统的学校教育，掌握基础的科学文化知识，学习各种基本的生活技能，接触各种规章制度和守则、纪律等的要求，逐渐建立起道德行为规范，逐步养成道德行为习惯。小学生的社会地位、生活环境、活动要求等都发生了重大改变，从而促使儿童的心理产生质的飞跃。

学习是小学生的主导活动，对小学生的心理发展有极其重要的影响。小学生通过学习可以获得知识经验，形成技能，发展智力，提高思想品德，形成个性品质。在学习的过程中小学生不断掌握社会所认可的行为规范，学会与人相处，促进自身社会性的发展。在学习中小学生必须进行自我约束，从而促进了自身意志品质的发展。通过学习，不断增强自身心理活动的自觉性和随意性。从古至今，我国都十分重视学生的学习。古有六艺教育，今有素质教育，都用以促进学生各方面能力的发展。可见，小学阶段是儿童个性发展的重要时期，也是培养良好道德品质的重要时期。

一、小学生生理的发展

儿童后期儿童生理发育的最大特点是变化不明显。6～10 岁，多数儿童的发展经历着一个相对平缓的阶段。

身高平均每年增长 4.5～5 厘米，体重平均每年增长 2～2.5 千克。骨骼变得更坚硬，但含有石灰质较少、胶质较多，富有弹性，因而，骨骼比较容易变形、脱臼，但不易骨折。腕骨正处于发育的关键期。这期间骨骼系统的发育往往比附着于骨骼上的肌肉的发育要快一些，从而使得肌肉和韧带被拉伸，很多孩子会因此感到疼痛，这种现象被称作“生长疼痛”。这是由于这些软组织伸长了，使肌肉和韧带产生痛感。这是儿童发育过程中的一种正常现象，家长不必为此感到紧张。

随着脑重量的增加，脑的形态和神经细胞也在发生变化，脑叶增长突出、脑回更加明显、神经细胞之间的联系更为复杂。在这个年龄阶段，虽然脑的大小已达成人的90%，但脑皮质的沟回在随着智能的发展而继续发展。脑的生长速度大大下降，7岁儿童大脑平均重量为1280克，在9岁时脑重达1350克，已达成人脑重的95%。12岁儿童的脑重为1400克，已接近成人。

专栏12-2 大脑的发育：20年的历程

一、新生儿

新生儿的大脑约重400克。负责本能行为的大脑下部已完全形成，但大脑皮层的神经元(大脑上部的沟回区)几乎还没有形成任何起作用的连接。

二、婴儿

婴儿出生后的第一年里，在体验并学习的过程中，大脑皮层以每秒数以百万计的速度形成突触连接。为了向繁忙的神经元提供营养和保护，皮层形成了额外的支持细胞，因此大脑重量增加了一倍。

三、幼儿

随着幼儿开始应付他们的世界，突触连接的数量却下降了。最初的大量突触减至原来的一半，这是为了让神经通路效率更高。但这一时期大脑的总重量继续增加，达到1.1千克左右。

四、儿童

学龄儿童的大脑连接大部分已完善。这时神经纤维的表面形成了髓鞘，确保了大脑所有区域之间的良好联系。

五、青少年

青少年的大脑已经达到了发育成熟后的重量——1.3～1.4千克。但最高的皮层中枢，尤其是负责计划和社会思维的额叶还将进行最后阶段的突触发展。

六、成年人

到20岁，大脑已经基本建立了它的连接网络。神经学家曾认为大脑从这时起就开始走下坡路了。但根据最近的发现，大脑仍然会不时生长出神经元。因此只有当大脑确实患上疾病时，意识的衰退才变得不可避免。

（资料来源：彭聃龄等，2019）

二、小学生言语的发展

(一)小学生口头言语的发展

儿童进入小学时，通常已经很好地掌握了口头言语，掌握了相当丰富的词汇和基本语法，能够利用口头语言生动地表达自己的思想、情感、愿望和要求。

(二)小学生书面言语的发展

书面言语是言语发展的高级阶段，儿童进入小学后，书面言语的学习成为儿童专门的学习科目——语文课，其主要任务就是学习和掌握书面言语的知识和技能，这是一切学习的先决条件。在学习书面言语的过程中，需要对词句进行仔细地分辨与记忆，需要进行分析、综合等积极的思维活动。因此，书面言语的掌握对儿童认识过程的发展起着很大的积极作用。小学生书面言语的发展主要体现在识字、阅读、写作三个基本过程中。

1. 识字

识字是儿童阅读和写作的基础。识字的本质是记住汉字的音、形、义，并让这三个因素相互沟通。小学生识字时对常用词的音义已基本掌握，而对字形的辨认和识记比较困难，容易忽略字形结构的细节。由于知觉不够精细，儿童分辨多音字、近音字和同音字时经常感到困难。儿童识字后有回生现象，即“学得快，忘得快”。年级越低，回生率越高；年级越高，回生率越低。回生现象与汉字本身的特点有关，容易回生的字往往是那些出现频率低、实用性差、结构不够规则、笔画多而繁的字。当然识字的回生现象还与学生的知识经验以及教师的教学有关。

2. 阅读

阅读包括朗读和默读两种既相互联系而又各有特点的活动，儿童最初的阅读活动只能是朗读，这是由于儿童的言语运动分析器的活动在阅读过程中还起着很重要的作用，即儿童需要通过读出词和句子的声音来再现看到的文字内容的意义，而且他们只了解词句表面的意思。随着阅读能力的提高和内部言语的发展，默读能力逐渐发展起来，儿童开始理解课文的深层含义。

儿童掌握阅读，大体要经过以下三个阶段：分析阶段，由于识字量和知识经验的限制，常常一个字或一个词地读，而无法整句地读，阅读速度较慢。综合阶段，开始尝试读出整个词或句子，但对词或句子的感知和发音不能与词或句子的意义结合起来，因而常发生念错或理解不对的情况。分析综合阶段，分析和综合两个方面逐渐均衡起来，发音和词句的理解逐渐统一起来，儿童能理解句子的含义和掌握字、词、句的结构。

3. 写作

写作是书面言语的高级过程和形式，基本要求是能连贯地、有顺序地表达自己的思想，使别人能理解。小学儿童写作能力也得到很大的发展。小学作文课是从三年级开设的，小学生写作能力的发展特点是：第一，作文字数从三年级的每篇 200 多字逐年增多；第二，写作对象从三年级的亲人、同学逐步过渡到以伙伴、社会人物为主；第三，写作内容从三年级的对生活、学习的具体内容进行记叙，逐步过渡到对人物、性格的描写与评述。独立写作是书面言语的最高形式。小学儿童写作能力发展的水平还比较低，但它却为进入中学的学习打下了基础。

（三）内部言语的发展

内部言语是一种不出声的言语活动，是和逻辑思维、独立思考、自觉行动有更多联系的一种高级的言语形态。入学之后，儿童无论是在上课回答问题、复述课文时，或者在课外完成书面作业、参加各种集体活动时，都需要先仔细想一想，然后再说或再做，这就促使儿童的内部言语迅速地发展起来。在整个小学阶段，内部言语的发展大体上经历了三个过程(见图 12-1)。

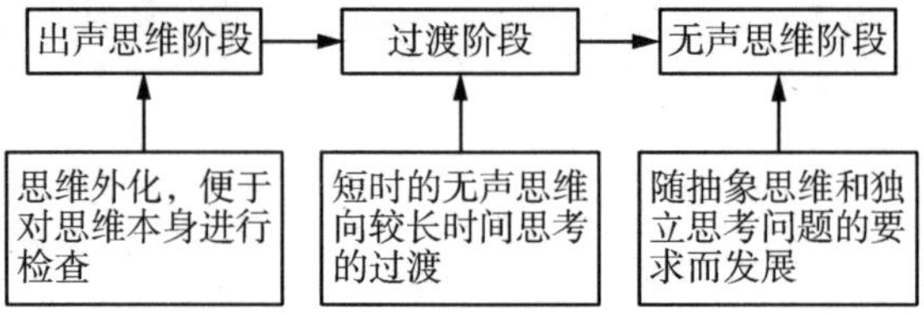

图 12-1　内部言语的发展阶段

一是出声思维阶段。初入学的儿童还不善于考虑问题，而是需要通过外部言语来帮助发展思维。例如，做计算题时，往往一边自言自语一边演算。

二是过渡阶段。最初，在面对简单问题时，提示儿童"想一想再回答"，帮助儿童学会短时间的无声思维；之后通过提出复杂问题，促使儿童进行较长时间的无声思维，这使得儿童内部言语的能力逐渐得到发展。

三是无声思维阶段。随着学习能力的发展，小学生在演算或阅读课文时无声思维开始占据主导地位，内部言语也开始日益复杂起来。但在阅读或演算遇到困难时，往往还会辅助有声的外部言语。这说明内部言语在小学阶段并未达到完善的程度，它在以后的各个时期甚至终生都在不断地发展和完善。

三、小学生认知的发展

(一)小学生感知的发展

小学低年级儿童已能很好地辨别各种颜色，也知道各种色调的细微差别。在校学习期间，颜色视觉感受性显著发展。言语听觉敏感度已接近成人。小学儿童逐步掌握了关于某种形状的一般概念，他们开始能不依靠具体事物的支持而正确地辨认这些图形，并能说出一些几何图形的名称和几何图形的概念。刚入学的儿童对左右方位的辨别只能以自身为标准，在教学的影响下很快便可以以客体为中心分辨左右。小学生辨别空间方位有一个从直观水平向词的抽象水平过渡的过程。一般在三年级左右，小学生能在词的水平上辨认空间方位。

在知觉方面，小学生的知觉从无意性、情绪性向有意性和目的性方向发展，知觉的分析与综合的水平也在不断提高。例如，小学一年级儿童的知觉过程很大程度上会受到其兴趣或情绪的影响，当某件事物过于复杂或者不能引起其兴趣时，其很难保持长时间的注意；而小学高年级儿童则可以有意识、有目的地使自己长时间地知觉某件复杂或枯燥的事物。低年级儿童观察时往往忽略细节，区分不开"b"和"d"、"p"和"q"、"大"和"太"、"己"和"已"等，而高年级儿童则较少出现这些困难。教师可以通过各种教学活动促进儿童感知觉的发展。

(二)小学生注意的发展

小学生的有意注意逐渐发展起来，并开始占据主导地位。小学五年级儿童的有意注意水平比小学二年级儿童有了明显的提高。

小学生注意的品质也有一定的发展，注意的稳定性逐渐增强。小学低年级儿童注意的集中性还是很差的。一年级儿童对学习的聚精会神的状态往往不能持续很久，他们的注意常常会从教师的讲课中“滑到”一些不必要的地方去。在正确的教学影响下，中年级以上的儿童，注意的集中性就会有很大的进步。心理学实验告诉我们，在一般情况下，7～10 岁儿童可连续集中注意 20 分钟左右，10～12 岁儿童在 25 分钟左右，12 岁以上儿童在 30 分钟左右。如果教材新颖、教法得当，小学高年级儿童完全可以做到保持 40 分钟的注意。同时，注意广度扩大，如小学低年级儿童在阅读时总是一个字一个字地念，而高年级儿童可以在阅读某个句子的时候，同时注意到前后的几个句子，并关心句子间的联系。针对此类情况，在教学过程中，教师应该遵循学生的心理发展规律，有针对性地设计课堂时间和教学内容。

(三)小学生记忆的发展

小学生的记忆能力迅速发展。初入学儿童的记忆方法以机械记忆为主，随着年级的增高，儿童开始逐渐转向以意义记忆为主。初入学儿童的无意记忆已经得到了很好的发展，有意记忆也已出现。随着年龄的增长，儿童的无意记忆和有意记忆均在继续发展，但有意记忆的使用数量和质量的发展速度都要快于无意记忆，其重要性也在不断提高。在整个小学阶段，儿童的有意记忆得到了很大的发展。

从记忆的内容看，小学生的记忆从具体形象记忆占主导地位逐渐向抽象记忆占主导地位发展。随着年龄的增长，儿童的知识不断丰富、抽象思维能力不断发展，他们的抽象逻辑记忆便不断发展起来。整个小学阶段，词的抽象记忆仍以具体实物为基础。

(四)小学生思维和想象的发展

小学生思维发展的基本特点是以具体形象思维为主要形式逐步过渡到以抽象逻辑思维为主要形式，但这种抽象逻辑思维在很大程度上仍然直接与感性经验相联系，仍然具有很大成分的具体形象性。

小学时期是具体形象思维、抽象逻辑思维两种思维形式交错发展的时期。儿童思维由具体形象性到抽象逻辑性的过渡存在一个转折时期，就是儿童思维发展的“关键年龄”。林崇德研究发现在一般教育条件下，小学四年级儿童(一般在 10～11 岁)在数的概括能力发展中有显著变化。这是小学儿童在掌握数概念中，从具体形象概括为主要形式过渡到以抽象逻辑概括为主要形式的一个转折点。关键年龄的早晚跟教师的教育水平、教育方法有很密切的联系。教育者在实践中应该注意儿童的这个“关键年龄”，顺应儿童思维发展的这种飞跃，采取适当的教育。

小学低年级儿童想象力十分丰富，但在他们的头脑中，现实与想象之间往往没有明确的界限。有时候，他们会由于混淆了想象与现实，导致行为和言语与事实不符，如过分夸张地描述某个事物。如果没有考虑到儿童想象力发展的这种特征，这些行为和言语与事实不符的现象会在成人眼中被当作“说谎”和“欺骗”。对此，成人应注意给予充分的理解，要着力保护和慎重对待儿童的这种宝贵的想象力。

随着年龄的增长，小学生想象过程中的有意性逐渐增加，能够根据任务的需要和他人的要求进行有意识、有目的的想象，想象更富有逻辑性和现实性。同时，小学生想象中的创造性成分也在不断增加。

四、小学生情绪情感的发展

小学生的情绪情感比较稳定且单纯，有一个逐步发展的过程。由于教育和经验的影响，小学生情绪情感的稳定性比婴幼儿期有了很大进步，他们不再像幼儿那样，遇到不顺心的事情就大哭大闹、遇到开心的事情又马上破涕为笑。从引起情感的动因来看，与学习、同伴、教师有关的社会情感越来越占主要地位；从情感的表现方式来看，这一时期的情感仍是比较外露的、易激动的，不够深沉，也不易保持；从情感反映的内容来看，变得越来越丰富，越来越深刻，出现了与学习活动相联系的理智感，与班集体、学校相联系的荣誉感、友谊感、责任感等，美感也有了一定的发展；与情绪情感稳定性、可控性的发展相一致的是，小学生情绪情感的内隐性也开始发展，学会了掩饰自己的某些情绪，对情感的控制力由弱变强，小学高年级儿童已逐渐意识到自己的情感表现以及表现后可能带来的结果，情感逐渐内化了。

小学生的生活总体上还较为简单，加之自身认知水平的限制，他们的情绪情感比较单纯，很少会产生矛盾、复杂的情绪情感体验。

五、小学生自我意识的发展

小学生的自我意识逐渐客观化，逐渐获得社会自我。由于学校和家庭向小学生提出了一系列新的要求，迫使他们需要按照这些要求来对照检查自己的行为，这就促使他们更加关注自我、了解自我。但从总体上说，小学生的自我意识仍然不够客观、全面，带有明显的主观色彩。

小学生能更加自觉、更加明确地意识到自己作为独立个体而存在。在班集体的生活中，他们认识、评价他人和自己的行为以及调节控制自己行为的能力有了进一步的发展，而自我评价能力是儿童自我意识发展的主要成分和重要标志。小学生自我评价的独立性随年级而增长，中高年级的小学生开始把别人的行为当作评价自己行为的依据，逐渐减轻对他人评价的依赖性，独立地进行自我评价的能力不断发展。中高年级的小学生试图从个性品质、人际关系、动机特点等方面描绘自己，倾向于对自己的内心品质进行评价，自我评价的原则性逐步形成。二年级以上的小学生不但能够指出自己的优点，而且还能指出自己的缺点，开始从不同方面对自己作出不同的评价，自我评价的评判性有一定程度的发展。

进入小学之后，儿童的自我体验也有了较大的发展，并且其自我体验与自我认识和自我评价发展的总趋势是比较一致的。

六、小学生的道德发展

小学生开始较为系统地接受学校对其进行的道德教育了，而整个小学阶段正是他们形成正确的人生观和价值观、培养良好的道德品质的重要时期。一般来说，目前我国关于儿童品德发展的研究主要集中在道德认知、道德情感、道德意志与行为三个方面。小学生道德品质的发展有一定的年龄特点。

小学生道德认知发展的特点是与他们思维发展的特点相一致的，表现在从直观具体的、比较肤浅的认识逐步过渡到比较抽象的、比较本质的认识；在道德品质的评价上，小学生从只注意行为的效果逐步过渡到比较全面地考虑动机与效果的统一关系。例如，对于“好孩子”的界定，小学生最初可能会很简单地认为“听老师和父母的话就是好孩子”，随着年龄的增长，他们才会逐渐从更为全面和本质的角度去看待问题。一般而言，我国小学生道德认知发展的关键年龄在 7～9 岁。

道德情感方面，小学生主要是以直觉的、与形象相联系的道德情感体验为主要形式，抽象的、与道德信念相联系的情感体验有所发展，但道德情感体验的发生离不开具体的道德情境。因此在对小学生进行道德教育时，应尽量联系生活实际，从他们亲身的经验和感受做起，逐渐过渡到更为抽象的内容，如从爱学校、爱家乡逐渐过渡到爱祖国、爱人民。

在道德意志与行为方面，一般而言，小学生的道德言行是基本一致的，并且年龄越小，一致性越强；随着年龄的增长，其道德行为的复杂性会提高，言行不一致的现象开始出现。这主要是由于年龄小的时候，他们的行为比较简单和外露，因而直接体现出其内心的想法，而年龄大了之后，他们的行为开始出现掩饰性，从而不一定真正代表内心想法。在言行一致、协调的总体状况之下，小学生的道德行为也有一些矛盾的表现。例如，在学校很爱劳动，回家却什么也不干；再如，为了维持班级纪律而与违反纪律的同学吵架，反而自己破坏了课堂的安静等。这些行为矛盾现象背后的原因很复杂，但主要与小学生生理、心理发展不成熟，道德认知模糊，道德意志较弱有关。

第三节　初中生的心理发展

初中生的年龄是 12 岁、13 岁至 15 岁、16 岁，这一年龄段是儿童期向青年期的过渡期，又叫少年期。初中生具有半成熟、半幼稚，半懂事、半不懂事的特点，或者说具有半儿童、半成人的特点。这个时期是心理发生巨大变化的转变期，在整个心理发展阶段上占有特殊的重要地位。少年期是人生最美好的时期，也是最麻烦的时期，是一个充满变化和探索、活力与追求的时期，也是一个充满焦虑和问题的时期。少年期是“生理发育加速期”，是身高体重迅速增长、性器官和性机能日趋成熟的时期，生理的加速发展使他们具有敏感的“身体自我”，同时社会生活的变迁也常常使他们产生“自我认同”的危机，心理发展呈现出明显的矛盾性，因此又称“困难期”和“危机期”。

专栏 12-3　人生八阶段

埃里克森提出的心理社会发展阶段论，在所有关于毕生发展的理论中最著名。他认为，人的毕生发展过程包括一系列心理社会性发展阶段，每个发展阶段都会出现一个主要冲突或危机，个体想要成功应对后面发展阶段的冲突，就需要在特定的阶段充分解决这个主要危机。

在第一个阶段，婴儿需要通过与看护者之间的交往建立基本信任感。食物、温暖和由身体接触带来的安慰使婴儿对父母产生依恋和信任，如果婴儿的这些基本需要没有得到满足，就可能发展出一种强烈的不安全感、焦虑感和不信任感。

在第二个阶段，随着运动的发展和语言技能的出现，幼儿探索和操作物体(有时是与人交往)的能力扩大，对自己身体进行自主控制而发展出一种安全的自主感和价值感。这时，看护者过分的约束和批评可能导致自我怀疑，过高的要求可能破坏幼儿处理新任务的坚韧性。

第三阶段对应着学前期，该阶段形成了基本信任感的幼儿能够主动尝试完成新事物和激发新想法，培养起对自己的信任。外界对幼儿的自主活动的反应可能会促进这种自主感和自信感，也可能导致幼儿产生内疚感，使他们感到没有能力进入成人的世界。

第四阶段对应着小学阶段，该阶段儿童必须学习文化知识，体验完成任务的乐趣，克服自卑情绪。与同伴的交往为儿童提供了发展社会技能的机会，学校活动和体育活动为儿童学习技能提供了场所。追求这些技能使儿童感到自己具有能力。如果儿童在活动中经历了太多的失败，或者满足于做个旁观者，那么自卑感就会产生。

第五阶段对应着青春期，该阶段的基本危机是形成自我同一性。青少年要面对不同人扮演的不同角色，并在这种混乱中学习社会角色规范，确定自我形象，形成认同。解决了这个危机的个体能培养出对自我的一致感觉；如果失败，则导致缺乏稳定核心的自我形象，造成角色混乱。

第六阶段对应着成年早期，该阶段的危机是解决亲密和孤独之间的矛盾，即寻求与他人建立亲密关系和亲密爱情，以及为事业定向。达到这些目标需要克制某些个人偏好，承担责任，做出妥协。无法完成这个任务则很可能导致孤独，缺乏亲密感。

第七阶段对应着成年中期，该阶段的危机是停滞，成功应对此挑战需要个体通过创造性的生产活动为社会做贡献，把承诺扩展到家庭、工作、社会以及后代，获得繁衍感。不能成功解决这个任务的个体会失去对工作的兴趣，人际关系贫乏，自私自利。

第八阶段对应着成年晚期，该阶段的危机是绝望。老年人回顾一生，如果前几个阶段的发展是顺利的，其信赖感超过不信赖感，自主感超过羞愧感，有独立感和事业感，取得了自我认同，发展了亲密感，是一个有贡献的人，能够完成对社会的义务和职责，那么他会有自我满足感，觉得度过了丰富的一生，坦然面对，接受死亡。相反，各个发展阶段的失败会使他丧失热情，愤恨、怕死，对生活及生活中一切得到的或没发生的事情感到痛苦、失望，有毫无意义感，认为自己已虚度了一生且为时已晚，无法弥补。

埃里克森试图用心理社会性发展阶段模型来描述一个人毕生的发展，但是这个理论也有类似于精神分析的弱点：不够严谨的证据和理论解释的任意性。另外，该理论中发展阶段的划分以及各阶段主要矛盾的确定是否合理，是否适合不同文化及时代背景，都需要在借鉴埃里克森的发展阶段论时加以注意。

（资料来源：黄希庭，2007）

一、初中生生理的发展

(一)身高体重的急速发展

个体从出生到成熟，身体的生长发育是不等速的。其中有两个阶段处在增长的高峰期。第一个高峰期在婴儿出生后的第一年，其身长由刚出生的 50 厘米左右，增长到 1 岁时的 70～75 厘米，增长 50%；体重由 3 千克左右，增长到 6～7 千克，增加约 2 倍。到了青春期，就进入了第二个高峰期，身高平均每年增长 7～10 厘米，体重平均每年增长 3～4 千克。

(二)性成熟与第二性征的出现

在身体迅速增长的同时，初中生性腺和性器官也在迅速发育，性机能开始成熟，进入青春发育期。性生理的发育有两个明显的标志：一是第一性征的发育(男性是睾丸，女性是卵巢)，男性出现遗精和女性出现月经初潮；二是第二性征的出现，如男孩喉结突出，肌肉发达，声音变粗，出现胡须、阴毛等，女孩则乳房发育，脂肪丰满，臀部变宽，声音变尖，出现阴毛等。

这些表征的变化顺序为：

男子：阴囊增大⟶阴毛⟶变声⟶遗精⟶身体发育的最大年增长率⟶腋毛出现⟶胡须出现

女子：变声⟶乳房增大⟶阴毛⟶身体发育的最大年增长率⟶月经初潮⟶腋毛出现

(三)脑和神经系统的发育

初中生神经系统特别是脑的机能有了显著的发展，具体表现在以下几个方面。

其一，脑的重量、容积和外形结构都已达到成人的水平。新生儿脑的容积占成人的 63%，1 周岁幼儿占成人的 82%，10 岁儿童占 95%，12 岁接近成人水平。在少年期，大脑的结构已经接近成人水平，大脑皮层的沟回已经完善、分明并基本趋于定形。

其二，大脑神经纤维的数量已接近成人水平，髓鞘化程度已经完成，神经细胞的分化功能已经达到成人的水平。这样就大大加快了大脑各部分信息的通达，保证了大脑能够及时、准确地处理各种信息。

其三，从少年期开始，第二信号系统的活动就占据了优势，为个体抽象逻辑思维的发展提供了物质基础。

其四，神经活动的基本过程：兴奋和抑制的水平都有明显的提高，两种过程的相互转化速度加快，由少年期的兴奋高于抑制发展到青年期的两种过程接近平衡，能够协调一致。

尽管初中生的脑和神经的发展接近或达到成人水平，但他们的活动若长时间集中在一个对象上，也容易引起疲劳，所以，一定要让他们的学习娱乐和睡眠交替进行，注意用脑卫生。

二、初中生认知的发展

(一)注意和感知的特点

初中阶段的儿童，由于学习向他们提出了新的更高的要求，注意的广度、稳定性、分配和注意的转移等品质都有了新的迅速发展，有意注意在他们的学习活动中日益占主导地位。

初中生的各种感觉已达到比较完善的程度，特别是视觉和听觉，已达到成人的水平。初中生知觉的目的性和自觉性更加提高，他们能够较自觉地根据教学目标的要求，较主动自觉地知觉有关的事物，并且知觉的范围也在扩大。

(二)记忆和想象发展的特点

由于学习活动的新特点、新要求，初中生有意识记和意义识记逐渐占主要地位，但无意识记和机械识记在学习过程中仍起较大作用，语词概念识记有明显发展，但形象记忆仍占重要地位。随着学习的进一步深入，他们逐渐学会了使自己的识记服从识记的任务和要求，识记的有意性加强。意义识记的效果随着学生年级的上升表现得越来越好，在少年期居于识记的主导地位。

初中生的有意想象逐渐增强，想象的创造性成分也逐渐增强，这个时期的学生富有幻想且幻想的内容日渐趋向现实。

(三)思维发展的特点

初中生的抽象逻辑思维日益占主导地位，但思维中的具体形象成分仍起着重要作用。小学高年级儿童的思维已经有明显的从具体形象思维向抽象逻辑思维过渡的特征，但这时他们的思维还需要更多具体、直观、感性经验的支持，思维在很大程度上还属于“经验型”。八年级是中学阶段思维发展的关键期。从八年级开始，初中生的思维开始由“经验型”水平向“理论型”水平转化，到高中一、二年级这种转化初步完成，这意味着他们的思维趋向成熟。

初中生的理解力和判断推理能力不断发展。初中生能逐渐理解事物的复杂性和内在规律性。如对寓言和比喻的理解，七年级学生大多还受具体经验的局限而做接近本质的现象理解，八年级以后，他们大多能摆脱故事的具体情节与直观形象，充分领会其隐义，对事物的理解水平提高了，他们能找到因果和可逆关系，主次和从属或矛盾关系等。初中生能够自觉根据概念做出比较恰当的判断和合乎逻辑的推理，但对于比较复杂的材料还不善于根据事物的本质联系去推论，判断和推理仍然需要具体形象材料的支持。

初中生思维的独立性和批判性有了显著发展。初中生由于所学知识学科门类的增多，他们的知识面更加扩大，对问题的理解更加深入，他们开始理解事物间一些复杂的因果关系，再加上自我意识的发展，他们常常不满足于教师、家长或书本对事物现象的解释，往往独立寻求事物发展的原因和规律，喜欢自己寻根究底，从而产生了对“权威”的怀疑，经常要求独立批判地对待一切，喜欢与人争论对某个问题的看法，开始用怀疑的目光看待周围的一切，思维的独立性和批判性都有了显著的发展。

初中生由于知识经验有限，思维发展水平不高，思维不深刻，尚缺乏全面、客观、辩证地分析问题和解决问题的能力，看问题容易孤立、片面、偏激。有时好走极端，往往肯定或否定一切等；有时爱钻牛角尖，固执己见，缺乏变通性；他们看问题有时比较深刻，但经常不全面，缺乏逻辑性，容易受事物的个别特征或外部特征的影响，经常会遗漏本质特征，如把谦虚看成拘谨、把粗暴和冒险当作勇敢。东晋著名书法家王献之天生聪慧，但也有不擅长的事情，如“管中窥豹”的典故，对于不精通的事物他看到的只是事物的一小部分，是片面的、不准确的。这也提醒初中生要重视辩证唯物主义的两点论观点，防止片面性，切忌顾此失彼。

三、初中生情绪情感的发展

初中生的神经系统有高度的兴奋性，又受内分泌的影响，其情绪情感有着自己独特的特点。很多心理学家都认为，12～14 岁是情绪发展最困难的时期。这一时期的学生不善于自制，情绪还富有冲动性，他们很有可能过分暴躁地为自己辩护而对师长不礼貌，甚至出现违纪现象。

（一）情绪情感的两极性突出，情绪表现较强烈

初中生情绪发展的最大特点就是具有明显的两极性，情绪表现较强烈。少年期学生情绪的爆发几乎可以说是势如山倒、急风暴雨。高兴时欢呼雀跃，不满时义愤填膺；有一点儿小成就就欣喜若狂，突然信心百倍、勇气十足，一遇到挫折就又灰心丧气、痛哭流涕。因此，他们的情绪极容易从一个极端走向另一个极端，并且具有强烈的外部表现。美国心理学家霍尔（Hall）说过：“少年是无须麻醉剂而自然陶醉的时期。”

（二）情绪表现开始带有文饰性和内隐性

初中生随着自我调节能力和自我控制能力的增强，思维独立性和自尊心的发展，其情绪、情感往往不立即外露，而总是根据一定的条件来表达，有时还出现外部表情与内心体验的不一致，他们的情绪情感有了文饰的、内隐的和曲折的性质。比如，在一定条件下，他们对感到厌烦的事却常常表现出无所谓的样子，甚至还很热心；对于自己很羡慕或内心很想接近的人，接触时表面上却表现得庄重、冷淡、回避，特别是对异性。这是他们善于控制、调节自己情绪能力的表现，是适应能力增强的表现。

（三）情绪情感的内容丰富而深刻

随着初中生知识水平的提高和生活范围的扩大，他们情绪情感的内容变得丰富而深刻。他们越来越多地热衷于自己喜爱的对象和活动，对自己信服的人或关心自己的人表现出欣羡和感激，经常为自己在学习、工作、生活等方面取得的成就而欢乐、为失败而烦恼，触景生情，向往美好的生活，对人间不平表示愤慨等。这些正是初中生

情绪情感丰富和善于表达的一种表现，并且他们的情绪情感越来越多地与不断增长的高级社会需要相联系，从而形成一些高级的社会性情感，如爱国主义情感、集体荣誉感、社会责任感、民族自豪感、义务感和坚持与捍卫真理的热忱和气概等。这些情感随着其社会成熟水平的提高，逐渐上升到主导地位，如若能得到深刻而持久的发展，他们就会形成高尚的情操。

四、初中生自我意识的发展

(一)关注自己的形象，强烈渴望认识自己

初中生开始关注自己的形象，对认识自我产生了兴趣。初中生更多注意自己的外貌，喜欢受到好评。他们开始打扮自己，注意自己的仪表风度并希望改变自己的外貌。不仅如此，他们强烈地渴望认识自己，常常将很多心智用于内省，对自己进行探究，关于“我”的问题开始反复萦绕在他们的心头，他们经常问自己“我长得漂亮吗”“我是一个什么样的人”“我为什么是这样的”“我聪明能干吗”，通过这一系列的自我探究，初中生就从不同方面发现了自我，对自己的认识逐渐由表及里，因而要求独立，不愿像幼时那样受到特殊照顾。这也可以从他们的作文或与朋友的交谈中表露出来。他们喜欢读文艺作品，常常把自己与主人公对照，试图从中找出自己人生的范型，这表明了初中生的一种“偶像崇拜”心理。这种心理并不少见，甚至于在汉朝时期已有典故出现：大辞赋家司马相如原名犬子，因仰慕战国时的名将蔺相如而改名为司马相如。对于司马相如而言，蔺相如就是他的人生范型。

(二)成人感

初中生常常感到自己已经长大成人，他们希望像成人那样干出一番事业，并极力表现出成人的作风和气魄，同时也要求别人尊重他们的意志和人格。如他们宁愿承担艰巨的任务，也不愿意受到特殊的照顾。成人感是初中生自我意识急剧发展时期的一个特点，也是人格发展的一个转折点。如果家长、教师和周围的人不了解这个特点，不尊重他们的意见和行动，无视他们自我肯定的需要，遇事训斥他们，或者在生活上过分地照顾他们，使他们的“成人感”受挫，长期下去，就会使他们产生自卑、焦虑或敌对情绪，影响他们人格的正常发展。为使他们的人格得到健康发展，教师应该通过爱国主义教育、公民教育，使他们的“成人感”与为实现习近平新时代中国特色社会主义而出力的具体行动结合起来。

(三)自我评价能力一般落后于评价别人的能力

初中生评价别人和评价自己的标准已发生了质的变化。他们已开始考虑到行为的动机和原则性，不再以外部行为或效果作为唯一的标准。他们在评价别人时已能一分为二地指出哪些是主要的，哪些是次要的，能较全面地进行评价。有的学生能从实际出发，考虑到行动的时间、地点和条件，然后灵活地运用一般的道德准则来进行评价。他们的自我评价能力往往落后于评价别人的能力。

在多数情况下，他们对自己性格上的优点会作过高的评价，而对自己的缺点不大了解，也不承认。有时，他们还不能理解自己与同学或成人发生冲突的原因，他们总

觉得自己是对的，受到批评时会感到委屈。这说明了他们的自我评价能力还不够完善。初中生由于生理的剧烈变化、知识技能的增加以及社会地位的变化，将自己的思想从客观世界指向主观世界，使思想意识再一次进入自我，从而导致第二次自我意识高涨。他们的内心世界越发丰富起来，导致了他们个性上的主观偏执，一方面他们总认为自己是正确的，另一方面总感到别人在挑剔自己。初中生这种突然高涨的自我意识，使其个性发展出现了暂时的不平衡性，即初中生普遍存在反抗心理和情绪上的矛盾。

(四)自主性逐渐增长

自我意识发展的另一个重要标志是，个体不仅能认识自己，正确评价自己，并且在一定程度上能够自觉控制和调节自己的行为，接受纪律的约束。初中生越来越多地寻求着“自主”(即寻求着独立性和对其自身学习、生活的控制感)。随着自主性的发展，为了达到预期的目的，他们努力克服困难，解决动机的矛盾，克制自己，持之以恒，因而他们的自制力也渐渐得到了发展。但是，他们的意志品质发展得并不完善，其自我调节和自我控制能力也不是很强，尽管他们的自主性逐渐增长。因此，教师要积极地引导初中生，使他们的自我意识向着健康的方向发展。

专栏 12-4　青春期的自我同一性整合：性别角色的建立

是什么使得男女有别？一个可能的原因是生理上的差异：遗传的不同与性激素的不同。遗传使男女首先在生理结构和体能上就有差异。例如，一项研究(Kolb et al.，1996)表明，在刚刚出生的婴儿中，男性与女性在脑结构方面就存在差异：首先，颞叶的不对称性(左侧大于右侧)，男性大于女性，男性的左侧颞叶比右侧大 38%，而女性的两侧颞叶是对称的；其次，男性左半球的外侧裂的水平成分较女性大，因而表现出更大的不对称性。而这些差异可能与语言发展有关：女性倾向于更快地习得语言。

毫无疑问，许多性别角色特点都带有社会文化特征的烙印。儿童首先从父母，然后从同伴身上学习到怎样做一个“男孩”或“女孩”、“男人”或“女人”。男女两性的行为准则深深地融入社会文化规则中，潜移默化地影响我们的生活。

父母对不同性别的孩子寄予不同的期待，并以不同的行为标准约束孩子，对性别角色的形成也有重要影响。父母倾向于给男孩、女孩不同的玩具，而且以不同的行为方式与他们交往。当孩子开始与同伴到处玩耍的时候，同伴的作用开始影响儿童和青少年的性别角色定向，他们互相鼓励支持并模仿同性的行为。在同性小团体中，与性别角色相吻合的行为得到鼓励支持，相反的行为受到批评和嘲笑。

(资料来源：彭聃龄等，2019，引用时有删改)

五、初中生的心理矛盾与教育策略

初中生正处在从幼稚向成熟发展的过渡时期。他们生理趋于成熟，但发展还不平衡；社会化过程趋于完成，但还没有完成；个性趋于形成，但还不稳定。这就决定了初中生心理发展必然会出现一些矛盾，采取恰当的教育方法，使他们顺利度过这一时期，是教育者必须十分重视和应该深入研究的问题。

(一)独立性与依赖性的矛盾

初中生由于学习门类的增多，内容的加深，他们的知识经验更加丰富，能够独立地对一些问题提出自己的观点和解决的办法；他们也能够完成一些原来需要成人才能完成的体力劳动，这都标志着初中生的独立性有了明显的发展。初中生往往过高估计自己的独立性，认为自己完全是成人了，不再需要家长的关心和照顾。他们不满意甚至很反感父母、教师的细心叮咛和无微不至的关怀，力图摆脱父母或成人的束缚，要求自己管理自己，甚至有些孩子会表现得很叛逆。其实他们的知识经验还很有限，不仅在经济上还离不开父母，而且在认识上、情感上、行为上均未摆脱孩子气，许多事情还要父母拿主意，仍然离不开成人的指教和帮助。这样就产生了初中生独立性与依赖性之间的矛盾。美国心理学家豪林沃斯(L. S. Hollingworth)把初中生这种主观上的独立性与客观上的依赖性时期称为“心理断乳期”，即初中生正处于逐渐离开双亲的保护取得个人自立的时期，这与婴儿期的“生理性断乳”相似。它一方面意味着初中生要成长，另一方面也说明他们会遇到许多困难，需要成人的引导和帮助，对成人仍有依赖感。

初中生心理发展的这一矛盾，一方面要求教师和家长应当尊重他们的独立性和主动性，在安排他们从事各种活动时，要充分发挥他们的独立性，培养他们独立工作的能力；另一方面也要看到他们各种心理能力发展的水平还不高，又必须对他们的学习、工作和生活给予具体的指导和督促检查。总之，教师和家长既要向初中生提出合理的建议和要求，又要最大限度地培养他们的独立性、首创性和责任感。如果教育引导得法，初中生的独立性、自尊心、好胜心、组织能力都会得到不断的发展。

(二)自觉性与冲动性及易受暗示性的矛盾

随着初中生独立性的增长，他们行为的自觉性也在增长。他们能够较好地领会教师或父母的要求，不需要更多的外部监督就能完成一些活动，具有一定的自我控制能力，但由于他们认识水平和自我控制能力有限，行为带有很大的冲动性。他们做事往往盲目自信，常把不假思索看成是果断的表现。他们缺乏对事物科学的分析，不能正视客观情况的变化，行为不能达到预定的目的，还要一味地坚持。他们分不清执拗与顽强、鲁莽与勇敢，常把不守纪律、顽皮、顶牛、冒险行动看成是勇敢。另外，初中生还容易受到别人或外界的影响，表现出易受暗示性。这也与他们的认识水平不高密切联系着，最典型的表现是模仿性与从众性，因而提供榜样对他们进行教育是一种很有效的方法。但他们也容易受到一些反面人物的影响，出现一些品德不良行为，甚至走上犯罪的道路。

针对初中生自觉性与冲动性及易受暗示性矛盾的特点，家长和教师要有意识地对他们进行行为自觉性的锻炼，多启发他们自觉地制订工作、学习计划，并督促他们完成计划。对他们的易受暗示性要有充分的估计，多提供正面典型供他们学习，时刻洞察他们周围的环境，把不良影响消除在萌芽状态。

(三)精力旺盛和能力发展水平的矛盾

初中生由于身体迅速发育、性机能日趋成熟，身体发育已接近成人水平，精力特别旺盛。加之主观上的成人感，他们对一切事情都跃跃欲试，特别喜欢活动，参加社会活动的需要日益增强，活动范围扩大。但是，他们的能力发展并未达到较高水平，情绪不够稳定，意志力薄弱，因此常出现知与行的矛盾，表现为想做事，尤其想做大事，但又缺乏持久性，并具有盲目性。可见，初中生旺盛的精力与能力发展的水平往往不适应。这种不适应如果是适度的，将会促进他们能力的发展，否则就会导致各种消极的后果，从而使得他们怀有不切实际的强烈活动动机与心理需要。例如，有的初中生为显示自己的勇敢而离家出走；有的为显示自己成熟，极力模仿成人的言谈举止，吸烟喝酒出入舞厅等，甚至最后走上犯罪的道路。又如，兴趣广泛，但却没有一个稳定的中心兴趣；理想高远，却很少为之付出艰苦努力。一般来说，初中生对别人能力的评价比较苛刻，而对自己能力的评价则比较宽容，并且他们对自己能力的估计往往超过了其实际能力的发展水平，这一倾向往往会使初中生因不断遭受挫折而丧失信心。

初中生的这一矛盾要求家长和教师关心他们的成长，多组织有益于他们身心健康的集体活动，把他们旺盛的精力引导到学习和集体活动中去，及时对他们进行道德法制教育，使他们不断提高认识水平。

第四节　高中生的心理发展

高中阶段，又称青年初期，是指从 14 岁、15 岁到 17 岁、18 岁这一时期。经过初中阶段生理及心理上的剧变及动荡，高中生在生理发育上已经基本成熟，在智力发展上也接近成人水平，在个性及其他心理品质上表现出更加丰富和稳定的特征。

一、高中生思维的发展

高中生智力的发展表现在其观察能力、记忆能力、思维能力和想象能力等方面的发展变化和完善上，但更主要的是体现在其思维能力的提高上。随着年龄的增长，学习、生活及人际关系等方面都需要他们有新的思维形式和思想方法。高中生的思维具有更高的抽象概括性，形式逻辑思维已获得了相当完善的发展，在其思维活动中占据主导地位，并且他们开始形成辩证逻辑思维。

(一)高中生形式逻辑思维的发展

形式逻辑思维的发展到了高中阶段才趋于成熟和完善，而在此之前则比较零散、不系统。个体的形式逻辑思维发展主要表现在概念、推理和逻辑法则的运用等几个方面。

第一，系统完整的概念掌握。初、高中学生对概念的掌握存在明显的年龄差异，七年级时，儿童大多从功能定义或具体描述水平向接近本质的定义或具体解释的水平转化，八年级、九年级时，大多数儿童达到接近本质的定义或者做具体解释的水平，其中八年级是概念掌握的转折点。进入高中阶段后，大部分人可以达到接近本质定义或本质定义水平，并且能较正确地对社会概念、哲学概念和科学概念做出定义，即高中生已能对他们理解的概念做出比较全面的、反映事物本质特征的、合乎逻辑的定义。总之，高中生掌握的概念逐步摆脱了零散的、片段的倾向，日益成为系统的、完整的概念体系。

第二，比较完善的推理能力。初中生已具备了各种推理能力，但仍属于初级水平，其演绎推理能力和运用推理解决问题的能力都还比较差。从高一开始，学生的推理能力有了明显的提升。高二以后，推理能力基本成熟。

第三，熟练运用逻辑法则的能力。高二学生在掌握和运用逻辑法则方面趋于成熟，但在掌握不同逻辑法则的能力上存在不平衡性。比如，在对三类逻辑法则的掌握上，矛盾律与同一律的成绩明显高于排中律。

（二）辩证思维的发展

青少年辩证思维的发展与其自身的实践、学习活动有着密切的关系，生活实际的各方面都要求他们有新的思维方式和方法，需要他们用对立统一的观点去分析问题，需要他们发展辩证思维。因此，青少年逐步认识到一般与特殊、归纳与演绎、理论与实践的对立统一的关系，并逐步运用全面的、运动变化的、统一的观点去认识、分析和解决问题，这些都是辩证思维发展的标志。我国在校青少年思维发展的趋势是：七年级学生已开始掌握辩证逻辑的各种形式，但水平较低；九年级学生的辩证思维处于迅速发展阶段，是一个重要的转折期；高中生的辩证思维已占优势地位。初、高中学生的形式逻辑思维水平都高于辩证逻辑思维水平，而且形式逻辑思维发展较为稳定和匀速，辩证逻辑思维的发展则较为迅速。这两种思维形式，前者是后者的基础，后者是前者的发展。两种思维形式相互促进，使得高中生个体的思维发展水平更高、更成熟、更完善。

从高中阶段开始，学生在思维中运用假设的能力不断增强，思维更加具有预见性。从高中阶段起，学生思维活动的自我意识或监控能力更加明显，思维活动具有更强的内省性，思维的深刻性和批判性也相应地表现出来。同时，高中生具有更高的独立思维的能力，在学习过程中能够自觉地从本质上看问题，也学会了比较全面地看问题。他们喜欢怀疑和争论，喜欢探求事物或现象的根本原因，对于自己或别人的思想观点，一般不轻信，不盲从。他们的创造性思维逐步形成。高中生具有独立思考的能力，思维活跃，想象力丰富，常常提出一些大胆的设想、新奇的见解和方法，在思维方面表现出更强的创造性。

二、高中生情绪情感的发展

高中生的情绪表现强烈，情感内容更加丰富多彩，并趋于形成高级的情操，道德感、理智感、美感的内容与水平日益丰富与提高。高中生对外界刺激反应迅速敏感，喜怒哀乐常可从面部表情进行判断，具有外显性的特点。但在特定的场合下，他们会考虑到自己的形象和价值观，从而支配和控制自我的情感，出现外部表情与内心体验的不一致。高中生的情绪一方面具有冲动性和爆发性，容易为周围同学的情绪所感染。另一方面，随着年龄的递增、知识的积累与经验的丰富，大多数高中生已不会盲目从众，能用理智来思考情绪冲动的后果。在集体感上，高中生特别重视自己在集体中的地位；在友谊感形成中，比较注意共同的心理基础，有一定的选择性。

总之，与初中生相比，高中生的情绪情感表现出新的特点。从情绪表现形式看，从以外显为主向以内隐为主发展；从情绪控制方面看，从以冲动为主向以自制为主发展；从情绪引起的动因看，从以直接具体为主向以间接抽象为主发展；从情绪体验的内容看，从以生理需要为主向以社会性需要为主发展。

三、高中生自我意识的发展

高中时期正是一个人开始思考自己人生的时候，高中生自我意识的发展对于其形成稳定的人格特征以及价值观等方面均具有决定性的作用，高中生的自我意识有了进一步的发展，表现出以下新的特点。

(一)独立意识的发展

高中生已能完全意识到自己是一个独立的个体，因此要求独立的愿望日趋强烈，但这种独立性要求是建立在与成人和睦相处的基础上的，与初中时期的反抗性特点有所区别。多数高中生基本上能与其父母或其他成人保持一种肯定的、尊重的关系，反抗性成分逐渐减少。

(二)自我意识成分的分化

高中生在心理上把自我分为“理想自我”和“现实自我”两个部分。正是这种分化形成了他们思维上或行为上的主体性，使他们产生了按照自己的想法去判断和控制自己言行的要求与体验，同时也出现了自我矛盾。

(三)自我评价开始成熟

高中生强烈地关心着自己的个性成长，非常关注自己的优点和缺点，在对人对己评价时，将个性是否完善放在首要位置。既看重他人对自己的评价，又能独立地评价自己的内心品质，能既认识到个别心理，又能看到心理发展的全貌，其自我评价在一定程度上达到了主客观的辩证统一以及个性和共性的辩证统一。

(四)有较强的自尊心和上进心

自尊心是一个人尊重需要的反映，也是一个人前进的动力，它与自信心、进取心以及社会责任感、集体荣誉感等有密切的联系。因此，它是一种积极的心理品质。自尊心强的人比较有主见，常要求别人尊重自己，也喜欢交往和积极地参加各种社会活动；而自尊心弱的人则轻视自己，消极地评价自己的人格，喜欢回避周围的人，很少参加社会活动。具有健全人格的青年学生，即使是后进的学生，在他们的内心深处也大都埋藏着自尊、上进的火种。因此，如何引导后进学生自尊心的正常发展，是教育高中生时应当重视的问题。高中生在其言行受到肯定和赞赏时，会产生强烈的满足感；反之，易产生强烈的挫折感。

(五)道德意识和社会意识的发展

由于高中生接触社会的范围扩大了，自己的道德实践经验也增多了，他们掌握的道德准则不仅在数量上越来越多，而且越来越概括、越来越深刻。例如，他们能认识到见义勇为、克己奉公等是道德的，阿谀奉承、过河拆桥、见利忘义等是不道德的，逐渐形成以符合社会法规为基础的正确的道德观念和道德原则。与此同时，他们自觉自己是社会组织的一员，感到自己应该为社会作贡献，或者已开始把对社会作贡献当作是自己的义务。他们的自我意识逐渐转向对社会的憧憬。道德理想更为现实，道德意识在道德行为中的作用日益增强。

(六)世界观和人生观的形成

世界观是人对整个世界的根本看法组成的信念系统，是人对自然、社会和人生问题的总的根本的观点。人生观是主体对有关人生问题的系统的基本的看法，是世界观的一个重要组成部分。高中时期是一个人形成世界观、人生观的重要时期，多数学生将选择职业，走向社会。他们大多会极其自然地提出“人活着到底是为了什么”的问题。他们也必须弄清楚整个社会发展的规律，确定自己的生活目的和意义。

高中生的世界观和人生观表现出如下特点：第一，高中生对理论问题产生了越来越浓厚的兴趣，热衷于哲学探讨。第二，高中生价值观的核心是人生意义问题，他们逐渐学会将个人的生活目标与社会发展的总体方向相联系，即不仅要说明自己对社会的意义，而且要找到社会对自身的意义。第三，高中生的价值观反映其个性色彩，具有不同价值观的高中生对于事物的兴趣点、意志品质及归因方式均不一样。第四，高中生的价值观尚缺乏稳定性，还容易因外界环境的变化而改变对社会及人生的看法，改变自己的价值取向。

高中生的世界观还具有可塑性和不稳定性，需要在以后的生活道路上继续形成和发展。为使青年学生形成正确的人生观，教育者必须指导他们学习辩证唯物主义和历史唯物主义，学习中外历史，使他们懂得社会是由低级向高级按规律发展的，懂得个人在社会生活中的位置和他们所肩负的历史使命；帮助他们正确地解决日常生活中遇到的各种实际问题，以及公与私的矛盾，并引导他们把人生观与日常活动联系起来，使他们把社会主义祖国的远景同他们当前的学习任务联系起来；积极引导他们逐渐学会将自身努力作为实现目标的桥梁，使其在学习和生活中更加努力、勤奋。

四、高中生的心理矛盾与教育策略

(一)心理的自我封闭与交往需要的矛盾

高中生一方面由于内心世界的秘密增多，自尊心增强，社会经验日益丰富，越来越多地显露出一种特有的心理闭锁性，不愿轻易流露自己内心的秘密；另一方面，又有通过社会交往去求得别人的了解和理解的愿望。教师和家长针对这一特点，不要强制他们说出内心的秘密，要在他们遇到不顺心的事而感到烦恼时，做他们的知心朋友，给他们以及时的指导和帮助。

(二)求知欲与辨别力之间的矛盾

高中生的求知欲望强烈，他们比初中生更多注意到社会现象和人际关系，对课本上的或课本外的东西感到新奇，想了解来龙去脉。但是，他们的识别能力还有限，对问题和事物的理解往往易走极端，甚至很可能把正确的看成是错误的，把错误的看成是正确的，容易产生求知欲与辨别力之间的矛盾。据此，教师要切实指导他们的学习，对某些课外读物中的知识要帮助他们分析、批判，以免受到错误思潮的影响，提高他们抵抗诱惑的能力，既要提供正面的抵抗诱惑的范例，又要通过反面典型提高他们的警觉性。

(三)情绪与理智的矛盾

高中生由于自我意识的增强，容易感情用事，不易用理智控制感情，常常为一点儿小事争论不休，遇到不顺心的事时又往往不能自拔，以致灰心丧气。他们容易丧失理智而感情用事，事后理智上也知道自己行为的过失，因而反过来对自己的举动后悔不已，造成情感与理智的矛盾。同时，由于他们还没有正确的自我评估，一会儿产生优越感，一会儿又产生自卑感，有时还产生强烈的竞争心、好胜心、忌妒心。教师要帮助他们提高认识，通过自控力和意志力的培养，正确认识和对待自己与他人，做到忍一时海阔天空，帮助他们提高处理好人际关系的能力。

(四)理想“我”与现实“我”的矛盾

高中生对未来怀有热烈的向往，想象力比较丰富，往往离开现实条件构想自己的未来前景，形成自己心中的一个理想的“我”。但他们对自我的想象往往不切实际，这一“我”的形象不是建立在对自己客观分析的基础之上的，理想“我”与现实“我”的差距过大，结果导致他们在实现理想“我”的过程中遇到困难或受到挫折时就消极悲观。针对这种情况，教师和家长要启发他们把远大的理想与求实精神结合起来，把自己的理想水平调整到经过积极努力可以实现的状态；要鼓励他们善于跟挫折做斗争；积极组织他们参加各种实践活动，一方面让他们在实践中认识自己的实际能力，摆正理想“我”的正确位置，另一方面，还可以增加他们的挫折锻炼，培养实现理想“我”应具备的良好的心理素质。

思考与应用

1. 什么是心理发展？心理发展的特点是什么？

2. 你认为影响心理发展的因素有哪些？

3. 小学生、初中生和高中生的思维发展各有怎样的特点？

4. 初中生自我意识的发展有哪些特点？

5. 查阅资料初步了解《家庭教育促进法》的主要内容及对下一代心理健康成长的价值和意义。

6. 下面是一名14岁男生的文字摘抄，试分析这段文字反映的初中生的典型心理特点。

大人们常说，“少年不识愁滋味”，其实，他们并不了解我们。

不到两年，我长高了，吃得多了，有了自己的主见，不再是“小小少年”。但在父母眼里，我仍然还是个孩子，逛公园、逛商店或外出散步，妈妈还是像过去一样，拉着我的手，生怕我会走丢似的，要是被同学看见了，真是丢死人了。更让我苦恼的是，妈妈总是事无巨细地管着我，每天骑车上学，妈妈总是不断地唠叨：“马路上一定要小心。”晚上做完作业，刚打开电视看看体育新闻，妈妈又会问：“作业做完了吗？早点儿休息，明天一大早还得上学呢！”运动鞋想买阿迪达斯的，妈妈却非要买耐克的……

……

走进教室，我总觉得有几十双眼睛在盯着我，跟女生打招呼会感到脸红心跳；一次考试结果很理想我会欣喜若狂，一次小考考砸了我会垂头丧气；为了一个小问题，会与同学争得面红耳赤；答不出老师的提问时，又会觉得羞愧难当……

……

在同学的眼中，我帅吗？在老师和同学的心目中，我是一个好学生吗？……尽管有这么多烦恼，父母却浑然不知，有时候想和他们交流，但又总觉得难以启齿，真不知道该向谁诉说。仔细观察班上其他同学，虽然表面上若无其事，但似乎又都与我有同样的问题、困惑和迷茫……

推荐阅读

1. 雷雳：《毕生发展心理学》，北京，中国人民大学出版社，2013。

2. 苏彦捷等：《发展心理学》，北京，高等教育出版社，2012。

3. 谢弗等：《发展心理学：儿童与青少年(第 9 版)》，邹虹等译，北京，中国轻工业出版社，2016。

4. 约翰·W. 桑特洛克：《发展心理学：桑特洛克带你游历人的一生(原书第 5 版)》，倪萍萍等译，北京，机械工业出版社，2020。

5. 芭芭拉·纳特森-霍洛维茨、凯瑟琳·鲍尔斯：《比青春期更关键》，苏彦捷译，北京，中国纺织出版社，2021。

6. 萧斌臣、闫浩东：《读懂孩子：破解中国家庭教育中的 80 个“怎么办”》，北京，新华出版社，2011。

7. 杰弗瑞·简森·阿内特：《阿内特青少年心理学(第 6 版)》，郭书彩、刘丽红、胡紫薇译，北京，人民邮电出版社，2021。

第十三章 群体与人际心理

第一节　群体概述
第二节　群体对个体的影响
第三节　人际心理

本章主要介绍了什么是群体，群体对个体的影响以及人际心理。其中，对群体的内涵、特征、类型、功能进行了详细描述，对社会助长、社会惰化、去个性化、从众、服从和顺从等群体对个体的具体影响进行了阐释，对人际沟通、人际吸引等进行了分析。通过学习本章，你能够了解社会心理学的基本内容和实践意义，对个人、人际和群体之间的关系会有深切的理解。

思维导图

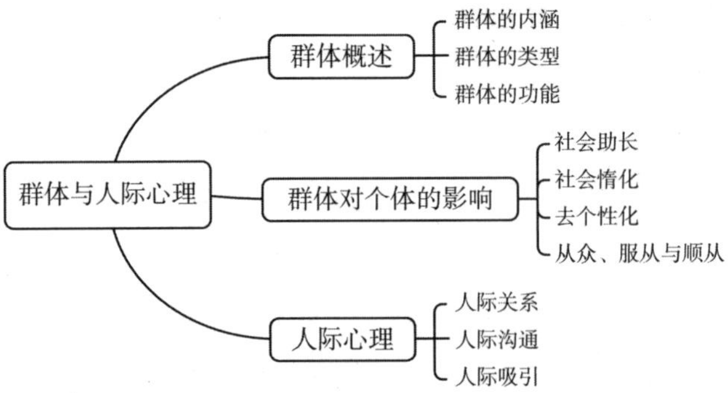

学习目标

1. 了解群体与群体心理的内涵；
2. 理解群体对个体的影响；
3. 理解人际关系的建立和发展变化；
4. 掌握人际交往的原则。

课前思考

阅读本章内容前，请先来思考这些问题。例如，“一个和尚有水吃，两个和尚抬水吃，三个和尚没水吃”，为什么人多了反而还不如一个人的时候？生活中为什么有那么多“三人成虎”的现象？有些事情，自己明明坚信不疑，但随着越来越多的人抛出相反的意见，自己也逐渐变得动摇和怀疑起来，为什么自己没有一如既往地坚持自己呢？要如何提高自己的吸引力，结交到“真正”的朋友？如何与陌生人融洽相处？等等。

第一节　群体概述

作为社会人，人人都离不开群体，离开群体，个人就像无源之水，无所适从。由此可见，群体对于每个人都有着不可替代的意义。什么是群体，它具备怎样的特征，群体的具体功能有哪些，这是本节的主要内容。

一、群体的内涵

(一)群体的概念

“群体”作为术语早已被广泛运用，但究竟什么是“群体”？一般认为，群体是指两个或两个以上相互依赖和相互作用的个体，为了某个共同的目标而以特定的方式组合在一起进行活动，彼此之间具有情感联系和相互制约的共同体。大至国家、政党、民族，小至班级、家庭，都可以被视为一个个的群体。虽然群体是由个体组成的，但个体的简单组合并不直接等同于群体，围观的行人、排队买东西的顾客等人群就不算是群体。

群体是指两个或两个以上相互依赖和相互作用的个体，为了某个共同的目标而以特定的方式组合在一起进行活动，彼此之间具有情感联系和相互制约的共同体。

(二)群体的特征

群体应当具备以下特征：

1. 具有共同的目标或社会需要

目标是人们追求所要达到的标准，任何群体都有一定的共同目标。这种目标是群体进行活动的方向。没有目标，群体就失去了方向和动力，更谈不上存在和发展。正由于目标一致，人们产生了共同的需要和兴趣，从而合成一个群体。作为中华民族共同体，我国人民构成了一个大群体，共同致力于实现中华民族伟大复兴中国梦，这是所有中国人的共同目标。

2. 具有一定的结构

群体具有某种结构形式，成员处于一定的关系中，各自担当着某一社会角色，履行着相应责任和义务以完成共同的任务。比如，一所学校由校长、教师和学生等组成，他们在学校这个群体中，各自担当着某种角色，执行着不同的任务，并按一定的组织程序形成组织结构。假如没有一定的组织结构，没有群体组织者与领导者，聚集起的一大群人也不能被称为群体。

3. 具有自身的规范

群体是众多个体以一定的方式维系而组成的。群体一旦形成，就需要有一定的行为准则来统一其成员的信念、价值观和行为，以保障群体目标的实现和群体活动的一致性。这种约束群体成员的行为准则就是群体规范。群体规范从广义上讲包括制度、法律、道德、风俗等；从狭义上讲包括厂规、公约、守则、纪律、条例等，涉及的内容非常广泛，其中既有明确规定的准则条文，又有自发形成、无明文规定的行为模式。群体规范一旦形成，便具有一定的稳定性，不因个别群体的调整而改变。群体成员不断把它内化为自己的心理尺度，以衡量和调整自己的行为，来达到群体的总目标。

4. 能使人产生归属感和交互作用

群体内的每个个体都意识到成员间的相互依赖和相互影响的关系，彼此之间建立起一定的感情联结，这种交互作用使群体成员对群体产生一种归属感。例如，在班级群体中，同学之间、师生之间的心理和行为相互影响，并结成同学关系、师生关系等，同时在情感上也会产生同学之情、师生之情。

二、群体的类型

群体多种多样，可以从不同的角度，以不同的标准去划分。

（一）正式群体和非正式群体

正式群体是根据定员编制、章程或其他正式文件而建立的群体，其组织结构确定、角色分配明确，其成员的地位与责任、权利与义务，以及公事往来都是有明文规定的，如政府、机关、学校、班级等。在正式群体中，成员之间的交往主要是公事来往，他们的关系是正式关系或公务关系。因为人们交往时带有各自的性格、气质、能力等个性特点，所以这种公务关系必然要受到私人关系的影响。一般情况下，公务关系会受到私人关系的补充而进一步加强，有利于问题的解决，提高正式群体的效能。如果私人关系超过甚至破坏公务关系，那就不正常了，一旦出现这种情况，这个正式群体的效能就会被削弱，甚至陷入瘫痪或瓦解状态中。

非正式群体是指那些没有正式规定的，只是在心理、动力和倾向一致的基础上自发形成的群体，如因共同的兴趣、爱好，具有共同的利益或成员的地位、境遇、经历相似而结成的群体。这种群体没有定员编制，没有条件规定，因而不必有固定的形式。例如，钓鱼爱好者等彼此由于交流体会或志同道合就形成非正式群体，活动一结束，人们一分散，群体就瓦解了。

非正式群体可能在正式群体内部自然形成，如在学校或工厂里，几个兴趣、爱好相同，情感融洽的人自发地结合起来，形成非正式群体。非正式群体也可能在正式群体之外自然形成，如不同行业的人由于共同的价值观和经历，由共同的思想情感联结起来形成群体。

在现实生活中，正式群体和非正式群体往往是同时存在的。非正式群体在一定程度上会影响正式群体，其影响可能是积极的，也可能是消极的。如果非正式群体的价值取向与正式群体的价值取向一致，就会促进正式群体的巩固及任务的实现；相反，若非正式群体是由一些品质不良、带有许多恶习的人构成的，其价值取向与正式群体不一致，那就会引起两种群体的摩擦冲突，非正式群体就有可能明显地破坏正式群体的活动，妨碍正式群体目标的实现。

因此，教育工作者应当正视现实，承认非正式群体的存在，并把这种存在视为正常、合理的现象。同时，对非正式群体要给予足够的重视，把他们吸纳到正式群体的目标和活动上来，发挥他们积极的辅助与促进作用，并调整好他们与正式群体的关系，防止他们对正式群体的干扰作用，避免成为破坏性力量，这个问题处理得妥善与否，往往是影响班级团结、稳定的重要因素。

（二）大型群体和小型群体

凡是通过群体的共同目标和分层次的组织形式，使成员间接联系形成的群体，都可以称为大型群体。大型群体还可以进一步分为不同形式、不同层次的群体，如可分为国家、民族等群体，也可分为社会职业群体、社区群体等。

小型群体是指相对稳定，人数不多，为共同目的结合起来的，成员直接接触的联合体。它有共同目的，全体成员为此目的做共同努力。小型群体中每个人都相互熟悉，在解决小型群体成员遇到的问题的过程中相互交往。家庭、工作小组、班级等都可以看作是小型群体。一个人可以同时参加几个小型群体。在那里，每个人可以根据自己的愿望和需要与其他人交往，而不受硬性规定的限制。在人数较多的小群体中，某些人的交往活动比较频繁，交往更加带有密切的性质，他们的结合被称为小小群体。小小群体人数不多，一般为2～7人。小小群体可能是一个独立的共同体，同时还属于某个小群体。

(三)成员群体和参照群体

成员群体一般是指有正式成员的群体，其成员不但归属于这个群体，而且对这个群体有着较高的认同度。参照群体是与成员群体相对应的群体形式，也叫作标准群体或榜样群体，具体指个体在实际上没有参加，但接受其规范的群体。个人把该群体的目标、规范、价值作为自己行为的指南，以此推动并激励自己努力按照其规范约束自己。个人经常把自己的行为与该群体的规范对照，若不符合这些规范就改正自己的行为。个人参加的每个群体并非都能成为这个人的参照群体，每个人都可以排列出他所属群体的特殊次序表，排在首位的是个人要尽量使自己与该群体的规范相一致的群体，而排在末位的是个人认为无关紧要的，而且对这种群体的期望很小的群体。如果个人所属的家庭、班级、班组都未能成为其心目中的群体，那么个体可能会采取带有反集体主义倾向的或反社会性质的群体为参照群体。

有时候，个人属于不同性质的几个群体，每个群体对个人都产生参照群体的作用，若这些群体的价值观、目标、规范相互矛盾，就会引起个人内心的紧张和冲突、情感上的不安和痛苦。研究并查明个人内心的参照群体，使正确、健康的群体规范转化为个人的行为标准，是广大教育工作者、企业管理者的重要任务之一。

参照群体并非都是个人所属的实际存在。某些政治领袖、英雄人物、著名演员、著名歌手、著名企业家或文艺作品中的人物形象也会成为人们的参照标准，但这些参照标准并非都是正确的。作为教育工作者，在教育过程中，应当因势利导，循循善诱，使青少年学生分清良莠，见贤思齐，全面地提高自己的修养。

(四)松散群体、联合群体和集体

所谓松散群体，是指人们只在空间和时间上结合成的群体，但群体成员之间的关系不以共同活动的目的、内容、意义和价值为中介。在许多情况下，松散群体中根本没有共同活动。例如，公共汽车停车站的乘客、音乐厅的听众、住在同房间的旅客、刚刚认识的同伴都是松散群体的例子。

所谓联合群体，是松散群体进一步发展而形成的。它的特点在于参加这种群体的成员有着共同的活动目的，但这种共同活动都只有个人意义，群体活动的成功或失败都直接与个人利益有密切的关系。参加比赛的体育代表队、排练戏剧的演员等都是这样的群体。

集体是以集体主义精神作为群体成员的行为规范，是以个人间的关系以及有个人意义和社会价值的群体活动内容为中介的群体。它是一般群体发展到高级阶段的特殊形态。集体成员不仅认识到群体活动对个人和集体的利益，而且还认识到其对整个社会的意义。集体有如下特征：

(1)对达到社会意义目的的指向性；

(2)与上述指向性结合在一起的团结性；

(3)在交往中的集体主义与同志关系；

(4)保卫集体利益的组织性与纪律性等。

根据这样一些指标，某些群体可能就是集体，而另一些群体也许始终没有成为集体。

(五)面对面群体与虚拟群体

面对面群体是指以直接接触为基础运行的群体。在群体中，成员必须有直接的接触和交流的机会，成员之间通过面对面的交流，形成一定的交互作用和沟通，并在一定的规范指导下，完成一定的目标、任务。

虚拟群体是随着计算机和网络技术的发展而逐渐形成的新的群体形式，是指群体成员分布于不同的物理位置，可以跨地域、跨时间、跨组织甚至跨国家界限，通过计算机网络通信技术进行沟通而形成的群体形式。尤其是在信息技术高度发达的今天，虚拟群体常见于企业中，成为一种新型的团队工作方式。这种群体使得远距离沟通变得方便、高效和快捷，但它需要规范的成员行为守则，以保障成员之间的相互信任。

三、群体的功能

群体是处理好人际关系，调动成员积极性，满足成员心理需要，实现成员心理平衡，有效地发挥组织力量，提高工作效率，完成共同任务的可靠保证。

(一)目标任务功能

一个群体要想有效地运转以达到它的目标，就必须逐级划出若干个小的群体。这些群体分工明确，各负其责，协调一致，完成各自承担的任务，最终达到群体的总目标。比如，一个班级参加某项活动，可以把所有成员分成几个组，让他们分别完成自己的任务。可见，群体是组织实现目标、完成任务的工具。

把群体中每个成员的力量结合起来。有些工作、活动、任务的完成，单靠个人的力量是远远不够的，还必须依靠集体的力量，通过大家相互协作共同努力才能完成，甚至有时候缺少任何一个成员都难以使活动顺利进行下去，以致影响群体的整体效能。

群体是联系个体与群体组织的桥梁。一方面，群体组织的目标措施、指示、命令等通过群体传达给群体中的每个成员；另一方面，群体又把每个成员的意见、要求、情绪反映给组织及其管理者，这样可以更好地利于群体目标的实现。

(二)维持功能

群体的维持功能，是群体对其成员而言的，是指群体通过满足人的合理需要，协调好人际关系，从而维持自身的团结和健康的发展。群体的维持功能是通过满足人的心理和社会需要实现的。群体可以满足个人的下列需要：

(1)归属和安全的需要。人人都要寻找归属而获得安全感，从而避免孤独、恐惧感，以达到心理的平衡。

(2)合群的需要。人人都希望了解他人和被他人了解，以结成良好的人际关系，展开人际交往，从他人那里获得支持、帮助、友谊、挚爱等，从而满足个人亲和的需要。

(3)尊重的需要。自尊之心，人皆有之。任何一个学生都希望同学尊重自己、承认自己、赞赏自己，而群体则为个体的表现提供了机会和条件，个人在群体中能引起他人的尊重和赞许，从而满足自身对尊重的需要。

(4)增强自信心和力量感。在群体中，个人正确的言论和行为会得到肯定和认同，而错误的会得到纠正，这使得个人对事物或问题的认识更有把握，对自己的行为也更充满信心。加之相信有群体的支持和帮助，个人即使遇到困难或面对危险，仍信心十足，勇敢地面对现实，积极地进行斗争而毫不退缩。

(5)增强自我意识。在与他人的相互作用中，个体才能更清楚地认识自己，澄清自我概念，体会到自己的社会价值，确认自己在社会中所处的地位与作用，更好地把握住自己的未来。

第二节　群体对个体的影响

我们都知道，运动员在自己熟悉的地方更容易正常发挥或超水平发挥，这便是“主场效应”。他人的在场显然是造成运动员良好发挥的重要影响因素。那么，群体背景下个体行为会发生什么变化？变化的原因又是什么？他人在场和群体环境对个体还会有哪些影响？

一、社会助长

(一)社会助长的内涵

社会助长(social facilitation)也称社会促进，是指个体在他人在场、与他人一起活动或者在有电子监控存在的状况下所带来的行为效率的提高。大量心理学实验证明，社会助长作用是客观存在的现象。早在1897年，社会心理学家特里普利特(N. Triplett)便通过实验证实了社会助长的现象。他让被试在三种情况下骑自行车，第一种情况是单独骑行，第二种情况是在旁边有人跑步陪伴的状况下骑行，第三种情况是在与其他选手一起竞赛的情况下骑行。结果发现：第一种情况下被试骑行时速为24英里(1英里＝1.61千米)；第二种情况下时速达到了31英里；第三种情况下时速达到了32.5英里。特里普利特由此认为当他人在场或进行群体性活动时，会明显地促进人们的行为效率，他把这种现象称为社会助长。后来，特里普利特还发现儿童在有人陪同的情况下，完成计数和跳跃等活动时速度也都有明显提高。

社会助长也称社会促进，是指个体在他人在场、与他人一起活动或者在有电子监控存在的状况下所带来的行为效率的提高。

在特里普利特研究的基础上，心理学家们又陆续发现很多其他有趣的类似现象，如“结伴效应”“观众效应”“同侪效应”等，这些研究发现进一步印证了社会助长现象的存在。但是，他人的在场并不总是发生促进作用，也有一些研究发现在他人在场时，不但不能促进行为效率，反而会影响正常的工作，导致工作效率降低。比如，在考试的时候，考生一般都不习惯监考教师到他们跟前或站在他们旁边。这种当他人在场或与他人一起从事某项工作时个体行为效率下降的现象叫社会干扰或社会弱化作用。

(二)社会助长的原因

他人在场既可以促进个体的活动效率，出现社会助长作用，又能干扰个体的活动效率，出现社会弱化作用，那么导致这样两种截然相反现象的原因究竟是什么呢？这个问题一直困扰着众多的心理学家，直到扎荣克(R. B. Zajonc)提出了优势反应强化说，这个问题才得到了较好的解释。

扎荣克指出，他人在场增加了个体的活动驱力，也就是动机，但这种动机的增加对作业效率的影响要依作业的性质而定。那些已经被个体学习和掌握得非常熟练或天生就会的动作或技能，会随着动机的增强而作为优势反应被个体轻易地表现出来。而那些个体尚未完全学习和掌握的动作技能，动机的增强反而会抑制和破坏个体相应的表现。比如，学生在解答较难的数学题时若有他人在旁边，其解题效率往往会降低；一个杰出的钢琴家可能会由于观众的在场而超水平发挥，但新手钢琴师可能会因为观众的在场而胆怯得手指发抖。

后来，弗里德曼等人提出了进一步的解释，认为群体背景唤起了个体的竞争意识和被评价意识，因为个体在社会化的过程中已经习惯于将社会情境作为竞争情境来看待，因此他人的在场会让个体有意无意地感受到由社会比较引发的竞争压力，从而使个体行为的内驱力增强。但是，对于那些需要冷静思维的工作，他人的在场反而会产生干扰，导致人的注意、精力不集中，从而产生抑制作用。

另外，生理心理学家也从生理心理学的角度提出了他们的看法①，该理论认为他人在场可能会导致两种冲突的生理物理反应模式：威胁或激励。当个体具有足够的资源来应对任务时就会激发激励模式，在生理上，该种模式类似于做有氧运动时机体产生的反应；相反，当个体没有足够的资源来应对任务时就会激发威胁模式，机体上会发生类似于应对危险时的反应。不同的生理物理反应模式最终会影响个体的成绩。

① 金盛华等：《社会心理学》，北京，高等教育出版社，2005。

专栏 13-1　脑力激励法：社会助长的应用

奥斯本(Osborne)提出，群体一起解决问题，具有个人所没有的特殊的“脑力激励”(brain storming)作用，可以使人们找到更多更有新颖性和独创性的问题解决方法，因此他提出了脑力激励法，利用社会助长作用提高群体的工作绩效。

脑力激励法是一种群体决策技术，指的是以群体讨论的方式，利用产生观念的过程提出创造性的问题解决方法。在这个方法中，群体成员只管畅所欲言，并且不对每个成员的任何观念加以评论。脑力激励法可以满足人们的自尊和自我实现需要，进一步激发群体成员的工作动机和自我效能感，因此在群体中有非常重要的作用。其具体程序是这样的：

群体成员围坐在一起，群体领导向大家说明任务和要求，在确定每个成员都了解后，让大家在给定的时间内自由发言，尽可能地想出各种解决问题的方案并报告给大家。无论成员的方案有多古怪，只要想到就尽管说出来。在这段时间内，任何人都不得对发言者的意见加以评价，无论是受到他人启发还是稀奇古怪的观点，都不许评价。所有方案记录在案，直到不再有新的观点和想法被提出，脑力激励过程就结束。然后群体成员共同分析这些建议和方案，最终商讨确定一个最佳的方案。

(资料来源：金盛华等，2020)

二、社会惰化

社会助长的发生是由于个体感受到了压力或被评价，那么假如个体感受不到压力或被评价时，情况又会怎样？

(一)社会惰化的内涵

社会惰化(social loafing)又称社会惰化作用或社会逍遥，是指群体一起完成一件作业时，群体中的成员每人所付出的努力比个体在单独完成作业情况下完成任务量偏少的现象。我们平时所说的“一个和尚有水吃，两个和尚抬水吃，三个和尚没水吃”便是典型的社会惰化现象。林格曼(Ringelman)最早发现了社会惰化现象，他发现人们一起拉绳子时的平均拉力比单独拉时的平均拉力要小。随着人数增加，每个人付出的个人努力程度会逐步下降。在研究中他让被试用力拉绳子并测拉力，实验包括 3 种情境：单独、3 人组和 8 人组。结果表明，独自拉时，人均拉力为 63 千克；3 人一起拉时，人均拉力为 53 千克；8 人一起拉时，人均拉力只有 31 千克。这种现象往往发生在多人共同完成同一个目标，但每个个体所付出的努力又没有被单独计算的状况下。而且，随着共同完成一件工作的人数逐渐增加，每个人的努力程度也会随之逐步下降。

社会惰化又称社会惰化作用或社会逍遥，是指群体一起完成一件作业时，群体中的成员每人所付出的努力比个体在单独完成作业情况下完成任务量偏少的现象。

(二)社会惰化的原因

为什么会出现社会惰化现象？克尔(Kerr)和哈金斯(Harkins)等人认为，在群体中，由于个体意识到自己的行为不会被单独评价，个人努力会被淹没在人群中(lost in the crowd)，评价焦虑减弱使其对自己行为的责任意识下降，相应的行为动力减少，从而导致努力程度下降。威廉姆斯(M. Williams)、哈金斯和拉塔内(B. Latane)在1981年的研究中设置了三种不同的实验情境，让被试单独大喊或在群体中大喊。第一种情境是让被试相信他们的表现总是可以被辨别出来；第二种情境下则让他们相信，只有当他们单独一人时才能被辨别出来；第三种情境则让他们的成绩永远不会被辨别出来。结果显示，当被试觉得他们的努力在群体中不能被辨别出来时，其成绩最差。由此可以发现，当个体认为只有群体的成绩可以被辨别而自己的贡献不被辨别时，社会惰化就会发生。

卡饶(S. J. Karau)和威廉姆斯对78个研究进行了元分析，提出了群体努力模型(collective effort model，CEM)。他们认为群体任务中个体的努力程度主要取决于两个因素：一个是个体认为个人努力对成功完成群体任务的重要性或必要性大小；另一个是个体认为群体成功的价值大小。当个体结合成群体工作时，个体不再是决定群体成绩的唯一因素，因为其他成员的努力水平也会影响最终成绩，而个体努力工作的成果也可能被平均化，个体的贡献最终也被抹杀。因此，由于其他成员加入而导致个人的付出和所得变得不确定时，社会惰化便会发生。而且群体规模越大，社会惰化的程度也越高。

群体作业与个体作业的报酬也不一样，对群体成绩的不同报酬也会对社会惰化产生影响。为群体的好成绩提供报酬会降低社会惰化。在一项研究中，一些学生被告知如果他们所在的群体针对某一问题能够想出的解决方案越多，就可以越早离开，而要求另一些学生完成同样的任务，但没有可以提早离开的奖励。在这一情形下，对高努力回报的期望抵消了社会惰化效应。另外，当要完成的任务比较有意义、复杂或有趣时，社会惰化也不太容易发生。而且，当任务比较困难或比较有挑战性时，个体一般也不会松懈下来。

(三)社会惰化的跨文化一致性

尽管西方国家的文化比较强调个人，但社会惰化并非只是在西方国家普遍存在，这意味着它并不是个体主义文化的产物，其实，在强调集体主义文化的国家和地区也同样存在着社会惰化。在印度、泰国、日本和中国都存在社会惰化现象，这表明社会惰化可能是跨文化普遍存在的。

同时，社会惰化虽然具有跨文化普遍性，但同时存在文化差异性。如前所述，社会惰化出现的一个重要前提是个体意识到并充分认为自己的贡献将被群体的努力掩盖，那么在强调个人的西方社会，社会惰化作用的发生概率更高。卡饶和威廉姆斯的研究已经显示，美国文化中社会惰化现象比亚洲文化中表现得更为明显。有关文化对社会惰化的影响，还需要进一步深入探讨。

(四)社会惰化的预防

尽管社会惰化普遍存在于社会中，但这并不意味着它必然发生。实际上，一些社会研究也发现群体共同完成一项工作并不一定导致“浑水摸鱼”式的社会惰化作用。现实中，我们可以采取以下几种方法来减少社会惰化现象的发生。

1. 单独评价

即不仅公布整个群体的工作成绩，而且公布每个成员的工作成绩，让成员感到自己的努力和成绩是可被单独评价的。如果让被试确信自己的行为效率和努力程度可以被单独鉴别出来，即使与群体一起完成一项工作，也不会产生社会惰化现象。

2. 提高认识

帮助群体成员认识他人的工作成绩，使他们了解到，不仅自己是努力工作的，而且他人也和自己一样努力。

3. 控制群体规模

群体规模越大，社会作用力越分散，社会惰化就越严重。因此，在群体共同完成一项任务时，要注意控制群体规模不要太大。

4. 适当提高任务的挑战性与号召性

提高任务的挑战性与号召性，可以有效激发成员的工作动机，使群体成员产生较高的自我卷入水平。

此外，以群体整体成功为目标的奖励导向，增加群体的凝聚力，强调群体的协作精神，突出群体的团结合作性，增强成员之间的情感联结，提高相互的认同度等都能有效地减少社会惰化，提高群体的工作效率。

三、去个性化

(一)去个性化的内涵

去个性化(deindividuation)是群体对个人行为影响的另一种表现，它是指个体在一个群体中与大家一起从事某种活动时，对群体情境的认同淹没了个人的身份，使个体失去通常的自我觉知能力，并导致个体丧失自我和自我约束。“人多胆子大，恃众好逞强”，去个性化的效果常常使人们摆脱正常的社会规范的约束而表现出极端的行为。比如，平日里老实文静的人却被公安机关拘留了，原因是参与群殴，失手将人打伤；再如聚众闹事、起哄、群起而攻等现象。

去个性化是群体对个人行为影响的另一种表现，它是指个体在一个群体中与大家一起从事某种活动时，对群体情境的认同淹没了个人的身份，使个体失去通常的自我觉知能力，并导致个体丧失自我和自我约束。

法国社会学家勒庞(Le Bon)对此现象展开了最早的研究，他发现激动的群体倾向于有相同的感受和行为，因为个体的情绪可以传染给群体。在这种情况下，即使一个成员做了一件大部分人反对的事情，其他人也会倾向于仿效它。勒庞把这种现象称为“社会感染”(social contagion)。社会心理学家费丝汀格(L. Festinger)和津巴多(Zimbardo)用更现代的词命名这种现象，即“去个性化”。

费斯汀格等人于1952年对23组男大学生被试进行了实验研究，让这些被试以组为单位进行讨论，讨论内容是让每个人说说是憎恨自己的父亲，还是憎恨自己的母亲。这是一个平常大家很少谈论的、很敏感的问题。一部分小组的讨论在明亮的教室里进行，每个成员都具有高辨认性；另一部分小组的讨论在昏暗的教室里进行，每个成员还穿上布袋装，只露出鼻孔和眼睛，具有低辨认性。实验结果证实，具有低辨认性的被试，即去个性化的被试将会更猛烈地抨击自己的父母。而且，研究人员还发现，去个性化的群体对成员具有更大的吸引力。

津巴多试图研究去个性化在诸如敌视、盗窃等极端行为中的作用。他以女大学生为研究对象，把她们分为4人一组，告诉她们将进行一项关于人类移情的实验，要求她们对隔壁房间的女生实施电击。她们可以从单向镜里看到女生被电击的情形。一些小组的被试被安排在昏暗的房间里，身着布袋装，不佩戴名签，具有低辨认性。结果证实，和没有去个性化的被试相比，那些去个性化的被试电击受害者的时间延长了一倍。当然，受害者并未真的被电击，她的哭喊挣扎是假装的，装得非常逼真。津巴多还把受害者的形象作为自变量加以改变，一个受害者看起来是个举止文雅、乐于助人的妇女，另一个受害者看起来是个十分爱挑剔、以自我为中心的妇女。实验表明，在没有去个性化的情况下，被试对那个文雅的妇女电击时间短，对那个尖刻的妇女电击的时间长；而在去个性化的条件下，对这两个妇女都进行了更长时间的电击。

去个性化的程度在各种群体中存在差异，一般而言，群体越大，成员越多，去个性化的程度越高，成员的去个性化程度也就随之越高，行为也就越自由放纵，越发不受行为规范、道德约束和自我管理的影响，造成的破坏性也就越大。

(二)去个性化的原因

一般认为，造成去个性化的原因主要来自以下几个方面。

1. 身体匿名性(anonymity)

这是引起去个性化现象的关键，群体成员身份越隐匿，他们就越会觉得不需要对自我认同与行为负责。津巴多实验中，那些女大学生身着布袋装，不带名签，在昏暗中电击受害者，她们会觉得自己是一个匿名者。迪纳(Diener)等人对儿童偷窃行为的研究也证明了这一点。在研究开始的时候，他们问了部分孩子的名字并记下，对另一部分则未进行这样的处理。研究的情景是当大人不在场时，孩子有机会偷拿额外的糖果，结果那些被问及姓名的孩子不太会去多拿，即使他们知道自己不会被抓住，他们也不会去做。在现实生活中，一些罪犯会选择在黑夜或是戴着头套作案，原因就在于他们认为自己难以辨认，不会被发现和被追查到。在学校要求学生穿校服、佩戴校徽，正是为了提高学生自身的可辨认度，减少这种身份匿名性。

2. 责任分散(diffused responsibility)

津巴多认为一个人单独活动，往往会考虑这种活动是否合乎道义，是否会遭到遣责，而个人和群体其他成员共同活动时，责任会分散在每个人的头上，人人有份，个体不必承担这一活动所招致的谴责，法不责众，而是由每个参与者承担，因此个体会更加胆大妄为。

3. 自我意识下降，自觉性减少

迪纳认为引发去个性化行为的最主要的认知因素是缺乏自我意识，人们的日常行为通常受道德意识、价值系统、伦理要求以及社会规范的控制。但在某些群体情境中，个体的自我意识会失去这些控制功能。在群体中，个体认为自己的行为是群体的一部分，这使得人们觉得没有必要对自己的行为负责，从而也不顾及行为的严重后果，最终做出不道德甚至是反社会的行为。生活中，人们大多数的去个性化行为其实都是因为自我意识的能动作用丧失而引起的。

4. 唤起与分心

群体在表现出攻击性之前常常会发生一些较小的引发人们唤起状态或者分心的事情，如群体大喊、高歌、跳舞、鼓掌等，成员将注意力集中于正在发生的事件，而不是他们内在的道德价值标准与态度上，这样既可以点燃群体成员的热情，又可以减少他们的自我意识。

四、从众、服从与顺从

个体接受社会影响的方式是多种多样的，从众(conformity)、服从(obedience)和顺从(compliance)是最主要的几种。从众更多涉及的是群体对个人的影响，服从涉及的主要是个人由于社会角色关系连带而发生的影响作用，而顺从涉及的是更为一般的人际影响。

(一)从众

1. 从众的含义

从众是普遍存在于我们日常生活中的一种现象，但对于从众，不同心理学家所持的观点不尽相同。心理学家梅尔斯(Myers)认为，从众是个体在真实或想象的群体压力下改变行为与信念的倾向。弗兰兹(S. Franzoi)则认为从众是个体对知觉到的群体压力的一种屈服倾向。尽管表达上有差异，但实质是基本相同的，就是指由于真实的或想象的群体的影响或压力，个体改变知觉、判断、信仰或行为，而向与群体中的大多数人一致的方向变化的一种倾向。在日常生活中，参照群体、群体规范与群体压力是广泛存在的，个体在受到群体的暗示或提示时，会被引导做出群体要求或期待的行为，或对情境做出一定反应，如跟随潮流，人云亦云等。从众有不同的表现形式，既可以表现为在临时的特定情境中对占优势的行为方式的采纳，如助人情境中跟随大家旁观，暴乱中跟随大家一起破坏等；也可以表现为长期性的对占优势的观念与行为方式的接受，如顺应风俗、习惯、传统等；还可以表现为现场的对多数人意见的赞同，如开会举手表决时，少数派会由于多数人的举手而举手表示赞同等。

从众具有积极和消极两方面的意义。从积极角度来说，从众行为已经成为个体处理与群体关系的方式，是个体调节自我、适应生活环境的重要心理机制，有助于个体完成健康有益的社会化进程；从消极角度来说，从众也可能会导致个体放弃正确的观念和态度而与错误的思想、行为保持一致，无形中助长歪风邪气的蔓延。

从众是指由于真实的或想象的群体的影响或压力，个体改变知觉、判断、信仰或行为，而向与群体中的大多数人一致的方向变化的一种倾向。

2. 从众的类型

从众的具体类型非常复杂，根据外显行为是否从众及行为与内在的自我判断是否一致，可将从众分为三种类型。

(1)真从众

真从众不仅在外显行为上与群体保持一致，内心的看法也认同于群体，也就是通常所说的表里如一、心服口服。真从众对于一个群体的关系处理有着积极的作用。在真从众的情况下，群体成员保持着与群体真实的一致性和对群体的真实认同，群体成员在心理上也不存在冲突，因此这是一种成员与群体之间较为理想的关系。

(2)权宜从众

权宜从众是指在某些情况下，个人虽然在行为上保持了与群体的一致，但内心却并不认同群体的看法，实际上仍坚持自己的意见，只是临时迫于群体的压力，才暂时屈从于群体的选择。权宜从众表里不一，外显行为同内心观点不相一致，所以经常使个体处于一种认知失调的状态。如果群体压力始终存在，而个体又无法脱离群体而必须从众时，个体就会倾向于改变个人自身的态度而与群体取得意见上的一致，这时权宜从众可能会转变为真从众；抑或个体会找出新的理由，将自己的行为合理化，从而减少观点与行为之间的差距，达到一种新的平衡状态，使认识系统重新达到协调状态。

(3)不从众

不从众是从众的对立面，它是指个体在群体中不被群体意见左右，而保持自我原有选择的一种行为。不从众分为两种情况：一种是表面上不从众，内心其实是一种接纳状态。这种从众行为往往在比较特定的条件下发生。通常表现为内心倾向虽与群体一致，但由于某种特殊需要，行动上不能表现出与群体的一致。如在群体由于某种原因而群情激愤时，作为群体的领导者，情感上虽认同群体，但行动上却需要保持理智，不能用自己的行动鼓励群体的破坏性行动而逞一时之快。这是表里不一致的假不从众情况。另一种不从众是内心观点和行动都表现得与群体不一致，这是表里一致的真不从众情况。一般情况下，只有在群体对个人缺乏吸引力或个人在行动中不需要考虑与群体保持一致性的时候才会出现。此外，个体的个性特点也可能会影响不从众行为的产生，对于一个比较有主见的人，不从众行为的比例往往会相对高一些。

3. 从众的原因

结合众多的研究，多伊奇(M. Deutsch)和杰拉德(H. Gerard)对从众原因进行了说明。他们认为从众行为由两个原因导致：一个是信息性社会影响(informational social influence)，即信息性压力，另一个是规范性社会影响(normative social influence)，即规范性压力。

(1)信息性压力

信息性社会影响认为，从众产生的一个重要原因是人们都有确认真实情况的内在需要，而他人的行为往往能够提供十分重要的信息参照。生活中，人们总是会习惯于把他人视为指导行为的信息来源而顺应其行为，所以那些被认为可以作为新信息来源的他人便都成了人们相信和效仿的人。因为相信其他人对一个模糊情境的解释比自己的解释可能更正确，而且可以帮助人们选择一个恰当的行为方式。这种基于信息需求产生的从众主要依赖于两个维度：一个是认为群体掌握的信息程度如何，另一个是人们对自己独立判断的信心如何。人们越相信群体的信息，越重视群体的观点，就越容易与群体保持一致；而信息刺激越模棱两可、任务越困难，人们对自己的判断越易失去信心，越容易从众于群体的判断。

信息性社会影响的一个重要特点就是它能导致个人接受(private acceptance)而不只是公开顺从(public compliance)，所以有必要对这两者进行区分。前者是真从众，个体真诚地相信其他人言行的正确性，因而顺应他人的行为；而后者则是一种权宜从众，个体虽然在公开场合顺应他人的行为，但私下里不一定相信。当个体确信群体成员是正确的时候，个体通常在改变行为的同时也会改变自己的观念。

情境模糊不清是信息性社会影响发挥作用的关键变量，它决定着人们在多大程度上会以他人作为信息的来源。当个体不确定什么是正确的反应，什么是适当的行为，什么是正确的观点之时，个体将最容易受到他人的影响，而且，越是不确定就越会依赖他人。尤其是在危急时刻，人们通常没有时间停下来细加斟酌应对措施，此时此刻需要立即行动，如果人们感到害怕、恐慌而不知所措，那么就会很自然地去观察他人的反应，然后照做。

(2)规范性压力

人们都有渴望被接受、被喜欢、被友好地对待、获得其他人的赞同的需要，并竭力避免来自其他人的反对。当人们为了获得社会接纳而改变自己的行为方式，使其符合群体的规范和标准时，规范性影响便开始发挥作用了。这种由于规范而引发的从众行为，其根本原因并不在于人们试图以他人作为信息来源，而是为了不引人注目或被他人嘲笑，不至于使自己陷入困境或遭到排斥。

这种规范性的社会压力会出现在人们日常生活的许多层面，如时尚就是一个例证，实际上时尚仅仅是在某一特定时期内社会某个群体中普遍流行的某种生活方式而已。其实很少有人甘愿成为时尚的奴隶，但人们还是会在适当的时候穿着适当的、合乎潮流的衣着。又如某一特定群体中的人们打扮是相似的，这是规范性社会影响作用使然。值得一提的是，在现代社会中，有一种形式的规范性影响产生了令人难以置信的严重后果，它使得人们为追求文化所规定的完美身材而不顾一切地控制体重，甚至导致进食障碍、引起体内多器官脏器的功能衰竭而导致死亡。

专栏 13-2 规范性社会影响与进食障碍

女性通过信息性社会影响了解到特定时刻文化认同的魅力身材的类型。通过家人、朋友和媒体，女性了解到何为魅力身材，自己与之比较又如何。而各种形式的媒体都在传递着这样的信息：理想的女性身材是苗条的。例如，研究者调查分析了那些以少女和成年女性为目标群体的文章和广告，以及电视节目中的女性人物，证实了上述观点(Cusumano & Thompson，1997；Levine & Smolak，1996)。女性往往倾向于认为自己的体重超重并且认为比她们实际的体重还要重(Cohn & Adler，1992)，而且如果她们刚刚见过媒体中纤细身材的女性形象，这种效应还会加剧(Fredrickson et al.，1998；Lacine et al.，1999)。规范性社会影响则可以解释女性为什么会通过节食，更有甚者，通过厌食症、暴食症等进食障碍来塑造这种完美身材(Gimlin，1994；Stice & Shaw，1994)。早在 20 世纪 60 年代，研究者就调查发现 70%的高中女生对自己的身材不满意并希望能减肥(Heunemann et al.，1966；Sand & Wardle，2003)。目前作用于女性保持苗条的社会文化压力，是规范性社会影响的一种潜在的致命形式。20 世纪 20 年代中期，苗条是女性魅力身材的标准，当时出现了进食障碍的流行病。今天这一切又重现，并且出现在年纪更小的女孩身上：美国厌食暴食协会(American Anorexia Bulimia Association)最近的一项调查发现，12～13 岁的女孩中，有 1/3 正积极地试图通过节食、呕吐、腹泻、使用药物减肥(Ellin，2000)。

研究者对从众压力与进食障碍之间的关联进行了研究。克兰德尔(Christian Crandall，1988)曾针对暴食症做过有关研究。暴食症是一种饮食模式，它的特点是周期性的暴饮暴食，接着又通过禁食、呕吐、腹泻等方法来清除这些食物。克兰德尔的研究参与者是来自两所大学女生联谊会的成员。他发现，每个联谊会对于暴饮暴食都有它自己的一套社会规范。在其中一个联谊会中，团体的规范是吃得越多越受欢迎；而在另一个联谊会中，受欢迎程度与适度的暴饮暴食相关，最受欢迎的是那些既不过分节制，也从不暴饮暴食的女性。

暴饮暴食是规范性社会影响的一种运作方式吗？是的。克兰德尔通过对女生一学年的测试发现，新成员也必须顺应朋友的饮食模式。也许，最初的从众行为是一种信息性行为，是新成员向团体学习如何控制体重的一种方式。但是，接下来规范性社会影响取而代之，女生必须使自己暴饮暴食的行为服从联谊会和朋友的标准。如果不采取这样的行为或者与其他人做法不同，女生很快就会不受欢迎甚至遭到排斥。

(资料来源：埃略特·阿伦森、提摩太·D. 威尔逊、罗宾·M. 埃克特，2012)

4. 从众的影响因素

(1)群体因素

第一，群体自身的一致性。当群体中只有一个人持有不同意见时，那面对一致性的群体，个体面临的从众压力是非常大的。但反过来说，当群体中的意见并不完全一致时，那么从众的数量就会出现明显的下降。当群体内出现不一致意见，无论持不一致意见的群体成员在情感和态度上是否相同，也无论他们是否具有权威性，都会降低群体内部从众率的强度和概率。导致这个现象的具体原因主要有三点：首先，出现不一致的时候，人们对于多数人的信任度会降低，这便给本来就对群体意见有所怀疑的个体找到了支持力量，并提供了可以怀疑的空间，进而削弱了人们将多数意见作为判断参照的依赖性，导致从众率下降。其次，来自他人的支持力量同时会提高个体对自我判断的信心，从而也降低从众产生的比率。最后，当群体意见不一致的时候，会减少人们的偏离焦虑恐惧，同时降低群体对个人所造成的压力，因此人们进行独立判断的倾向增加，从众比例下降。

第二，群体的规模。从前面所述可知，在一定范围内，群体规模越大，人数越多，人们的从众性也会随之增大，越可能导致从众。当群体成员的人数达到 8 人或超过 8 人时，从众的倾向便会随着人数的增加而增加，这也证明了上面所强调的群体规模越大，人们就越有强烈的追随倾向，即便这种行为并非我们真正想要的。

第三，群体的凝聚力。群体凝聚力是指群体对其成员的总吸引力水平。群体的凝聚力越高，群体成员越是认同群体的规范、标准和期望，与群体的情感联系越密切，成员个体对群体的依附性和依赖心理越强烈，也越容易对自己所属群体产生从众行为。一般情况下，群体的凝聚力越大，从众的压力也越大，人们的从众行为也越可能发生。但是如果群体内部的意见不一致，群体的凝聚力不足，那群体对个体的压力就很难形成，相应地，个体的从众行为也就会减少。

第四，个体在群体中的权威与地位。个体在群体中的地位越高，权威性越高，个体就越不容易屈服于群体的压力。一般而言，地位高的成员经验相对丰富，能力相对较强，信息相对较多，他们的看法和意见常常能对群体产生较大的影响，并使地位低的成员屈从，而地位相对较低的成员则很难影响到他们。比如，教师对学生、军官对士兵、领导对下属都较少出现从众行为，甚至时常通过不从众来显示自己的与众不同和独立权威性。

(2)个体因素

第一，个性特征。个人的能力、自信心、自尊心、社会赞许需要等都与从众行为密切相关。例如，智力发展相对迟缓、意志力不够坚定、自尊水平较低等的个体更容易出现从众行为；过度重视外界赞许，特别在乎他人评价以至于几乎完全以周围人的期待和要求作为自己的行为准则的个体也更容易出现从众行为。

第二，知识经验。通常情况下，个体对刺激对象了解得越充分，掌握的信息越多，就越不容易发生从众；反之，随着问题模糊性的增加，个体便会因自己的判断失去参照而逐渐从众。如果一名医生和一群教师讨论教育问题，他往往不会反对教师们的意见，因为他对教育问题不了解；但如果讨论的是健康问题，他就可能会反对教师们的一致意见，因为他在这方面有丰富的知识经验。所以，知识经验的多寡直接影响着个体从众的发生概率。

第三，年龄。由于儿童青少年正处于快速发展的阶段，社会化程度和知识经验都需要进一步丰富，因而相较成年人更容易发生从众行为，但随着他们年龄不断增长，性格自我不断丰富完善，从众发生的概率也会不断降低。

第四，个体的自我卷入水平。一种意见被表达出来时，人们会强烈地意识到自己已经选择了某种态度。如果迫于群体的压力，为了与多数人保持相同而不得不作出改变选择与原来不同的态度，个体此时会明确知道自己是屈服群体压力而作出了态度改变。显然，这种自我觉察和自我意识会激发个体产生相应的抗拒反应，促使人们坚持自己，不轻易屈服于他人，从而使人们倾向于做出不从众的选择。如果意见是当众表达的，那么这种表达便涉及了与自我意识有关的更为强烈的问题，涉及自己在公众面前是否拥有独立性、是否能够坚持自己的意见、是否能有勇气坚持自己等一系列维护自我形象的问题，这种状况下，人们选择不从众的倾向往往会变得更为强烈。

(3)情境因素

第一，刺激物的性质。刺激物的性质是影响从众行为的重要因素，刺激情境越是模棱两可，人们越容易做出从众反应。反之，如果所涉及的刺激物标准越明确，那么人们对自我判断的肯定程度越高，自信心越强，也就越不容易发生从众反应。另外，如果刺激物对观察者而言无关紧要、不涉及原则问题，人们越可能从众。但如果可能涉及伦理、道德、政治等原则问题，人们往往能坚持自己的判断，不太容易丧失立场。

第二，时间因素。时间因素对从众行为的影响主要体现在从众行为的发生会受到群体交互作用过程中阶段性的影响。早期阶段更容易发生从众行为，因为此阶段双方处在相互适应状态，双方都试图建立规范，此时的双方相互接纳对方的程度较高，比较易于被说服和接受他人观点。而到了交互作用的后期，相互之间会试图巩固自己的地位，从而变得不易接受影响，逐渐降低了从众发生的概率。

(4)文化差异

社会研究发现，由于文化背景的差异，不同民族的成员在从众的程度上也存在差异。比如，米尔格莱姆(S. Milgram)针对法国和挪威的学生进行了对比研究，结果发现相对于法国人，挪威人更趋于从众。究其原因，可能是因为法国文化更鼓励独立和个性，而挪威文化更鼓励忠诚于集体，强调社会责任。后来的一些研究也发现，相较个人主义社会，强调集体主义的社会里人们更容易产生从众。

(二)服从

1. 服从的内涵

服从是指由于外界压力而使个体发生符合外界要求的行为。服从包括两个方面，一是服从于他人，二是服从于具有群体规范的组织。很多时候人们会服从地位高的人或权威的命令，如父母、教师、警察、领导、上司等。除了对权威他人的服从之外，还有对规范的服从，如政策法规、组织纪律、约定俗成的惯例等。能否对权威与规范进行服从也是衡量一个人是否能良好地适应社会的重要标志。

服从和从众虽然都是社会影响的产物，都是因为压力而导致的行为，但两者存在诸多不同。首先，压力的来源不同。服从的压力源于外界的规范或权威的命令，而从众的压力实际上源于个体自己的内心，从众其实是为了求得心理上的平衡。其次，发生方式不同。服从是被迫发生的，带有一定的强制性；从众是自发的，外界并没有强迫或命令个体必须如何做。最后，造成的后果不同。不服从往往会使个体受到惩罚，而不从众只会引起个体内心的失衡和不安。当然，由于人的行为的复杂性，很多时候服从和从众是相互交织在一起，不能截然分开的。

服从是指由于外界压力而使个体发生符合外界要求的行为。

2. 服从的原因

社会心理学家认为个体发生服从的原因主要有合法权利与责任转移。

合法权利指的是社会赋予角色关系中的一方更多的影响力，相应地使得另一方认为自己有服从的义务。稳定的社会角色关系往往使一部分人处于社会结构中的特定位置，从而获得命令、指挥、要求另一部分人的合法权利，相应地另一部分人则必须采取服从的态度与行为，如下属应当服从上司、学生应当服从教师、雇员应当服从老板等。即使是临时性的社会角色关系，也会导致这一点，如病人应当服从医生。

责任转移是指如果人们意识到对行为可以不负责任或者少负责任，个体就会增加服从行为，反之如果个体意识到自己要对行为后果承担主要或大部分责任，就会减少服从行为。

3. 影响服从的因素

影响服从的因素众多，总结起来主要有以下几点。

第一，命令者的权威性与合法性。一般情况下，命令者的权威性越大，越容易导致服从。构成权威影响的因素有很多，职位高、权力大、知识渊博、年龄大、资历深、能力强等都可以无形中提高个人的权威性。尤其是当命令者手中掌握着奖惩权力的时候，更会使服从行为大大增加。如新手服从专家、职场新人服从长者都是基于权威发生的服从现象。

第二，服从者的人格特征和道德水平。具有权威性人格特征的人更容易发生服从，这种人往往十分重视社会规范和社会价值，主张对于违反社会规范的行为进行严厉惩罚；同样，在现实中，他们也往往追求权力和使用强硬手段，毫不怀疑地接受权威人物的命令，表现出个人对权威的迷信和盲目崇拜；在这个过程中，他们会同时压抑自己内在的情绪体验，不敢真正表露自己，不敢流露出真实的情绪感受。在涉及道德、政治等问题时，人们是否服从权威，不单取决于服从心理，还与他的世界观与价值观密切相关。也就是说，道德发展水平直接与人们的服从行为有关，处于较高道德发展水平的人拒绝服从的概率也更高。

第三，权威的接近性。社会心理学家米尔格拉姆曾在实验中把主试和被试的关系分为三种情况：第一种，主试与被试面对面在一起；第二种，主试向被试交代任务后离开现场，通过电话与其联系；第三种，主试不在场，实验要求的指导语全部由录音机播放。实验结果表明，当权威越靠近，被试完全服从的比例越高；反之则服从率越低。权威的压力由于空间距离的扩大而减小。甚至在第二种、第三种情况下，有的被试还会弄虚作假，欺骗主试，如他们发出的电击强度低于主试的要求，而且事后不告诉主试。

这种情形可以用责任转移进行解释，实验中的多数被试对自己用伤害性的电击对待他人心存冲突，但大多数人还是服从了权威的命令，这是因为被试在行为归因上将行为的责任转移给了主试，认为自己仅仅是帮助主试达到研究目的的代理人，不对行为后果负有责任。在这种心态下，人们关心的是如何更忠实地履行自己的义务，而不关心行为的后果。而当主试不与被试直接在一起时，他们的行为自我责任意识明显增加。在归因上，没有他人在场，更容易将行为责任归于自己本人，从而拒绝服从、停止给他人实施伤害性电击的人数显著增加。

第四，情境因素：他人支持与服从。当出现他人拒绝服从的状况时，对个体而言，拒绝服从的他人会成为一种支持性力量，将会极大地降低权威者命令的效力，从而大大提高个体的反抗程度。也就是说，社会支持会显著增加人们对权威的反抗，尤其是当人们发现不必忍受内心巨大的冲突而去伤害他人时，就更倾向于拒绝，而不是服从。

第五，行为后果的反馈。不同的反馈形式会显著影响服从行为的概率。具体而言，行为后果的反馈越直接、越充分，人们服从权威而做出伤害他人行动的可能性就越小。反之，个体对自己行为的后果了解越少，服从权威而对他人施加伤害的可能性就越大。

(三)顺从

1. 顺从的内涵

顺从也叫依从，它是一种人与人之间发生相互影响的基本方式，是指面对他人的直接请求，而按照他人的要求去做的倾向，从而使他人的请求得到满足。在现实生活中，顺从的现象比比皆是，我们经常向他人提出种种要求，希望他人顺从我们的观点和行为，同样，我们自己也经常顺从和满足他人的意愿。

顺从不同于从众，顺从是在他人的直接请求下做出的，而从众来自一种无形的群体压力，并没有他人的直接请求。而顺从也不同于服从，顺从虽然是来自他人的请求，但这种请求却是非强制性的。而作为服从，它却是来自他人的命令，这种命令带有某种强制的特征，而且命令者与服从者之间往往存在规定性的社会角色关系，如上级与下级、教师与学生等。但是请求者和顺从者之间并不存在规定性的社会角色关系的束缚，而且在各种人际交往中都可以产生顺从行为。所以，相对于服从，顺从是一种更为普遍的社会影响方式。

顺从也叫依从，它是一种人与人之间发生相互影响的基本方式，是指面对他人的直接请求，而按照他人的要求去做的倾向，从而使他人的请求得到满足。

2. 顺从发生的心理规律

巴斯(Buss)和顾德(Gody)通过研究引起顺从的环境与策略，指出增加他人对我们顺从的概率主要与三个因素有关：我们对他人的了解程度，自己的社会地位，请求的性质。另外，要想使他人顺从我们的请求，创建良好的顺从环境也是非常重要的，以下三点有助于建立良好的顺从气氛。

第一，积极的情绪。情绪好的时候人们顺从的可能性更大，尤其是那些亲社会的助人行为更是如此。究其原因，心情好的状态下人们更愿意也更可能参与各种行为，而且好的心情会激发愉快的想法、期待和记忆，而这些将会使得人们喜欢提出要求的人。正是由于好的心情有助于顺从行为的增加，所以人们也学会了在向他人提要求之前先给他人一点好处，这种讨好策略对增加顺从十分有效。

第二，顺从行为的互惠性。互惠规范对顺从的影响也很大，“滴水之恩，涌泉相报”“礼尚往来”，所以，互惠规范强调一个人必须对他人给予自己的恩惠予以回报，从而使得双方在社会交换中保持一种公平性，同时这种做法也变成了影响他人的一种手段。日常生活中，互惠规范被运用得十分广泛，尤其是在市场销售活动中更为明显。我们熟悉的一个场景是，当我们购买了销售人员的产品之后，他们经常会给你送一些礼物；保险销售人员挨家挨户推销保险的时候，经常会给人们送诸如台历之类的小礼品，他们这样做的目的也无非是为了增加人们的顺从愿望而已。

第三，合理原因的效果。生活中其实我们并不会一味地顺从他人，总得需要一个合理的理由，我们对他人产生顺从。如果对方能给自己的请求提出合理解释，引起我们顺从的可能性也越大。仅仅给出一个简单的理由就可以增加他人的顺从，这是因为人们习惯于对他人的行为寻找合乎逻辑的解释，并且也相信他人不会提出不当的要求。

3. 促进顺从的技巧

如何促进他人的顺从？社会心理学家提出了一些行之有效的策略。

(1)登门槛技巧

登门槛技巧(foot-in-the-door technique)是指在向对方提出一个大要求之前，先向对方提出一个小要求，那么对方接受大要求的可能性会增加，又称为“得寸进尺效应”。那些挨家挨户推销产品的推销员们深谙此道，他们知道只要能进你的家门，你答应先看看或尝尝他们的货，那么，买卖就算做成一半了。这就是我们常说的“先尝后买”。弗里德曼的经典实验证明了这一点。他先让助手访问一些家庭主妇，请她们为了维护交通安全和美化环境，在窗户上贴一些小标记或在请愿书上签名，这些主妇都接受了。半个月后，实验者再次访问这些主妇，要求她们在门前草坪上竖一块不美观的维护交通安全的广告牌，同时实验者也访问了一些以前没有访问过的主妇，提出同样的要求。结果发现，前者有55%同意，后者只有17%同意。可见，先提出小要求增加了对方接受大要求的可能性。

“登门槛技巧”之所以能增加人们顺从他人的倾向，与个体自我知觉的改变有关系。一旦我们同意了对方的小要求，我们会感觉到自我的形象可能会发生变化，因此当随后出现一个大的要求的时候，我们就会比以前更愿意顺从。也就是说，接受小的要求改变了个体对自己的态度，而这种改变减少了个体对以后类似行为的抗拒。

(2)门前技巧

门前技巧(door-in-the-face technique)与登门槛技巧相反，事先向他人提出一个很大的要求，在对方拒绝之后，马上提出一个小要求，那么对方接受小要求的可能性会增加。这种技巧之所以能够奏效，在于当人们拒绝了他人的一个要求——即让他人吃了“闭门羹”之后，一般会愿意做出让步，给他人留一点面子，使他人获得满足，从而使自己也获得一种心理平衡，所以这一技巧又被称为“留面子效应”。

但是，“门前技巧”若要奏效必须满足三个条件：首先，最初的要求必须很大，而且要保证当人们拒绝该要求时不会对自己产生消极的推论，如“我不是一个慷慨大方的人”等；其次，两个要求之间的时间间隔不能过长，否则义务感就会消失；最后，较小的请求必须由同样的人提出，若换了他人，一般不会出现该效应。

(3)低球技巧

低球技巧(low-balling technique)是指先向他人提出一个小要求，在他人接受小要求后再马上提出一个他人要付出更大代价的要求。如做汽车贸易的人都知道如何通过报虚价诱导买主，他们会说要削价促销，向顾客报出一个很吸引人的低价位，一旦顾客同意购买，他们就会在成交以前千方百计、找种种借口提高价格。用这种方法可以使人最后接受较高的价格，而如果一开始就标出这一价格，顾客是不会接受的。低球技巧也叫“虚报低价技术”。

(4)折扣技巧

折扣技巧(the that's-not-all technique)是先提出一个很大的要求，在对方回应之前赶紧打折扣或给对方其他的好处。不同于门前技巧的是，在折扣技巧中不给对方拒绝大要求的机会，通常会以折扣、优惠、礼物等方式诱导对方接受这一要求。

(5)引起注意技巧

引起注意技巧(the pique technique)是一种新生又有趣的使人服从的技巧。这种技巧基于这样一种观念：人们有时会在没有对要求进行思考之前就拒绝该要求。比如，在许多城市中，经常会有乞丐向行人要钱，而大部分行人其实对于这种不断遇到乞丐的现象感到很厌烦，所以他们经常是连看也不看就继续行走，通常不会对乞丐的乞讨进行任何思考就直接拒绝其要求。那么此种情况下，作为乞丐，要想获得成功，就必须要以某种方式打断行人的这种“拒绝剧本”式的做法，从而激发起目标人群的兴趣，引起他们的注意，最终导致顺从行为的发生。桑托斯(Santos)等人的研究就很好地验证了这种技巧，他们让一些女性助手扮演乞丐角色，到大街上找行人要钱。一种情况是进行常见的乞讨，“给我一个硬币吧”“给我点零钱吧”。另一种情况是采用了一种新奇的方式乞讨，“给我 17 美分吧”或“给我 37 美分吧”。与预期的一样，行人更多地对新奇的乞讨做出反应，这种情况下大约有 75%的行人进行了施舍；而对常见的典型乞讨只有 23%的行人进行了施舍。而且，采用新奇方式乞讨所得的钱的总数要多于一般的乞讨。显然，新奇的乞讨方式通过引起注意的技巧而增加乞讨人的被接受程度和值得同情感，最后赢得了行人更多的顺从。

第三节　人际心理

人是社会性的动物，必然要生活在重重的社会关系中。假如没有了人际关系带给人的情感体验，那么人的心灵必将是一片荒漠。由于人际关系在人们生活中的特殊性，我们有必要对人际关系进行适当的探讨。

一、人际关系

(一)人际关系的内涵

人际关系(international relationship)是指人与人之间通过直接交往形成的动态的相互作用的情感联系。这种联系经过了一系列的变化过程，才会使人与人之间相互关联的状态逐渐从无转到形成相对稳定的情感纽带。而且这种关系一旦形成，便会成为进一步相互作用的背景与导向系统，对后续的交往形成定向性的影响。

人际关系是指人与人之间通过直接交往形成的动态的相互作用的情感联系。

(二)人际关系的建立与发展

1. 人际关系的状态

根据两个人的存在状态，人际关系主要表现为以下四种：

(1)零接触——两个人互相不知道对方的存在，彼此无任何关系；

(2)知晓——一个人知道另一个人的信息，但未发生任何接触；

(3)表面接触——两个人开始互动，如借谈话或书信来往；

(4)共同关系——两个人依赖程度增加。

在共同关系中，按照情感卷入的程度，人际关系可以进一步分为轻度卷入、中度卷入和深度卷入三种状况。“人生得一知己足矣”，一般情况下，人们只同极少数人能够达到深度卷入，甚至有些人从来没有与任何人达到这种深度的关联，还有一些人终其一生与他人的关系都只处于比较肤浅的水平。

人际关系的本质是一种情感的社会交换。人们都有建立、维护良好人际关系的社会需求。同样，和谐的人际关系也会对人们产生积极影响，能够提高人们的工作效率，满足人们的各种需要，影响人们的态度和行为。

2. 人际关系的发展阶段

健康和谐的人际关系的建立与发展，从交往以及情感的逐步深入，可以分为四个阶段：定向阶段、情感探索阶段、感情交流阶段、稳定交往阶段。

(1)定向阶段

本阶段主要涉及对交往对象的注意、抉择和初步沟通等方面的心理活动。注意是初步的选择，在熙熙攘攘的人群中，通常只有那些具有能够激起我们兴趣特征的人才会引起我们特别的注意，因此，注意经常会反映出我们的某种需要倾向。与注意不同，抉择是理性的选择，抉择的过程是一个自觉的选择过程，只有那些于我们的价值观而言有重要意义的人，才会成为我们选择的对象。初步沟通是在我们选择一定的交往对象后，试图与对象建立某种联系的实际行动，这也意味着真正交往的开始，是试图建立深层关系的尝试，将对未来的关系发展进行明确的定向。这个定向阶段的时间跨度则因人而异，“一见如故”“相见恨晚”“一见钟情”，在这种状况下定向阶段在第一时间可能就会建立，但有的可能要经过长时间的接触才能完成。

(2)情感探索阶段

本阶段的目的是双方彼此探索在哪些方面可以建立真实、信任的情感联系，而不是仅仅停留在一般的正式交往模式。尽管在这一阶段彼此之间的沟通广度愈加广泛，自我暴露的深度也逐渐增加，但是双方仍避免触及隐私话题与私密领域，彼此还都注意自己表现的规范性，具有很大的正式交往特征。

(3)感情交流阶段

人际关系发展到本阶段，双方关系的性质开始出现实质性变化。此时双方的人际关系安全感与信任感已经得到确立，因此沟通和交流的内容也开始广泛涉及自我的许多方面，并有较深的情感卷入。双方在交往的行为表现上可以超出正式交往的范围，表现出融合的自发交往关系。如果关系在这一阶段破裂，将会给人带来相当大的心理压力。

(4)稳定交往阶段

本阶段人们心理上的相容性会进一步增加，自我暴露也更加广泛和深刻。人们已经可以允许对方进入自己高度私密性的个人领域，分享自己的生活空间和财产。但是在人们的实际生活中，很少有人能真正达到这一层次的交往深度，更多的是仅仅在第三阶段的同一水平上进行简单重复。

(三)人际关系的原则

虽然人与人之间的关系纷繁复杂，交往目的互不相同，但人际关系的建立一般来说存在着以下几个基本的原则。

1. 交互原则

交互原则也叫对等原则，任何人都不会无缘无故地接纳和喜欢我们，人际关系的基础是人与人之间的相互重视、相互支持。阿伦森(E. Aronson)等人通过实验研究也发现了这一点。对于真心接纳、喜欢我们的人，我们也倾向于接纳对方，愿意和他们交往并建立和维持关系。相反，对方如果表现出不喜欢、排斥我们，我们也倾向于排斥、疏远对方。“爱人者，人恒爱之；敬人者，人恒敬之。”究其原因，任何人都有保护自己心理平衡的稳定倾向，都要求自身同他人的关系保持某种适当性和合理性，并以此来解释自己的行为和他人的关系。与此同时，我们也会把这种解释投射到与我们交往的人身上。当我们对对方做出了某种行为后，我们也会对对方的行为产生期待，如果对方的行为偏离了我们的期待，我们会产生不愉快的心情，对方也是如此，所以人与人之间的关系是相互的。

交互原则提醒我们，在与人交往时，我们必须首先善于接纳、肯定、支持对方，保持在人际交往中的主动地位，否则，我们可能会遇到困难，甚至为对方所拒绝。

2. 功利原则

霍曼斯(G. C. Homans)提出，人际交往本质上是一个社会交换的过程。人是理性的动物，要求自己的一切行动都有符合心理逻辑的充足理由。不同于单纯的市场交换，人际交往中的交换不仅有物质上的交换，还包括非物质如情感、信息、服务等方面的交换。但贯穿其中的原则却是一样的，只有当一种关系对人们来说是值得的时候，人们的交往行为才会出现，人际关系才可以建立和维持。在实际生活中，人与人的交往更多的时候不仅需要倾向的一致性，而且保持交换的对等也是必要的。

人际关系的功利性告诉我们，在同他人交往时必须注意关系的保护，无论多亲密的关系，我们都不能一味地只利用、索取而不“投资”，否则，原来亲密的值得维系的关系也会转化为不值得的疏远的关系，使我们的人际关系遇到困难。

3. 真诚原则

在人际交往中，“真诚”是最受人们欢迎的个性品质，与其对立的“虚伪”则是最令人厌恶的个性特征。因此，一个人要想吸引他人，与他人保持良好的交往关系，必须保持真诚的品质和交往方式，而这是一个“古今中外，概莫能外”的人际交往基本原则。究其原因，在于人作为社会性动物都需要环境上的安全感，而真诚则可以使人们对于自己交往的对象对自己怎样行为有明确的预见，这有利于安全感与信任感的建立。“不怕贼偷，就怕贼惦记”形象地说明了一种长期担心、焦虑、不安的自我防卫状态，而真诚是对此最好的化解与保障。

4. 自我价值保护原则

自我价值保护是指人为了保持自我价值的确立，心理活动的各个方面都有一种防止自我价值遭到否定的自我支持倾向。在一个人心理活动的各个层面，从知觉信息的选择到内部信息的加工，从对行为的解释到人际交往，都有明显的自我价值保护倾向。在人际关系中，自我价值保护原则表现为人们往往喜欢那些接纳支持自己、喜欢自己的人，而排斥那些否定自己、讨厌自己的人。

二、人际沟通

(一)人际沟通的内涵

人际沟通是人与人之间发生相互联系的最主要的形式，一般是指人与人之间的信息交流过程。我们与他人交谈，独自读书、看报、上课、听广播、看电视等都是在进行沟通。人在觉醒时大约有70%的时间都在进行各种各样的沟通活动，所以沟通对于人来说有着重要的意义，是人生存与发展的重要活动。通过“感觉剥夺”实验，我们了解到，作为信息加工和能量转化系统的人类机体必须与外部环境保持相互作用以达到平衡状态，这才能够维持人正常的生命活动。同时，对于人来说，人与人之间的沟通所提供的信息不仅有物理属性，更具有社会属性，这种信息对于人来说比单纯的物理刺激更为重要。因此，沟通不但提供了人身心发展所必需的信息资源，而且凭借沟通交换信息、建立维持相互关系，对于智慧和智力的发展，对于保持良好的心理状态等都有着重要的作用。

一般来讲，人际沟通的结构由七个要素构成，包括信息源、信息、通道、信息接受人、反馈、障碍和背景。

人际沟通是人与人之间发生相互联系的最主要的形式，一般是指人与人之间的信息交流过程。

(二)沟通的类型

沟通的类型很多，它可以是发生在个体自身和其他个体之间的人际沟通，也可以是发生在个体自身之内的个人内沟通，本节所讲的是前者，即人际沟通。按照不同的分类标准，人际沟通又有不同类别，如按照场合分为正式沟通和非正式沟通；按照有无目的性可分为有意沟通和无意沟通等。但是，不论什么样的沟通，按沟通的方式都可以分为语词沟通和非语词沟通。

1. 语词沟通

语词沟通又称为语言沟通，是指以语词符号为媒介实现的沟通。它是人类最普遍、最准确有效的沟通形式，也是沟通可能性最大的一种沟通，它可以使人的沟通过程超越时空的限制。语词沟通的基本方式又可以分为口语沟通和书面沟通两种。

口语沟通是借助于口头语言实现的沟通，它是日常生活中最常用的沟通方式。交谈、讨论、开会等都属于口语沟通。口语沟通简便易行、灵活迅速、应变性强，是保持整体信息交流最好的沟通方式。但其局限性也较明显，会受到时空条件、双方的语言能力、生理心理素质等因素的限制，沟通中的许多非语词性质的表情、体态、动作、语气等都是影响沟通的因素。书面沟通是借助于书面文字材料实现的信息交流，如布告、通知、广播、文件、报纸、杂志等。其优点是不容易失误，不受时空限制，准确性和持久性较高；缺点是对文字及主体的文字能力依赖性较大，不易适应变化的情势。

2. 非语词沟通

非语词沟通是指借助于非语词性符号，如姿势、动作、表情、接触及非语词性的声音和空间距离等实现的沟通。它的实现有三种具体方式：第一种是通过动态无声性的目光、表情动作、手势语言和身体运动实现的。第二种是通过静态无声的身体姿势、空间距离以及穿着打扮等实现的。这两种非语词性沟通称为身体语言沟通。身体语言学是专门研究身体语言沟通的学科。第三种是通过非语词的声音，如重音、声调的变化、哭、笑、停顿来实现的。心理学家称非语词的声音信号为副语言或类语言，副语言在沟通中起着十分重要的作用。

非语词沟通在人际沟通中起着不可替代的特殊作用，其重要性不亚于语言符号。在两人沟通的情境下，有65％的“社会含义”是通过非语言的方式传递的。美国心理学家梅拉比安(A. Mehrabian)曾经给出这样一个公式：相互理解＝38％的语调＋55％的表情＋7％的语言，非语词沟通的重要性由此可见一斑。

(三)沟通能力的提高

沟通是人与人之间发生相互联系的最主要的形式，鉴于它的重要性与普遍性，如何提高沟通能力，建立与维持良好的人际关系也成了人们重要的生活主题。总体来讲，提高沟通能力可以从以下几方面入手。

1. 明确自己的沟通状况

首先，每个人要充分了解自己的沟通状况，这是提高沟通能力的第一步。对自己的沟通问题意识得越明晰，改变的努力也就越有效。要了解和评价自己的沟通情境、沟通对象，客观评价自己的沟通方式，明确自己在沟通过程中的习惯定位，如是主动沟通者还是被动沟通者？注意水平是高还是低？因为与低注意水平者相比，高注意水平的沟通者既能够更加准确、有针对性地发出信息，又能够及时注意到对方的反馈来调整自己，使沟通顺利进行下去。低注意水平的人通常只注意自己信息的发出，而很少注意对方的反馈，使沟通很难流畅的继续。

鉴于沟通能力的提高是整体的和长期的，在充分明确和正确评价自己沟通状况的基础上，个体还需要为自己制订一个每一步具体怎么做的详细计划，并充分落实，经由一段时间，个体便会突然发现自身沟通能力的巨大变化。

2. 提高沟通的准确性

准确是沟通成功的前提。如果沟通总会发生误解，从结果上讲还不如不沟通。提高沟通的准确性，首先要提高准确表达自己信息的能力，能够抓住本质，将一件自己详细知道的事情描述出来，是准确表达的一个重要标志。其次，沟通者要学会站在对方即信息接受人的角度提供信息。因为只有当我们站在对方的角度去考虑问题时，才可能选择出可以使他人准确理解我们的语词和符号。最后，保持对他人包括直接的语词反馈在内的各种反馈信息足够的敏感，及时接收和准确理解反馈，及时调整自己的信息和符号选择，是准确沟通的一个重要环节。

3. 正确理解与使用身体语言

准确理解身体语言并能恰当地使用身体语言在沟通中具有非常重要的意义。由于人的社会经验各不相同，因此有可能对相同的身体语言有不同的理解，所以要正确使用身体语言，首先要从增加对自己身体语言的自觉性开始，了解自己的身体语言的含义和使用情境，在实践中进行自我体验并检查其有效性。其次，还要知道，对应于每一种社会情境，其实每个人都有与自己的社会身份相符合的身体语言行为模式，社会角色与情境对于人的行为有一定的限制和规范作用。所以在日常生活中，自我身体语言的解释系统必须与社会整体的环境要求以及他人的身体语言解释系统保持一致，以避免不必要的误会。

三、人际吸引

人际吸引是人际关系的一种特殊形式，主要是指人与人之间的相互喜欢与接纳。人是感情动物，具有合群与群居的倾向，希望自己被他人喜欢是每个人的内心渴求。那么，人们在什么样的条件下可以相互吸引？心理学家们的研究表明，影响人际吸引的条件主要有以下几个方面。

(一)熟悉

心理学家扎琼克曾以自己的照片作为研究素材，发现一个人的照片被呈现的次数越多，被试对其越熟悉，就越倾向于喜欢照片上的人。结合其他的一系列研究，扎琼克提出：熟悉本身就可以增加一个人对于某种对象的喜欢。这说明在实际生活中，仅仅经常看到某个人我们就能够增加对他的好感，如我们的同事、邻居，由于我们经常看到他们，这种熟悉就可以增强我们彼此之间的人际吸引。“日久生情”也是这个道理。这种现象也被称为单纯性接触效应。

那如何增加熟悉性呢？最重要的方式是空间接近和时间接近。空间接近就是使人们彼此之间的物理距离缩短，时间接近就是彼此之间的交往变得频繁。

(二)个人魅力

毫无疑问，具有个人魅力的个体总是受人们的喜爱和欢迎。个人魅力一般表现在一个人的外貌、才能、个性特征上。

外貌影响人们的吸引力与交往，不仅日常生活事实的观察证明了这一点，而且严格的社会心理学实验也证明了这一点。外貌魅力会引发“辐射效应”，使人们对高魅力者的判断具有明显的倾向性。在其他条件相似的情况下，具有美丽外表的人往往引起人们更多的关注、好评和喜欢，更有机会获得成功。但随着了解的深入，其作用会逐渐减弱，个人的魅力会更多取决于才能和良好的个性品质。

才能与被人喜欢的程度在一定限度内成比例，超出这个范围，其才能造成的压力就会使人倾向于逃避或拒绝。这是因为，人对于他人有两种不同的需要。一方面，人希望自己周围的人有很好的才能，有一个令人愉快的交往背景；另一方面，如果他人的能力超群，令人可望而不可即，则会对个人造成巨大的压力。根据阿伦森相关研究的结果，人们最喜欢的是才能出众但也暴露出弱点和错误的人，不过也有性别差异，一般男性是这样，而女性则更喜欢完美的才能出众的人。

良好的个性品质是保持稳定、长久个人魅力的根本所在。究竟什么样的个性品质才是最具吸引力的？这个问题的答案虽然具有个体差异性，社会赞许的个性品质也表现出很大的文化差异，但一些品质呈现出了跨文化的特点。根据国内外的多项研究，真诚、可靠、热情、友善、宽厚等都是最具吸引力的个性品质，而虚伪、冷酷、自私、嫉妒等都是最让人厌恶的个性品质。

(三)相似性

交往中，如果双方意识到彼此的相似性，则容易导致相互吸引，而且越相似越吸引，“物以类聚，人以群分”正是此类现象的生动描写。社会心理学家通过大量的研究也证实了这一点，他们发现在各种相似性中，最重要的是态度或观点的一致。伯恩(D. Byrne)的研究表明：在人们不了解他人的情况下，观点是否一致高度决定了人们对他人的喜欢程度。

日常生活中，人们通常会喜欢那些在各个方面与自己存在某种程度相似的人，共同的态度、价值观、信仰、兴趣；共同的语言、国籍、种族；共同的民族、信仰、文化；还有其他的如共同的教育水平、年龄、职业，甚至是共同的身体特征如身高、体重等，这些因素都会在一定条件下不同程度地增加人们的相互吸引。比如，婚姻的“匹配假设”认为人们往往倾向于选择与自己在长相上相似的异性作为伴侣。

为什么会出现这种状况？可能的原因是，当在交往中的人们认为当下情境不明确时，会倾向于选择那些与自己在某些方面相似的人交往，这样能使其自我概念得到确认。还有的人认为这与人的自恋有关，因为与自己相似的对方就像是自己的“镜中自我”，于是在自恋的推动下，个体从爱自己推广到爱与自己相似的人。

(四)互补性

互补性是指当交往双方的个性、需要或满足需要的途径在交往过程中正好形成互补关系而相互满足时，交往双方就会产生强烈的吸引力。例如，内向的人往往和外向的人成为好朋友，支配型的人与服从型的人常常结为夫妻，优柔寡断的人和果断的人成为搭档等。由此可见，双方互补的范围很大，可能包括能力、特长、个性特征、需要、利益、思想、观点等。

在地位不等、角色不同的上下级关系和家庭关系中，互补—吸引法则也体现得很突出。科克浩夫(A. C. Kerckhoff)和戴维斯(K. E. Davis)以恋爱中的大学生为被试进行研究，发现交往时长在18个月之内的伴侣，促使其爱情发展的动力是价值观等的一致性，而对交往时长在18个月以上的伴侣来说则是需要互相补充，这表明互补是建立在态度、价值观的相似基础上的，二者是在协同作用。

(五)尊重得失

阿伦森和林德(D. Linder)通过实验发现，尊重得失是人际吸引的重要因素。这验证了人际关系中常见的“相互性原则”，即“你肯定他人，他人也喜欢你；你否定他人，他人也不喜欢你”；而且发现：我们对他人的喜欢不仅取决于他人喜欢我们的量，而且取决于他人喜欢我们的水平的变化和性质。

不难发现，在实际生活中，我们最喜欢的往往是那些对我们喜欢水平不断升高的人，而我们最厌恶的往往是对我们喜欢水平不断降低的人。伯斯奇德(E. Berscheid)等人把这种尊重得失现象称为“人际吸引的增减原则或得失原则”。他们的实验也验证了这一点。对这一规律，我国学者金盛华认为可以用自我价值的肯定来解释。人对自我价值的支持信息的改变非常敏感，所以，在交往中新出现的自我支持或自我否定的力量再小，也意味着自我价值在上升或降低，会引起喜欢水平的变化。

思考与应用

1. 请你结合群体与人际心理，谈谈社会主义核心价值观最终影响每一个人的内部原理是什么。

2. 群体心理的内涵是什么？群体对个体会产生怎样的影响？

3. 人际关系的建立和发展变化过程是怎样的？

4. 如何正确应用人际交往的原则进行健康交往？

推荐阅读

1. 全国13所高等院校《社会心理学》编写组等：《社会心理学》，天津，南开大学出版社，2016。

2. 金盛华等：《社会心理学》，北京，高等教育出版社，2020。

3. 乐国安等：《社会心理学》，北京，中国人民大学出版社，2017。

4. 迈尔斯：《社会心理学(第11版)》，侯玉波等译，北京，人民邮电出版社，2014。

5. 菲利普·津巴多：《津巴多口述史》，童慧琦、陈思雨译，杭州，浙江教育出版社，2021。

第十四章
中小学生心理健康教育

第一节　心理健康概述
第二节　中小学生常见的心理问题
第三节　中小学心理健康教育的途径与方法

本章首先介绍了健康、心理健康的概念，以及心理健康的标准；其次，介绍了中小学生常见的心理问题，包括一般心理问题和心理障碍；最后，介绍了心理健康教育的指导思想、基本原则、目标任务、主要内容，以及心理健康教育的途径与方法。

思维导图

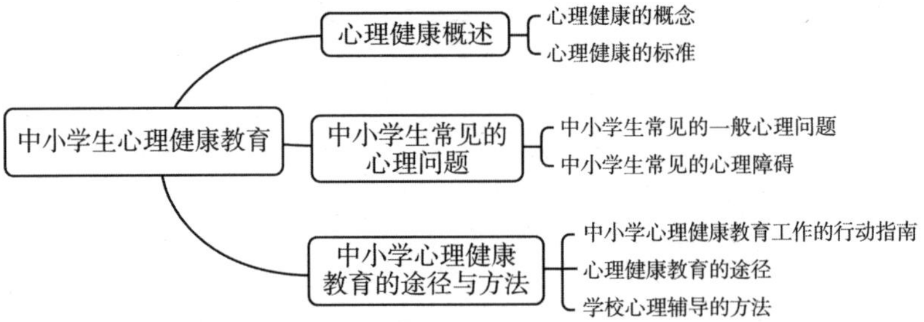

学习目标

1. 掌握心理健康的定义及标准；
2. 理解中小学生常见心理问题的特点；
3. 理解心理健康教育的指导思想、基本原则、目标任务、内容；
4. 了解心理辅导的方法；
5. 学会合理运用心理健康教育的途径。

课前思考

2016年9月9日，习近平总书记在北京市八一学校考察时的讲话中提到，“中小学生是青少年的主体，是国家的未来和希望。中小学生要立志成才，必须勤奋学习、提高综合素质，努力做到修身立德、志存高远，勤学上进、追求卓越，强健体魄、健康身心，锤炼意志、砥砺坚韧”“同学们都要自觉加强道德养成，从小就让社会主义核心价值观的种子在心中生根发芽，把国家、人民、民族装在心中，注重养成健康、乐观、向上的品格；都要乐于学习、勤于学习、善于学习，在求知境界上越来越高；都要把身心健康牢牢抓在手上，养成良好的生活习惯，经常参加劳动和体育锻炼，通过多种方式怡情养性；都要敢于面对各种困难和挫折，自觉培养不畏艰难、顽强奋进的意志品质”。这两段话使你对青少年心理健康教育的理解有何启发？

有位六年级的学生，最近因为没评上三好学生而懊恼不已，感到自己人缘不好，做人很失败。他这一周睡眠不好，食欲下降，干什么事情都觉得没劲，整天脑袋昏昏沉沉；一放学就往家里赶，不愿在学校逗留，更不愿和同学结伴同行；情绪不稳定，易发火。请问，你如何评估这位同学的心理状况？如何帮助他解决心理困扰？

第一节　心理健康概述

《中小学心理健康教育指导纲要(2012年修订)》(以下简称《纲要》)提出，“中小学心理健康教育，是提高中小学生心理素质、促进其身心健康和谐发展的教育，是进一步加强和改进中小学德育工作、全面推进素质教育的重要组成部分。中小学生正处在身心发展的重要时期，随着生理、心理的发育和发展、社会阅历的扩展及思维方式的变化，特别是面对社会竞争的压力，他们在学习、生活、自我意识、情绪调适、人际交往和升学就业等方面，会遇到各种各样的心理困扰或问题。因此，在中小学开展心理健康教育，是学生身心健康成长的需要，是全面推进素质教育的必然要求”。在这一时期，青少年心理的健康发展为未来的人生提供了重要保证。

一、心理健康的概念

随着社会的发展，人们对健康的认识产生了深刻的变化。早在1948年世界卫生组织就指出：“健康不仅是指没有疾病或虚弱，而且指包括身体、心理和社会适应在内的健全状态。”1989年该组织对健康的概念又作了新的补充，指出健康应包括：躯体健康、心理健康、社会适应良好和道德健康。这是健康概念的又一次深化，它使健康的范围涉及了个体和社会生活的各个方面。

心理健康又称精神健康，是一种持续的心理正常状态，是一个相对的概念。国内外学者曾从不同角度阐述过心理健康的定义与内涵。1946年，第三届国际心理卫生大会对此定义为：心理健康是指在身体、智能以及情感上，在与他人的心理健康不相矛盾的范围内，将个人心境发展成最佳状态。世界心理卫生联合会则将心理健康定义为：身体、智力和情绪十分协调；适应环境，人际关系中彼此谦让；有幸福感；在工作和职业中，能充分发挥自己的能力，过着有效率的生活。简而言之，心理健康就是“个体内部协调与外部适应相统一的良好状态”，即各类心理活动正常、关系协调、内容与现实一致、人格处于相对稳定的状态。总而言之，心理健康是指一种合乎某种社会水准的行为，一方面个体的行为能为社会所接受，另一方面它能为个体本身带来心理上的自我完善和积极的发展。

心理健康是指在身体、智能以及情感上，在与他人的心理健康不相矛盾的范围内，将个人心境发展成最佳状态。

1999年，世界卫生组织提出了身体健康和心理健康的衡量标准，即用“五快”来衡量机体的健康状况，用“三良”来衡量心理的健康状况。所谓“五快”是指快食、快睡、快便、快说、快走。①快食：吃饭不挑食、不偏食，津津有味。②快眠：较快入眠，睡眠质量好，精神饱满。③快便：快速通畅地排泄，感觉轻松自如。④快说：说话流利，头脑清醒，思维敏捷。⑤快走：行动自如协调，迈步轻松有力，动作流畅。所谓“三良”，是指良好的个性、良好的处事能力和良好的人际关系。①良好的个性：情绪稳定，性格柔和，意志坚强，感情丰富，胸怀坦荡，豁达乐观。②良好的处事能力：观察问题客观现实，具有良好的自控能力，能应对复杂环境，对事物的变迁保持良好的情绪，有知足感。③良好的人际关系：与人相处自然融洽，朋友多，助人为乐，待人宽厚，不过分计较。

二、心理健康的标准

一个人达到什么样的标准才算是心理健康呢？由于心理健康本身是一个相对的概念，因此心理健康目前还没有一个公认的客观的标准。关于心理健康的标准，概括国内外学者的意见，应考虑三个主要依据：第一，依据心理健康的根本内涵，突出其积极的、富有建设性的一面。第二，依据个体心理发展的年龄特征。因为，一个人心理是否健康，其判断标准的参照系只能是同年龄组的人，超越这条界线将失去标准的意义。第三，依据心理活动的系统性特点，尽可能从心理活动的各主要方面来考察个人的心理健康状况。据此，我们参照各种已发表的心理健康标准，总结以下八条来作为衡量青少年心理健康的标准。

(一)智力正常

智力正常是一个人学习工作、生活所必需的基本心理条件。心理健康的人，智力发展水平虽各有不同，但必须智力正常，个人的智慧能在学习、工作、生活中充分体现，对周围环境，现实中的各种问题、困难和矛盾，能切实有效地认识。

(二)情绪稳定乐观

情绪和情感在心理健康中是一种明显的外部指标。它对人的心理活动常常起着推动或阻碍作用。乐观、开朗、兴奋使人思维敏捷，记忆力增强，充满信心；忧郁、悲观、沉闷导致思维抑制，记忆困难，悲观失望。心理健康的人能经常保持愉快、开朗、自信、满足的心情，善于从生活中寻求乐趣，对生活充满希望。更为重要的是情绪稳定，具有自制和自控能力，能够保持与周围环境的动态平衡。心理不健康的人经常情绪波动、反复无常，对人或物无动于衷、冷漠无情，焦虑忧郁，情感不协调，无法自制、自控。一个人难免会遭到不幸而心情不快，但心理健康的人，能够调节自己的情绪，不会长期处于悲观之中。

(三)意志坚定自制

行动的自觉性和果断性是心理健康的重要标志。心理健康的人，思维清晰，行动有明确的目的性，能调节支配自己的行动，行动与思想统一协调，在行为上表现为有条不紊，始终如一；行为方式与角色相一致；遇到繁重的任务，能不屈不挠地力争顺利完成，有较高的耐受力。心理不健康的人的意志水平常表现为两种极端状态，要么武断独行、我行我素、固执己见；要么表现为犹豫不决、畏惧退缩、缺乏信心和决心。

（四）人格统一完整

人格在心理学上是指个体比较稳定的心理特征的总和。人格完整的主要标志是：人格结构的各要素完整统一；有正确的自我意识，以积极进取的信念、人生观作为人格的核心，并以此为中心把自己的需要、愿望、目标和行为统一起来。

（五）自我意识正确

自我意识正确包括了解自我与悦纳自我。心理健康的人了解自己的优点和缺点，了解自己的能力、性格、爱好和情绪的特点，根据自己的特点制定的生活目标、自我期待切合实际。此外，心理健康的人还能以喜悦的心情接纳自我，总是努力发展自身的潜能，肯定自己；自己无法弥补的缺陷，能泰然处之，修正自我、完善自我。

（六）人际关系和谐

良好的人际关系是维持心理健康不可缺少的条件。每个人都生活、工作在某一群体之中，人与人之间不断进行人际交往、共同协作。心理健康的人在人际关系上表现为：乐于与人交往，有知心朋友；在交往中有自知之明，不卑不亢；能客观地评价别人，友好相处，宽厚待人。一个心理不健康的人可能总是孤立于集体之外，与周围的人和环境格格不入。

（七）社会适应良好

一个心理健康的人，能与社会保持良好的接触，认识社会，了解社会，使自己的思想、信念、目标和行动跟上时代发展的步伐，与社会的进步与发展协调一致。

（八）心理行为符合年龄特征

人的生命发展的不同年龄阶段，都有相对应的不同的心理行为表现，从而形成不同年龄阶段独特的心理行为模式。心理健康的人应具有与同年龄段大多数人相符合的心理行为特征。

上述标准是相互联系的，一个人心理不健康，不一定表现在所有方面，而往往表现为一两个方面有严重失调的现象。当具体判断一个人心理是否健康时，还应因人、因事、因时做具体分析。心理健康是一种波动的动态平衡状态。一个人的心理是健康的或是不健康的，很难做出非此即彼的、简单而明确的界定，每个人一生中都会或多或少遇到困难，会失意、沮丧甚至抑郁。心理健康的人总会自发地进行心态调整，或者及时发现自身状态的不对劲，而后寻求帮助。心理健康是一种状态，更是需要逐步掌握的一种过程。因为心理健康本身是一个动态的过程：它可能因个体自身的发展而变化，也可能因个体所处环境的不同而不同。这样，就有大量的“亚健康”状态存在。从个体的心理发展来看，心理健康也是一个动态的过程，既存在由健康向不健康转化的可能，也存在由不健康向健康转化的可能。

习近平总书记在参观《复兴之路》展览时强调“中国梦的基本内涵是国家富强、民族振兴、人民幸福”。党的十九大报告指出，“中国共产党人的初心和使命，就是为中国人民谋幸福，为中华民族谋复兴”。可见，不论是中国梦的宏伟目标，还是中国共产党人的初心和使命，均包含对人民幸福和社会整体幸福的追求。中国特色社会主义进入新时代，党的十九大报告明确提出当前我国社会主要矛盾是人民日益增长的美好生活需要和不平衡不充分的发展之间的矛盾。这种满足人民美好生活需要和追求社会整体幸福的发展目标是社会治理的重要指向，进而也是社会心理服务体系建设的重要目标。党的十九大报告指出："加强社会心理服务体系建设，培育自尊自信、理性平和、积极向上的社会心态。"社会心理服务体系建设就是从心理学为社会各领域和社会成员服务的理论和应用出发，培育积极社会心态，逐渐形成良好社会氛围，不断满足人民美好生活需要，从个人幸福、人际和群体和谐，迈向幸福社会。

专栏 14-1　心理健康的常见误区

误区一：身体健康就是心理健康

此为对心理健康的典型误解之一。世界卫生组织早在 1981 年就指出健康不仅指身体健康，还包括心理健康和良好的社会适应能力。所以仅仅身体健康不等于健康，也不等于心理健康，它们是相互独立又相互依赖的。只有两者都具备，一个人才能算作健康。

误区二：心理不变态就算心理健康

心理不健康有许多种形式，心理变态只是其极端形式而已。根据状态，人的心理可用三区来表示：白色区、灰色区和黑色区。人处于心理白色区就是心理健康，处于黑色区则心理变态，而处于灰色区则介于上述两者之间。它们之间是可以相互转换的，灰色心理调节得当就会恢复为白色心理，不当则会发展为黑色心理。所以仅仅心理不变态的人不一定心理健康。

误区三：有心理问题就是有心理疾病

许多人对"心理问题"十分敏感又不屑一顾，认为有心理问题的人是十分可笑和可耻的，认为有心理问题就是有心理疾病。这是一种很伤害人的误解。人经常会有心理困惑，调解不当就会形成心理问题，长久得不到解决就会发展为心理疾病。几乎每个人都会有一般性的心理问题，但不会都发展为心理疾病，所以一般心理问题与心理疾病没有必然的、内在的联系。

误区四：心理健康与心理问题是静态的、不可变化的

许多人认为心理健康就永远不会有问题，心理有问题就永远健康不了。这是一个误区。其实心理健康与心理问题是相对而言的，这二者是动态的、可逆的、有变化的。

误区五：心理问题只发生在少数人身上

人在一生中的不同时期都可能产生心理问题。其实，几乎人人都有心理问题，只是程度有轻有重，或是自己没有意识到。

误区六：纪律、道德、思想问题与心理健康问题毫无关系

实际上，两者之间是有密切联系的。例如，学生一到上课时就咳嗽不止或喜

欢东张西望，教师往往以为是纪律或品德问题。事实上，这也可能是过重的学业负担产生的心理压力引起的躯体反应或心理逆反。

误区七：心理问题只能出现后再进行治疗

心理问题是能被早期发现、早期调适的，对心理问题同样应贯彻预防为主的原则。

误区八：去看心理医生是丢人的事情

很多人觉得去看心理医生是很难为情的事情，认为看心理医生的人是心理变态的人。这是很大的误区。心理咨询在中国出现时间较晚，人们对它的了解还不够，这可能是造成这种误区的原因之一。另外，许多人对心理咨询不信任，认为是骗人的东西。这也是误解。其实，正如哈佛大学博士岳晓东所说的，“心理咨询是一种享受而不是痛苦，是明智的选择而不是愚蠢的做法”。

误区九：心理上有“病”不用去看

长期以来只重视身体健康而忽视心理健康的宣传，致使人们身体有病大大方方地去看医生，但心理有问题却不好意思去看心理医生，小问题也逐渐成了大问题。

误区十：一次心理咨询就可以解决问题

对心理咨询的不了解也导致了人们过高的期望值，认为通过一次半次的心理咨询就可以解决所有心理问题。其实，心理问题和身体疾病一样，“冰冻三尺，非一日之寒”，不可期望很快就能痊愈。而且，不同于身体疾病，心理问题的治疗需要患者和心理医生双方互动交流。这自然也不是一次可以完成的。当然，也不是所有心理问题都需要多次咨询和治疗，简单的问题一次即可。

（资料来源：牧之、张震，2006）

第二节　中小学生常见的心理问题

《中国中小学生心理健康发展报告(2019)》研究结果显示，我国中小学生群体有着非常高的心理发展需求，有九成以上的中小学生有强烈改善和提升自身心理素质的愿望，有四成多的中小学生存在着心理适应不良现象，有近一成的中小学生感受到了心理症状的影响。初中阶段是中小学生心理发展的关键期，也是最易出现心理问题的重要时期。

一、中小学生常见的一般心理问题

(一)学习问题

学习是学生的主要任务，围绕着学习产生的问题占中小学生心理问题的主要部分。

1. 学习适应不良

学习适应不良主要表现在学习阶段的衔接上，由学龄前进入小学、由小学升入初中、由初中升入高中，都是学生学习的转折期。各个阶段的学习内容不同，学习门类逐渐增多，学习难度、跨度的逐渐增大，教师的授课方法、管理方式的变化等，都需要学生及时做出调整。如果学生不能及时调整或适应，就会出现适应不良，造成心理问题。

2. 学习压力大

2021年，中共中央办公厅、国务院办公厅印发《关于进一步减轻义务教育阶段学生作业负担和校外培训负担的意见》，深入推进“双减”工作，有效减轻义务教育阶段学生过重作业负担和校外培训负担。学习本就是一个竞争、拼搏的过程，合理的压力能促进学生成长。但现实中仍然有许多学生感到课业任务繁重，竞争依然激烈，父母对自己的期望值始终过高、教育焦虑明显，这使得他们的学习负担过重，学习的心理压力越来越大，造成精神上的萎靡不振，从而导致食欲不振、失眠、神经衰弱、记忆效果下降、思维迟缓等。

3. 厌学

厌学是学生对学习的负面情绪表现。从心理学角度讲，厌学是指学生消极对待学习活动的行为反应模式，主要表现为学生对学习的认识存在偏差，情感上消极地对待学习，行为上主动远离学习。儿童厌学的主要表现是对学习不感兴趣，讨厌学习。厌学的儿童对学习有一种说不出来的苦闷感，一提到学习就心烦意乱、焦躁不安。他们对教师或家长有抵触情绪，学业表现不理想，有的还兼有品德问题。儿童厌学情绪严重或受到一定诱因影响时，往往会发生旷课、逃学或辍学现象。造成厌学的原因很多。从外因看，有家庭教育和学校教育的失误，如家长期望过高、不当的教育方法、教师态度生硬的影响；从内因看，学习目的不明确、学习无兴趣、自制力较差、懒惰等。

4. 考试焦虑

中小学生普遍存在考试焦虑现象，特别是遇到较为重要的考试时焦虑更为严重，甚至出现焦虑泛化现象，这与相当部分家长“分数至上”的观念有关，他们判断学生的唯一标准就是学业表现。

(二)情绪问题

中小学生常见的情绪困扰有自卑、忧郁、恐惧、焦虑、过度紧张等。

1. 自卑

自卑往往与学生的学业表现、成长环境有关，特别是来自家长与教师的评价。如果学生学业表现好，自然会得到更多的积极评价，这些学生比较自信、乐观，相反则容易出现不自信、自卑的心态，影响今后人格的健康发展。

2. 忧郁

忧郁是一种忧愁和伤感的情绪体验，它是中小学生常见的一种情绪困扰。性格内向、多疑多虑、不爱交际、生活中遇到意外挫折、长期努力得不到补偿等，学生就容易陷入抑郁状态。中小学生抑郁的表现是兴趣衰退、缺乏自信、精力减退、封闭退缩、悲观失望等。

3. 恐惧

恐惧是每个学生正常发展中普遍具有的一种体验，是学生对周围环境的一种必要的、健康的反应。恐惧在一定程度上是个体保护自身免受伤害的一种先天机制。但如果明知这种恐惧是过分的、不必要的，仍然难以克服和抑制，那么这种恐惧就是情绪障碍，如交往恐惧、高空恐惧、批评恐惧、学校恐惧、考试恐惧等。一项专门针对留守儿童的研究发现，随着年龄增加，留守儿童孤独感呈递减趋势。13 岁以下的留守儿童心理健康状况最差，他们在学习焦虑、对人焦虑、孤独倾向上的得分高于 13 岁及以上的留守儿童。处于 13～15 岁的留守儿童心理健康水平状况也相对较差，他们在学习焦虑和对人焦虑上明显高于 16 岁以上的留守儿童。

(三)人际交往问题

在针对中小学生的心理调查数据和个别辅导中发现，人际交往问题是中小学生中出现最多的问题之一，据统计：10％的小学生、28％的初中生、55％的高中生存在交往上的障碍，缺乏责任意识与合作精神。

1. 与教师的关系问题

学生与教师的关系问题主要集中在由于教师对学生的不理解、不信任，过多干涉学生的业余生活和正常交往而引起学生的困惑、烦恼以及对抗心理，还有因为教师的认知偏差等情况给学生造成的压抑心理、攻击行为等问题，如有的教师处理问题不当可能会导致师生关系出现问题。

2. 与同学的关系问题

与同学的关系问题主要集中在交友方面，常表现为因处理不好同学之间的关系而苦恼。学生除希望得到教师的理解与支持外，也希望在同学间有被接纳的归属感，寻求同学的理解与信任。由于同学关系不融洽，甚至关系紧张，有的学生就流露出孤独感，想恢复与同学的关系，又不知该怎样去做。

3. 与父母的关系问题

父母的教养态度、教育方法及家庭成员间相互沟通的方式都会影响孩子与父母的关系。父母与孩子间缺乏相互理解和沟通或家庭关系不和谐，都会给孩子的心灵造成伤害。若父母行为不良，带给孩子的不仅仅是厌恶、鄙视的感觉，还有更深的内心创伤，如民主型的家庭会养成孩子乐观、开朗的性格，而专制型的家庭则会导致孩子孤僻、专横。

(四)自我概念发展问题

自我概念不是与生俱来的，而是个体在与他人的交往中，随着身心各方面的成长逐渐产生和发展的，自我概念的发展贯穿人的一生。自我概念是“自我”最重要的认知成分，青春期学生的自我概念发展最迅速。这个时期，学生对“自我”表现出更多的敏感和专注。青春发育期是自我意识发展的第二个飞跃期，进入这个时期，个体发展面临着生理发育和心理发展的巨大变化，对此他们感到不适应，出现不平衡的感受及种种矛盾和困惑。例如，他们开始变得关注自己，对“自我评价和认识”特别敏感，常常会思考“我是谁”等问题。这个时候比较容易产生逆反心理，对教师、家长的教育感到厌烦甚至出现顶撞行为等。

(五)挫折适应问题

中小学生遭遇的挫折是多方面的，有学习方面的、人际关系方面的、兴趣和愿望方面的以及自我尊重方面的；诱因有客观因素、社会环境因素以及个人主观因素。面对挫折造成的困难与痛苦，中小学生的适应方式有两类：消极的适应与积极的适应。消极的挫折适应方式一旦习惯化、稳固化，在一定的情境中挫折状态即使有所改变，其行为却仍以习惯化的适应方式出现。于是，消极的挫折适应方式也就转化为较严重的、需要长期耐心教育的心理健康问题了。

二、中小学生常见的心理障碍

“心理障碍”也称“心理疾病”。其特征是：一是个体持久地感受到痛苦(一般以6个月为界线)；二是社会功能受损，主要表现为人际关系糟糕，容易产生对抗甚至敌对行为；三是表现出非当地文化类型的特殊行为。个体障碍性心理问题是多种多样的，下面介绍常见的心理障碍。

(一)焦虑症

1. 焦虑症的含义

焦虑症是一种具有持久性焦虑、恐惧、紧张情绪和自主神经活动障碍的脑机能体不适感。

2. 焦虑症的表现

学生中常见的焦虑反应是考试焦虑。考试焦虑是在应试情境的激发下，受个体认知评价能力、人格倾向与其他身心因素制约的，以担忧为基本特征，以防御或逃避为行为方式，通过紧张不安的情绪反应表现出来的一种心理状态。

焦虑症的表现是随着考试临近，心情会极度紧张；考试时不能集中注意，知觉范围变窄，思维刻板，慌乱，无法发挥正常水平；考试后又持久地不能松弛下来。

3. 焦虑症的原因

学生焦虑症产生的原因有学校的统考和升学的持久的、过度的压力，学生缺乏内在的自尊心和价值感，家长对子女过高的期望，学生个人过分争强好胜，学业上多次失败的体验等。另外，某些人具有容易诱发焦虑反应的人格基础，如遇事容易紧张、胆怯，对困难情境作过高程度估计，对身体的轻微不适过分关注，在发生挫折与失败时过分自责。这些人格倾向可称作焦虑品质。

4. 焦虑症的治疗方法

为防止焦虑的发生，学校咨询人员可以通过一些早期干预的措施，如对这些学生集体指导、讲授自我放松缓解紧张的方法等进行早期干预。采用肌肉放松、系统脱敏方法，运用自助性认知矫正程序，指导学生在考试中使用正向的自我对话，如“我能应付这个考试”“结果并不重要，学会才是重要的”“无论考试的结果如何，都将不会是最后一次”等，对于缓解学生的考试焦虑都有较好的效果。

(二)强迫症

1. 强迫症的含义

强迫症是一种以反复出现的强迫观念或强迫行为为主要症状的心理障碍。

2. 强迫症的表现

强迫症状包括强迫观念和强迫行为。强迫观念指个体身不由己地思考他不想考虑的事情。强迫行为指个体反复去做他不希望执行的动作。如果不这样想或不这样做，他就会感到极端焦虑，如强迫洗手、强迫计数、反复检查(如门是否锁了)、强迫性仪式动作都是生活中常见的强迫症状。

3. 强迫症的原因

社会心理方面的原因包括学习过度紧张、家庭要求过于严格、学习困难、人际关系不良。个人方面的原因主要是胆小怕事、优柔寡断、偏执刻板等。

4. 强迫症的治疗方法

日本森田疗法强调，个体力图控制强迫症状的努力以及这种努力所导致的对症状出现的专注和预期，只会对强迫症状起维持和增强作用。因此，为了矫正强迫症状，应放弃对强迫观念做无用控制的意图，而采取“忍受痛苦，顺其自然”的态度治疗强迫行为。治疗强迫行为另一种有效的方法是“暴露与阻止反应”。

(三)恐惧症

1. 恐惧症的含义

恐惧症是对特定的无实在危害的事物与场景的非理性惧怕。

2. 恐惧症的分类及表现

恐惧症可分为单纯恐惧症(对一件具体的东西、动作或情景的恐惧)、广场恐惧症(害怕大片的水域、空荡荡的街道)和社交恐惧症。中学生中社交恐惧症较多见。患有社交恐惧症的人害怕在社交场合讲话(在会场上讲演、在公共场合进餐时交谈)，担心自己会因双手发抖、脸红、声音发颤、口吃而暴露自己的焦虑，觉得自己说话不自然，因而不敢抬头，不敢正视他人的眼睛。

3. 恐惧症的治疗方法

(1)想象脱敏法。让学生在一个假想的空间里，不断地模拟发生社交恐惧症的场景，不断练习重复发生症状的情节，不断地鼓励学生面对这种场面，让学生从假想中适应这种产生焦虑紧张的环境。

(2)认知疗法。这是一种不断灌输观念的治疗方法，不断告诉学生这种恐惧是非正常的，让学生正确认识人与人交往的程序和与人交往的方法。

(四)抑郁症

1. 抑郁症的含义

抑郁症是以持久性的心境低落为特征的心理障碍。过度的抑郁反应，通常伴随着严重的焦虑症。焦虑是个人对紧张情境的最先反应。如果一个人确信这种情境不能改变或控制时，抑郁就取代焦虑成为主要症状。

2. 抑郁症的表现

通常抑郁症的表现：一是情绪消极、悲伤、颓废、淡漠，失去满足感和生活的乐趣；二是消极的认知倾向，低自尊、无能感，从消极方面看事物，喜欢责备自己，对未来不抱多大希望；三是动机缺失、被动，缺少热情；四是躯体上疲劳、失眠、食欲不振等。

3. 抑郁症的形成原因

迄今，抑郁症的病因并不非常清楚，但可以肯定的是，生物、心理与社会环境诸多方面因素参与了抑郁症的发病过程。生物学因素主要涉及遗传、神经生化、神经内分泌、神经再生等方面；与抑郁症关系密切的心理学易感因素是病前性格特征，如抑郁气质；成年期遭遇应激性的生活事件，是导致出现具有临床意义的抑郁发作的重要触发条件。

4. 抑郁症的治疗方法

药物治疗是中度以上抑郁发作的主要治疗措施。对有明显心理社会因素作用的抑郁发作患者，在药物治疗的同时常需合并心理治疗。常用的心理治疗方法包括支持性心理治疗、认知行为治疗、人际治疗、婚姻和家庭治疗、心理动力学治疗等。对于有抑郁症状的学生应让他们做一些力所能及的事情，积极行动起来，从活动中体验到成功与人际交往的乐趣，也可采用认知行为疗法，改变学生已习惯的自贬性的思维方式和不恰当的成败归因模式，发展对自己、对未来的更为积极的看法。

(五)网络成瘾

1. 网络成瘾的含义

网络成瘾是指由于过度地和不当地使用网络而导致的一种难以抗拒再度使用网络的着迷状态，会影响个体正常的学习和生活。

2. 网络成瘾的表现

网络成瘾的个体自身有一些躯体症状，如头晕、心烦、胸闷气憋、紧张性兴奋、懒散等，并且与家长、朋友打电话或与朋友聚会次数减少，下网后变得空虚、失落，不愿与人交流。可见，网络成瘾影响了中小学生的身体健康、学业进步和人际责任感。

3. 网络成瘾的原因

网络成瘾主要有以下四点原因：①网络自身的诱惑；②网络的相关法规不健全；

③家庭环境的影响；④上网者自身因素。

4. 网络成瘾的治疗方法

治疗网络成瘾主要采取心理干预的手段。常用的心理干预方法有：

(1)强化干预

在网络成瘾的干预中，奖励的使用条件是一旦发现成瘾学生有了减少上网的行为，就给予奖励、表扬或肯定性评价。惩罚的使用条件是一旦发现成瘾学生上网时间增加，立即给予处罚。处罚可以是物质性的，如取消他获得他最想要的东西的权利，也可以是精神上的，如校纪处分等。

(2)厌恶干预法

厌恶干预法指采用惩罚性的厌恶刺激来减少或消除一些不良行为的方法，常用做法有橡皮圈拉弹法、不赞成干预法、想象性厌恶干预法等。

(3)转移注意力法

学校或班级通过组织各类有意义的文体活动，让成瘾学生参与其中，从而转移他的注意力和减轻他们对网络的迷恋程度。

(4)替代、延迟满足法

一方面，学校和教师要帮助成瘾学生培养替代活动(其感兴趣的课外活动)吸引其注意力，并弄清他的上网习惯，然后让其反其道而行之，在原来上网的时间里做其他事情。另一方面，了解成瘾学生的上网时间(起初要控制上网时间，不必戒除)，将其上网总时间列表，纳入周计划，在可以控制的前提下逐步减少上网时间，最终实现戒除网络成瘾的目标。

(5)团体辅导法

将网络成瘾的学生组合成一个团体，由富有经验的教师作为指导者，运用团体动力理论做理论基础，综合运用团体咨询的原则和各种方法，达到使参加团队的成员整体戒除网瘾的目标。

要注意的是，对青少年的网络成瘾，重点应是预防，而不只是对网络成瘾学生的补救性矫治。

(六)孤独症

孤独症是一种广泛性发展障碍，以严重的、广泛的社会相互影响和沟通技能的损害以及刻板的行为、兴趣和活动为特征的心理障碍。孤独症多发病于儿童早期。家长和教师要注意对孤独症症状的早期识别，带孩子尽早接受专业干预；注意培育孩子的自立能力，为孩子的交友创造条件，尽量让孩子参加集体活动。

(七)多动症

注意缺陷/多动障碍俗称多动症，指发生于儿童时期，与同龄儿童相比，以明显注意集中困难、注意持续时间短暂、活动过度或冲动为主要特征的一组综合征。多动症是在儿童中较为常见的一种障碍，起病于 7 岁前，其患病率一般报道为 3%～5%，男女比例为 4∶1。多动症儿童行为的主要特征有：①活动过多。这种儿童的多动与一般儿童的好动不同的是，他们的活动是杂乱的、缺乏组织性和目的性的。②注意力不集中。不能专注于一种活动，不能坐定看一会儿电视，做作业做了一会儿又干别的，做事经常有头无尾、丢三落四。③冲动行为。经常未经考虑就行动，如在做集体游戏时，难以耐心等待。又如有时突然喊叫，袭击别人。多动症可能有先天体质上的原因，也可能是不安环境引起精神高度紧张的结果。④学习困难。主要表现为学业表现不理想。多动症儿童智力是正常或基本正常的，学习困难的原因与注意力不集中、多动有关。出现学习困难的时间，决定于智力水平及多动症的轻重程度。智力水平中下的严重多动症儿童在学龄早期就会出现学习困难。智力水平较高、多动症状较轻的，可在初中阶段才出现学习困难。

(八)学习障碍

学习障碍在小学生中比较多见，这是一种学习技能的发育障碍。这类儿童并非智力迟缓(IQ 都在 70 以上)，而是从发育的早期阶段起，他们获得技能的正常方式受损，表现在阅读、计算或绘画等单一方面的能力低下，而其他技能均正常。所以常出现某一门功课的学业表现好，而另一门的学业表现差的偏科现象。学习障碍的主要表现为：缺少某种学习技能，包括诵读困难、计算困难、绘画困难、交往困难。在诊断学习障碍时，应当注意与儿童多动症的区别。学习困难是儿童多动症的一种表现，但儿童多动症的学习困难主要是由好动、冲动、注意缺陷和行为障碍造成的。而患有学习障碍的学生，则没有自述多动症的表现，他们在个性发展上是健康的，不存在多动症儿童所表现的情绪和行为问题。

2016 年习近平总书记在全国卫生与健康大会上的讲话《让孩子们健康成长关系祖国和民族未来》指出，“我国有三亿多少年儿童，让孩子们健康成长关系祖国和民族未来，也是每个家庭最大的愿望和期盼”“要加大心理健康问题基础性研究，做好心理健康知识和心理疾病科普工作，规范发展心理治疗、心理咨询等心理健康服务”。

第三节　中小学心理健康教育的途径与方法

从社会发展来看，留守儿童、随迁子女及单亲家庭的增多使得家庭教育环境发生了深刻变化，复杂的社会环境和多元的价值观念也对青少年的心理发展产生了巨大影响，因此，青少年群体中开始表现出一些新特点和新问题。从教育发展来看，基础教育改革发展也已经步入快车道，更加需要促进教育内涵发展，深入推进素质教育；更加需要促进学生身心协调，满足人民群众对优质教育资源的需求；更加需要以学生为本因材施教，关注每一位学生的精神世界。从心理健康教育本身来看，心理学的一些新的科学的思想、知识、理念和方法正在逐步影响学校的心理健康教育。这些都从客观上要求我们要与时俱进，加强和改进中小学的心理健康教育。

《中小学心理健康教育指导纲要(2012 年修订)》、2023 年教育部等十七个部门印发的《全面加强和改进新时代学生心理健康工作专项行动计划(2023—2025 年)》，为中小学心理健康教育工作提供了行动指南。

一、中小学心理健康教育工作的行动指南

(一)心理健康教育的指导思想和基本原则

1. 心理健康教育的指导思想

《全面加强和改进新时代学生心理健康工作专项行动计划(2023—2025年)》提出，“以习近平新时代中国特色社会主义思想为指导，全面贯彻党的教育方针，坚持为党育人、为国育才，落实立德树人根本任务，坚持健康第一的教育理念，切实把心理健康工作摆在更加突出位置，统筹政策与制度、学科与人才、技术与环境，贯通大中小学各学段，贯穿学校、家庭、社会各方面，培育学生热爱生活、珍视生命、自尊自信、理性平和、乐观向上的心理品质和不懈奋斗、荣辱不惊、百折不挠的意志品质，促进学生思想道德素质、科学文化素质和身心健康素质协调发展，培养担当民族复兴大任的时代新人”。

2. 开展中小学心理健康教育，要以学生发展为根本，遵循学生身心发展规律

《全面加强和改进新时代学生心理健康工作专项行动计划(2023—2025年)》提出，必须坚持以下基本原则。

(1)坚持全面发展。完善全面培养的教育体系，推进教育评价改革，坚持学习知识与提高全面素质相统一，培养德智体美劳全面发展的社会主义建设者和接班人。

(2)坚持健康第一。把健康作为学生全面发展的前提和基础，遵循学生成长成才规律，把解决学生心理问题与解决学生成才发展的实际问题相结合，把心理健康工作质量作为衡量教育发展水平、办学治校能力和人才培养质量的重要指标，促进学生身心健康。

(3)坚持提升能力。统筹教师、教材、课程、学科、专业等建设，加强学生心理健康工作体系建设，全方位强化学生心理健康教育，健全心理问题预防和监测机制，主动干预，增强学生心理健康工作科学性、针对性和有效性。

(4)坚持系统治理。健全多部门联动和学校、家庭、社会协同育人机制，聚焦影响学生心理健康的核心要素、关键领域和重点环节，补短板、强弱项，系统强化学生心理健康工作。

(二)心理健康教育的目标与任务

1. 心理健康教育的目标

《中小学心理健康教育指导纲要(2012年修订)》提出“心理健康教育的总目标是：提高全体学生的心理素质，培养他们积极乐观、健康向上的心理品质，充分开发他们的心理潜能，促进学生身心和谐可持续发展，为他们健康成长和幸福生活奠定基础”。“心理健康教育的具体目标是：使学生学会学习和生活，正确认识自我，提高自主自助和自我教育能力，增强调控情绪、承受挫折、适应环境的能力，培养学生健全的人格和良好的个性心理品质；对有心理困扰或心理问题的学生，进行科学有效的心理辅导，及时给予必要的危机干预，提高其心理健康水平。”

《全面加强和改进新时代学生心理健康工作专项行动计划(2023—2025年)》提出工作目标是“健康教育、监测预警、咨询服务、干预处置‘四位一体’的学生心理健康工作体系更加健全，学校、家庭、社会和相关部门协同联动的学生心理健康工作格局更加完善。2025年，配备专(兼)职心理健康教育教师的学校比例达到95%，开展心理健康教育的家庭教育指导服务站点比例达到60%”。

2. 心理健康教育的主要任务

《全面加强和改进新时代学生心理健康工作专项行动计划(2023—2025年)》明确了全面加强和改进新时代学生心理健康工作，提升学生心理健康素养的主要任务，具体如下：

(1)五育并举促进心理健康

①以德育心。将学生心理健康教育贯穿德育思政工作全过程，融入教育教学、管理服务和学生成长各环节，纳入“三全育人”大格局，坚定理想信念，厚植爱国情怀，引导学生扣好人生第一粒扣子，树立正确的世界观、人生观、价值观。

②以智慧心。优化教育教学内容和方式，有效减轻义务教育阶段学生作业负担和校外培训负担。教师要注重学习掌握心理学知识，在学科教学中注重维护学生心理健康，既教书，又育人。

③以体强心。发挥体育调节情绪、疏解压力作用，实施学校体育固本行动，开齐开足上好体育与健康课，支持学校全覆盖、高质量开展体育课后服务，着力保障学生每天校内、校外各1个小时体育活动时间，熟练掌握1—2项运动技能，在体育锻炼中享受乐趣、增强体质、健全人格、锤炼意志。

④以美润心。发挥美育丰富精神、温润心灵作用，实施学校美育浸润行动，广泛开展普及性强、形式多样、内容丰富、积极向上的美育实践活动，教会学生认识美、欣赏美、创造美。

⑤以劳健心。丰富、拓展劳动教育实施途径，让学生动手实践、出力流汗，磨炼意志品质，养成劳动习惯，珍惜劳动成果和幸福生活。

(2)加强心理健康教育

①开设心理健康相关课程。中小学校要结合相关课程开展心理健康教育。中等职业学校按规定开足思想政治课“心理健康与职业生涯”模块学时。高等职业学校按规定将心理健康教育等课程列为公共基础必修或限定选修课。普通高校要开设心理健康必修课，原则上应设置2个学分(32—36学时)，有条件的高校可开设更多样、更有针对性的心理健康选修课。举办高等学历继续教育的高校要按规定开设适合成人特点的心理健康课程。托幼机构应遵循儿童生理、心理特点，创设活动场景，培养积极心理品质。

②发挥课堂教学作用。结合大中小学生发展需要，分层分类开展心理健康教学，关注学生个体差异，帮助学生掌握心理健康知识和技能，树立自助、求助意识，学会理性面对困难和挫折，增强心理健康素质。

③全方位开展心理健康教育。组织编写大中小学生心理健康读本，扎实推进心理健康教育普及。向家长、校长、班主任和辅导员等群体提供学生常见心理问题操作指

南等心理健康“服务包”。依托“师生健康 中国健康”主题教育、“全国大中学生心理健康日”、职业院校“文明风采”活动、中考和高考等重要活动和时间节点，多渠道、多形式开展心理健康教育。发挥共青团、少先队、学生会(研究生会)、学生社团、学校聘请的社会工作者等作用，增强同伴支持，融洽师生同学关系。

(3)规范心理健康监测

①加强心理健康监测。组织研制符合中国儿童青少年特点的心理健康测评工具，规范量表选用、监测实施和结果运用。依托有关单位组建面向大中小学的国家级学生心理健康教育研究与监测专业机构，构建完整的学生心理健康状况监测体系，加强数据分析、案例研究，强化风险预判和条件保障。国家义务教育质量监测每年监测学生心理健康状况。地方教育部门和学校要积极开展学生心理健康监测工作。

②开展心理健康测评。坚持预防为主、关口前移，定期开展学生心理健康测评。县级教育部门要组织区域内中小学开展心理健康测评，用好开学重要时段，每学年面向小学高年级、初中、高中、中等职业学校等学生至少开展一次心理健康测评，指导学校科学规范运用测评结果，建立“一生一策”心理健康档案。高校每年应在新生入校后适时开展心理健康测评，鼓励有条件的高校合理增加测评频次和范围，科学分析、合理应用测评结果，分类制定心理健康教育方案。建立健全测评数据安全保护机制，防止信息泄露。

(4)完善心理预警干预

①健全预警体系。县级教育部门要依托有关单位建设区域性中小学生心理辅导中心，规范心理咨询辅导服务，定期面向区域内中小学提供业务指导、技能培训。中小学校要加强心理辅导室建设，开展预警和干预工作。鼓励高中、高校班级探索设置心理委员。高校要强化心理咨询服务平台建设，完善“学校—院系—班级—宿舍/个人”四级预警网络，辅导员、班主任定期走访学生宿舍，院系定期研判学生心理状况。重点关注面临学业就业压力、经济困难、情感危机、家庭变故、校园欺凌等风险因素以及校外实习、社会实践等学习生活环境变化的学生。发挥心理援助热线作用，面向因自然灾害、事故灾难、公共卫生事件、社会安全事件等重大突发事件受影响学生人群，强化应急心理援助，有效安抚、疏导和干预。

②优化协作机制。教育、卫生健康、网信、公安等部门指导学校与家庭、精神卫生医疗机构、妇幼保健机构等建立健全协同机制，共同开展学生心理健康宣传教育，加强物防、技防建设，及早发现学生严重心理健康问题，网上网下监测预警学生自伤或伤人等危险行为，畅通预防转介干预就医通道，及时转介、诊断、治疗。教育部门会同卫生健康等部门健全精神或心理健康问题学生复学机制。

(5)建强心理人才队伍

①提升人才培养质量。完善《心理学类教学质量国家标准》。加强心理学、应用心理学、社会工作等相关学科专业和心理学类拔尖学生培养基地建设。支持高校辅导员攻读心理学、社会工作等相关学科专业硕士学位，适当增加高校思想政治工作骨干在职攻读博士学位专项计划心理学相关专业名额。

②配齐心理健康教师。中小学每校至少配备1名专(兼)职心理健康教育教师，鼓励配备具有心理学专业背景的专职心理健康教育教师。建立心理健康教育教师教研制

度，县级教研机构配备心理教研员。

③畅通教师发展渠道。组织研制心理健康教育教师专业标准，形成与心理健康教育教师资格制度、教师职称制度相互衔接的教师专业发展制度体系。心理健康教育教师职称评审可纳入思政、德育教师系列或单独评审。面向中小学校班主任和少先队辅导员、高校辅导员、研究生导师等开展个体心理发展、健康教育基本知识和技能全覆盖培训，定期对心理健康教育教师开展职业技能培训。多措并举加强教师心理健康工作，支持社会力量、专业医疗机构参与教师心理健康教育能力提升行动，用好家校社协同心理关爱平台，推进教师心理健康教育学习资源开发和培训，提升教师发现并有效处置心理健康问题的能力。

(6)支持心理健康科研

①开展科学研究。针对学生常见的心理问题和心理障碍，汇聚心理科学、脑科学、人工智能等学科资源，支持全国和地方相关重点实验室开展学生心理健康基础性、前沿性和国际性研究。鼓励有条件的高校、科研院所等设置学生心理健康实验室，开展学生心理健康研究。

②推动成果应用。鼓励支持将心理健康科研成果应用到学生心理健康教育、监测预警、咨询服务、干预处置等领域，提升学生心理健康工作水平。

(7)优化社会心理服务

①提升社会心理服务能力。卫生健康部门加强儿童医院、精神专科医院和妇幼保健机构儿童心理咨询及专科门诊建设，完善医疗卫生机构儿童青少年心理健康服务标准规范，加强综合监管。民政、卫生健康、共青团和少先队、妇联等部门协同搭建社区心理服务平台，支持专业社工、志愿者等开展儿童青少年心理健康服务。对已建有热线的精神卫生医疗机构及12345政务服务便民热线(含12320公共卫生热线)、共青团12355青少年服务热线等工作人员开展儿童青少年心理健康知识培训，提供专业化服务，向儿童青少年广泛宣传热线电话，鼓励有需要时拨打求助。

②加强家庭教育指导服务。妇联、教育、关工委等部门组织办好家长学校或网上家庭教育指导平台，推动社区家庭教育指导服务站点建设，引导家长关注孩子心理健康，树立科学养育观念，尊重孩子心理发展规律，理性确定孩子成长预期，积极开展亲子活动，保障孩子充足睡眠，防止沉迷网络或游戏。家长学校或家庭教育指导服务站点每年面向家长至少开展一次心理健康教育。

③加强未成年人保护。文明办指导推动地方加强未成年人心理健康成长辅导中心建设，拓展服务内容，增强服务能力。检察机关推动建立集取证、心理疏导、身体检查等功能于一体的未成年被害人“一站式”办案区，在涉未成年人案件办理中全面推行“督促监护令”，会同有关部门全面开展家庭教育指导工作。关工委组织发挥广大“五老”优势作用，推动“五老”工作室建设，关注未成年人心理健康教育。

(8)营造健康成长环境

①规范开展科普宣传。科协、教育、卫生健康等部门充分利用广播、电视、网络等媒体平台和渠道，广泛开展学生心理健康知识和预防心理问题科普。教育、卫生健康、宣传部门推广学生心理健康工作经验做法，稳妥把握心理健康和精神卫生信息发布、新闻报道和舆情处置。

②加强日常监督管理。网信、广播电视、公安等部门加大监管力度，及时发现、清理、查处与学生有关的非法有害信息及出版物，重点清查问题较多的网络游戏、直播、短视频等，广泛汇聚向真、向善、向美、向上的力量，以时代新风塑造和净化网络空间，共建网上美好精神家园。全面治理校园及周边、网络平台等面向未成年人无底线营销危害身心健康的食品、玩具等。

3. 心理健康教育的主要内容

《纲要》规定了“心理健康教育的主要内容包括：普及心理健康知识，树立心理健康意识，了解心理调节方法，认识心理异常现象，掌握心理保健常识和技能。其重点是认识自我、学会学习、人际交往、情绪调适、升学择业以及生活和社会适应等方面的内容”。

《纲要》规定了“心理健康教育应从不同地区的实际和不同年龄阶段学生的身心发展特点出发，做到循序渐进，设置分阶段的具体教育内容。

小学低年级主要包括：帮助学生认识班级、学校、日常学习生活环境和基本规则；初步感受学习知识的乐趣，重点是学习习惯的培养与训练；培养学生礼貌友好的交往品质，乐于与教师、同学交往，在谦让、友善的交往中感受友情；使学生有安全感和归属感，初步学会自我控制；帮助学生适应新环境、新集体和新的学习生活，树立纪律意识、时间意识和规则意识。

小学中年级主要包括：帮助学生了解自我，认识自我；初步培养学生的学习能力，激发学习兴趣和探究精神，树立自信，乐于学习；树立集体意识，善于与同学、教师交往，培养自主参与各种活动的能力，以及开朗、合群、自立的健康人格；引导学生在学习生活中感受解决困难的快乐，学会体验情绪并表达自己的情绪；帮助学生建立正确的角色意识，培养学生对不同社会角色的适应；增强时间管理意识，帮助学生正确处理学习与兴趣、娱乐之间的矛盾。

小学高年级主要包括：帮助学生正确认识自己的优缺点和兴趣爱好，在各种活动中悦纳自己；着力培养学生的学习兴趣和学习能力，端正学习动机，调整学习心态，正确对待成绩，体验学习成功的乐趣；开展初步的青春期教育，引导学生进行恰当的异性交往，建立和维持良好的异性同伴关系，扩大人际交往的范围；帮助学生克服学习困难，正确面对厌学等负面情绪，学会恰当地、正确地体验情绪和表达情绪；积极促进学生的亲社会行为，逐步认识自己与社会、国家和世界的关系；培养学生分析问题和解决问题的能力，为初中阶段学习生活做好准备。

初中年级主要包括：帮助学生加强自我认识，客观地评价自己，认识青春期的生理特征和心理特征；适应中学阶段的学习环境和学习要求，培养正确的学习观念，发展学习能力，改善学习方法，提高学习效率；积极与教师及父母进行沟通，把握与异性交往的尺度，建立良好的人际关系；鼓励学生进行积极的情绪体验与表达，并对自己的情绪进行有效管理，正确处理厌学心理，抑制冲动行为；把握升学选择的方向，培养职业规划意识，树立早期职业发展目标；逐步适应生活和社会的各种变化，着重培养应对失败和挫折的能力。

高中年级主要包括：帮助学生确立正确的自我意识，树立人生理想和信念，形成正确的世界观、人生观和价值观；培养创新精神和创新能力，掌握学习策略，开发学习潜能，提高学习效率，积极应对考试压力，克服考试焦虑；正确认识自己的人际关系状况，培养人际沟通能力，促进人际间的积极情感反应和体验，正确对待和异性同伴的交往，知道友谊和爱情的界限；帮助学生进一步提高承受失败和应对挫折的能力，形成良好的意志品质；在充分了解自己的兴趣、能力、性格、特长和社会需要的基础上，确立自己的职业志向，培养职业道德意识，进行升学就业的选择和准备，培养担当意识和社会责任感。”

二、心理健康教育的途径

《纲要》明确要求“学校应将心理健康教育始终贯穿于教育教学全过程，全体教师都应自觉地在各学科教学中遵循心理教育的规律，将适合学生特点的心理健康教育内容有机渗透到日常教育教学活动中。要注重发挥教师人格魅力和为人师表的作用，建立起民主、平等、相互尊重的师生关系。要将心理健康教育与班主任工作、班团队活动、校园文体活动、社会实践活动等有机结合，充分利用网络等现代信息技术手段，多种途径开展心理健康教育”。

归纳起来，学校心理健康教育的途径可分为专门途径、渗透途径与支持途径，其中专门途径主要指开设学校心理健康教育课程和开展学校心理健康教育咨询；渗透途径是心理健康教育在学科教学中渗透、学生管理中渗透、课外活动中渗透和环境优化中渗透；支持途径是开展家庭心理健康教育和社区心理健康教育。

1. 学校心理健康教育的专门途径

(1)学校心理健康教育课程

学校心理健康教育的专门途径有两条，一条是开设心理健康教育课程，对全体学生进行心理健康教育，另一条是针对有心理困扰的学生开展心理咨询与辅导，而心理健康教育课程承担起实现第一条途径的任务，成为其有效的表现形式。

在学校心理健康教育体系中，学校心理健康教育课程是其中最核心的组成部分，是学校心理健康教育最主要的工作内容。它以课程的形式，向学生传授心理保健知识、训练学生的心理素质、陶冶学生的心理品质，以达到全面提高学生心理健康水平的目的。心理健康教育课程能促进个体身心健康，以个体经验为载体，以活动为中介，使学生获得学习、生活、社会适应与发展的技能。它是以个体的发展为基本的出发点，可以极大地调动学生学习的主动性和创造性。学校心理健康教育课程是多渠道、全方位的课程，它由心理健康教育学科课程、心理健康教育活动课程、心理健康教育环境课程和心理健康教育融合型课程等部分组成。

值得注意的是，不能用学校心理健康教育课程取代学校心理健康教育，不能把学校心理健康教育课程等同于学科教学课程。但是现在有些学校把开展心理健康教育机械地理解为开设心理学、心理卫生、心理健康等课程，或举办一些知识讲座，向学生传授心理健康的有关知识等，课程化、知识化倾向明显。

(2)学校心理健康教育咨询

心理咨询与辅导工作是达到学校心理健康教育整体目标的专门途径之一。学校通过建立学生心理咨询中心，设立心理咨询室、心理健康辅导站、咨询信箱、热线电话等，为求助学生提供必要的帮助。

通过心理咨询与辅导，学生的消极情绪可以得到释放，他们可以顺利摆脱心理压力，排除心理障碍，改变不合理的认知和行为，提高心理平衡能力和承受能力。与此同时，必须对咨询人员加强培训，提高从业人员的咨询水平和自身素质，在全面、系统地了解学生心理状况和素质的基础上，及时发现学生存在的心理问题，有针对性地对学生进行心理健康教育，特别要对少数存在心理问题或出现心理障碍的学生进行认真、耐心、科学的心理辅导，帮助学生缓解心理问题和心理障碍，恢复心理健康，增强心理素质，以帮助他们走出心理误区，顺利成才。

在心理健康教育体系中，心理咨询是极其重要的组成部分，是专业化程度最高的教育内容。心理咨询包括个体咨询和团体咨询。心理咨询的作用主要体现在它对于一个人的人格塑造、潜能开发以及全面发展具有正向引导及促进作用。

2. 学校心理健康教育的渗透途径

学校心理健康教育要渗透和融合到整个学校教育的全过程中，在学科教育、各项教育活动、德育和班主任工作等方面，都要注重对学生进行心理健康教育，这是心理健康教育的主渠道和最基本途径。另外，学校还要注意美化环境和开发隐性教育资源，把环境熏陶作为心理健康教育的另一重要途径和渠道。

(1)学科教学渗透

学科教学渗透心理健康教育是指教师在学科教学过程中自觉地、有意识地运用心理学的原理和方法，在授予学生一定的知识、技能，发展他们智力和创造力的同时，维护和增进学生的心理健康，形成学生健全人格所采取的各种积极措施。学科教学过程包括教学设计、课堂心理环境创设和课堂管理等，这些问题关系到学科教学渗透心理健康教育的内容。

在教学设计上渗透心理健康教育，要求在课程的编制、教材内容的选择上，既要符合社会发展的要求，又要符合学生发展的年龄特征；既要考虑知识的传授，又要考虑学生各种心理品质的发展。课堂教学在保证学生智育发展的同时，也肩负着对学生渗透心理健康教育的重任，这是因为心理健康教育是学校智育的基础，智育和心理健康教育的结合主要体现在课堂的学科教学中。

学科课程本身包含心理健康教育资源。以小学课程为例，语文课、思想品德课都直接蕴含着丰富的心理健康教育内容，如语文教材中的群体人物画廊为学生认识世界，了解人生，体验情感提供了一个色彩斑斓的空间，也为学生心理品质的优化提供了有血有肉的凭借物。

音乐、美术本身就是心理健康教育的良好载体，音乐对人的作用是多方面的，它不仅可以影响生理，促进认识，改善情绪状态，调整行为方式，而且不同的节奏、速度等还能产生不同的心理调控效果。美术作品中的色彩与线条也能唤起学生不同的心理感受，对美术作品的鉴赏更能引发学生的审美的心理体验。在体育课中，学生的情绪得到调节，意志得到锻炼，适应能力得到提高。

可见，心理健康教育的内容都包含在各门学科课程之中。学科教学过程也包含心理健康教育资源。教学是师生之间、学生与学生之间多向互动的活动。在这一特定的环境中，师生关系、教师的课堂教学观与学生观、学生之间的竞争与合作、课堂心理氛围、课堂秩序、课堂上教师的表扬与批评、教师对学生课堂行为的处理都将对学生的心理发展和心理健康产生重要的影响。这种隐性资源的影响力甚至超过了学科课程本身的内容资源。

(2)学生管理渗透

学生管理工作是学校工作的重要内容之一，是维护学校正常教学秩序、保证学生健康成长的基础性工作。通过完善有效的学生管理，对广大学生给予及时的教育、关心和保护，在帮助广大学生成长成才，减少和避免伤害等方面发挥作用。班主任作为与学生朝夕相处的班级管理者，理应承担心理健康教育的重要任务。通过心理科学知识教育、情感教育、意志磨炼、性格培养、社会适应能力培养以及其他各种心理指导、心理训练等方式，有计划地促进学生整体素质的提高和个性的全面发展，维护学生的心理健康发展。

(3)课外活动渗透

通过开展丰富多彩的课外活动，寓教于乐，引导学生在丰富多彩的课外活动中，提高认知水平，学会团结协作，锻炼身体，陶冶情操，提高综合素质。例如，利用校园广播站、校刊、校报、墙报、手抄报等多样化工具，宣传普及心理健康知识；开展野外考察等实践活动，拓宽学生的视野，磨砺学生的意志，培养学生的适应能力；还可以利用社团活动、辩论会、主题班会、心理健康互助小组、心理健康讲座等灵活多样的形式，进行心理健康教育。

(4)环境优化渗透

所谓校园心理环境通常是指学校内部形成的独特的校园空间环境和人文氛围，是校园硬件环境和软件环境的总和，会对人的心理感受、心理体验、身心发展，甚至对人的学习、生活、交往、成长产生心理影响和行为制约。学校环境优化渗透心理健康教育主要通过两方面实现：一是学校的自然环境，即学校的主体建筑和布局、文化设施和景观、校园美化和绿化等，又称物化形态环境。校园各种物质景观，积淀着学校历史、文化、传统和价值，蕴含着巨大的潜在教育意义。学生通过对它的赏识和解读，去领悟其丰富、深刻的内涵。例如，校舍建筑的庄重、教学课室的肃穆、体育场馆的朝气、雕塑景点的寓意等形成了隐性的教育功能，对学生的心理行为产生不可估量的影响。二是学校的人文环境，即学校的校园精神、教风学风、校纪校规、传统风格、人际关系等，又称非物化形态环境。校园的人文景观，显示出学校的办学理念、特色、风貌、质量，有着潜移默化的育人作用，学生经它的熏陶，能感悟人生的价值与真谛。例如，教学质量的优化、校风学风的严谨、人际间的和谐、校园环境的温馨等对学生的自信、情感、意志的培养具有重大的意义。校园心理环境具有无形的环境力量和精神力量，还是校园里很好的隐蔽性课程。

3. 学校心理健康教育的支持途径

(1)家庭心理健康教育

习近平总书记在2018年9月10日的全国教育大会上强调：“家庭是人生的第一

所学校，家长是孩子的第一任老师，要给孩子讲好‘人生第一课’，帮助扣好人生第一粒扣子。”塑造和谐、温暖的家庭环境是青少年心理健康发展的关键一环。无论是了解学生心理与行为问题的原因，还是辅导、矫治计划的制订和实施，都需要取得家长的积极支持和紧密配合。科学研究和有关资料都表明，那些心理健康存在明显缺陷的学生，往往与家庭环境和家长的行为个性有直接关系。如果家长能充分认识到心理健康教育的地位和作用，就会自觉主动地创造有利的家庭环境并注意自己的行为方式，帮助、影响孩子形成健康良好的心理素质，起到学校和社会教育不可能起到的作用。2021年《家庭教育促进法》颁布实施，该法明确指出，“未成年人的父母或者其他监护人应当针对不同年龄段未成年人的身心发展特点，开展家庭教育”。概括地讲，在家庭开展心理健康教育的主要内容有：

第一，给孩子以正确的人生观教育，使孩子从小懂得人为什么活着，应该怎样做人，树立正确的理想与追求。

第二，培养孩子良好个性心理品质，如自我气质的了解与完善、活泼开朗性格的塑造、广泛兴趣和探究精神的培养。

第三，进行青春期性知识和性心理教育，如青春期性知识的掌握，处理好男女同学之间的友谊与交往、自尊与互尊教育等。

第四，培养良好的人际交往心理，使孩子能够正确认识、评价和表现自己，通过交往准则和处理人际关系的技巧辅导与训练，掌握人际交往的技巧等。

第五，积极健康的情感及品德的培养，使孩子学会把握自己的情绪，做情感的主人，学会正确处理理智与冲动、调节与控制、挫折与磨砺的关系，形成正确的伦理道德观念，对不良品德的预防与矫正等。

同时，建立家庭和学校开展学生心理健康教育沟通的渠道是提高学生心理健康水平、增强心理健康教育效果的重要方式和途径。学生心理问题的产生和发展，家庭环境、家庭教育是不可忽视的因素，所以，学校教育与家庭教育积极配合，将会使心理健康教育工作事半功倍。因此，学校要引导和帮助家长树立正确的教育观，改善家庭环境，以良好的行为、正确的方式、和谐的气氛去影响和教育子女，这样有利于学生心理问题的解决和心理素质的提高。

(2)社区心理健康教育

心理健康教育作为一个多侧面、多维度、多层次的长期而系统的艰巨工作，不仅需要家庭和学校的协同配合，也需要社会各界的大力支持和倾力协助。社会环境作为一种无形的力量，对置身其中的人们的心理健康默默地产生影响，这种影响是在心理健康教育的过程中不容小视，更不容忽视的。其中，与个体生活密切联系的社区是社会环境中影响心理健康的主要因素之一。社区是构成社会的基本单位，是宏观社会的一个缩影，由一定数量的、具有某些共性的人群组成，他们的共性可包括：共同的地理环境、生活服务设施、文化背景及生活方式、生活制度及管理机构等。正因为社区对个体的独特影响，社区心理健康教育的开展影响着学校心理健康教育的效果。社区是个比较复杂的小社会，是学校、家庭与社会的衔接点，是学生接触社会的入口。

在社区开展心理健康教育，一方面要促进社区资源的开发和家庭教育的有机结合。教育作为一种社会现象是社区生活的有机组成部分，社区的地域特点、生活服务设施、行为规范、居民生活方式以及地方乡土观念等，都构成了一定的可开发的教育资源。在社区内开展家庭教育，可以借助各种人力、物力、财力及机械设施的便利，实现社区与家庭资源共享。另一方面，可以推动学校和社区的主动联合，使资源得到优化利用。学校要积极拓展心理健康教育的渠道和途径，主动和社区联系，对青少年学生来说，社区教育更是有其独特的作用。组织学生在社区中进行一些诸如文化宣传、义务服务等服务社区的活动，或者做社区调查，了解社区的变迁，不仅能联系两个不同的学习和生活空间，锻炼孩子的交往能力，同时也能培养孩子服务社会和适应社会的能力。未成年人的健康成长事关国家和民族的未来，事关千千万万家庭的幸福安康。社区要积极开展各种公益性课外实践活动，促进未成年人身体健康、心理健康、心灵健康。

综上所述，学校心理健康教育的专门途径、渗透途径和支持途径共同构成了一个相对完整的学校心理健康教育的途径操作系统(见图 14-1)。

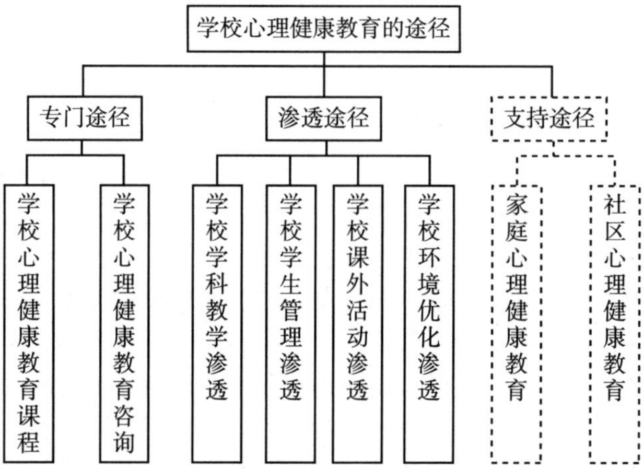

图 14-1　学校心理健康教育的途径

学校在实施心理健康教育时，既要注意各种途径的相互结合和补充，也要根据各地区、各学校的实际条件，发挥优势，弥补不足，以便学校心理健康教育取得良好成效。

三、学校心理辅导的方法

2015 年教育部办公厅印发《中小学心理辅导室建设指南》，“适用于全国中小学心理辅导室的建设、规范、管理与督导评估”。要求“心理辅导室至少应配备一名专职或兼职心理健康教育教师，并逐步增大专职人员配比”。“心理辅导室是心理健康教育教师开展个别辅导和团体辅导，帮助学生疏导与解决学习、生活、自我意识、情绪调适、人际交往和升学就业中出现的心理行为问题，排解心理困扰和防范心理障碍的专门场所，是学校开展心理健康教育工作的重要阵地。”在心理辅导过程中，教师要树立危机干预意识，对个别有严重心理障碍的学生，能够及时识别并转介到相关心理诊治部门。心理辅导是一种运用心理学专业知识帮助来访者缓解心理压力、调整心理状态、克服心理障碍、重建适应性行为的方法。学校开展心理辅导的方法很多，常用的方法有以下几种。

心理辅导是一种运用心理学专业知识帮助来访者缓解心理压力、调整心理状态、克服心理障碍、重建适应性行为的方法。

(一)行为改变技术

行为改变技术是采用行为心理学、实验心理学的原理而发展出来的一套客观、系统的处理技术，对于许多问题行为的处理已能有效地改变人类行为，包括良好行为的增进以及不适当行为的矫治或根除。

1. 强化法

强化法又称奖励强化法，是根据操作性条件反射原理，强调行为的改变是依据行为后果而定。其原理为：一个行为发生后，如果紧跟着一个强化刺激，这个行为就会再一次发生。其目的在于矫正不良行为，训练与建立某种良好行为。如一位学生胆子小，平时在课堂上不太敢积极回答教师的提问，怕答错了被同学笑话，有一次在上语文课，他居然主动举手回答了教师的问题，教师及时表扬和鼓励他，以后，他慢慢敢大胆举手发言了。

2. 系统脱敏法

这是由美国学者沃尔普(J. Wolpe)创立，将放松训练和经典条件反射原理结合运用的一种行为治疗方法。系统脱敏法的基本方法是在来访者出现焦虑或恐怖反应时，同时引起一个与之对抗的肌肉松弛反应，以使来访者原来的不良反应强度减弱，这种做法又称交互抑制。将交互抑制按等级排列，从弱到强，渐次实施，直到最终消除患者的不良反应。系统脱敏法可通过想象或实地(物)进行。

3. 行为塑造法

这是根据斯金纳的操作条件反射研究结果而设计的培育和养成新反应或行为模式的一项行为治疗技术，是操作条件作用法强化原则的有力应用之一。行为塑造法的运用，要求咨询师与来访者首先一起确定最终要达到的目标，然后选好为实现此最终目标所需要塑造的靶行为、选好塑造的起点和逐渐逼近最终目标应采取的步骤与每一步骤的子目标。此外，还需要确定达到每一个子目标的有效强化物或奖励。

4. 自我控制法

自我控制法简称自控法，是一类促使来访者学会控制自己行为和情感，重点是学会自我控制的技术的治疗方法。主要适合那些治疗目标十分明确，但需要来访者本身做出巨大努力的情况，如戒网瘾等。其优点是强调当事人(学生)的个人责任感，增加了改善行为的练习时间。

5. 代币法

这是行为疗法中运用最广泛的方法之一，也称表征性奖励制。用奖励强化所期望的行为，用惩罚消除不良行为而达到目的。代币法就是运用代币并编制一套相应的激励系统来对符合要求的目标行为的表现进行肯定和奖励。代币起着表征的作用，只是一个符号，在小学里是以小红花、五角星等为代表，也可以是记分卡、点数等，可以根据情况灵活运用。

(二)来访者中心疗法

来访者中心疗法的倡导者和创始人是美国心理学家罗杰斯。来访者中心疗法认为，任何人在正常情况下都有着积极的、奋发向上的、自我肯定的、无限的成长潜力。如果人的自身体验受到闭塞，或者自身体验的一致性丧失、被压抑、发生冲突，使人的成长潜力受到削弱或阻碍，就会表现为心理病态和适应困难。如果创造一个良好的环境使他能够和别人正常交往、沟通，便可以发挥他的潜力，改变其适应不良行为。罗杰斯认为，咨询成功的关键在于咨询关系，而非技术。来访者中心疗法需具备以下条件：一是来访者自身存在并认识到自我概念上的矛盾之处；二是来访者与咨询师之间存在良好的关系。除了这两个必要条件外，咨询师在人格与态度上还要满足以下三个条件：一是真诚一致；二是无条件积极关注；三是共情。

专栏 14-2　营造良好的咨询氛围——咨询师的基本态度

根据罗杰斯的理论，治疗过程不如治疗的情感氛围重要。他认为最为关键的是治疗师要能提供温暖、支持和接纳的氛围，进而创造出一种安全的环境。来访者可以在这个环境中直面他们的缺点而不会觉得受到威胁。威胁的降低，可以降低来访者防御的倾向，这可以帮助他们敞开心扉。为了营造这样一种情感支持的氛围，当事人中心疗法的治疗师需要提供三种条件：

(1)真诚(genuineness)。治疗师一定要对来访者真诚，坦诚而自然地与来访者交流。治疗师不应该虚假或者防御。

(2)无条件积极关注(unconditional positive regard)。治疗师必须表现出对来访者这个人本身完全的、不带评价的接纳。治疗师应该无条件地给予来访者温暖和关怀。当然，这不代表治疗师要赞同来访者说的或做的所有事。治疗师可以在尊重来访者自身价值的同时，不赞成他的某个特定行为。

(3)共情(empathy)。最后，治疗师需要给来访者提供准确的共情。也就是说治疗师需要从来访者的角度理解来访者的世界。更进一步，治疗师需要能够在交流中清楚地将这种理解传达给来访者。

罗杰斯坚定地认为治疗中的支持性的情感氛围是促成来访者积极改变的关键动力。当然，治疗过程的其他方面也是非常重要的。

(资料来源：韦恩·韦登，2016)

(三)认知疗法

认知疗法于20世纪六七十年代在美国产生，是根据人的认知过程，影响其情绪和行为的理论假设，通过认知和行为技术来改变来访者的不良认知，从而矫正并适应不良行为的心理治疗方法。其基本观点是：认知过程及其导致的错误观念是行为和情感的中介，适应不良行为和情感与适应不良认知有关。认知疗法常采用认知重建、心理应对、问题解决等技术进行心理辅导和治疗。其中，认知重建最为关键。基本辅导过程包括建立求助的动机、适应不良性认知的矫正、在处理日常生活问题的过程中用新的认知对抗原有的认知、改变有关自我的认知等。认知疗法的最重要的先驱之一是美国临床心理学家艾利斯(A. Ellis)，他在20世纪60年代提出了理性情绪疗法。他认为人的情绪来自人对所遭遇的事情的信念、评价、解释或哲学观点，而非来自事情本身。情绪和行为受制于认知，人们常常因为不合理的认知而自寻烦恼，因此引导人们用一种更为合理的方式来思维，就可以解决大量的心理问题。

艾利斯将这种观点概括为ABC理论，A代表诱发事件，即引起情绪变化的事情；B是指遇到诱发事件后，相应而生的信念，即人对这件事情的看法、解释和评价；C代表结果，是指人在诱发事件面前所表现出来的情绪及行为反应；D是指与不合理信念的自我辩论，也就是治疗；E是指新的情绪及行为反应，也就是达到的效果。例如，李某刚上七年级，小学时学业表现良好，升入初中后，第一个学期结束学业表现很不理想，他认为自己在班上不再被教师重视，其他同学也瞧不起自己，因此感到自卑，觉得在班上“抬不起头来”，以致害怕上学，对学校产生了恐惧。这里的A代表诱发事件“学业表现不理想”；B指“李某认为学业表现不理想导致了教师不重视，同学瞧不起”，也就是李某对诱发事件A的看法、解释和评价；C指李某因此感到“自卑、害怕上学、对学校产生恐惧”这样的情绪及行为反应。要帮助李某，就要针对他的不合理信念B进行调整和改变。比如，教师并不会因为学业表现而采用不同的方法对待学生，平时也有不少同学找自己玩，并没有看不起自己等，这就是D，引导他与自己内心的不合理信念进行自我辩论。最后，帮助李某克服自卑心理，消除他的不良情绪与行为，这就是E。

(四)团体心理辅导

团体心理辅导是在团体的情境下进行的一种心理辅导形式，它是通过团体内人际交互作用，促使个体在交往中观察、学习、体验、认识自我、探索自我、接纳自我、调整改善与他人的关系、学习新的态度与行为方式，以促进良好的适应与发展的助人过程。团体辅导的特色在于培养人的信任感和归属感，由对团体的信任扩大到信任周围的其他人，由对团体的归属感扩大到对学校、社会及国家的认同感和归属感。

一般根据成员问题的相似性组成相应的团体，团体的规模因辅导目标的不同而不等，少则三五人，多则几十人。通过几次或者十几次的团体活动，参与者相互交流，共同讨论，彼此启发，相互支持，鼓励分享，每个参与者都能发现自己的心理，了解他人的心理，从而改善自身的人际关系，增加自身的社会适应性，促进自身人格的成长。团体辅导在自我发展，体验良好的人际关系，增强归属感，体验互助互利，发展良好的适应行为，加强信息交流，促进自我探索与成长等均起到积极作用。

总之，随着素质教育的深入开展，中小学生心理健康教育已成为目前学校教育中的一项重要内容。学生心理健康水平、心理承受能力的高低，都将关系到他们未来人生的成败，关系到国家、民族的兴衰与存亡。中小学生是祖国的明天和希望，重视和积极开展中小学生心理健康教育具有十分重要的意义。

思考与应用

1. 心理健康的标准是什么？

2. 中小学生有哪些常见的心理问题？

3. 学校心理健康教育的途径有哪些？

4. 心理辅导的方法有哪些？

5. 有位九年级学生，从小学五年级开始玩手机游戏，最初是每天完成作业后玩，渐渐玩到凌晨不想睡觉，控制不住玩游戏的冲动。家长没收手机后便摔东西大发雷霆，有时还会威胁父母不让玩游戏就伤害自己。长期下来，他逐渐出现焦虑、社交恐惧等症状，一上学就会症状加重，后休学在家。请问，这位初中生的心理状态如何？可以怎样帮助他？

推荐阅读

1. 叶一舵等："中小学心理健康教育案例丛书"，福州，福建教育出版社，2018。

2. 俞国良：《中小学校心理健康教育研究》，北京，北京师范大学出版社，2020。

3. 钱铭怡：《心理咨询与心理治疗：重排本》，北京，北京大学出版社，2016。

4. 杰拉德·科里：《心理咨询与治疗的理论及实践(原著第 10 版)》，朱智佩等译，北京，中国轻工业出版社，2021。

5. 教育部：《中小学心理健康教育指导纲要(2012 年修订)》，http://www.moe.gov.cn/srcsite/A06/s3325/201212/t20121211_145679.html，2022-12。

6. 教育部：《中小学心理辅导室建设指南(教基一厅函〔2015〕36 号)》，http://www.moe.gov.cn/srcsite/A06/s3325/201508/t20150811_199328.html?from=timeline&isappinstalled=0，2025-07。

7. 教育部等：《全面加强和改进新时代学生心理健康工作专项行动计划(2023—2025 年)》，http://www.moe.gov.cn/srcsite/A06/s3325/201212/t20 121211_145679.html，2022-12。

参考文献

[1]ANDERMAN E M, MAEHR M L. Motivation and Schooling in the Middle Grades[J]. Review of Educational Research, 1994.

[2]GUILFORD J P. Some Changes in the Structure of Intellect Model[J]. Educational and Psychological Measurement, 1988.

[3]PICKREN W. Psychology in the Social Imaginary of Neoliberalism: Critique and Beyond [J]. Theory & Psychology, 2018.

[4]埃略特·阿伦森,提摩太·D. 威尔逊,罗宾·M. 埃克特. 社会心理学[M]. 侯玉波,等译. 北京:世界图书出版公司北京公司,2012.

[5]艾森克. 心理学[M]. 阎巩固,译. 上海:华东师范大学出版社,2000.

[6]白丽敏,等. 神经解剖学[M]. 北京:中国中医药出版社,2011.

[7]白学军,等. 心理学概论[M]. 北京:北京师范大学出版社,2015.

[8]彼得森. 打开积极心理学之门[M]. 侯玉波,王非,等译. 北京:机械工业出版社,2010.

[9]伯格. 人格心理学[M]. 陈会昌,等译. 北京:中国轻工业出版社,2000.

[10]陈美蓉. 初中生感觉寻求、积极心理资本与网络成瘾的关系研究[D]. 深圳:深圳大学,2018.

[11]陈琦,刘儒德,等. 当代教育心理学[M]. 北京:北京师范大学出版社,2007.

[12]陈琦,刘儒德,等. 当代教育心理学(第 3 版)[M]. 北京:北京师范大学出版社,2019.

[13]程素萍,等. 心理学[M]. 杭州:浙江大学出版社,2007.

[14]董奇. 心理与教育研究方法(修订版)[M]. 北京:北京师范大学出版社,2004.

[15]多俊岗,等. 基础心理学(第 2 版)[M]. 北京:化学工业出版社,2012.

[16]泛珠三角地区九所师范大学联合编写. 现代心理学[M]. 广州:暨南大学出版社,2006.

[17]费尔德曼,黄希庭. 心理学与我们[M]. 黄希庭,等译. 北京:人民邮电出版社,2008.

[18]费斯特,费斯特. 人格理论[M]. 李茹,译. 北京:人民卫生出版社,2011.

[19]盖笑松,等. 积极心理学[M]. 上海:上海教育出版社,2020.

[20]戈登·德莱顿,珍妮特·沃斯. 学习的革命:通向 21 世纪的个人护照[M]. 顾瑞荣,陈标,许静,译. 上海:上海三联书店,1997.

[21]格里格,津巴多. 心理学与生活(第 19 版)[M]. 王垒,等译. 北京:人民邮电出版社,2016.

[22]格罗斯,等. 情绪调节手册[M]. 桑标,等译. 上海:上海人民出版社,2011.

[23]桂世权，等．心理学[M]．成都：西南交通大学出版社，2006.
[24]郭黎岩，等．心理学[M]．南京：南京大学出版社，2002.
[25]郭秀艳．实验心理学[M]．北京：人民教育出版社，2004.
[26]郭永玉，贺金波，等．人格心理学[M]．北京：高等教育出版社，2011.
[27]哈克．改变心理学的40项研究：探索心理学研究的历史[M]．白学军，等译．北京：中国轻工业出版社，2004.
[28]侯玉波．社会心理学(第4版)[M]．北京：北京大学出版社，2018.
[29]黄希庭，毕重增．心理学(第2版)[M]．上海：上海教育出版社，2020.
[30]黄希庭．心理学导论(第2版)[M]．北京：人民教育出版社，2007.
[31]杰拉德·科里．心理咨询与治疗的理论及实践(原著第10版)[M]．朱智佩，等译．北京：中国轻工业出版社，2021.
[32]杰瑞姆·布莱克曼．心灵的面具：101种心理防御(第2版)[M]．王晶，译．上海：华东师范大学出版社，2021.
[33]金盛华，等．社会心理学(第3版)[M]．北京：高等教育出版社，2020.
[34]库恩，等．心理学导论：思想与行为的认识之路(第13版)[M]．郑钢，等译．北京：中国轻工业出版社，2014.
[35]乐国安，等．社会心理学(第3版)[M]．北京：中国人民大学出版社，2017.
[36]李传银，等．普通心理学(第2版)[M]．北京：科学出版社，2011.
[37]李德良，等．秘书职业技能鉴定培训教材[M]．北京：海潮出版社，1997.
[38]李红，等．公共心理学[M]．重庆：西南师范大学出版社，2012.
[39]李宏翰，等．心理学：原理与应用[M]．北京：高等教育出版社，2012.
[40]梁庚宸，等．心理学：身体、心灵与文化的整合[M]，台北：台大出版中心，2018.
[41]梁宁建，等．心理学导论[M]．上海：上海教育出版社，2006.
[42]林崇德，杨治良，黄希庭，等．心理学大辞典[M]．上海：上海教育出版社，2004.
[43]刘国秋，等．大学生心理健康教育[M]．济南：山东人民出版社，2013.
[44]柳友荣，等．现代心理学基础[M]．合肥：安徽人民出版社，2003.
[45]马家辉．心理学小品：快乐的人愈快乐[M]．北京：世界图书出版公司北京公司，2006.
[46]马家辉．心理学小品：真相不止一个[M]．北京：世界图书出版公司北京公司，2006.
[47]迈尔斯．社会心理学(第8版)[M]．侯玉波，乐国安，张智勇，等译．北京：人民邮电出版社，2006.
[48]迈尔斯．心理学精要(第5版)[M]．黄希庭，等译．北京：人民邮电出版社，2009.
[49]孟昭兰，等．情绪心理学[M]．北京：北京大学出版社，2005.
[50]墨顿·亨特．心理学的故事[M]．李斯，译．海口：海南出版社，1999.
[51]牧之，张震．心理学与你的生活[M]．北京：新世界出版社，2006.
[52]尼尔·R. 卡尔森．生理心理学：走进行为神经科学的世界(第9版)[M]．苏彦捷，等译．北京：中国轻工业出版社，2017.
[53]聂振伟，等．大学心理[M]．北京：中国人民大学出版社，2009.
[54]彭聃龄，等．普通心理学[M]．北京：北京师范大学出版社，2001.
[55]彭聃龄，等．普通心理学(第4版)[M]．北京：北京师范大学出版社，2012.
[56]彭聃龄，等．普通心理学(第5版)[M]．北京：北京师范大学出版社，2019.

[57]钱铭怡. 心理咨询与心理治疗(重排本)[M]. 北京：北京大学出版社，2016.
[58]全国十二所重点师范大学联合编写. 心理学基础(第2版)[M]. 北京：教育科学出版社，2008.
[59]全国13所高等院校《社会心理学》编写组，等. 社会心理学(第5版)[M]. 天津：南开大学出版社，2016.
[60]沈德立，等. 基础心理学[M]. 北京：高等教育出版社，2012.
[61]汪凤炎，郑红. 中国文化心理学(第5版)[M]. 广州：暨南大学出版社，2015.
[62]王波. 心理学的批判和批判的心理学：一种对心理学的马克思主义哲学省思[D]. 南京：南京大学，2013.
[63]王惠萍，孙宏伟，等. 儿童发展心理学[M]. 北京：科学出版社，2010.
[64]王甦，汪安圣. 认知心理学[M]. 北京：北京大学出版社，1992.
[65]韦德，塔佛瑞斯. 心理学的邀请(第3版)[M]. 白学军，等译. 北京：北京大学出版社，2006.
[66]韦恩·韦登. 心理学导论(原书第9版)[M]. 高定国，等译. 北京：机械工业出版社，2016.
[67]吴江霖，戴健林，陈卫旗. 社会心理学(修订版)[M]. 广州：广东高等教育出版社，2004.
[68]徐虹，等. 心理学教程[M]. 北京：中国物资出版社，1998.
[69]徐厚道. 心理学概论[M]. 北京：北京工业大学出版社，2003.
[70]许丹东. 大学生学习中的面子倾向及其对学习参与的影响机制[D]. 南京：南京大学，2020.
[71]许远理，孙天义，等. 公共心理学教程[M]. 上海：华东师范大学出版社，2010.
[72]闫剑群，等. 中枢神经系统与感觉器官[M]，北京：人民卫生出版社，2015.
[73]杨丽珠，刘文，等. 毕生发展心理学[M]. 北京：高等教育出版社，2006.
[74]姚本先，等. 心理学(《心理学新论》修订版)[M]. 北京：高等教育出版社，2005.
[75]叶奕乾，何存道，梁宁建，等. 普通心理学(第6版)[M]. 上海：华东师范大学出版社，2020.
[76]游旭群，等. 普通心理学[M]. 北京：高等教育出版社，2011.
[77]俞国良. 中小学校心理健康教育研究[M]. 北京：北京师范大学出版社，2020.
[78]詹姆斯·卡拉特. 生物心理学(第11版)[M]. 苏彦捷，译. 北京：商务印书馆，2018.
[79]张道祥，等. 当代普通心理学[M]. 长春：吉林大学出版社，2006.
[80]张丽萍，王运彩，等. 心理学教程[M]. 北京：北京师范大学出版社，2011.
[81]赵鸣九. 大学心理学(第2版)[M]. 北京：人民教育出版社，2003.
[82]中国大百科全书总编辑委员会《心理学》编辑委员会，中国大百科全书出版社编辑部. 中国大百科全书 心理学[M]. 北京：中国大百科全书出版社，1991.
[83]朱莉娅·贝里曼，等. 心理学与你[M]. 武跃国，武国城，译. 北京：北京大学出版社，2000.